芮 弢 著

大清真相

【壹】

真相

ZHEJIANG UNIVERSITY PRESS
浙江大学出版社

不是序，只想先说两句

二十年弹指一挥间，时势变迁让人叹。想那大清，当年社会舆论中何等"熊"样，如今在一番狂炒热捧下，却漂亮地打了个翻身仗，又变成了何等"雄"样。就说那大清帝王们，特别是前期的，这媒那媒，这英那英，唾沫横飞之中，一个个都成天纵英才，甚至千年一帝了。

这到底怎么了？难道时代不同，价值观就完全改变了？难道故纸堆里，想咋翻就咋翻了？难道一涉及民族，一联系现实，问题就变得复杂了？就可以完全不顾事实了？难道这样，就能进一步凝聚团结我中华民族了？……

历史就是历史，它可以为现实服务，但客观存在的根基不能动。不错，大清有它的贡献，比如疆域、《红楼梦》，还有为当今影视文化的繁荣提供了好多素材。大清也有它的辉煌，能从一个僻居塞外的蕞尔小邦，一跃而为方圆一统天下近三百年的大王朝，当然不简单了。大清更有它的杰出，曾经拥有一支能够横扫东亚所向披靡的军事"梦之队"，有皇太极、雍正这样出色的领袖，以及一批优秀的文武之才。

只是比起它的超强冷酷残暴、高度集权专制，以及它给中华民族带来的科技中断、思想钳制、发展滞后、文明暗淡，尤其从未有过的惨痛与羞辱，甚至到现在都还没有完全抹去的心灵创伤，算得了什么？何况它那伟业，更多还是靠老天前不见古人后也暂不见来者的垂青获取的呢？

幸运谁能比大清哟！一个接一个的机遇，哗哗地掉下来，想不要

1

都难，想不干出一番大功业都不行啊。虽说晚期惨了点，也不是因为倒霉，而是自己太不争气。黑夜降临前给了你那么长一个白昼，你不珍惜又能怪谁呢？

但人家就是命好，也没办法。倒台了，趴下了，被骂了，蛰伏了，也就七八十年，形势一变，更大机遇又来临了。这一次它不仅翻了身，站直了，而且拔地而起，直冲云霄，再想见它，只能仰视，打个招呼，也得排队等时机了。

不过高处不胜寒啊！何况包括底盘在内，又是因为暂时的需要，用不尽的吹捧浇灌、无数的谎言堆积而成呢？风一大，或者飞机呀什么的不小心撞过来，说不定哗啦就倒啦，这么高的个子，要是摔个仰八叉，不仅是疼的问题，也许命都搭进去了。

怎么办？唉，咱也就是个劳神的命，帮帮它吧，挤掉那用谎言吹捧而成的假大空，把它先往下放放，再让底盘更牢靠些，不就行了吗？可问题跟着又来了，到底该从哪儿开始呢？将近三百年的大王朝啊！就最大的那个空行不？

原来大清最华丽的那一次闪转，最具本质性的那一次腾挪，入主中原成就中国历史上最后一个大王朝，并不仅仅靠它自己，主因还在别人的大方相送！你说这事咋弄的？过去吹捧得那么狠，大清前代领袖们一个个天纵英才，如何意气风发，高瞻远瞩，廓宇内胸有成竹，统天下尽在掌握，团结带领满洲全体干群，奋勇拼搏，开拓进取，自建国起短短二十八年，便让那看似雄壮无比的昔日天朝上国轰然倒塌，创下了十七世纪最不可思议的奇迹，搞了半天，这一切还不都是自己的功劳！

竟是他！对方阵营数老大，却在紧要关头，充分发扬了民族间和平友爱的精神，甘愿彻底毁灭自家帝国，帮助一个居于辽东之地的兄弟民族，从塞外蛮邦中走出来，进入一片更广阔更灿烂的天地，过上一种更美好更幸福的生活，民族史上书写了一页光彩夺目的篇章。他和他所处的时代就是需要闪亮登场的领衔者。

凭此，不仅能瞧瞧一个老大帝国的败亡之途，更能瞅瞅另一新兴帝国的升起之程，岂不更好？既然如此，事不宜迟，让咱们先睹为快吧，顺便把那最大的空挤一挤、压一压。当然，要"呼"的一声爆炸不可能，保护之力不可小觑也，暂且缩小一点，看起来不那么扎眼也就心满意足了。

目　录

一三六八，太祖建明，北上逐元，华夏复兴。
成宣璀璨，不逊汉唐，后趋滑落，老大帝国。
居正改革，堪比商鞅，万历前期，巅峰迈进。
无奈积病，已然难返，养虎成患，女真又起。
萨尔浒战，命运轮回，直至天启，辽东尽陷。
虽有两捷，勉强止颓，强敌尚在，内乱再起。
危机来袭，考验降临，路向何方，抉择在即。
恰于此时，他来登场，宵衣旰食，呕心振明。
谁曾料想，勤未补拙，十七年后，身死国灭。
山河巨变，乾坤倒转，民族伤痛，永难抹去。
忍悲再探，兴亡之道，前事不忘，后事之师。

辉煌之下隐忧现

身死国灭的他就是朱由检（1627—1664 在位），庙号明思宗，我们习惯以其年号称呼之——崇祯。

有趣的是，作为一个亡国之君，崇祯却颇引得大众的同情。一个很有影响的观点是，大明亡于崇祯，但实亡于他的爷爷明神宗朱翊钧（1572—1620 在位），一般称之为万历。那时已经国是日非，何况后来还有一个魏忠贤添乱，崇祯接手时，国家十足烂摊子了，谁还能搞得好？

一个王朝的衰亡就像它的强盛一样，岂能朝夕而成，由一两人决定？总该循序渐进，因果相连，环环相扣吧。特别是制度的松弛、吏治的败坏、人才的凋零、战力的减弱、道德的沦丧、气节的消亡，更是如此，可能盛世中便已悄然形成。商周汉晋唐宋元皆如此，秦隋在巅峰时刻刹那而亡，个案特例也。

有明一代也不例外，就说军队，那个时代立国强国之根本保障，中期以后便不再有洪武永乐时的强悍，其间虽有嘉靖戚继光、俞大猷抗倭，万历三大征及李成梁镇辽等闪光点，总体滑落趋势不可挡，弊病丛生不可除，日积月累，岂能没有大爆发的那一天？与后金（清的前身）萨尔浒之战的惨败，虽说发生在万历后期，实则这一趋势的必然产物，即便不是这浒，也会是那浒。

再说崇祯时已极端严重到打击军队士气、降低国防能力、危及边疆安定、助推民众起义的军队欠饷，早在万历的爷爷嘉靖（1522—1566 在位）时就已很严重了。至于各种矛盾激化产物的边防部队兵变，正德四年（1509）至崇祯十七年（1644）的一百三十余年中，较大规模的就达六十余次了！（林延清《论明代兵变的经济原因和历史作用》）

如此，大明虽亡于崇祯朝，但把责任都推给那个时代的人甚至崇祯一人，肯定不合情理。那往前推呢？既然大家更多喜欢把明亡之责算在万历头上，咱们就从他开始，大致看一看吧。

万历九岁登基（本文人物年龄及时间皆按实数算），在位四十八年，将近半个世纪，时间充裕得很，本人也是天资聪颖，如果勤努力，埋头干，怎会没有一番大作为？何况前期也是很给人以期待的。

3

头十年，华夏史上顶尖的大政治家张居正（1525—1582），位首辅勇改革，一手打造了近三百年大明最为富庶的一段时光。万历亲政后，虽对已逝居正"秋后算账"，手段相当残酷，籍没家产，亲属或饿死或自杀或流放，初时却也励精图治，事必躬亲，帝国继续向前迈进，看起来不是再现而是超越成宣辉煌（成祖仁宗宣宗时期），有啥不行呢？

再看紧跟而来的三大征，就是对万历前期帝国大发展的最好试金石。西北平宁夏哱拜之叛、东北援朝御日之役和西南定播州杨应龙之乱，三大军事行动，几乎同时进行，天朝雄风再展，强盛重现。

哱拜，蒙古鞑靼部人，嘉靖时投靠明军，屡立战功，升做了宁夏的都指挥使，手下还蓄养了一支私家部队苍头军，骁勇善战，俨然已成当地一大军阀。万历十七年（1589），他以副总兵致仕，子哱承恩袭职，势力不减。哱拜早有不臣之心，又与宁夏巡抚党馨不睦，怨望日甚，二十年（1592）二月，恰逢宁夏戍卒因久欠饷群情激愤，便乘机纠合靖虏卫人刘东旸叛乱，并结蒙古河套部为援，一时间河西至玉泉四十七个城堡相继陷落，西北为之震动。

明军赶紧组织会剿，历时七月歼灭之。时任提督陕西讨逆军务总兵官李如松（李成梁长子）居功至伟，击败蒙古套骑援军之关键一仗及叛军最后堡垒宁夏城的攻破，皆由其阵前指挥。还有一个麻贵，出身将门世家，也是非常了得，战功卓著，日后二人都曾参加过朝鲜战争，也都当过帝国最为重要的总兵官——辽东总兵。此次平叛本身只是内部的一场剿乱之战，客观上却也成了大明在西北边境上的一次国威展示，对当地蒙古各部具有极强的威慑力。

同年（1592）四月，统一日本的丰臣秀吉妄图建立以北京为首都的"大东亚帝国"，派二十万大军先征朝鲜，一路所向披靡，六月即占平壤，停留驻守。应属国朝鲜恳请，万历命尚在宁夏的李如松率军四万入朝作战，第二年正月初八克平壤，"斩获倭级一千五百有余，烧死六千有余，出城外落水淹死五千有余"（《万历邸抄》），共毙敌一万二千五百余人，一场大捷！随后明军乘胜收复开城、黄海、京畿、江源四道，日军被迫退守王京（今韩国首尔）。然李如松轻骑前进，碧蹄馆之战遇挫，后来明日王京龙山议成，日军退往釜山，朝鲜大部国土收复。

其间再经数年和议未果，万历二十五年（1597）正月，丰臣秀吉

再发兵十二万侵朝，明援朝兵力最盛时也达十一万，双方激战互有胜负。明军既有稷山大捷，也有攻蔚山不利，战争遂进入相持阶段。第二年（1598）七月，丰臣秀吉突然病逝，日军撤退，明朝联军乘势追击，大败之。朝鲜战争虽未取得全胜，然明军面对日本史上最被高捧的战国之兵的大集合，依然略占上风，颇值得称道，且有力遏制了日本的侵略，彰显了明之东亚帝国的威力，还得到了一个更为忠诚的盟友属国朝鲜（后来打努尔哈赤时也都是跟着去的）。

播州介于四川、贵州、湖北之间，山川雄峻，广袤千里。杨氏自唐代杨端起，世袭此地，明初内附，朝廷改播州宣慰使司，隶属四川。隆庆五年（1571）承袭的杨应龙，骄横跋扈，藐视朝廷，俨然一方土皇帝。万历十七年（1589），部属告其谋反，自此朝廷抚战相间，问题却一直未决。朝鲜之役结束后，万历遂于二十八年（1600）初，发大兵二十余万往征，历时近四个月，斩敌二万余，击灭之，朝战归来的刘綎功绩最著。三十一年（1603），明廷在播州改土归流，"悉天下全力，平二千里，为国家辟土开疆，此盛事也"（谈迁《国榷》）。

呜呼！帝国能在八年间（1592—1600），连续进行四次大规模军事动员与作战（朝鲜战争可算两次），一次十万以上，另一次竟达二十万，怎不让人啧啧称叹？又不是游牧民族，说打仗民众一上马就OK了，怎么也不像是即将没落的样子呀？当人类史上具有重大转折意义的十七世纪来临时，大明乍一看依然是以东亚超级帝国之雄姿迎接它的到来的。登临绝顶上，一览众山小，试问周边还有谁能撼动它的地位？

可再细观，原来这庞然大物，纵不是泥足巨人，也是有点头重脚轻根底浅的。先说大势，帝国历经前期的短暂腾飞后，各种主客观因素交集下，并未如所愿般直冲云霄，相反，还没达到成宣时期的高度便已开始再次滑落了。政治、经济、军事、文化、制度等各方面问题，有历史遗留的，也有新近产生的，竟也越来越向严重化迈进。就是那万历三大征，表面光鲜的背后，危机也已然潜藏。

其实三大征很是参差不齐，相较朝鲜之役，其他两战对手远逊。尤其宁夏一战，叛军力量实际很小，几千人而已，明廷却调动几万大军，且有李如松、麻贵（打败蒙古套骑一战功绩大）所率的精锐参与，方才搞定。播州也是，面对一个地方土司，再强又能强到哪里去？前后抚战竟也折腾了十几年！如此取胜又何足大喜？

规模影响最大之朝战呢？明军可谓精锐尽出，李如松、麻贵、刘綎等皆当朝顶尖大将，最终也未能完全靠自身力量取得胜利，要不是人家丰臣秀吉死了，这仗还有的打呢。军队战斗力不能不让人担忧啊，北方传统游牧劲敌一旦再起怎么办？

何况这仗来得也不是时候，虽说都是必须要打的，也体现了万历一朝的功业，但在决定命运的关键时刻就要到来之际，自己的人力、物力、财力却先来了个空前大消耗，这个损失也确实太大了。

单说一个财字，《明史》记载：万历"二十年，宁夏用兵，费帑金二百余万。其冬，朝鲜用兵，首尾八年，费帑金七百余万。二十七年，播州用兵，又费帑金二三百万。三大征踵接，国用大匮"。万历前期积累的财富就这样丧失几尽，帝国元气大伤，客观上成为帝国滑落的一个重要因素。

切莫疯狂捧杀人

说一千，道一万，万历后期没能再攀高峰反而坠落，最大的责任还是要由万历朱翊钧自己来负的。张居正改革打下了那么好的基础，帝国完全有实现超越成宣辉煌的可能，三大征这么大规模的战争打下来，其间帝国财政都未出现崇祯时那种捉襟见肘的窘境，便是一个很好的例证。

可他万历亲政十年还没到，诸多个人问题便已暴露无遗，其中最被诟病的就是怠于临朝了。他竟然藏于深宫大院近三十年，不上朝，也不出宫门一步，除了内阁辅臣们偶有机会见他一面之外，就是朝堂上的官员都不给面见了；国家日常政务更是不闻不问了，甚至连部门有缺编缺额、官员需正常擢升等也都弃之一旁，随它去了。

虽说帝国的文官组织已形成较完备的系统，即便没有帝王的参与，首辅也能带领大家搞好基本正常的运转，绝不会出现崩盘的迹象，但作为一国之最高领袖，如此做派，不管什么原因都是讲不过去的，危害也是相当深远的，特别是制度精神层面。

君臣如何能和谐共处？臣子们会怎样对待他们的工作、他们的职责，又会有多少向上的激情与动力？说白了，长此以往，只会让国家制度更加松弛，吏治更加败坏，人才更加凋零，人心更加散乱，风气更加不振；而这些东西日积月累，一旦由量变到质变，后果将不堪设

想，甚至有可能从根本上摧垮帝国。

更有甚者，身为一国之君，"普天之下莫非王土，率土之滨莫非王臣"，帝国的一切还不都是他万历的？可他竟然还贪财！后期为聚敛财富，以致矿税太监横行地方长达十年，政治、经济、民心方面的杀伤力相当之大，社会动荡也随之加剧，湖广、山东临清等地民变莫不因此。

至于文官集团的党争，哪个时代都有，明朝也是贯穿始终，但真正发展到空前激烈，以致成为明亡的一个重要因素，还是从万历开始的。什么东林党、浙党、昆党、宣党、齐党、楚党，等等，不管其中水分有多大，是否就不如独裁专制，如果不加以很好的制衡，党争权斗到了不可收拾的地步，肯定不利于帝国之发展。万历长期对朝政的不闻不问，很大程度上加快了这一步的到来。

不过，因此就对万历过于苛责，甚至把明亡的罪魁祸首这顶帽子安到他的头上，就有点与事实不符了。其实万历深居内宫不上朝，并非不过问政事，相反他通过批阅奏疏、发布谕旨的方式，始终把国之要务牢控在手。三大征便是一个明证，那时他已开始不临朝了，但战争的每一个进程，都能看到他的身影，重大的决策更是他最后拍板的，大体上也还都不错。比如将帅的任用，除了援朝之役明军后期统帅杨镐值得商榷外，其余皆是一时之选。李如松、刘綎等建立大功，都离不开他的慧眼识人。以后要讲的辽东边事，也同样如此，无论对李成梁，还是熊廷弼，他都给予了最充分的信任。

至于被后世认为导致明亡主因的"三饷"（辽饷、剿饷与练饷）加派，也因辽饷起于万历，让他倒了霉，遭到一片骂声。其实万历在位四十八年，仅在最后两年（1618年起）女真崛起侵扰辽东时，需要巩固国防才加派了辽饷，而那整体上依然赶不上被宣扬成不断减轻民众负担的大清税赋。（见《大帝卷·杂谈篇》）

另外，被痛责的矿税太监乱国扰民一事，始于万历二十四年（1596），三十三年时矿监便已全部招回，税监仍在行动，但经过一番改进后，征收中的弊端及危害已大为减轻。这样说绝非给万历卸责，只是觉得应该公平公正地看待一个人和一个时代，既不要捧上天，也不要踩入地，该咋样就咋样。

大凡论及国之兴亡，范围之广可谓无所不包，而且都能被讲得头头是道，深刻得不得了，特别是事后诸葛最好当，知道了结果，定好

了框框，把原因往里一放就行。不过，这样的大而全，反而搞得人不知所措，倒不如换个角度来看看。

能让明朝这等大帝国灭亡的，原因再多，归纳起来，不外乎三种表现形式：外患、内乱及两者相兼。

且看万历时，国家并没有大乱，即使山东等地民变，也都是小规模的，未给帝国造成什么惨重打击，更不要说毁灭性的了。就是宁夏、播州等地发生的大叛乱，最后不也得到了彻底平息？外患如日本者，有否入侵中国的打算且不说，朝鲜战场上明军大体上还是保持着一定优势的。北方二百年来最为强劲的对手蒙古人，万历时也只是对明之辽东不断侵扰，产生过压力，但已根本不具备对整个帝国造成威胁的能力了。要不是东北那一个民族的崛起，一场大战的爆发，谁也不会想到十六、十七世纪之交，仍是那么雄伟壮阔的大帝国，竟然有轰然倒塌的可能。

女真曾是大明人

这个民族就是建州女真，崇祯八年（1635）起改称为满洲。提起他们，可能首先会联想到宋时之金，建立者不就是女真人吗？其实此女真非彼女真也。

中原王朝向来称周边之族，大多笼统概括之，如东夷、西戎、北狄、南蛮、百越、西南夷、靺鞨等，哪是一个民族，根本就是同一地区各民族或氏族部落集团的总称。女真也是这样，宋辽时对东北居于松花江、黑龙江中下游及长白山一带所谓白山黑水间各部族的统称也，绝不能因此便说他们是一个民族了。

且说宋辽时被统称为女真的氏族部落，有熟女真和生女真之分，灭辽建立金国的就是后者完颜部。待金占了宋的北方，入了中原后，那些参与建国的女真各部大抵也都跟着进来，不可避免地也都汉化了，等到蒙古人再灭金，更是渐渐融入汉人当中去了。如此一看，满洲前身的女真与建立金国的女真根本不是一回事。至于当时散居在东北的那一群女真人，蒙古人则设了若干万户府来统治，这里面倒是有满洲人祖先的。

明兴逐元以后，东北很快为大明所有，当地女真民众自然也就是明之臣民了。永乐元年（1403），明成祖设置三卫统辖女真：浑河以

西至松花江上游的，属建州卫；辽河上游与松花江上游之间的，属海西卫；黑龙江中下游至乌苏里江一带最为落后不开化的，就属野人卫了。

明前中期是女真人一个大迁徙的时代，建州、海西女真更多是受到野人女真的侵扰，被迫离开故土，由东北向着西南方跋涉，当然后者也有部分跟进的。冷兵器时代就是这样，往往越野蛮就越强悍，女真之初也是，生女真不也是逼迫着熟女真往南跑吗？

原本居于黑龙江三姓（今黑龙江依兰）的胡里改（呼尔哈）、斡朵怜（吾都里）两个元时万户府的女真人，也分别在他们的首领阿哈出和猛哥帖木儿的带领下，汇入了奔腾向南的大江大河之中。

阿哈出率部辗转多处，来到了绥芬河流域，并于永乐元年朝明。成祖就在其部设卫，又因其所居之地含有原渤海率宾府建州故地，遂命名为建州卫，并赐汉名李思诚，封为指挥使，建州女真因此得名。李思诚后来传子李显忠，紧跟着是孙子李满住。以后的大清（后金）皇室就出于建州女真这一支，开国之君努尔哈赤即为猛哥帖木儿的六世孙。

猛哥帖木儿则来到了以阿木河（今朝鲜会宁）为中心的图们江一带，居于建州卫的附近，永乐十年（1412）也归附了明朝，成祖分设一个建州左卫，命其担任指挥使。后来，猛哥帖木儿为七姓野人所杀，其子董山与其弟凡察争位，明廷遂把建州左卫再一分为二，增设建州右卫，叔侄各掌一卫，时在明英宗正统七年（1442）。

这建州女真和其他女真一样，其大迁徙也并未到此结束，连带着又有一番分化组合与发展壮大。大约到了明中期正统、景泰年间，建州三卫基本居于浑河上游，扩展成了五部，即苏克苏护河、浑河、栋（董）鄂、哲陈和完颜，其东为朱舍里、讷殷和鸭绿江等长白山三部，也可算在建州卫范围。建州五部北边的海西女真，则有叶赫、哈达、辉发和乌拉等扈伦四部。长白山部与扈伦部的东北，野人卫辖区，主要有瓦尔喀、库尔哈、渥集等东海三部。

各部以扈伦四部最强，尝与大明相结，明倚之为东北防御蒙古的外援。其中叶赫与哈达恰居于辽东重镇开原东北与东南，明人分别称之为北关与南关。尤以哈达对明最为效忠，明廷也不遗余力地给予支持，后来还授予其首领王台武官正二品散阶的"龙虎将军"勋衔，位居大小数百部女真酋长之上。有明一代，除王台后人承袭过外，只有

努尔哈赤得过这一封号。

女真三卫之间和各部之间，经常打得不可开交，烽烟四起，一片混乱。明廷为便于有效掌控，对其也是采取分化瓦解的策略，让他们各自雄长，不相归一。就是哈达这样最效忠的，也坚决杜绝其对女真统一的可能。

但一个民族历经长时间的积淀后，总会有爆发的那一天，此乃历史发展的必然规律，任谁也阻挡不了。这不，嘉靖、隆庆时，女真各部便日益强大起来，尤其是海西、建州南移后，更加靠近大明之疆，渐受汉民族经济文化的影响，社会经济迅速发展，明帝国的辽东边防，越发感到压力大喽。

不过万历前期，东北扰明最甚的却是蒙古王廷所在的漠南察哈尔部（插汉部），其首领即为蒙古大汗。当然蒙古内部早已窝里斗盛行，这汗位也仅徒有其表罢了。恰逢在位的图们可汗（1557—1592 在位），达延汗的玄孙，明人称之为土蛮的，骁勇剽悍得很，联合蒙古兀良哈三卫及部分女真人，隆庆时便屡犯明之辽东了。

幸亏辽东总兵李成梁（1526—1618）勇武绝伦，镇辽二十一年力挽狂澜，功绩彪炳，万历前十五年先后十次大捷，威震边陲，实乃辽东擎天一柱。但万历十六年以后，功成名就的李成梁斗志渐削，每战失利，竟难求一胜，还不惜掩败为功，杀良民冒级；加之骄侈无度，专擅边利，又公行贿赂，结交朝士，诸多弊病一一暴露，搞得曾一万分信任他的万历也不得不去了他的职。

未曾想明军能挑大梁的帅才竟如此稀少，此后十年，辽东更易八帅，边事却日渐废弛，非万历用人不当。能用的都用了，就是李如松这等当世顶尖名将，虽然非议颇多，万历也力排众议，于二十五年（1597）让他干了辽东总兵，军事上没话说了吧。无奈天不假人，这位宁夏、朝鲜战场上叱咤风云的一代英豪，没多久便在一次轻骑追敌（朝鲜战争时就曾危险过一把）中，三千兵马陷入人家几万大军的包围，力战而亡。想那辽东之局远非言官及后人动动嘴皮就能解决的，对手实力确实很强大。不要一打不过，就自虐，不是领导不问事，就是腐败透顶，讨论兴亡也要把敌人的力量狠狠计算在内的。

李成梁另一个儿子李如梅后来接了任，结果也是大梁难挑。没办法，儿子不行，还得老子出马吧。万历二十九年，李成梁再被起用出镇辽东，七十五岁的人了！天大的本事也是英雄迟暮了，何况他第一

次守辽后期就与失败为伍，要是真遇到强敌，不见得就比儿子能干。可巧的是，当初一批悍寇如土蛮等，再厉害毕竟逃不过生老病死的法则，一个个都逝去了，蒙古察哈尔部与兀良哈三卫渐衰。明廷呢？又乘势采用了和戎之策，于开原、广宁两重镇开设马木二市，两相一结合，蒙古人基本也就不再入寇了。李成梁也得以较安稳地度过了第二次守辽的七年时光。

可这有什么用呢？更强劲的对手已经起来了，很快就将证明，他们比蒙古人还要厉害，对辽东不仅仅是骚扰，更是夺取拿下之势。大明帝国的危机这次可真的要来临了。

努尔哈赤雄健起

土蛮扰边时，蒙古人在东北的势力强于女真各部，与明作战也时有女真人的参与。东北战局当然是以明、蒙之战为重，但明与女真哪会相安无事，单独的招架也是经常发生的，所以李成梁镇辽时既与蒙古战又与女真斗。就是明依之为南北二关的哈达与叶赫，明军也曾与他们干过三次大仗。

东北之局复杂就复杂于此，明之对手盘根错节，蒙古人与女真人、女真人诸部之间，不管你打哪一个，都有可能此消彼长，导致另一个潜在对手的乘机壮大。就像李成梁打击海西女真一样，某种情况下，你不能不打，但打了无形中却助长了建州女真的发展。从这一点看，李成梁第一次镇辽，能够长达二十一年，确保辽东的稳定，着实不简单，称其为万历朝第一名将实不为过。

从蒙古再返回来讲女真，有一事不得不提，它对日后明与建州女真的关系很有影响。万历二年（1574），建州右卫指挥使王杲（努尔哈赤的外祖父）叛变入寇，溃败于李成梁，逃奔哈达，结果被其首领大明龙虎将军王台捉拿献给李成梁干掉了。

本来哈达与叶赫关系就不睦，这次更是雪上加霜，几乎到了不可调和的地步。王杲的儿子阿台为报父仇，联络叶赫攻打哈达，李成梁出兵助哈达击败之，并攻克了其据守的古勒寨。到此为止，还没啥异样的事，可有两人被杀，日后才证明其间的不简单。

话说猛哥帖木儿成为明帝国的建州左卫指挥使后，他的这一系便世代成为明之属臣，除董山屡犯明边被杀外，与帝国关系处得还不

错，颇有点忠心耿耿的架势。董山有一个名觉昌安的曾孙，这边与李成梁关系非常之好，那边王杲又是他的亲家，阿台更是他的孙女婿，所以听说阿台为明军所困，就带着儿子塔克世前往古勒寨，想做做调停工作，没想到城破时，一场混战，父子俩全被误杀，时为万历十一年（1583）。

应该讲当时明军除了有点抱歉外，不会有人认为这是一件多么严重的事，哪能想到觉昌安的孙子努尔哈赤日后会有这么大能耐，且把仇恨一直埋藏在心底呢？时年二十四岁的努尔哈赤（1559—1626）闻知噩耗后，悲痛欲绝，不敢与明军对抗，只好把仇恨发泄在帮助明军攻打古勒寨的苏克苏浒河部图伦寨主尼堪外兰身上，三年后杀了他。

也就是祖、父被杀的那一年（1583），从攻打尼堪外兰开始，努尔哈赤正式起兵了。所谓凭借十三副遗甲创立丰功伟业的传奇，现如今与大清诸多传奇一样，有无限拔高的趋势，其实里面更多是注入的水分。

当时，李成梁因与努尔哈赤家族的特殊关系，又感到觉昌安父子死得无辜，不免对努尔哈赤好生宽慰，让他袭了祖父的都指挥使，并把觉昌安遗留下的十三副甲胄和二三十骑人马，都交还给了他。当然，这些只是觉昌安带到古勒寨被误杀后遗留下来的，并不能说明他们这一支就只这点力量了。

先看努尔哈赤的创业经过。至万历十六年，他已基本实现了建州五部的统一，俨然一方雄主了，紧跟着便与过去女真各部中实力最强的海西女真发生了摩擦。二十一年（1593），海西扈伦四部联合长白山朱舍里、讷殷二部及蒙古科尔沁、锡伯、卦尔察三部等共计九部三万人马往攻建州，努尔哈赤与敌激战于古勒山，大获全胜，是为古勒山之战。

努尔哈赤从此"军威大振，远迩慑服"（《清太祖高皇帝实录》），九部军事联盟破碎了，前进道路上的最大绊脚石海西女真再也没有力量与之抗衡了。同年，他彻底收拿长白山三部，完成了整个建州女真的统一，距他起兵整整十年。其后，海西女真也相继被拿下：万历二十九年（1601）哈达，三十五年（1607）辉发，四十一年（1613）乌拉，四十七年（1619）叶赫。

很奇怪，努尔哈赤对女真（实则建州与海西）的统一，用了整整三十六年！大一统用时之长堪称开国者第一。是对手太强吗？也不尽

然，惟一的古勒山大战，他要消灭的对手与蒙古人联合起来，才不过三万人马，就是这样规模不大的冲突，以后也再没出现过。客观地讲，好多次战役顶多就是村与村之间械斗的规模与架式罢了。努尔哈赤能够统一女真，建立后金，当然不简单，肯定有其雄武之处，但如把他捧成军事天才，多伟大多杰出，就未免太过了。其实努尔哈赤能够完成统一大业，除个人努力之外，有利的大环境也是极为重要的。

养虎为患因哪般

血统很高贵。努尔哈赤出身于建州左卫指挥使世家，那个猛哥帖木儿与董山父子，就是他的六世祖与五世祖，爷爷觉昌安也是左卫指挥使，外祖父则是建州右卫指挥使。他的出身应该是建州女真最高等的贵族级别了，这才是他在祖、父被杀后，能组织一帮人跟着他干的最根本原因。至于他童年时家道已衰、继母寡恩什么的，没有必要去考证其真假，总之不影响他的身份。那个时代，尤其是建州女真这样尚处于氏族部落阶段的民族，想当领袖，血统尤要高贵，成吉思汗即属此类。

视线被转移。努尔哈赤反明以前，辽东主要是明蒙之战，大明也把更多精力投入到了抗击蒙古侵扰上，无形中也会放松对女真尤其是努尔哈赤统一战争的关注。当然影响最大的还是三大征，特别是朝鲜之役，十六世纪九十年代正是努尔哈赤统一建州后争霸女真的关键时期，古勒山之战就是那时打的，而明帝国的主要精力却不得不放在了朝鲜战场上，辽东主力也调了过去，客观上弱化了对女真的控制，给努尔哈赤提供了大发展的绝好机会。

背后有大树。万历年间，辽东最具权势的就是李成梁家族了。老李不用多讲，前后二十八年镇守辽东，五个儿子当上总兵官，其中李如松、李如梅、李如柏、李如桢还干过辽东总兵，另有弟弟与四个儿子当上参将，是标准的豪门望族。

努尔哈赤家族恰与李家关系很铁，他自己也在李成梁麾下效过力，还曾跟随着去过京城，虽说没有明确的证据，但从满洲人的传说及相关记载的蛛丝马迹中还是能看出一二的。至于努尔哈赤弟弟舒尔哈齐的女儿做了老李儿子李如柏的妾，还生了个儿子，那可是千真万确、不容置疑的。有了这层关系，努尔哈赤如虎添翼。绝不能讲李家

13

有"里通外邦"之罪，至于打个招呼帮个忙、送个人情卖个面子、睁只眼闭只眼、助个力推一把啥的，应该还是有的。当然他们绝不会想到最后的结果是把李家的荣耀也搭进去了。

想那李成梁镇守辽东时，在抵抗蒙古侵扰的同时，对女真各部采取的策略是分而治之，谁出头就打谁，绝不让一家独大，而对努尔哈赤可就不一样喽。本来两家关系就好，再加上误杀事件又在心中多了份歉疚，对努尔哈赤有没有暗中相助不好说，反正从未牵制过，简直纵容他一步步坐大。努尔哈赤统一建州五部开始称雄，便是在李成梁眼皮底下完成的。时人称"建酋与成梁谊同父子"、"助成声势者李成梁也"，应该不是空口说白话的。

其后老李第二次镇辽时，万历三十四年（1606）竟与蓟辽总督蹇达、辽东巡抚赵楫一合计，把宽奠八百里新疆（孤山堡、险山堡、新安四堡等新开拓之地）轻易放弃了，等于是拱手送给了努尔哈赤，日后也少了一块辽东抵御建州女真的绝佳缓冲地带。至于六万居民留恋故土而被大兵驱赶死者狼藉的惨状，还有不少青壮年跑到对方阵营中，就不忍细说了。反正不管这个决策是出于什么目的，干了二十八年辽东大帅的李成梁竟做出此等乖张之事，怎能不让人疑惑？否则也太糊涂了，实乃辜负了万历帝对他的绝对信赖。从某种程度上讲，辽东之局可谓成也成梁，败也成梁啊。

明廷很失策。早在万历二十一年（1583），努尔哈赤便开始了他一统女真的大业，东征西讨，南征北战，即使李成梁有纵容之嫌，时间长了，朝廷总该看出点端倪吧？何况那努尔哈赤够明目张胆了，建州内部不讲，都开始灭海西四部了，大明最为倚赖的臂膀南关哈达，第一个惨遭败亡的噩运，明廷也只是略为过问一下，竟未拿出任何实质性动作，对努尔哈赤也没产生怀疑！

当然努尔哈赤做得也很巧妙，一直把自己打扮成听话的好孩子，多次亲自入京朝贡，就在他建国的前一年（1615），还去过一次呢。朝鲜之役时，他也曾主动请缨，不明白大明为啥不让他去。另外，还有什么对明边不掠不盗、笼络明朝官将等，怎么看也是忠心耿耿的样子。

其实这伎俩不是啥雄健奇策，古往今来被用的多了。帝国要保障边疆的安定，不管对方如何运作，基本原则不能丢！太多历史经验教训了，塞外剽悍之族，分总比合好吧？威胁总来得少些吧？岂能掉以

轻心，何况又是一个正在迅速崛起的民族？

明廷以前做得确实不错，可叹可恨的是，这一次却在诸多因素缠绕下，丧失了正确判断，放松了警惕，三十余年未对建州女真进行过一次征讨，眼睁睁看着它坐大，一步步变强，直到局势不可挽回，才有所醒悟，可惜已是落花流水春去也。凭此，养虎为患纵有千条因，作为帝国最高领袖的万历也是要负最大责任的。

万历四十四年（1616），努尔哈赤在赫图阿拉（今辽宁新宾县）称汗，建国号为"金"（也有说建州的），史称"后金"。这之前，他在文治上也做过几件事，创制满文值得肯定，至于八旗制度就很一般了，无非就是一个刚从蒙昧中走来的民族最简单的军政合一的组织形式罢了。历史上北方游牧、渔猎民族刚起时大体如此，只是形式上略有不同。

建州女真民族的勃兴，努尔哈赤一班人的努力，上天降下的绝好机遇，更加上大明自己的错误连连，终于给老大帝国迎来了一个两百多年来最危险的对手。时间也将很快证明，大明这个以辉煌的三大征迎接十七世纪到来的东亚超级帝国，究竟分量如何，而万历对明亡到底要负多大责任。

至于怎么看努尔哈赤，也可以先定一个标准了。如果郑成功的儿子郑经（见《大帝卷·台湾篇》）在台湾叫分裂的话，那努尔哈赤就更应该算是分裂分子，甚至叛乱分子了。因为两百多年来，女真可都是大明的臣民，尤其是努尔哈赤家族，自猛哥帖木儿以降，都当着大明的子民，还做着大明的官。努尔哈赤最高还做过明之龙虎将军呢，标准的大明一份子吧？以后的建国并向明宣战，不是叛乱是什么？何况伴随这种叛乱而来的是对华夏极端的破坏和民众的无情杀戮，高捧他肯定不合适。

明清命运第一战

万历四十六年（1618）四月，努尔哈赤以"七大恨"告天（原文附后。借口而已，不值多提），向大明宣战，先破抚顺，再拔清河（今辽宁本溪县清河城），轻轻松松搞定两战。抚顺守将李永芳成为第一个投降后金的明军将领，辽东总兵张承胤也成为明与后金之战第一个牺牲于沙场的明军总兵官。

辽东两大重镇一失，东北震动，万历也意识到了问题的严重性，决定调集大军征讨，并任杨镐为辽东经略。当年杨镐援朝御倭时，因攻蔚山不利损兵折将，被诟病太多，形象大损，与真相严重不符。那时中日军力相差并不大，要不是丰臣秀吉紧接着病死，日军撤退，谁统领明军敢保证就一定能把倭人从半岛赶走？其实杨镐还算是大臣中知军事的人，后巡抚辽东时，曾多次指挥部队击退侵扰的蒙古人和女真人。这次东北风云再起，时为兵部右侍郎的杨镐因为熟悉辽事，经过大臣们会推，才被万历赋予重任的。不是给杨镐翻案，能力之外，感觉他也确实有点背，朝鲜战场遭遇并不逊色的日军，这次又逢很快将证明更为强大的对手。且看以后明清相争近半个世纪，除了李定国（见《摄政卷》），可从没人能在大野战中胜过满洲铁骑的。

同年冬季，四方征调之兵会集辽阳，时值天寒地冻之际，并不适于大军出征，但朝廷以为建州女真不足为惧，万历求胜心切，内阁、兵部也怕师久饷匮，都主张速战速决，一再催促杨镐进军。看看这指导思想就有误，未战先折一阵。

万历四十七年（1619）二月十一日，杨镐辽阳誓师，议定战斗方案。明军会合朝鲜、叶赫兵，共计十余万人，号称四十七万，二十一日四路齐发，三月二日相约二道关会师并进，直捣努尔哈赤的政治中心赫图阿拉。山海总兵杜松出抚顺攻西；总兵马林出开原攻北，叶赫兵相助；辽东总兵李如柏从清河出鸦鹘关攻南；总兵刘綎出宽奠，于凉马佃会合朝鲜军攻东。

不巧，天降大雪，道路难行，大军出发时间只好改为二十五日。时杜松因大雪迷路，刘綎也以未谙地形，都请求缓师，无奈朝廷催进，杨镐不敢违命。明军天时地利皆不利，又不能做到知己知彼，再折一阵。更为严重的是军情也泄露了，努尔哈赤对明军行动已了如指掌，三折吧。

至于分兵出击，兵家惯用战术，本没有错，问题是分了就要及时合，否则被敌各个击破，那就形不成合力了。可惜明军四路仅仅是分，直到大败也未能合到一起，四折也。事后看，面对女真这等生猛强敌，还是一开始就不分的为好。

明军此次征讨，把家底都给晾出来了，绝对是当时帝国最精锐部队。刘綎，不用多说，万历三大征中已见其矫健身姿；杜松，绰号"杜疯子"，与刘綎齐名的超勇猛将，守陕西时与蒙古人大小百余战，无不克捷；李如柏、马林稍逊，所带之兵也不可小觑。

常理讲，明军实力不同凡响，有的一拼，但长期以来形成的弊病关键时刻总会"闪光发亮"，各路人马其实并未按照主帅的统一部署行事，四路军马没有会合成的原因就在这里，被敌各个击破更是与此相关，五折也。

且说后金兵力虽少些，六万余人，但新锐之师，军纪严明，战斗力超强，从后来的历次大战看，别说兵分数路了，就是集中起来，明军十万余人也是很难打赢的。这才是努尔哈赤能取得决战胜利的根本原因。谋略固然重要，但没有实力为后盾也是无济于事的。何况努尔哈赤三十多年从"枪林弹雨"中走来，怎会没有两把刷子？他针对明军的部署，又采取了正确的应对策略，"凭尔几路来，我只一路去"，集中优势兵力，分路击破明军。如此一来就不是折阵的问题了，明军大败不可避免也。

杜松急着抢头功，率西路军从抚顺先期出发，渡浑河，三月一日抵达萨尔浒（今抚顺大伙房水库之地），遭遇八旗精锐，一番搏杀，全军覆没，无一幸免。马林由开原出三岔口进至赫图阿拉之北，闻杜松兵败，赶紧结营自固，仍未逃脱噩运，被八旗兵杀得大败，仅马林带着数骑逃回。坐镇沈阳的杨镐获悉两路兵败，立即下令东路刘綎、南路李如柏停止出击。行动迟缓的李如柏正好赶上，遂奉命不进。刘綎却已孤军深入至离赫图阿拉仅五十里的阿布达里冈（今桓仁满族自治县老道沟岭），陷入重围，力战而亡；跟进的朝鲜军随后投降，明监军乔一琦投崖而死。

萨尔浒一战，明军完败，损失文武将吏三百余、士兵四万五千余和马匹二万八千六百余（《明史》），惨重之极。从此，明清（后金）角色互换，大明由攻转守。看起来那么伟岸雄壮的大明帝国，竟如此不堪一击，东亚超级帝国的光环迅速散去，危机越发显现了。后金则由僻处塞外的蕞尔小邦，疾步跃登东亚历史的大舞台，一战功成名就，成了领衔主演的头牌。

"七大恨"（以天聪四年木刻榜文所载为准）

我祖宗与南朝看边进贡，忠顺已久，忽于万历年间，将我二祖无罪加诛，其恨一也。

癸巳年，南关、北关、乌剌、蒙古等九部，会兵攻我，

南朝休戚不关，袖手坐视，仰庇皇天，大败诸部，后我国复仇，攻破南关，迁入内地，赘南关吾儿忽答为婿，南朝责我擅伐，逼令送回，我即遵依上命，复置故地。后北关攻南关，大肆掳掠，然我国与北关同是外番，事一处异，何以怀服，所以恼恨二也。

先汗忠于大明，心如金石，恐因二祖被戮，南朝见疑，故同辽阳副将吴希汉，宰马牛，祭天地，立碑界铭誓曰"汉人私出境外者杀；夷人私入境内者杀"。后沿边汉人，私出境外，挖参采取。念山泽之利，系我过活，屡屡申禀上司，竟若罔闻，虽有怨尤，无门控诉。不得已遵循碑约，始感动手伤毁，实欲信盟誓，杜非有意欺背也。会应新巡抚下马，例应叩贺，遂遣干骨里、方巾纳等行礼，时上司不纠出□招衅之非，反执送礼行贺之人，勒要十夷偿命。欺压如此，情何以堪。所谓恼恨者三也。

北关与建州同是属夷。我两家构衅，南朝公直解纷可也，缘何助兵马，发火器，卫彼拒我，畸轻畸重，两可伤心！所谓恼恨者四也。

北关老女，系先汗礼聘之婚，后竟渝盟，不与亲迎。彼时虽是如此，犹不敢轻许他人，南朝护助，改嫁西虏。似此耻辱，谁能甘心？所谓恼恨者五也。

我部看边之人，二百年来，俱在近边住种。后前朝信北关诬言，辄发兵逼令我部遣退三十里，立碑占地，将房屋烧毁，□禾丢弃，使我部无居无食，人人待毙，所恼恨者六也。

我国素顺，并不曾稍倪不轨，忽遣备御萧伯芝，蟒衣玉带，大作威福，秽言恶语，百般欺辱，文□之间毒不堪受。所谓恼恨者七也。

辽东究竟路何方

萨尔浒惨败震动京师，万历心情可想而知。虽说他不上朝已有很多年，但像辽东战局这等大事，肯定要亲自过问的，战前悉心准备、将官选拔任用等，无不是他亲自拍板定夺，不可谓不重视。怎么天朝大军竟被"蛮夷小邦"打得如此不堪？这辽东就快崩盘了！如何是好？

万历的很多乖张行为实难让人理解！就像这上朝，你再怎么着，就算病得再重，国事已到这般地步，大臣们又渴望你能给个面见，出来主持召开个紧急会议，共商国防大计，即便想不出好办法，也能振奋一下人心吧。内阁首辅方从哲带头恳请，可他就是不干！明亡他怎么能没有责任？

但还是那句话，不上朝不代表不理朝，大是大非面前，万历从不会置之不问的。他对杜松等出兵误期表示了愤慨，又把杨镐下狱论死，并果断地起用当时也算最合适的人选熊廷弼，为兵部侍郎兼右佥都御史，代杨镐经略辽东，并像李成梁一样，给予了一万分的信任。

熊廷弼，字飞白，号芝冈，湖广江夏人，万历二十六年进士。曾巡按辽东，熟悉辽事，表现也很不俗，李成梁放弃宽甸那会儿，他也坚决反对过。这次得到皇上如此器重，自然也是踌躇满志，然而形势很不乐观，他还没上任，开原、铁岭两个重镇又失守了，辽东一片混乱，连沈阳的军民都逃散了。

万历四十七年（1619）八月，熊廷弼来到辽东，迅速进行了一番整顿。虽然也是稳定人心、做好防守之类，没啥奇招，但极其实用。面对东亚巨无霸的满洲铁骑，搞进攻，打野战，无疑飞蛾扑火，惟一的办法就是全力做好防守，对方来攻时挡得住就行了。

熊廷弼会不会打仗不好讲，理论与实践总是有差距的，没有经历过实战的检验，再口若悬河都没用。就像这足球，一个前锋其他方面表现再好，进不了球也不能算是好前锋吧。不过熊廷弼有气魄、有胆略，干啥事都雷厉风行的，一上任便杀了三员逃将以祭死节将士，罢免了不称职的总兵李如桢（李成梁的儿子），并抚救伤亡，安缉民众；同时还分兵把守要隘，激励将士造战具，固城墙，一年下来，成效很不错，局势也渐趋稳定了。当然，这也与后金暂时没有来攻有关，否则就要看实战表现了。

金无足赤，人无完人。熊廷弼此人有一致命弱点，就是性刚烈、好谩骂、人缘差、难相处。辽东任上，曾赌气差一点辞职不干了，幸亏万历好言相劝才作罢。此时的万历实已到人生最后阶段，但对辽事却没有丝毫放弃，对熊廷弼也是信赖有加。重病缠身之下，别的奏疏都可以不看，惟独熊廷弼的随上随看，且无不第一时间批示。熊廷弼稳定辽东的军功章里实也有万历的一半啊。

看起来辽东边事又有了转机的可能，前有出类拔萃的边疆大吏，

后有甘做后盾的最高领袖，前景怎不让人期待？只是上天眷顾建州女真的同时，对大明实在太薄了。就在这关键时刻，万历却一命呜呼了。时为四十八年（1620）七月二十一日，万历享年五十七岁。失去了靠山，熊廷弼很快就在官场权斗倾轧中下了台，辽东局势又成了未知数……

且说那万历终于告别了历史舞台，也许后世对他为人为政之评过于苛刻，酒色财气之论稍嫌夸张，不理朝政之说有失偏颇，朋党相争之谈远离真相，尤其是女真崛起之责，更非他一人能扛；但不管怎样，毕竟经过他的四十八年，大明帝国只坐了一趟过山车，快升快降，内外环境反不如他刚即位之时，给子孙丢下了一堆包袱不说，还制造了一个强大危险的敌人。就凭这，万历也要负大责任，只是还不到亡国的程度。

继承万历帝位的是他的长子朱常洛（1582—1620），庙号光宗，年号泰昌，非常有为，也有一颗力挽狂澜的雄心壮志。从老爸驾崩的那一天起，自己还没正式做皇帝，便开始发布革除弊政、振兴大明的新政了。朝堂上立马出现一番新气象，明之前景看上去又复美好起来。未曾想昙花一现，光宗在位仅一个月，三十八岁正当年时，竟莫名其妙地凋零了？难道是那个万历一生最宠爱的郑贵妃从中搞的鬼？她以前不就处心积虑想把光宗从太子位上拉下马，让他自己的亲生儿子干吗？过去针对太子朱常洛搞的"妖书案"、"梃击案"，以及现在直接与光宗丧命相关的"红丸案"，是否都为郑贵妃幕后指使所为？这些都已不重要了，大明危难之际，是多么希望出个这样的帝王啊！只能一声叹息了。

跟着上位的就是那史上大名鼎鼎的木匠皇帝明熹宗朱由校（1620—1627在位），年号天启，光宗长子，时为泰昌元年，也即万历四十八年九月初六。据官方史书所载，这位年仅十五岁的小皇帝，堪称有明一代最不干正事、最不够格的帝王了。没文化没教养，连大字都不识几个，整天就知道瞎玩，尤好木工活，既心灵手巧，又勤奋钻研，专业技能没得说，弄不好还是高级专家型的。可朝政呢？管他作甚？懒得搭理！结果竟让魏忠贤这个太监出了大风头，短短几年成了差一点与他比肩的九千九百岁，活着就被人当神膜拜了，而朝堂之上党争权斗也是空前激烈。就凭这，天启一朝和姓魏的那个人，历史上几乎成了最乖张最黑暗时代的代名词。不过真相如何？还是深入事

实，看个究竟吧。

针尖还要对麦芒

　　说起天启一朝，几乎是与魏忠贤这个名字画等号的。老魏这人历史上太有名了，太监堆里绝对数他明星指数最高，就是把所有人拉到一块儿，他也能排在人气最旺的行列中，当然是反角奸角了。这倒颇让人感兴趣。

　　没曾想深入一看，老魏此人和那段历史原来竟被后世如此妖魔化了。君主时代，人们往往以君主掌控大权为正常，权力旁落则为非，既是家奴又是阉人的太监要是掌了权，更是奇耻大辱。国家没毛病还好，要有什么三长两短，所有屎盆子都会往他们头上扣，哪怕他们做的好事，也非要往坏里整，何况对手还是东林党这样最擅掌控话语权、最会给人抹黑的不世出高手呢？

　　其实，所谓天启朝，"阉党"迫害"东林党"，实则不过是朝堂上的政权斗争罢了，很正常，哪朝哪代没有？张居正不是斗出来的？还与"阉人"勾结呢。李世民不是杀出来的？杀过兄弟侄子，再占兄嫂弟媳呢。

　　看那所谓东林党人历经万历、泰昌、天启、崇祯及南明，好几十年下来，除了与人斗，搞了一大堆虚名，也没见他们强在哪里，为国家多做了些什么。就是看那所谓的魏忠贤时代——天启七年短时光，前期不也是他们主政？没看出有比后期高明的地方呀？

　　说起东林党，顾宪成（1550—1612）应该是第一个要被提起的。"风声雨声读书声，声声入耳；家事国事天下事，事事关心。"据说作者就是他。万年二十二年（1594），吏部文选司郎中顾宪成因议论时政，与阁臣意见不合，被革职回乡；后于三十二年（1604），与高攀龙（1562—1626）等在东林书院讲学议政，名噪一时，声势日盛，各方志同道合者遥相呼应，渐成当世一个舆论中心，朝野皆为之关注，后又不可避免卷入政治权斗中，于是有了东林党之名。

　　其实，这"东林"政治上是否为党，是否有基本成员，被认为其敌对之浙党、昆党、齐党等，是否就真是一些固定党派，以及他们与所谓东林党真就针尖对麦芒吗？还真有点不好讲。可能这党那派，大体有个势力在，却是极其松散型的，并不固定，彼此间随时都会分化

组合，或者有些人根本就不属于哪一党哪一派，却也被无端牵扯进去，反正复杂得很。

试举两例。后来被称为东林党第一号人物的李三才，万历时做过漕运总督、凤阳巡抚的，自己都不承认是东林党人。而所谓第二号人物叶向高，万历、天启时都曾做过内阁首辅，却怎么看都不像是什么东林党的领袖。他与所谓浙党首席大佬、万历时干过内阁首辅的沈一贯关系相当不错，还常以晚辈身份写信向已经致仕的后者请教呢。就是后来所谓东林党人与魏忠贤已经彻底摊牌，左副都御史杨涟弹劾其二十四大罪状时，叶向高还很不以为然地表示："事且决裂，深以为非也。"(《明史》)

如果说东林之为党在万历及天启之初时，尚不能肯定的话，那么天启五年《东林点将录》的出台，算是正式给其划上了党派的符号，而这不过是政治斗争的惯用伎俩罢了，魏忠贤一帮人把所有与他们相对抗的人全算在了东林党的范畴中。于是天启一朝，惨烈权斗的结果便是正式出现了一对势不两立的党派，魏忠贤们称政治对手为"东林党"，反过来对手又称其为"阉党"。

其实党争本身并不见得是件坏事，倒有点初级议会的架式，比起高度集权的帝王一人独裁，还更符合时代的要求呢。因为通过这种方式，一定程度上也能达到政治权力分配的平衡，关键是怎么引导的问题。那个时代没有健全的制度可循，只能寄望于帝王的优秀，把握好分寸，拿捏到位，发挥其优势，为我所用。当然说起来容易做起来难，就是现在搞议会制的国家，又有多少能真正落实到位的？

晚明是一个思想解放、氛围宽松的时代，尤其是江南之地，开风气之先河；万历又是一个比较温和放任的帝王，臣子们有时骂他骂得很过分，都形成了规模浩大的非君浪潮，他也并未采取什么残暴措施，修理一下这些斗胆包天的手下们。如果没有这样一种氛围，很难说如东林者能发展壮大起来，起码高度皇权专制的清代是绝不会出现这种情况的。现如今被高捧上了天的康熙时代，政治氛围不要说同万历时比，就是天启、崇祯时也比它强好多。起码人家的大臣算是臣，而康熙时只是满朝奴才。如果顾宪成活在那个时候，也不知死过多少回了，除非老老实实做顺民。

不过凡事都要从实际出发，当时那个内忧外患的时代，可能权力高度集中些反而更好，因为它能凝聚全力，形成一个整体共渡难关。

如果权力分散，今天你斗我，明天我斗你，斗到最后既消耗了精力又浪费了时间，却给了敌人以可乘之机。晚明党派激斗，不能说不是明亡的一大因素。

其实政治斗争的较量双方往往很难说谁好谁坏，拿权斗本身来论证更是本末倒置，因为太多被咱们高捧颂扬的政治人物也都是凭着狠辣手腕上位的。若要论，还是得看他们当权后能为国为民做多少有益的事。

光宗驾崩那会儿，李选侍赖着乾清宫不走，欲把持还是太子的天启，争当皇太后，图谋垂帘听政，搞得皇权交接波折不断。后经兵科都给事中杨涟、御史左光斗等所谓东林人士和司礼监掌印太监王安的携手努力，太子天启才得以顺利接上老爸的班，李选侍也终于被迫迁离乾清宫。这就是与"梃击案"、"红丸案"并称为明末三大案的"移宫案"。

天启也是知道感恩图报的人，他大力起用那些东林人士，一时间竟形成了"众正盈朝"的局面。其中一人需要额外提及，即吏部尚书赵南星，曾与邹元标、顾宪成合称为"海内三君"，那么多"正"能当朝，他是很使了一把力的。

而魏忠贤，此时还没与"正"士们交上手呢。这魏忠贤，北直隶河间府肃宁县人，二十一岁自阉入宫做了太监，历经三十余年的奋斗，熹宗即位后干上了司礼监秉笔太监兼掌东厂太监，攀上了太监中的顶峰。他能发迹，最关键是攀上了天启乳母客氏这个深受小皇帝宠幸、地位特高的女人，二人私下成为"对食"，也就是结为"夫妇"。

从此，魏客携手，在宫内陆续铲除了魏朝、王安这些太监中潜在的对手，尤其是利用天启的贪玩个性，曲意逢迎，百般投其所好，使其不问政事，乘机窃取了国家大权。朝堂之上，他们本来也想积极结交重臣，比如赵南星，却没想到遭到了拒绝。这一点，赵南星就比不上张居正了。没有冯保这样的大太监鼎力相助，张居正想有为搞改革，谈何容易！偏见、歧视害死人呀。另外，赵南星还过于刚严，曾把人得罪了往魏忠贤那里跑。大学士魏广微就因三至南星家门竟不得见，恨而投魏，并成了魏的得力干将。

"正"士们不屑与魏忠贤同流，更主动与之缠斗，老魏也不含糊，双方迅速接上火，又是针尖对麦芒，斗了个天昏地暗。天启四年（1624）六月，杨涟带头，倒魏风潮大起，声势相当之盛，魏忠贤也

惊恐万状。但半年搏杀下来，笑到最后的还是魏忠贤，他全面掌控了大权，进入了历时两年多的真正魏忠贤时代。

不管是东林"正"士们，还是魏忠贤，一句话，不以好恶论之，且看实际行动。这不，辽东之局还没安稳几天，天启之初便又风云乍起了。

何必高看熊廷弼

熊廷弼有才干，在辽东也干得挺好，但因为是所谓的楚党，和东林党人素来不睦，性格又差，好得罪人，最强硬后台万历撒手而去后，便屡遭言官攻击。这其中既有党争因素，也有个人恩怨。结果自请求罢而去，袁应泰接替了上来。

这一番变更实在与魏忠贤毫无关系，当时正"众正盈朝"呢，也没有魏与熊有过节，或与袁有交情的任何记载。袁应泰这个人历史上被定性为志大才疏者，与熊廷弼的形象相差甚远，这应该与他最后失败有关。也是天不怜人，熊廷弼上任一年辽东都没啥事，可他一上来就赶上了后金的迅猛攻击。

天启元年（1621）三月，努尔哈赤亲率八万铁骑南征，迅速拿下沈阳，继而攻克明辽东首府辽阳，辽河以东皆为后金所有。袁应泰可谓倾尽了全力，守辽阳时先亲自出城督战，后城破自缢而死，做到了与城共存亡，不失为英雄也。只是明与后金军队的战斗力相差太悬殊，又处于双方交战初期明军一泻千里之时，谁又能比他做得更好呢？其后熊廷弼还不是一个样？

努尔哈赤攻下辽阳后，遂从赫图阿拉迁都于此，四年后又改迁沈阳，从此大明镇守东北的基地辽东，变成了后金四方征战的大本营。老努此人极端残暴，攻明以来，所到之处对民众不是手起刀落，就是掳掠为奴，仅攻下沈阳时就杀了七万民众。占领辽东后，更是变本加厉，强行在被征服民族中推行剃发、圈地、投充、逋逃等一系列暴政，尤其杀人不眨眼，辽东血流成河。

且说大明，萨尔浒一战不过两年，辽东便基本沦于敌手，惨败至极。谁能力挽狂澜？朝廷又想起了熊廷弼，这个不太被东林党人待见的人，还是有两把刷子的，不用他又用谁呢？于是熊廷弼被再次起用，任兵部尚书、辽东经略，驻山海关。

正坚守广宁的王化贞，声望不错，被称为东林党第二号人物的首辅叶向高又是他的后台大老板，此时也被提拔为辽东巡抚。按明朝官制，经略才是一把手，可王化贞与熊廷弼不和，经、抚搞不到一块儿去，你说咋办？本来就打不过人家，内部再闹家窝子，朝廷也未妥善处理，结局可想而知。

后金占领辽沈后，习惯性地调整休息了一番，又于天启二年（1622）正月，由努尔哈赤亲率大军向西挺进，直指广宁。一番激战，明军既有西平堡血洒战场之英烈罗一贯（明清之战很多英烈逐渐湮没，降者反而出尽风头），又有开广宁迎敌之无耻孙得功。总之，留给十万大军的只有两个字——惨败。

努尔哈赤不战而得广宁后，继续沿西南而下，至中左所而回，并未攻打山海关。为何不乘势再干一仗呢？看那明军几近崩溃的样子，说不定就拿下雄关入了中原呢。他的儿子、后来的继承人皇太极给出了答案："太祖初未尝有必成帝业之心"（《东华录》天聪一）；"我师既克广宁，诸贝勒将帅咸请进山海关，我皇考太祖以昔日辽、金、元不居其国，入处汉地，易世以后皆成汉俗，因欲听汉人居山海关以西，我仍居辽河以东，满汉各自为国，故未入关，引军而退"（《清太宗实录》卷三）。

说得很明白了，努尔哈赤根本就未打算入主中原。相反，万历纵有千般错，养虎也成患，却不能担亡国之主责，原因很大部分也在于此。接下来的事情就能理解了，努尔哈赤一把火烧了广宁城，然后将前后拿下的辽西四十余座城堡的军火、粮食、饷银、物资及未逃入关内的所有民众，都给拉回了辽阳（当时后金都城）。

到手的土地都不要，不管出于啥原因，也是短视的，更是大大的失策，后来明清（后金）相争二十余年的主战场即在此。老努要是早守着，哪有后来那么多事？

回头再看明之经、抚两位大人。王化贞并未做那忠贞之士，孙得功迎敌前，先从广宁撤了，南逃途中遇到熊廷弼，遭到一番冷嘲热讽后，两人不得不合计，下一步该怎么办。王化贞建议收拾残兵固守宁远（今辽宁兴城），熊廷弼不同意，带领数十万溃逃军民入了山海关，等于把关外之地全部送给了后金。于是，熊与王都成了丧师失地又未杀身成仁的败军之将，人格不如袁应泰，罪责实也难逃，结果两人都被下狱论死。

广宁之败，王化贞固然有责任，战前大话连篇，说一举荡平后金，战时却无对策，内部有谋叛不知也就罢了，待叛乱刚起丝毫不作应对便惊慌地弃城而逃，哪有一点坐镇一方统帅的样子？是"雄"还是"熊"，关键时刻方才知呀。熊廷弼也难辞其咎，责任一点不轻。经抚失和在前不假，但生死存亡之际，如果一把手心胸能宽阔点，抛弃前嫌带着人马进入广宁，与王化贞合力共守，与敌一拼，起码不会出现开门纳降这样的事吧。

尤其广宁失守后，关外还有锦州、宁远等多处城堡，自己都没见到敌人啥样呢，便也一路逃入关去，尽丢关外之地。极具讽刺意味的是，人家努尔哈赤其实仅仅到了中左所，连宁远都未到便掉转头走了！

纸上谈兵终究易，疆场操兵方知难。熊廷弼不仅有责，还能看出他并非实战高手。作为最高统帅，与敌打了一仗，竟未见过敌一兵一卒，本身就说明了问题。至于军事之谋，他一直坐镇距广宁四十里的右屯，遥控指挥战斗，何曾有高人一筹的地方？还不是一个败字？临危之际更没见出英雄本色。比起袁应泰的气壮山河，慷慨赴难，他与王化贞皆应感到惭愧。真不知后人为啥要狂贬王而猛褒熊？两人不过是五十步笑百步罢了，更不知又凭什么非要把魏忠贤也拉进去，搞成一切好像都是阉党惹的祸。当然，最后两人命运的不同，与魏忠贤是有很大关系的。

东林党人与魏忠贤斗得越来越激烈，追究广宁之失也成了其中一个议题，熊、王二人必然卷入。熊廷弼入狱后，也曾向魏忠贤求情，愿送四万两银子换一活命，魏忠贤也答应了，可熊廷弼清官一个，短时间凑不起这笔巨款，一下惹恼了魏忠贤——好啊，明明就是有意诳我嘛，提前斩了得了。魏忠贤固然不是个好东西，但熊廷弼的死也不能算冤枉，只是弄了个传首九边的下场，还是太惨了点。王化贞更是个聪明人，本附东林党，一看魏忠贤胜利在望，又马上转弯，投靠了新主人，关了监狱，却没处死，后于崇祯五年（1632）才被拿下了项上人头。

得失参半孙承宗

广宁战后努尔哈赤的"不思进取"，客观上也让明与后金步入了

一个战略相持阶段，辽西成了双方的缓冲地带，山海关并无真正的危险。不过旁观者清，当局者迷，一路惨败之下，庙堂之上畏金如虎，大臣们难用平常心看待之也能理解。于是辽东经略成了烫手山芋，谁也不敢去接了。廷推解经邦，解坚决不干，被削籍处分了事；再推王在晋，又是苦苦推辞，因怕步了解之后尘，才勉强答应。看看朝堂之上都养了一帮什么人？平时指点江山意气风发的东林党人呢？就知道指责别人，自己干吗不去试试？

王在晋就任辽东经略没几天便被拿下了，根本原因是对辽东战略的认识问题。他主张全力守卫山海关，只在关外八里铺筑一重城，与之互为依傍，反对再往前深入拓地建城驻防。对其部分手下为先锋的向宁锦推进的主张，他是这样认为的："然必有复全辽之力量而后可复广宁，必有灭奴之力量而后可复全辽，不然虽得之必失之。启无已之争，遗不了之局，而竭难继之供。故职之亟亟守关者，非以关门自画也。"（王在晋《三朝辽事实录》卷十一）

内阁大学士兼兵部尚书孙承宗赴关外考察了解一番，结果并没有支持王在晋的主张。天启二年（1622）八月，天启召见孙承宗听取边事后，决定改任其为辽东经略。用如此高级别的朝臣担任此职，前所未有啊，足见朝廷对辽东的重视。

观天启一朝，不仅魏忠贤，整个都被后世妖魔化了。就说这个天启，被丑化得差点成了一无是处的白痴，可从召见并重用孙承宗之举来看，也不像呀？其实，凡天启朝重大事件，都能看到天启的身影，最后还都是他决策的。虽然有些可能是魏忠贤狐假虎威所致，但有的比如这次任用孙承宗，肯定就是天启本人所下的决断。后人对天启的捧杀当有过重之嫌。

孙承宗上任后，大力整顿山海关内外防御体系。经过三年努力，共修复了九座大城、四十五座堡寨，练兵十一万，建立十二个车营、五个水营、两个火营和八个前锋后劲营，拓地四百里。尤其是修建了宁远城，并以此为中轴，构建了完备的关宁锦防御体系。他的总方针是："总之以修筑，因辽山以策应，因辽海以守土，因辽人以养人，因辽土以斟酌远近，分布控扼。"（谈迁《国榷》卷八十五）应该说，孙承宗所做的这一切，为以后二十年关外抵御强敌打下了坚实的基础。孙承宗不愧是一个优秀的总参谋长，但他和熊廷弼一样，并不擅长实战，而后者才是一个军事家最应当具备的。

很多东西往往是一把双刃剑，孙承宗的关外战守之策，有利也有弊。这么多城堡建起来，那么多士兵养起来，是需要大把大把银子的。天启三年（1623），工科给事中方有度就上疏言及这一问题（《明熹宗实录》卷三十六），颇引人深思。

山海关内外十余万兵马，年耗军饷四百万两，加上周边因辽事增兵所需军饷一百二十万两，共计五百二十万两。这是什么概念呢？过去辽东一镇军饷仅五十二万两，而整个北方九边重镇，天下正供军饷也才三百四十余万两，即使因辽事加派到四百八十五万两，并且全部用于此，也还有三十五万两的缺额呢。差距何等之大！真是"竭天下之物力供一隅"啊。明廷疆域这么大，边防之患怎么可能就此一处？山海一带欠饷不可避免，每年竟达一百六十二万两！难怪兵变不断发生。

而这还不包括构筑那么多城堡的化费呢？加在一起那不更吓死人？明廷的财政已够紧张了，因为辽事，万历四十六年（1618）就不得不增收辽饷来应急，使民众负担更巨，社会矛盾更大也。

当然，要是值得也就无可厚非了，但关键在于究竟是不是值得呢？宁远这样的重城自然不用多言，可那众多的堡寨，战时没几个能起到作用的，强敌每次打过来，都是一触即溃，毫无防守能力，就那还翻来覆去修复，又派兵驻守。这耗费的可不是小数目啊。

还有那关宁锦防线，有必要向关外推进四百里，与后金前沿遥相对峙吗？如果仅是防守，宁远与觉华岛互为犄角，扼住河西走廊咽喉之地，距关也有二百里，足矣；再往前不如形成一个无人无粮的真空隔离带。否则，一直推进到敌人边防阵地跟前，无形中也给人家一个信号，你不甘于现状，还想有所图谋，客观上也诱发人家来打你。以后好几次宁锦一线的大战，都有这个因素在里面。

其实孙承宗就有"徐图恢复"之意，关宁锦防线明为防实藏攻也。明廷也不甘心辽东故土陷于敌手，五年后崇祯上台，听袁崇焕说五年可复辽时还大喜过望呢。问题是你有那个能力恢复吗？明军与正处勃兴之际的满洲铁骑相比，差距太远了，根本不是其对手，不自量力、轻浮冒进，只会招来更惨痛的打击。当年南宋北伐不就是最好的例子吗？

打不过人家，就别惹事，老老实实在家待着，卧薪尝胆一番，待势而发岂不更好？明军最需要解决的是如何提高战斗力。只要拥有一

支强大的军队，以大明之宏大规模与战争潜力，局促于辽东的满洲人又算得了什么？从这一点看，王在晋的思想有一定道理，只是过于保守了，明军前沿放在宁远更为合适些。这个重镇直到二十年后吴三桂主动放弃，面对强敌轮番轰炸，却能始终屹立不倒，大明旗帜高高飘扬，足以证明一切了。

孙承宗任上，后金因努尔哈赤的战略并未来攻，相反他倒攻了出去！当时明军与后金隔着大凌、三岔两河相持，位于三岔河东岸的耀州算是后金的最前沿，并没有多少驻军。天启五年（1625）十月，孙承宗与手下第一大将山海总兵马世龙谋议，派兵夜袭耀州，结果招致柳河之败。这一次出击不管基于何种原因，都极端愚蠢，就是侥幸拿下，迎来的也将是同样的命运结果——后金的无情打击。两个月后，近四年没有攻明的努尔哈赤又大举发兵而来，岂能与此无关？

且说败耗传到明廷，孙承宗旋即遭到言官们的交章参劾，圣旨也严厉切责，于是自请而去，告老还乡了。按照惯例，天启一朝的所有屎盆子都会往魏忠贤身上扣，这次也不例外。说是魏忠贤再陷忠良，才导致孙承宗不得不离开，言词切切，证据凿凿。无意为此再多论，只想问一句，孙承宗能在辽东干三年多，又是谁的功劳呢？

时艰方显英雄色

接替者高第堪称天启一朝辽东经略任上最差的一个了，因前有柳河之败，上任后竟在没有敌人入侵的情况下，决定彻底放弃孙承宗苦心经营三年多的宁锦防线，改守山海关，别人怎么劝都不行，他就是一意孤行。这叫什么事儿！是正常人都不会这么去做，乖张得都不敢让人相信，也许另有隐情，又或事实本非如此？

王在晋在《三朝辽事实录》中曾记载："……由此以东如锦州城大而朽坏，松山、杏山、右屯城小而低薄，皆前锋游哨之地。夏秋无事防护屯种，入冬遇大敌则归并宁远以便保守。自岁前闻奴欲犯右屯，即行该道镇严为提备，腊月二十后道臣袁崇焕来关城面议甚悉。以时势论，守四面之城易，守数十里之长城难。臣非敢急关门而缓宁远，以宁远之守着预定而不忙，关城之守着新议而未定也。"由此观之，高第只是放弃了宁远以外的地方，而且已经得到后金将攻右屯的

情报。可能这才是历史的真相。

至此，有一个人即将大放光芒了，他就是袁崇焕！当高第下令关外各城堡尽撤后，只有他宁前道袁崇焕竟置国防部长级帝国最重要军区司令员命令于不顾，坚守宁远，誓与之共存亡也。

袁崇焕（1584—1630），字元素，祖籍广东东莞，出生于广西藤县。万历四十七年（1619）进士，恰是萨尔浒大战的那一年。自踏上仕途起，就很留心辽事，尝以边才自许，还曾"单骑阅塞"，一个人骑马至山海关外查看了解情况。回来后说："予我军马钱谷，我一人足守此！"

天启二年（1622），袁崇焕被破格提拔为山东按察司佥事、山海监军，第一次来到辽边就职。时任辽东经略的王在晋对其很赏识，委以重任，但在如何防守山海关的战略上，袁崇焕却不因私人感情及下属身份，便惟惟诺诺。他不赞同王在晋于山海关外八里铺再筑一重城的想法，提出于关外二百里的宁远筑城坚守。那时他还只是个五品佥事的官儿，却敢为了实现自己的主张，两次越级向首辅叶向高禀告。足见他的性格为人，勇于任事，敢于冒险，胆略过人，个性十足。这样看，他能在宁远抗命孤守就不足为奇了。

孙承宗支持了袁崇焕等人（不是他一人）的主张，以后宁锦防线的大营造，袁崇焕也是最重要的参与者之一。宁远于天启四年（1624）筑成后，袁崇焕与时任山海副总兵的蒙古人满桂共守，另有建宁远者游击祖大寿、当时山海总兵马世龙及驻前屯拥总兵衔的赵率教，皆为以后大明国之栋梁，也都是孙承宗重用起来的。老孙确实贡献很大啊。

高第上任后主撤，袁崇焕坚决不从宁远退，并豪言："我宁前道也，官此，当死此，我必不去。"（周文郁《边事小记》）高第只好随他去了。一般像高第这样的非正面人物，都是被列入阉党范围的，但与之针锋相对的袁崇焕，不仅并未遭殃，反在两个月后（十二月）提升为按察使，官居正三品。不知那些狂贬魏忠贤的人怎么解释这件事？

天启六年（1526）正月，四年不在宁锦开张的努尔哈赤，亲率十三万大军（号称二十万），向着宁远杀奔而来，狂风骤雨降临了。所为何因，没有明确记载，当与两月前明袭耀州有关，且有塞外民族侵掠杀戮之性使然也。老努开衅大明以来，所向披靡，岂会把袁崇焕和

这宁远城放在眼里。可没曾想,这次终于遇到了对手!

强敌入侵既晒怯小之徒,更催热血男儿。袁崇焕壮怀激烈,宁远城凛然而立,仰天一声啸,扬眉剑出鞘,携手已任总兵满桂、参将祖大寿等,带领仅万余人马,凭坚城,用大炮,竟然打退了不可一世的后金铁骑!努尔哈赤也中炮负伤,愤恨而归,八月十一日逝于沈阳,虽没有确切记载,当与宁远城下受挫有关。

想那努尔哈赤自二十四岁起兵,四十三年来所向披靡,哪曾想亲率举国之力,却挫于尚不知名的宁远城下,还是被一个更不知名的白面书生击退,六十七岁的人了,怎能咽下这口气?《清太祖武皇帝实录》就这样记载:"帝自二十五岁征伐以来,战无不胜,攻无不克,惟宁远一城不下,遂大怀忿恨而回。"这下可好,伤势不轻,心情又差,年龄也不小了,诸多因素一交集,撒手而去也属正常。

其实宁远一战,纯粹从战役看,算不上一场真正的大捷,后金只是攻城不克而退,并没有被打败;它还分兵指向觉华岛,关外明军重要的后勤基地,与宁远三十里相隔互为犄角。明军一战大败,岛上士兵与民众各七千余人全被杀戮,八万余石粮秣与二千余艘船只也被焚烧一空,损失甚为惨重。

但联系当时大势,对大明又绝对是一场最能振奋人心的空前大胜。自萨尔浒惨败以来,后金在辽东攻城掠地犹如探囊取物,明军哪有丝毫还手之力,士气降至最低点,剽悍八旗成了不可战胜的神话,朝野上下一片惊恐慌乱,辽东经略之位竟让大多数朝臣畏之如虎。恰于此时,袁崇焕却能取得以弱击强、打退后金倾国之师的骄人战绩,怎能不是一场大捷?就是后金,心理上也会发生很大的转变。瞧瞧吧,以后不要太嚣张了!

宁远捷报传到京师后,全城欢腾,官民皆庆,天启下旨:"此七八年来所绝无,深足为封疆吐气!"袁崇焕因功升任辽东巡抚,加兵部右侍郎衔,而那个所谓阉党高第则被罢官撤职。这一切可都发生在魏忠贤已全面掌控中枢大权之时,而那时对他的个人崇拜也已达到巅峰。

袁崇焕,以往争议很少的悲壮大英雄,现在大众对他却有点褒贬不一了。站在各自立场,都有一定道理。后期的他确实表现一般,错误连连,但宁远一仗及后来的宁锦之战,其功绩却是抹杀不了的。它堪称明与后金交战史上的一个转折点,从此明在关外不再一溃千里,

而是进入双方战略相持的阶段，直至明亡。

不错，守住城池靠的并不是什么奇计巧谋，无非凭坚城用大炮，且有孙承宗三年苦心经营在前，红夷大炮威力无比在后，满桂、祖大寿等英勇杀敌相辅，但如果没有三军统帅袁崇焕的亮剑精神，那种在满洲铁骑下几近崩溃的仓皇败逃中，敢于逆风而行独守宁远孤城，誓与不可战胜的军事巨无霸斗一斗的英雄气概，胜利又从何谈起？

这里，有一点需要再提及，那就是红夷大炮。袁崇焕能守住城池，多亏了这一东亚当时最先进的武器，而他与袁应泰同样慷慨英勇，命运却截然不同，很大程度上也是因为它。此袁有而彼袁无也。

明军向来重视火器装备，孙承宗编练的一个标准军营火器配备，现在看来都让人大吃一惊，这是四百年前的中国军队吗？印象中士兵不是应该拿着大刀长矛的吗？即使两百年后鸦片战争中的清军，装备也不能与之相比呀！全营六千六百二十七人，竟配备鸟铳、三眼铳等一千九百八十四支火枪，平均每三人就有一支，各种火炮（包括佛朗机）也达到三百四十四门。这是一个什么样的配备？数量之大，兵器与人员之比，就是与当时最先进的西欧军队相较，也毫不逊色。

为了对抗东北强敌，大明自然把最先进的火器用在辽东战场。据统计，万历四十六年（1618）至天启元年（1621），发往广宁前线的各种火炮竟有二万二千一百四十四门。何等惊人的数字！遗憾的是，晚明的军事科技发展速度已慢于西欧。当人家已经可以凭着"高科技产品"，打败最勇猛的骑马射箭的野蛮力量时，明军却还在过渡期徘徊；加之制度的败坏、军队的腐化与训练的缺失等，前期与后金的战斗，面对骁勇铁骑的冲击，并未能发挥多大作用。

怎么办？自己一时半会儿还不行，那就先来看看外面的世界。在徐光启、李之藻等人的大力倡导下，从泰昌元年（1620）至天启五年（1625），明廷先后从澳门购买了三十门葡萄牙制造的新式火炮，称之为"红夷大炮"。京师留用十八门，炸毁一门，另有十一门调往山海关，被袁崇焕放于宁远城头，其后在抗击外侮中发挥了至关重要的作用，有一门大炮还被明廷封为"安国全军平辽靖虏大将军"。

火器！先进的火器！从宁远一战当应清醒地看到，明军远逊敌人的战斗力绝非三两日就能改变的，只有火器才是大明军事上寻找克敌之途的突破口！文明之族就要拿出文明的优势来，骑马射箭干不过你，咱就大力发展火器；早已不是宋朝那会儿了，大明是完全有可能

的。其实明廷也在努力去做，只是没想到五年后的一场兵变，却把这一切毁于一旦，怎不令人痛心万分！

和战扰扰终去职

努尔哈赤逝后，接替汗位的是第八子皇太极（1592—1643）。这可是个了不起的人物，堪称大清（后金）历史上最杰出的领袖，十七年领头人干下来，文治武功均十分辉煌，是大清日后入主中原的真正奠基人，当然也离不开他的老朋友老对手崇祯的鼎力相助了。关于皇太极，以后讲崇祯时再细述，先来说说紧跟而来的袁崇焕与后金的议和及关外又一场大战。

议和之词，乍一听很突兀，其实挺正常。努尔哈赤不仅未打算入主中原，还想积极与明议和，并通过蒙古人主动向明廷转达过这个意思。王在晋在《三朝辽事实录》中就提过："先是奴酋托西虏根根儿通禀乞和，晋甚恶和字。"皇太极在给袁崇焕的书信中，也曾表示，父汗往宁远时（就是上次的征伐），曾向明廷致过书，希望双方和好，却一直没有得到答复。继承者说的话，总不能不信吧？

而袁崇焕，虽然打退了努尔哈赤的进攻，却也深知明军技不如人，想法还是很务实的。他主张"守为正著，战为奇著，款为旁著"，对议和赞同不排斥，甚至很主动。他在得知努尔哈赤死讯后，即派人赴沈阳吊唁，实际上也就拉开了双方议和的帷幕，皇太极自然也给予了积极的回应。

和，也是一种斗争的策略，双方自然各有其他意图。袁崇焕就乘和谈加强了宁锦防线建设，抓紧修复宁远战前放弃的大凌河、小凌河、锦州等城堡；皇太极据说也借着后顾之忧的消除（其实完全没必要），打了一次朝鲜迫其臣服，但双方和谈应该是有诚意的。朝鲜战役结束后，皇太极仍在积极和谈，并未结束；袁崇焕也同样是，这从他在以后崇祯朝再被起用时仍主议和便能看出。双方于是你来我往，频繁交涉，最后却是不了了之。

明廷向来对议和都有一个心理负担，深怕重蹈宋金议和的覆辙，那可是前代留下的血淋淋的教训，所以朝堂之上反对议和的大臣还占多数。袁崇焕初与人家议和时，是否向朝廷汇报过，颇有争论，《明史》中说没有，《明熹宗实录》中却说有，姑且不论吧。反正议和启

动后，群臣反对者众，皇太极进攻朝鲜也给他们提供了口实。看看谁让你和的？让人家没有了后顾之忧，乘机斩断了原是吾大明的一支臂膀（没斩时朝鲜又起过什么作用呢）！更可恨的是，后金打朝鲜时，你袁崇焕竟不乘虚而入直捣虏穴，坐失灭敌良机呀（坐而论道，明军有那个能力吗）！天启呢？先同意后反对，这应该是和议未成的首要原因吧。

和一停，战跟着就来了。天启七年（1627）五月，皇太极发动了宁锦之战，确切原因只能问他本人了。大致揣测有：对一个崇尚武力的民族，新立帝王需要立威于疆场；对袁崇焕修复城池向前推进的反应；反正没有占领宁锦的想法（以后的事实可以证明这一点）。

皇太极先攻锦州，总兵赵率教与副将左辅、朱梅及监军太监纪用等率兵固守，不克；再攻宁远，袁崇焕、总兵满桂及副将祖大寿、尤世威等力保，又不克；复攻锦州，还是不行，历时二十四天无奈而退。大目标一个没捞着，算得上一次失败；但能在别人的地盘上纵横驰骋，摧毁了大小凌河、右屯、塔山等十余座城堡，收割了地中田禾，具体战斗也持战略进攻姿态，又不能算是真正的败仗。

明军此战与宁远那会儿也一样，更多的仍是精神上的胜利，不过在战斗力远逊敌人的情况下，能英勇顽强地把重镇守住已经很不简单了。满桂、尤世威等还能率兵在宁远城下，与看似不可战胜的敌军打野战，虽未取得什么骄人战绩，其勇其壮尽现也。保家卫国太需要这种精气神了。赵率教更应大书特书一笔，因为是他领衔守锦孤军奋战，让皇太极两次攻城受挫，其功绝不逊于宁远的袁崇焕。

宁锦城下让敌受挫，对当时的明军来说，用"大捷"二字绝不为过，因此捷报传至京城，又是一片弹冠相庆，不过紧跟着却是袁崇焕的黯然辞职。原来上次议和之事，遭廷臣非议，已为结局埋下很大伏笔。这次宁锦之战再获大捷，可袁崇焕本人却又遭到攻讦，说他不援救锦州，暮气太深。不能说没有一定道理，袁崇焕援锦确实没有尽力，赵率教完全是孤军守城，可是全力去救又如何？以后的松锦之战就是一个鲜活的例子，满洲人就怕你不来打野战呢，来了最有可能的结果便是全军覆没。

袁崇焕离开辽东，回了老家，只能讲官场太过诡谲，看看他的前任，有谁做到了全身而退？位高权重如孙承宗者，还是帝师呢，不也在攻讦之下请退而去？可以痛骂朝政腐败，但不要又扯上阉党，好像

非黑即白似的。袁崇焕获得大提拔，取得大功业，都是在魏忠贤全面压倒东林党人之后；他与被划归阉党行列的督师王之臣闹矛盾时，魏忠贤掌控的朝廷起初也是支持他的，还把王之臣调了回来，让他负辽东全责呢。何况在魏忠贤个人崇拜达至巅峰时，全国各地为他所建生祠中，也有他袁崇焕的一份功劳。

即便是魏忠贤整了袁崇焕，和其他官场之事又有何不同？何必非要贴上一个标签，魏整人就一定是用心险恶，迫害忠良。照此论断，崇祯还杀了袁崇焕呢？这样说，绝不是要给魏忠贤翻案，更不会认为他没有做过坏事，只是觉得没必要另眼看待一个人，就因为他是太监却掌权了。

天启七年（1627），是大事频发的一年。这不，辽事才告一段落，宫廷之中就又发生了天大的事。

新帝闪亮来登场

当年八月二十二日，年仅二十二岁的天启帝驾崩了。两年前，一次乘龙舟游玩戏水时，不巧风起翻了船，跌入水中的天启虽被救起，却呛水受惊患了病，原来就虚弱的身体更是每况愈下，短短时间便撒手而去了。这是七年来大明逝去的第三个帝王。

接下来，谁会继承大统呢？这可是帝国的头等大事。国之君选拔的好坏，直接关系到国之命运！你看隋炀帝，一人就能毁灭一个超级大帝国呢。

天启有三子，全都早夭，没办法，只好从弟弟们当中选了。老爸光宗生有七个儿子，长大成人的除他自己，还剩四弟信王朱由检（1620—1644），年方十七，是惟一的合法继承人，没什么异议的，皇位只有他来坐了。

就这样，朱由检很幸运地荣登大宝，年号崇祯，庙号思宗（1627—1644 在位）。不过皇位可不是轻易能坐的，旁边还有一个看起来权势熏天的九千九百岁呢。按照史家记载，我们的崇祯皇帝，少年老成，临危不乱，刚毅果敢，不动声色中两个月即把老魏撂倒了，开创了一个崭新局面（可惜短暂了些）。

崇祯确是坚毅之人，即使他最后失败了也要承认，铲除老魏也显露了他的气魄，决非庸碌之辈，胆量勇气俱佳，但不能就此说他是何

等英武。为什么？细看整个过程便知。崇祯是当时惟一合法够格的继承人，当皇帝也是老哥钦点，皇嫂张皇后坚定支持，名正言顺的。

谁与他争，谁就是叛乱，这样的威慑力不可小视，所以史书也载，老魏找他的亲信锦衣卫都督田尔耕和兵部尚书崔呈秀，密谋起义，结果两人都不敢答应。这事是真是假，不好说。即使是真的，也只能说明老魏的势力，远不像我们渲染夸张得那么强那么硬。

本来就是嘛。他老魏，实际权力再大，飞得再高，也在天底下，绝非东汉、唐时的太监；只是天启不理朝政（当然老魏为此也搞了点阴谋诡计），又有客氏（很关键）为强大后盾，才让他一步步专了权。要是天启这个天垮了，他还有几斤分量？还能往哪儿飞？

其实说老魏想起义，真有点勉强。事实是，如此关键时刻，他更多表现的是缴械投降，看看崇祯能否像天启一样被迷惑，能否去讨崇祯的好。就是在形势一步步明朗化，山雨欲来风满楼了，他仍在被动等待，仍在侥幸指望崇祯能听天启的话（天启驾崩前曾要求过），善待他魏忠贤。

政治斗争何等残酷，老魏也不想想，以他的情况，架到火上岂能不烤？什么狠毒老辣之人、大智大勇之辈，不要把他想得太复杂了，讲得太权诈了，其实他没有那么大的能量，更不是精神病患者、偏执狂什么的，当权时非要把王朝往火坑里推（这对他有啥好处吗）；充其量他只是个人崇拜玩过头了，要真论对王朝的危害，也绝不比东林党人大。

崇祯除掉魏忠贤，如果说对王朝有益的话，更多的是道德风气层面的。既然那个时代人们的标准，以太监当权为纲纪的败坏、道德的沦丧，那像老魏这样连生祠都建了让人拜的太监，打倒他岂不大快人心，为振奋民心、改进政风开了好头，为崇祯大展拳脚迈出了好步。

何况咱崇祯皇帝又是个理想远大、目标坚定之人，一心要做那重振大明的中兴之主，思想品质作风也更有一代明君之范。即位一十七年，事必躬亲，苦撑大局，戒奢求俭，励精图治，宵衣旰食，呕心沥血，就连帝王最易犯的声色之病，也与他根本沾不上边。那个日后让吴三桂"冲冠一怒为红颜"的绝代佳人陈圆圆，一开始也是被外戚从江南弄来献给他的，但他忧劳国事，无心于此，方才作罢。

至于崇祯是否最勤政的帝王，不好说，起码有明一代，能与他比肩的也只有他的老祖宗朱元璋了；什么嘉靖、万历、天启们，天地之

别也。有说他一天只睡两个小时，虽是夸张了点，但年年天天鸡鸣而起，深夜不寐，全身心放在工作上，以至少年白发已鬓肩，史上又有几个帝王能做到？

还有人家的极端俭朴，穿破衣，用旧具，可不是生性吝啬；人家的不近声色，罢宴乐，离娇娘，可不是生理不正常。那可全都是为了大明的社稷江山啊。想那万历要有崇祯三分之一的精神，大明岂会在他手上衰落？可以毫不夸张地讲，能把勤政、俭朴、禁色，还有严谨集于一身，华夏史上历代帝王中，崇祯是惟一一个的；加之最后的结局，怎不让后人对他再多一份同情与好感呢。

只不过想干好与能干好是两码事，干得努力与干得出色也不能混为一谈，岂能以有追求有奋斗，就抵消了没干好的责任？同情不能代替反思，好感不能放弃检讨。对崇祯这样的国之领袖，仅有态度、精神、拼搏等还远远不够，关键要看能力！特别是时势危艰中驾控复杂大局的能力！

形势不愁战略忧

其实说到时势危艰，崇祯刚继位时并非如此，以后才逐渐形成。前文说过，帝国败亡的原因再多，归纳于最终的表现形式不外乎三种：外患、内乱及两者相兼。当时帝国内部这样那样的问题确实不少，但从以后发展的态势看，惟一导致败亡的事件就是于天启、崇祯交替之年（1627）爆发的陕西民众起义。虽然起初规模并不大，又局促于黄土高坡西北的一块穷乡僻壤，好像也翻不起什么大浪。

帝国自创建尤其近百年来，民变、兵变发生也不是一件、两件了，高层们是有那个承受能力的，何况其他地方还是较安定的呢。心脏之地京畿、最大财赋基地江南、兵家必争之地中原等，都没什么大问题嘛，怕它什么？就像群臣们一样，崇祯并没有太在意，他的目光更多放在另一个地方——辽东，那里有个最强劲最危险的敌人——后金。

萨尔浒大战以来，大明接连经历了三年的大溃败，在强敌面前不堪一击，辽东稀里哗啦便丢掉了，辽西本来也是拿不住的，隐然有崩盘的迹象。经过几年辽事的锤炼，明之防御能力有了一个大提升，山海关外也逐步构建起了比较完备的宁锦防线，后金再欲砍瓜切菜般打

37

过来已不可能了。宁远、宁锦两次大战就很好地证明，明军打野战硬碰硬仍有点菜，凭坚城用大炮没问题。穿过河西走廊，再破山海关？不可能完成的任务啦！

只要长城北边的蒙古人还能保持民族最后的独立与尊严，那后金也不可能撇开山海关这条防线，另辟蹊径进入中原的。当时来看，蒙古人还能守得住底线，可以对他们有所期待（没想到变数会来得那么快）。如此，帝国还怕什么呢？两宋的悲剧应该不会重演了，何况强敌根本就没有这个打算呢！

前文已经提过，后金哪想过亡明，不要说中原了，就是辽西直到山海关之地，努尔哈赤也没想过要呀！搞定了都想主动放弃呢。广宁战（1622）后双方能进入一个战略相持阶段，明军也有机会弄条宁锦防线，关键就在于此。努尔哈赤已经很满足于占领辽东，无意再继续下去，也想与大明议和，而皇太极更是如此，还始终不渝呢。

可大明"太不好说话"了，曾正告努尔哈赤："当乞降，降则还我辽东土地、人民及诸叛臣，乃题请，不则惟有剿耳。揭达阁部不敢闻，乃奴中叛臣阻之，事遂寝。"（王在晋《三朝辽事实录》）这样的条件，后金自然不会答应了，叛降过去的明人乘机百般阻止，最后作罢。新任大汗皇太极与袁崇焕天启年间议和未成，也是明廷不同意，根子还是在辽东上面。

看看，大明要是能放下天朝上国的架子，正视辽东已被人家牢固占领、军事上更远逊对手的现实，不去想那些不切实际的东西，后金不是愿意和吗？好啊！跟他们谈，即便暂时受点委屈，有什么关系？卧薪尝胆，以后再让人家加倍奉还就是了。先争取时间，集中精力办好自家的事，有好多问题要解决呢，想中兴大明，不解决可不行呀。

陕西不是有民众起义吗？虽然还不算很严重，但绝不能小瞧，星星之火可以燎原的，实当全力为之。要是与后金和议签了，帝国最精锐的关宁铁骑也能调过来，他们还能像事实上那样走向山西，走向中原，乃至走向全国？当然平息之后，是要好好找一下问题症结之所在，老百姓是最听话的，不到走投无路，谁会扯反旗？

攘外必先安内，崇祯你还年轻得很，有的是时间，把国家整得上个台阶后，再来收拾东北局势也不迟啊。大明毕竟是一个规模宏大又具有历史底蕴的大帝国，虽然走了下坡路，比起后金（清），疆域、人口、经济、文化与科技等综合考量，仍是超重量级，东亚第一，世

界一强，关键是军队战斗力不行。

后金呢？实非蒙古那样纯游牧，也是建寨而居的，也有农业的，夺了辽东后，除经济文化落后一点，前期武力保持冷兵器时代北方游牧渔猎民族惯有的强劲外，国家模式还是向定居民族渐趋靠拢的。这样就好办了，国家建设久了，定居持久了，满洲战斗力自然会减弱（定居民族通病也），综合国力上的劣势便会逐渐暴露，而明超级帝国的优势，则会渐渐显现，此消彼长，反差就大了。

还有更重要的一点，大明科技特别军事科技发展，比西欧慢了点，当时却也处在告别冷兵器时代的前夜，即位时年仅十七岁的崇祯如果坚持干个三四十年（不为过吧），更美的话，把儿子培养得正常些，再干个二三十年（也不为过吧），无论是走向定居但不可避免落后的女真，还是像蒙古这样纯游牧的民族，基本上都不是对手了。

1696年游牧枭雄噶尔丹面对先进火炮的溃败，接过华夏衣钵的大清十八世纪东方无敌，都证明了这一点。尤其要提及的是，晚明帝王对于西方的先进科技（见《大帝卷·杂谈篇》），都是胸怀博大、热情欢迎的，万历如此，崇祯更是如此。只要时间够，明代自力更生与学习西方相结合，科技尤其军事科技的发展必将势不可挡也。

稍一细看，那时大明何曾危在旦夕？崇祯完全有力挽狂澜甚至中兴的可能。基于此，就算万历、魏忠贤们罪责再多，也非扒皮去骨型的，这大明兴亡的担子，还是由崇祯来主挑合适些。兴，伟大帝王；亡，首席罪人也。

只是世上的事，特别是国家兴亡的大事，哪有这么简单，一阵眼花缭乱之后，短短几年，局势便面目全非了。有诸多客观因素，但主观上产生的大问题也是极端影响全局的。原来崇祯哪里甘心故土丧失哟，又哪里会做到攘外先安内？结果怎么样？败亡的第三种表现形式，最后摧垮了这个庞大的帝国！

想想崇祯这辈子还真对不起一个人，他至死都没想过要灭你，还一而再、再而三地给你机会，可你就是不领情，让人家有啥子办法嘛。其实这个人够"手软"的了，曾经有可能亡了你的，他都没有去做，否则带领满洲人定鼎中原的就是他了。这个人不用说，大家也知道，就是后金天聪汗暨清太宗皇太极。

强者一心想求和

皇太极早于崇祯一年即位，接手的摊子也好不到哪里去。先声明一点，有专家高知们所谓当时明朝、蒙古、朝鲜三面环伺，后金外部环境至为恶劣什么的，就像以后皇太极征朝鲜，袁崇焕被责为何不乘虚直捣虏穴一样，纯粹瞎扯！以后金东亚巨无霸的军事实力，其余三方加在一起（不可能）又能打得过吗？与明一样，蒙古也不是以前的蒙古了，朝鲜则更不用提，三个臭皮匠抵不了一个诸葛亮，想当然的纸上谈兵式的谋略，是应付不了实战的。

不过除了军事，后金当时的情况真不怎么样的。皇太极的老爸，对辽东地区曾占百分之九十的汉人，采取了极端高压、残酷杀戮的种族灭绝政策，怎能不激化民族矛盾！汉人被逼得连连暴动，纷纷逃亡，日积月累，后遗症尽现也。

皇太极即位时，后金已是壮丁锐减，田园荒芜，国内大饥，粮食奇缺，物价飞涨，原来富庶的辽东，此时却是人相食！相伴而来，社会秩序大混乱，偷盗之风盛行，凶杀抢劫不断。此情此景是否有点相仿于当时明之陕西？实则可能更甚吧，因为它内部还有着被压迫的民族的仇恨。

那结果怎么样呢？陕西的民众起义，崇祯时星火燎原，越来越旺，竟不自觉地与外部势力一道，把大明王朝烧掉了。可人家皇太极呢，治国就相当有一套，他出台了一系列有效举措，加强政权组织建设，限制满洲贵族特权，提高汉人地位，大力发展经济，促进农业生产，虽未根本扭转局面，民族压制也依然存在，但社会矛盾已得到很大缓和，局势基本稳定了下来。

如果说在努尔哈赤时，后金还带有很大的部落联盟形式，那么经过皇太极卓有成效的统治，特别是1636年改金为清，由汗国迈向帝国后，才真正成为一个比较完备的国家。过去部落联盟首领彻底成为中央集权的君主，政权组织也仿照明制，形成"三院六部"的架构，即内国史院、内秘书院、内弘文院三院和吏户礼兵刑工六部，再加上都察院和理藩院。

皇太极是用人的顶尖高手，胸襟极为宽广，眼光至为长远，真正做到了人才皆为其所用，即使敌国叛逃投降者，也都能委以重任，各

尽其才。最典型一例，祖大寿，辽东战场满洲人最强劲的对手，先诈降一次又施计逃回，继续与之顽强搏斗，皇太极恼火得一塌糊涂，但是当祖大寿再次力尽无奈投降后，他仍然以礼待之，这是何等胸怀，何等气魄！

武功上更是显赫。努尔哈赤时代，皇太极便是老爸手下最英武的将领之一。位登大宝的十七年（1626—1643），东降朝鲜，西并漠南蒙古及臣服漠北蒙古，北征黑龙江上游索伦、呼尔哈，南更把昔日的天朝上国大明打了个落花流水，仅入塞侵掠中原便干了五次。帝国在他手上已不仅仅是那个东北山头了，规模堪与大明并列，当然除了军事，其他则远逊也。就在崇祯即位的那一年，他已经降服了朝鲜，断了大明所谓的右臂，至于其他辉煌的战功，以后再细细道来。

可以说相较南方之明，皇太极手上的帝国更加强大有力，本人也比崇祯更具强者风范，但有意思的是，作为毫无争议的强者，他却继承了老爸与明议和的思路，并更加虔诚地贯彻始终，到死都未曾放弃，这在世界外交史上恐怕也是少见的吧。

不过细想想也不奇怪。原为大明臣属又处塞外蛮荒、极端落后的满洲，开国以来虽屡败明军，还抢得了自己第一块文明之地辽东，但心灵深处，昔日的主子仍是那天朝大国，幅员何等辽阔，人口至为众多，经济如此发达，文化多么先进，综合国力高高在上，心理上犹不得不生出几分敬畏来。

还有正如大明怕重蹈两宋覆辙一样，他也怕走了辽金元的老路，本民族因此而消亡。认为汉人很不好治理，辽东一块就够烦的了，中原那么大，占了怎么办。他这样说："克取燕京，其民人应作何安辑，我国贝勒等皆以贪得为心，应作何禁止。"（《清太宗实录》卷二十二）本国疆域够广大了，没必要再扩大。经济方面的考虑也是至关重要的。后金（清）虽然疆域广阔，但大都是贫瘠之地，就是辽东也非富土，国家财政、民众生活都极端困难，与明处于战争状态，既得不到赏金，又不能互市贸易，得不偿失。皇太极刚称帝（1636）即派兵入犯内地时，这样说道："勿以少所俘获而不令之还，俘获虽少，亦不下万余，我国有万余俘获，亦不为不利矣。"（《清太宗实录》卷二十九）国家都已建立二十年了，财物仍然匮乏到这种程度。

其实塞外之族，侵扰内地，很多并无什么政治目的，也不是朝着领土来的，就是侵夺掳掠财物和人口，皇太极时五次入中原就是这

样。他曾对朝鲜国王公开说："满洲、蒙古固以抢掠为生，贵国固以自守为业。"（《天聪实录稿》）

所以只要你大明承认后金对辽东的占有，每年给点钱，再允许互市，这和议就成了，咱不打你不扰你了，还愿意去帝称汗，尊你为上国，奉你为正朔！略举皇太极语录一条："若真诚和好，则以大凌河为尔界，三岔河为我界，此两处之间，留为空地，逃人盗贼易察，不致滋生事端，和好之道得以长久。至于印信事，除封谕外，不得滥用等语。既如此令尔铸金汗印与我。至于以修好之礼相馈财帛，尔等计之。勿待我如察哈尔汗，则我不能允。"（《满文老档》天聪三年正月至七月第十六册）

为了促和，皇太极可谓想尽一切办法，每次征伐大明前后都有投书求和，经常向明边疆大臣致书，或通过蒙古人转呈，甚至朝鲜国王都做过中间人呢。就是每次伐明，抢掠之外也有以战促和的意思，而对土地并无多大要求，占了明之地盘，大多不是退去，便是焚毁。心实在是诚，既然这样，皇太极的愿望能实现吗？但竟一次又一次遭到弱者的拒绝！天启时如此，崇祯初也不例外。

五年复辽梦一场

客观地讲一句，崇祯之初，警记两宋教训不愿与"虏"议和，并渴望收复故土，朝堂之上市场最大也。天启朝也是如此，孙承宗搞宁锦防线，最终目的就是想徐图恢复。何况新皇帝才十七岁，年轻人有理想有抱负，干劲闯劲十足，对敌人之强也无切身体会，又受大环境影响，与敌不和愿战可以理解，不能太过批评，还是往下看看再说。

既然如此，这辽东大帅的位置就越发重要了，谁去干呢？当时在位的是王之臣，袁崇焕黯然请辞后，他又回去了。王之臣任上干得也不赖，满桂与他文武搭配，密切合作，共守辽东。当初王之臣与袁崇焕对立时，前者就是联满桂，后者则合赵率教、祖大寿的，所以一再讲政治斗争很复杂，哪能非黑即白呢？

但王之臣被列入阉党，崇祯除掉魏忠贤清算阉党分子，自然也把他撤了下来，根据众大臣的推荐，重新起用了袁崇焕。崇祯元年（1628）四月，袁崇焕被任命为兵部尚书兼右副都御史，督师蓟、辽，兼督登、莱、天津军务，等于总领了华北、辽东及渤海湾的军事

全权！

七月十四日，崇祯于紫禁城平台召对从广东赶来的袁崇焕。皇上如此信任，袁崇焕激动之下，一时性起，慷慨陈词，声言五年时间恢复辽东，崇祯大喜过望，真是没有用错人。事后有臣僚提醒，袁崇焕才感到奏对有失，觉得问题严重起来，他又不是没和后金干过仗，五年？是根本不可能的事嘛，标准大忽悠，但话已出口，怎能收回？那可是欺君之罪呀！应该说，勇于任事敢赴危难的袁崇焕是豪情中夹杂着些许忐忑奔赴山海关的。

崇祯既然把复辽希望都寄托在了袁崇焕身上，对他绝对鼎力支持，他要求的全部恩准，他担忧的一概解决；袁崇焕自然也是赴汤蹈火，在所不辞，好一派明君名将和谐共处、携手奋进的景象。哪曾想，两年后这景这象就面目全非了，袁崇焕竟惨遭磔刑，千刀万剐而死！

但细观之，又实乃由诸多事因日积月累而成，其他人暂且不讲，袁崇焕自己也是要负很大责任的。可以说，从他那个大忽悠起，便为他以后悲惨的结局埋下了一个伏笔。待他上任后，又是接连做了几件非同寻常之事，更是把他又向深渊推了一把。

袁崇焕一上任便平息了因"欠饷"激发的宁远与锦州两次兵变，这倒显示了他的才干，当然崇祯对他全力支持、补发部分饷银的作用也不小，总之事情处理得很正常，可后来的事就变味了。他不仅没想过制定什么军事方案去收复辽东，还与后金议起和来！

议和之事，袁崇焕上次镇辽时就干过却没成功，这次重新拾起，从明与后金大势看，实属应该之举，人家皇太极也能积极响应。问题是袁崇焕干得太突兀太乖张了，这边刚对皇上壮怀激烈地表示要五年复辽，转个身就与人家议和了，不是开玩笑吗？难道复辽是靠议和而成吗？谁能理解得了？一般人不会，崇祯肯定也不会。

更严重的是，起初他竟私下为之，随后内阁首辅钱龙锡、兵部尚书王洽通过书信往返获知，但并未支持。后来袁崇焕的供词是这样的："先是锦衣卫以斩帅主款二事究问袁崇焕根因，据崇焕所供，斩帅一事则龙锡与王洽频以书问之崇焕，而崇焕专断杀之者也，主款一事则崇焕频以书商之洽与龙锡，而洽与龙锡未尝许之也。"（《崇祯长编》卷三十八）

而当今皇上崇祯呢？更惨！根本就不知情！你说这叫干的啥？军

国大事岂能如此儿戏？不要说在那个君主专制的时代了，就是现在也是绝不能容忍的行为呀。何况崇祯根本没有打算议和，朝堂之上当时也少有人想过和，你说你袁崇焕不是干那半吊子事吗？难道这么健忘？上次下岗的一个重要因素不就是被人攻讦私下通款吗？你总该吸取点教训，做事该三思而后行吧？

话说回来，你要真能通过议和收复辽东，也行，但这分明就是天上摘星星！第一次议和，皇太极就断然拒绝了，已作为后金大本营、大后方、大基地、大中心的辽东，凭什么再拱手给了你，你袁崇焕脑子在想些什么？还有那明廷君臣们，又在想些什么？非要不自量力干虎口拔牙的事，一心想着复辽东，到头来最大可能就是被老虎一口吃掉。

很明显，议和是不会成功的，崇祯都不知道，还谈什么？皇太极呢？你非要辽东，自然也不会答应。看看袁崇焕干的事！过去守宁远的那个袁崇焕到哪里去了？就这还没结束呢。接着他又手起刀落，擅自斩了边疆重臣毛文龙。

毛文龙（1576—1629），浙江仁和（今杭州）人，早年经历难辨是非，如何起家没有定论，确切记载是从他成为辽东巡抚王化贞部下练兵游击开始的。天启元年（1621）七月，他率兵两百海上夜袭后金镇江（今辽宁丹东九连城）成功，俘杀守城游击佟养真（亦作佟养正）。佟这个人不得了，是大明第一批叛降后金者，更是所谓千年大帝康熙的曾外祖父。毛文龙后退据朝鲜皮岛，也称东江，第二年（1622），明廷升他为平辽总兵官，又一年，再提为左都督，赐尚方宝剑，并设"东江镇"于此。

他以皮岛为基地，经常袭扰后金城寨，对敌有很大的牵制作用，但其做派又像是个割据称雄、飞扬跋扈的军阀，明廷既倚重又头疼之。这样的人一般人们看法很不一致，有赞赏者，更有厌恶者，袁崇焕就属后一类型，任前就说过"用则用之，不可用则处之"，任后应该也有树立自己权威、统筹辽东战略整盘棋的考虑，对这等骄横难以节制的一方"诸侯"，他竟先斩后奏，未征得皇上与朝廷同意，便于崇祯二年（1629）六月，借巡视东江之机，给毛文龙安了十二条罪状立斩之。崇祯得知后，恼火得很，但因为需倚赖他复辽，未责反而支持了，不过一旦复辽愿望破碎，或受其他事情带动，看你袁崇焕怎么收拾？

袁杀毛一事历来众说纷纭，是非曲直难有定论，但要说毛文龙通敌却没有说服力，他居皮岛八年，孤悬海外，扰敌后方，功不在小，如果有降后金之意，干吗不顺势把巡视而来的袁崇焕拿了，一起献过去，岂不是大功一件？何况他的毛家军，八年来有叛降的吗？就是主帅被杀那会儿，也未有人投敌呀！相反原来牢不可破、极具凝聚力的两万大军，却因创建人被杀，树倒猢狲散，不再成为一支保卫大明的有生力量，有的如孔有德、耿仲明、尚可喜等甚至叛变投敌，反过来给大明带来了极其严重的危害。

皮岛也于崇祯八年（1637）被满洲人带着原岛内叛将共同拿下，大明从此少了一个牵制后金（清）攻明的基地。当然这个牵制作用，也不能太夸张，因为毛文龙未死前，后金也曾两次倾力攻打宁锦，也曾多次与蒙古人作战，未见他有什么大行动，或后金并未因他而不敢有所行动。

私自议和与杀毛，仅此两项就够厉害的了，没想到他袁崇焕还有别的失误呢。所谓"以市米则资盗"，这就牵涉到后金第一次入关的问题了，实际上宣告了袁崇焕五年复辽目标的破产。同时，也牵涉到一个民族，曾经让人难以置信地辉煌过，现在没落了，却仍然成为明与后金都在争取拉拢的对象，那就是蒙古人。

蒙古哪边携手任

明初，蒙元被太祖朱元璋逐回塞外后，渐分裂为鞑靼、瓦剌和兀良哈三部。鞑靼乃成吉思汗和元朝皇室直系后裔，蒙古人的主体部分，居大漠南北。瓦剌亦称卫拉特或厄鲁特，蒙古别部，居鞑靼西、天山北。兀良哈，亦蒙古别部，居于大兴安岭以东、黑龙江以南塞北之地，前期为明东北一附庸。

瓦剌于也先掌权时曾统一过蒙古三部，元以后仅有的一次入侵中原，著名的"土木堡之变"就发生在那个时候，后来势弱，退回天山，分为准噶尔、杜尔伯特、土尔扈特与和硕特，合称四卫拉特，而鞑靼复强。

成化十年（1474），忽必烈七世孙巴图孟克坐了鞑靼汗位，即一代雄主达延汗，在位四十余年，东破兀良哈三卫，西迫瓦剌西迁，南据河套，再统大漠南北，建立了一个比也先时略小的蒙古大帝国。

嘉靖二十二年（1543），达延汗逝世，蒙古又复分裂为漠北喀尔喀、漠南蒙古及漠西卫拉特三部，格局至此稳定，直到两百多年后，清乾隆帝灭掉瓦剌中的准噶尔为止。喀尔喀后又分为土谢图、车臣与札萨克图三部，就是后来的外蒙古。

漠南蒙古也分为东西二部，西部为达延汗三子吉囊（副汗）巴尔苏一系，有一子俺答非常有名，既患明甚烈，又留下个名垂青史的"俺答封贡"，不过到了十七世纪，其势渐衰。东部则有三大强部：察哈尔、喀尔喀与科尔沁。察哈尔为鞑靼正宗，其汗即为蒙古大汗，曾与李成梁激烈缠斗的土蛮便是其中之一。此喀尔喀可不是外蒙那个，乃内喀尔喀也。科尔沁，算是最早投入女真怀抱的蒙古人了，有清一代与满洲贵族始终保持着特殊的亲善关系，那个名气大大的庄妃即出于此。

说到不团结、窝里斗什么的，人们很喜欢念叨汉民族，其实这蒙古人更甚。就说有明一代，蒙古人除了也先和达延汗时，两百多年一片混乱，内部大圈套小圈，小圈再套小小圈，不管圈子之间还是内部，都是你来我往斗得不可开交，一地鸡毛，蒙古大汗仅仅只是徒有虚名。

应该说，以当时蒙古的人口，如果团结一致，习性相同却规模小很多的建州女真根本不是对手，但是当后者正勃然而兴，已经对他们产生威胁了，自家人依然照打不误，加之西藏喇嘛教的传入，精神软化功能越发显现，结局也就可想而知了。

土蛮的孙子察哈尔林丹汗，蒙古人最后一位大汗，实力在当时也是最强，有一统蒙古之志，却有点志大才疏，统一战中恃强凌弱，手法凶狠了点，又因宗教之争，再让一些部落疏离，当时蒙古各部很多也是部落利益高于民族利益的，特别是身边还有一个强大的后金虎视眈眈，反正主客观因素之下，林丹汗要做的基本上是不可能实现的事儿。

这位汗对后金的态度更是可笑至极，刚开始自大傲慢，致书努尔哈赤时声称"四十万蒙古国的主巴图鲁成吉思汗诏旨，问水滨三万人诸申主昆都仓庚寅汗平安无恙"，后见人家实力很强，又胆怯起来，战场上竟不敢与之一战，三次都是逃跑了事。天启五年（1625）围攻科尔沁，见后金增援便仓皇夜遁，算是开了先河。崇祯五年（1632）四月，皇太极联蒙古归附各部共十万大军伐之，林丹汗又是不战而

逃。两年后（1634），皇太极再次亲征，他更是在逃亡路上，病痘而逝于青海打草滩（今甘肃天祝藏族自治县境内），十足的"逃跑大汗"也。崇祯八年（1635）二月，努尔哈赤十四子多尔衮（1612—1650）率兵最后一次讨伐，林丹汗妻苏泰太后与子额哲投降，随后鄂尔多斯部也降了，至此漠南蒙古被后金彻底征服。

大明抗击后金的斗争中，漠南蒙古以东各部曾是双方积极争取的对象。明的策略是"以西虏制东夷"，联林丹汗等共御后金。虽说现在吹鼓手们把努皇父子争取蒙古人的策略比如联姻呀册封呀什么的，吹上了天，简直英明盖世得不得了，却忘记了这些都是中原王朝历来惯用的招儿，没什么了不起的。也忘记了中原王朝还有一手高招，是努皇学不去的，就是金钱笼络政策，明廷每年仅给林丹汗的赏银，最多时就达十四万两，作用不坏呀，实力最强的林丹汗不就与后金为敌了吗？同时，吹鼓手们还故意忽视了一个方面，努皇父子能争取到越来越多的蒙古人，直至最后征服了漠南蒙古，不是凭什么高超的手段，更多的是凭借东亚无敌之师在战场上取得的。实力比什么外交手段都重要！

很显然，这场蒙古争夺战，以明的完败而告终，从此大明北方之界完全暴露在后金（清）的铁蹄下，而满洲人实力更为强大了，对明的侵扰也更为便利更为有力了，他们可以避开宁锦防线，穿越蒙古人的地界，越长城进入中原，最早给他们提供帮助的是喀喇沁人。

漠南蒙古喀喇沁部驻牧于明蓟镇边外，已经投靠了后金，后塞外大饥（后金也是），又向明请粟。明廷担心他们接应后金，先是不准，经袁崇焕力请，遂决定让他们按人口换口粮，但"不得卖与布帛米粮及夹带禁品"，违反则"以通夷罪论处"（《崇祯长编》卷三十一），够仁至义尽了吧，但袁崇焕仍然违旨而行，做了朝廷不准做的事。

袁崇焕是怎么想的呢？他认为喀喇沁人是可以争取过来的呢，还是要帮助后金，以便和议能成？两者皆有可能，无意再去深入探讨，且看结果如何。大饥荒的后金确实得到了接应，和议也没能谈成（见前文）。喀喇沁人呢？还是做了后金的向导，引之入关了。明廷因此对袁崇焕怎么看，就不必多说了吧。

己巳之变磔崇焕

崇祯二年（1629）十月，皇太极亲率十万满蒙铁骑，避开宁锦防线，穿过喀喇沁人游牧区，从蓟镇辖境的长城边口——大安门、龙井关和马兰屿突破入塞，直逼距京城只有二三百里的军事重镇——遵化。京师震动，为之戒严。这在明与后金（清）战史上具有转折性的意义，从此明靠宁锦防线已无法阻挡后者入塞了。这个口一开，皇太极可以先后五次入塞蹂躏中原，除崇祯七年（1634）宣府大同那一次，其余皆是穿过喀喇沁地界得逞的。

喀喇沁人扮演的角色很关键呀，没有他们，哪会有后金大规模的入塞？反过来再看毛文龙，说他被杀导致皮岛牵制作用大减，才会有这样的结果，就有点过于夸大了，根子还在喀喇沁人身上。那袁崇焕在干什么呢？事先他竟全然不知！防范侦察工作很不到位嘛，蓟镇也算是他的辖区呀！

得知军情后，袁崇焕岂敢怠慢，先派赵率教领兵四千火速驰援，欲阻敌军南下。讵料赵率教在遵化城下力战而亡，全军覆没，一代名将就这样凋零。十一月初五，遵化城陷落，京师形势越发危急了。

这时袁崇焕偕祖大寿等率九千关宁铁骑，疾驰入屯蓟州，欲在此阻截皇太极，可人家却先你一着，越过蓟州向京师东郊通州而去了。

有意思的是，袁崇焕是在奉旨侦察后才发现真实敌情，但不管怎样，事不宜迟，赶紧阻击啊！可他没有，而是跟在敌军屁股后面跑，眼睁睁看着人家连陷京东屏障三河、香河、顺义等城，直达京师东郊四十里的通州。重新上任的兵部尚书兼中极殿大学士孙承宗驻防于此。

袁崇焕很失策，敌军野战确实太强，只是都快到天子脚下了，不豁出去干一场，你还想干吗？以身殉国是英烈，贻误军机可是要吃不了兜着走的。

十五日，袁崇焕在河西务召开军事会议，主张前往京师。副总兵周文郁站出来反对，认为应该立刻接战，阻敌于通州之地，而且外镇之兵未奉旨入京，可不是闹着玩的。袁崇焕不听，率军直奔而去，这等于引火烧身，把敌军带到了京师城下。这下可好，京城民众皆强烈不满，纷责袁崇焕召敌，其结局已然初现了。

后来上至崇祯下至民间，太多人认为袁崇焕通敌，这肯定是搞错了，但他自己的所作所为，也确实有让人误解的地方。不过，那皇太极巧诱崇祯杀崇焕之事，就像用离间计促使崇焕杀毛文龙一样，能有多少真实性就很难说了。

大体是这样的，皇太极重演《三国演义》中周瑜诱蒋干中计的套路，巧妙地利用了两个被俘太监杨春、王成德，派人故意在他们住处隔壁，说些袁崇焕已经投顺的话，让他们听见，还给以逃跑之机，以致两太监中计，回去后马上向皇上奏报了此事，结果导致袁崇焕被杀。

猛一看，像那么回事；细一观，疑问多多。为什么当时及之后一段时间，没有人讲这样的事呢？清之皇太极一朝没有，明之崇祯一朝没有，那后人又是从哪里知道的呢？崇祯后来治崇焕罪时就有通敌这一项，为何不把这一最有说服力的证据道出来，岂不比"资盗"更有说服力？构陷袁崇焕的人也无一人提起过此事呀！明人怀疑袁崇焕通敌，不代表就是皇太极施的计呀？皇太极一生叱咤风云，哪需要后人画蛇添足，凭此伎俩来增光呢？

再说北京城下，二十日两场血战。大同总兵满桂与宣府总兵侯世禄率兵在德胜门与敌军激烈搏杀，满桂被自家人误伤，后兵败避入瓮城。袁崇焕偕祖大寿在广渠门与敌军浴血奋战，史书所载称取得了一场大胜，迫使皇太极退兵南海子。问题是，在敌强我弱的情况下，九千关宁铁骑如何能打败数万满蒙铁骑？既然这样，明军干吗老是被动挨打呢？是皇太极见抵抗激烈，攻城受挫，主动撤离可能更合理些。

二十三日，崇祯在平台召见袁崇焕、满桂、祖大寿等将领。此时的袁崇焕肯定心中忐忑不安，也是，复辽未见成效，人家反倒进兵京城下了。不知出于何种心理，他又干了一件突兀事，极力向皇上与朝臣们宣扬局势如何危急，敌军如何势不可挡，简直有点耸人听闻，难道想让朝廷签城下之盟以退敌军？看他的个性，不是没有这个可能。崇祯呢？看起来对袁崇焕依然关心，但也断然拒绝了他准许部队入城休整的请求。

二十七日，袁崇焕又与皇太极在左安门干了一仗，后金攻城再次受挫，但他没有想到，皇上对他的态度实际已经改变，摊牌的日子即将到来，大难就要临头了。

十二月初一，崇祯再次召见时，直问杀毛文龙、致敌军犯阙及射

伤满桂三事，袁崇焕一时语塞，崇祯当他默认，着令锦衣卫迅速拿下。

射伤满桂一事要简单说两句。二十日的作战，满桂与袁崇焕各带部队在不同地方，怎会发生这样的事？可满桂所受之箭也确实有袁部队的标志，这就很难讲得清了，谁让他们以前就有过节呢。初二日，满桂被提升为总理，节制各路勤王之师。

"新仇旧恨"累积爆发很正常，袁崇焕重新上任后的所作所为，用那个时代的标准看，也够皇上严刑伺候的了。可现在是什么时候？大敌当前！袁崇焕又是节制各路勤王部队的统帅，纵有太多错也不该在此时拿下呀？这岂不自乱阵脚？害怕他通敌？老百姓不知情，你崇祯应该清楚的，人家袁崇焕已在广渠门、左安门与敌殊死搏斗了呀。否则乘势联敌攻城，说不定现在城头已换大王旗了。

袁崇焕确实有过错，这次勤王的表现，也证明他离开了坚城大炮，并无什么决战沙场的高招，但他从不失忠贞之心，不减廉洁之色，也很有驭兵之道，辽军中深孚众望，骁勇如赵率教（已战死）、祖大寿等皆听其调遣，甘为其用。他被抓时，祖大寿在旁惊骇以至战栗失措，惧遭并诛，与新统帅满桂也搞不到一起，辽军又受歧视，索性一不做二不休，悍然率众踏上回归驻防锦州之路。

强敌威胁仍在，京城尚未安宁，第一劲旅竟自行开溜了（崇祯自己惹的祸），这如何是好？最后还是下狱的袁崇焕，一封书信言辞恳切，距锦州还有一日行程的祖大寿，下马捧读，泣不成声，全军也痛哭不已。其八十多岁的随军老母果断说道："所以致此，为失督师耳。今未死，尔何不立功为赎，后从主上乞督师命耶？"祖大寿遂率军回师入关，后参与了收复遵化等关内四城的战役。

至于北京城下，只有靠满桂带着一帮人守御了，英勇程度没话说，力量自然小很多。崇祯一着不慎，京城危险更大，没曾想，他又来了第二个不慎，命令满桂出战。满桂认为敌军此时气势很盛，自家援军又未到，哪能轻易出战？但又架不住皇上派来太监的连番催促，只好携同黑云龙、麻登云、孙祖寿三位总兵，率军四万在永定门外布置栅栏，防御敌军。

十二月十七日，皇太极率满蒙铁骑往攻，明军顽强抵抗，不支而败，满桂、孙祖寿战死，黑云龙、麻登云被俘，但敌军还是未能攻破城门。

　　皇太极接着留下少量人马防守关内滦州（今河北滦县）、永平（今卢龙）、迁安、遵化四城，自己率大军返回辽东去也。后来孙承宗统筹，山西总兵马世龙、锦州总兵祖大寿、山东总兵杨绍基等带兵收复了四城，史称遵永大捷。虽然敌军人马不多，但获胜了还是很令人振奋的，毕竟这是明军极其难得的进攻战。

　　从某种程度上讲，这次逮袁算是崇祯的一个转折点，过去看到的更多是他励精图治的有为形象，从此以后所见到的则是他一系列决策错误。当第一场暴风雨扑面而来后，崇祯终于露出了马脚，原来和平年代做个盛世英主还行，风云大时代力挽狂澜则差之远矣。

　　再说袁崇焕的事儿。他的一封书信让祖大寿回归，并参与收复了关内四城，崇祯闻之大喜，觉得"守辽非蛮子不可"，事情好像也出现了转机。崇祯甚至动了重新起用袁崇焕守辽的念头，但世道就是这样无常，刹那间形势又急转直下了。

　　袁案牵扯到了围绕内阁首辅钱龙锡展开的官场权斗中。政敌们想以袁斩毛文龙、私下议和都经过钱的同意为由，借机打击钱，那么对袁之所为怎么定性就极端重要了，描得越黑越有利；加之袁很多事情也确实做得欠思量，结果历经八个多月，崇祯最后拍板：磔之！妻妾子女及同胞兄弟流放两千里以外！传首九边（又一个熊廷弼）！当然，之前还假模假样征询百官的意见，看看，不是我一个人的意思吧，大家都有份的，有责任也要一起担呀。以后他老是干这事。

　　就这样，袁崇焕，一个赤胆忠心、功勋卓著的明军统帅，悲惨谢幕，令人扼腕的竟还是以京城民众争相啖其肉的方式，告别了历史舞台。本来以他与后来关外顶梁柱祖大寿的融洽上下级关系，一起再干个十年，对辽东、对大明会没有用吗？衰落之世人才本来就不多，好一点的统帅将领更不多，杀一个损失大了——对人心向背、各方之力能否凝聚，影响更是至为深远。

　　袁崇焕在历史上确实被高估了，其军事韬略也算不上高明，不具备大明危难中一柱擎天的能耐（谁是呢），只是当时又有几人比他强，比他更具胆略气魄，比他战绩更为卓著，比他更让对手敬畏的呢？袁崇焕有罪有责，但实不当诛也，更不用说是这样的结局！

　　不过要说杀掉袁崇焕是自毁长城什么的，就有点过了，祖大寿以后不是坚守锦州十余年吗？明败亡在即，吴三桂不还能御敌于宁远门外吗？崇祯杀袁崇焕是错误、有损失，但也绝非导致明之败亡的大错

大失也。

倒是崇祯性格为人，自此逐渐清晰展露出来，比如这杀戒一开，便再也收不住了。他在位十七年，竟换了五十个大学士、十一个刑部尚书、十四个兵部尚书，诛总督七人，杀巡抚十一人，还逼死一人，如此惊人的数字，历代帝王中也是极端少见的。究其原因，客观情况肯定有，像杀袁崇焕还有党争什么的，但根本还是崇祯自己的个性使然，一个轻信善变、偏执多疑、暴躁残酷、专断固执又爱沽名诿过的人，上面的数字就不足为奇了。

屡遭惨败催人醒

如果说崇祯刚上位时，以复辽为志、和谈为辱尚能理解的话，己巳之变后没有一点改变，就不应该了。满洲人第一次入塞，就一路风卷残云地打到了京城脚下，这可是土木堡之变后一百八十年来的第一次，而明军已经集中了最精锐部队，也只能勉强守住北京城，眼睁睁看着人家潇洒地来去自如，自家却损失至为惨痛也，帝国仅有的为数不多的优秀将领，一下就失去了仨：袁崇焕、赵率教与满桂。而且这些都是在崇祯眼皮底下发生的，不应该看不出差距来的，否则，真没话好说了。

崇祯可能在心理上会有一点影响外，战略上竟没有丝毫变化，这就有一点让人吃惊与不解了。与其寒风中身无片瓦却梦想着搭建华美的空中楼阁，还不如先盖间草房住，等攒够钱再讲。辽东就是这个事儿，不可能的事老是纠缠干吗？

一再讲了，人家皇太极对议和够有诚意的，就像这次己巳之变的发生，虽然有惯常的抢掠等因素，但还有很重要的一点，就是与袁崇焕和议没有谈成，而且大变前后，都曾投书明廷希望议和。没办法，来了个固执的人，崇祯按照老套路继续出牌，结果招来的是一场又一场的重击。

己巳之变中被重新起用的孙承宗，之后再度出任"辽东大帅"。他又搞起了过去那一套积极防御的战略，收复关内遵永四城后，想再接再厉，进一步恢复广宁、义州、右屯卫等城，并于崇祯四年（1631）七月，令祖大寿等重筑宁锦大战后被满洲人摧毁的大凌河城。后金向来对明廷往前推进筑城很敏感，认为是其不甘心辽东丢失的反

映，应对也非常激烈，过去发动宁远、宁锦之战都有这个因素在内，这一次同样如此。皇太极就这样说过："沈阳辽东之地，原非我有，乃天所赐也，今不事征讨，坐视汉人开拓疆土，修筑城郭，缮治甲兵，使得完备，我等岂能安处耶？"（《清太宗实录》卷九）

皇太极行动很快，八月初六兵临城下，祖大寿坚守三月，弹尽粮绝，援军又无法赶来，无奈开门迎降。满洲人仍无驻守的打算，再次摧毁城池而去，可见他们目的何在。明军又遭到惨重的打击，守城将士伤亡不算，四万援军途中也丧于敌手，败逃而回的团练总兵吴襄就是吴三桂的父亲。至于被抢去的财物、人口及先进火器更是一个"多"字了，仅大小火炮就达三千五百门！看看，这叫干的什么？打不过人家，就不要惹事，老老实实保持现状，把城守好，把兵练好，待势而发不行吗？

还有呢！常言道祸不单行，一点不假。就在大凌河战役中，远在山东的吴桥（今河北德州吴桥县）发生了一场兵变，对大明的打击更为深远。

前面讲述宁远大战时，提过发展火器的极端重要性，而明廷对此也十分重视。崇祯初，徐光启和他的学生孙元化等成了倡导发展运用火器的带头人，这与他们"科技军工专家"与政府高官的双重身份，及崇祯帝的大力支持有关，否则也搞不起来呀。徐光启，大名人，不用多说了，且来谈谈孙元化。

孙元化（1582—1632），字初阳，号火东，江苏嘉定人，万历四十年举人，曾师从徐光启学习火器和数学，师徒俩都为晚明火器发展作出了大贡献。崇祯三年（1630）五月，孙元化升任登莱巡抚后，聘用葡萄牙人作教习，着力组建了当时东亚最先进的火炮部队。但孙此人是纯粹的技术官僚，领导无方，用人不当，他所信任的原毛文龙部属孔有德、耿仲明等人马上就为大明也为他自己带来了巨大灾难。

大凌河之战爆发后，孙元化命孔有德领兵火速驰援，行至吴桥时，给养不足，雨雪交加，与当地人又摩擦不断乃至矛盾激化等，导致部队哗变。孔有德遂率众叛乱，与耿仲明等在山东半岛横冲直撞，先有自立企图，后被官军所败，前后历时一年多，最后走投无路，于崇祯六年（1633）四月，降后金而去。四年后，孔、耿与另一投降者原明广鹿岛副将尚可喜，被皇太极封为"三顺王"——恭顺王孔有德、怀顺王耿仲明与智顺王尚可喜，日后为满洲人入主中原立下了汗

马功劳。

且说孔、耿此降，不仅带去了一万多军队和一百余艘战船，给山东造成了巨大灾难，更摧毁了孙元化苦心经营的明之最先进最具规模的火器部队。仅被他们带到敌方阵营的就有二十余门红夷大炮、三百门西洋炮，其余火器和甲仗不可胜数，尤其还有一批优秀的火器操作技术人员。从此，后金（清）的火器事业一下上了个大台阶，迅猛发展起来，乃至最后与大明不分伯仲也。本就笑傲江湖的满洲铁骑，如今又增添了攻城利器，天下岂能不任他行？

反观明方火器建设，却遭重大挫折，此后基本停滞不前了。孙元化所聘葡萄牙人，十二人死亡，十五人重伤，而他自己也因统驭部下无方，又招抚举措失当，被朝廷处斩。这下非同小可，死的不仅是一个帝国高级的行政官员，更是帝国最优秀的军事科技人才及军队"现代化"建设的最有力推动者。此时，徐光启已是风烛残年，他这一去，再加内忧外患趋紧，朝廷也无多少精力关注于此，帝国军队发展的新路线走向破产了。本来凭力气就干不过人家，这下火器优势也逐渐丧失，那就更不行了。

两次重创还没完呢，大明苦难还在后头。崇祯七年（1634）、九年（1636）、十一年（1638），与己巳之变原因基本相仿，皇太极又亲统或派将三次入塞，大肆掳掠中原，所向披靡，明军几无还手之力，只能眼睁睁看着人家纵横驰骋于自家疆土之上，攻城拔寨，烧杀抢掠，无恶不作，国之辱、民之痛，至深至巨矣。

崇祯七年，皇太极亲率大军讨伐正处于宣云塞外的林丹汗，追击中乘机南掠宣府、大同。九年，多罗武英郡王阿济格（多尔衮同母大哥）领兵，蹂躏京畿四个月，凡五十六战皆捷，克十六城，俘获人畜十七万，扬长而去。十一年，和硕睿亲王多尔衮、贝勒岳托率军，兵锋直达山东首府济南，历时五个月，转战两千里，败明五十七战，克济南及三州、五十五县、两关，俘获人畜四十六万，还有大量金银等财物，潇洒而走。

清军耀武扬威到什么程度？打了你，抢了你之后，还敢公然藐视你。谈迁《国榷》记载："建虏出冷口。掠我子女，俱艳饰乘骑，奏乐凯归。斫塞上木白而书曰：'各官免送'，凡四日，乃尽。"明军只能跟在人家后面，"礼"送出境。

国是到了这等程度，军力相差又如此悬殊，再谈什么收复，荒唐

之极！还要什么天朝面子，可笑之至！何况陕西民众起义，也越演越烈，早不在故乡那一亩三分地上了，中原大地如今已任他纵横驰骋也。

在残酷的现实面前，经过十一年的一再拒绝，崇祯终于低下了高昂的头颅，重新审视起皇太极至今仍在诚心实意递过来的橄榄枝，也暗暗试着伸出了手，想把它接过来，极具戏剧性，极端可笑，结果也是极度失败，他的能力与性格上的弱点至此暴露无遗。

和议未成战又起

崇祯十一年（1638）四月，兵部尚书杨嗣昌在崇祯的授意下，开始操作议和事宜。由辽东巡抚方一藻和监视太监高起潜派人到沈阳与清议和，侧重于试探。正在外征伐喀尔喀蒙古的皇太极得知后非常重视，但因不确定真伪，并未作实质性交流，明使者不得要领而回。

很快，明廷那些爱空发议论的朝臣们知道了，预料之中的事儿，不少人开始上疏弹劾杨嗣昌。好个你，竟敢讲和误国！该当何罪？崇祯一看这阵势，撤吧。唉！国是已江河日下，有些人却置民族生死危亡于不顾，依然抱残守缺，什么春秋大义，两宋教训。和谈？就是投降，是屈辱，是误国！相较之下，勇担崇祯左膀右臂的杨嗣昌，倒真是一位人杰呀。

其实这一次和谈如果继续下去，清人即将于这年冬天发动的第四次大规模入侵，很有可能不会再发生了，大明也不会再遭到那么惨痛的蹂躏了。只是假设又有什么用呢？

清人最近一次的侵扰，更增强了崇祯议和的想法，却没为他增加一往无前的勇气和胆略，当一些大臣再次出来谏阻，又不了了之了。瞧这事情干的！崇祯惟有长吁短叹，唉，大事几成，却被几个"黄口书生"耽误了。

多奇怪，多好笑，国之要务，想好怎么做了，也认为书生空谈误事，但人家一摇头，你就低头了，平时杀臣撤臣的狠劲到哪去了？性格不是这样的啊？就这么听臣子的话？支持你的大臣为何不听？内有兵部尚书，外有边疆巡抚，可都是重臣呢！你又不是傀儡，最后拍板权还不是在你手上？怕担责任，怕留骂名？笑话，堂堂一国之君，生死存亡的事，你不担谁担？世上哪有那么好的事，美名都给你，恶名

都送给别人？何况这还不一定是恶名呢。

说白了，崇祯就是这样一个人，前面已对他的性格为人做了概括说明，不再重复，还是继续在事件中观其行看其人吧。

十二年（1639）七月，一再打得明廷找不到北的皇太极，利用前段时间入中原抓到的济南德王朱由枢，致书崇祯希望议和，结果无需多提，甭想了你！唉，崇祯对议和如此翻来覆去，竟没有一点坚定果敢之心，只会让朝野想和之人更加"沉默寡言"了。就这样，直到下一场大决战的爆发，没有人再敢提到和字。

而作为无可争议的强者，这么多年孜孜以求个和字，却不能有半点进展，皇太极也是没辙了，下一步究竟该怎么办呢？和不成，打？如何打呢？虽说四次侵入中原，掳掠杀伤甚多，但除第一次，并未想过取得尺寸之地。战略上其实并不成功，况且大胜之下，也是有不小打击的，和多尔衮一块领兵的岳托（努尔哈赤次子礼亲王代善的长子）就死于山东。更甚者，乘明辽军入援之机，皇太极还曾亲领大军两次攻打宁锦之地，竟也先后受挫于中后所和松山，垂头丧气而回呢。和也和不得，打也无实效，如何是好，如何是好呀？

就在此时，降清的汉人们粉墨登场了。他们比起满洲贵族甚至皇太极来，真可谓目光更深邃，眼界更宽广，韬略更出众，更是雄心高万丈，当然打垮昔日祖国大明的渴望也更强烈（投敌者历来如此）。他们就经常鼓捣，上个万言书、平明策什么的。

毫不夸张地说，清人最后之所以能入主中原，多亏了他们这些人在耳边不断吹风，要不哪有这个壮志哟！幸好人家皇太极一直不同意，否则真有可能提前入关呢。

这不，做了大清都察院参政的明降将张存仁、祖可法，就适时呈献治国进取大计啦，雄论滔滔一宏文，洋洋洒洒千万言。皇太极采纳了其中屯田广宁、夺取锦宁之策，目的竟还是想通过占领锦宁，使明完全处于被动，不得不与他议和，或和而不成更利于再战！

新形势下，明廷如何应对至关重要啊。不过，战前可能双方都没有想到，紧接而来的会是一场决定命运的大决战。

松锦上演大决战（上）

崇祯十三年（1640）三月十八日，皇太极派郑亲王济尔哈朗（努

尔哈赤侄子）、贝勒多铎（多尔衮同母弟，战后晋爵豫郡王）统领大军前往义州（广宁后屯卫，广锦之间，南距锦九十里）屯田，且耕且战，兵困锦州，反客为主，势在必得。五月，崇祯命蓟辽总督洪承畴出关御敌。

洪承畴（1593—1665），字彦演，号亨九，福建南安人，万历四十四年进士。历任刑部主事、郎中，两浙提学道佥事，江西兵备道按察副使。天启七年，任陕西督粮道参政，适逢当地民众起义，军事才华得以展露，从此开始了令他功成名就的"剿匪"之路，李自成就差一点完败于他的手下。崇祯十二年（1639），洪承畴被任命为蓟辽总督，从一个战场又来到了另一个战场，不过对手的水平高了很多。

五月十二日，洪承畴领兵出征，十六日到达宁远，八镇十三万人马先后汇聚。明军十八日即在杏山城北与清军打了一仗，先胜后败；七月二十一日，又与多尔衮、豪格（皇太极长子）再战此地，击退敌军，双方遂相持于松杏与锦州之间。

洪承畴非常稳健，利用清军围城不严的疏漏，抓紧运粮锦州和松山，以固根本，力求打一场持久战。

无疑这是符合实际的。清军长于野战而短于攻城，与其毫无成算地冒险拼刺刀，不如凭借城池先守好，再相机而动，至于锦州，有祖大寿守着呢，再坚持坚持不成问题。

两军相持越久越不利于大清，与大明相比，毕竟局促于辽东之隅，虽然孔武有力，但综合能量不足，人力物力差得远呢。

随着战争的推进，持久战取得了成效。前沿松锦，尤塔杏中转站，粮食储备丰富了，基础夯实了。仗打得也不错，由关宁、沿边八镇组成的明军精锐，还是很有战斗力的。

九月上旬，明军在松山城西黄土岭一战中，打退了多尔衮两万大军的进攻。锦州那边久围不下，清军也开始有了厌战情绪。

此时，那个张存仁又粉墨登场了，在他的建议下，次年（1640）三月，皇太极利用换班之际，治了多尔衮围锦不严之罪，改派济尔哈朗为统帅，掘长壕把整个锦州围了个水泄不通。锦州城内的蒙古军动摇了，兵丁男女老幼六千余人叛降清人，但有祖大寿在，它依然坚如磐石。

四月二十五日，明军与敌激战于乳峰山东西石门，胜出。六月再战于松山西北，凡四合围，夺敌两红旗、镶蓝旗三旗营地，杀伤甚

多，济尔哈朗因此受到议处。

明军开始取得主动地位。清军厌战情绪与日俱增，所征蒙古军有逃亡明境的，被迫助战的小国朝鲜更不堪其苦。只要明军继续扬长避短，稳扎稳打，迫使清军久围不下，疲困而退的可能性相当之大。

如此，锦宁防线得以保全，精锐之师又损伤不大，大明还有抗衡清人的不少本钱，更有扑灭起义军的坚强保证。这对帝国、对崇祯都已经足够了，算得上胜利了。

虽然打了几仗，明军表现不错，但是想和清军——这支称霸东亚的"梦之队"，来一场大规模的正面交锋，还是远远不行的。现实就是现实，好高骛远，急功近利，只会摔得更狠，跌得更惨。

这不，话未说完呢，崇祯就跳将起来，紧要关头，节骨眼上，淋漓展现了他的"领袖风采"，尽致作出了他的"英明决断"，一举扭转了战局，彻底改变了形势，毫不犹豫地以牺牲自我为代价，帮助人家打赢了这场艰苦卓绝的战争。原来，崇祯是有"国际主义精神"的。

当初，洪承畴在与李自成的作战中，显示了他在明军统帅中第一等的韬略，深得崇祯的器重，朝野上下也是一片赞许，这在晚明可以算是很难得了。皇太极第三次入犯内地的戊寅之役（1638）中，崇祯调他入卫京师，后改任蓟辽总督，总领北方抗清一线，足见对他是多么信任。

按理说，洪已经是深孚众望的最优秀统帅了（起码崇祯这样认为），崇祯既然派他指挥这次松锦大战，就应该放手让他搏一搏呀。一开始，崇祯也是坚定支持的，对洪大帅的持久战方略也是点了头的，当兵部尚书陈新甲刚提出速战速决方案时，他也在征询过洪的意见后，予以否定。

但是当战争持续了一年多后，清军乘机从山海关以西入犯京师的忧虑被不断放大后（明显误判，清军正全力围锦州呢），明军打得也比预想中的好后，尤其陈新甲和他的喉舌兵部职方郎中张若麒不断嚼舌头后，崇祯的老毛病又犯了，竟然改变了主张，同意了与清军打一场速决战，毫不考虑双方实力与过去战绩，结果正中敌人下怀！

君命难违。七月二十六日，洪承畴宁远誓师，囤积粮草于杏山、塔山之间，亲率玉田总兵曹变蛟、前屯卫总兵王廷臣、宣府总兵杨国柱、大同总兵王朴、宁远总兵吴三桂、密云总兵唐通、蓟镇总兵白广恩、山海关总兵马科等八位总兵全部人马向锦州进发，二十八日抵松

山，当夜扎营于距锦州仅五里的城南乳峰山。

此时清军多尔衮、豪格分守于乳峰山东西两面的东西石门。二十九日，杨国柱率先出战，不幸阵亡，明军先折头阵。八月二日，又是一场血战，祖大寿也从城里杀出，敌三道重围攻其二，清军伤亡甚众。

整个八月上旬，双方数度交战，互有创伤，渐呈胶着之态，但明军数量占优，拼劲也足，攻势甚猛，清军渐渐招架不住，几有失败之险，多尔衮非常担心，多次派人回沈阳请援。

皇太极本打算十一日赴援，但因流鼻血，加上最心爱妃子海兰珠病危，缓了三日，十四日血未止即出发，疾驰六百里，十八日到达锦州城北五十里的戚家堡（辽宁锦县齐家堡）。至此，松锦之战已从锦州解围战一跃而为明清两国的战略大决战了，大清也是举国而来，成败在此一搏。

松锦上演大决战（下）

说到这，突然间想到，既然非要把这一战拔高到如此程度，崇祯何不像皇太极一样，亲临前线？打不好仗，也能鼓舞士气，凝聚人心呀！起码各镇将领也会听主帅言，最后拼死一战，而不是四处逃散了。乱想，真是乱想了，崇祯哪会干这样的事，况且就是干了，也是瞎指挥一气，还不如不干呢。

再说皇太极，当时可是带病出征，途中颈下自承以碗，行三日鼻血方止，既见形势何等紧迫，又现出色领袖关键时的英雄本色。

抵达前线后，他立即发现洪承畴排兵布阵的一个致命错误，大军密集于松山，却未在松杏之间留一兵一卒，即驻营其间，浚濠筑垣以断明军后路，使其想退不能退，后勤想供也供不上来。

明军见此阵势大惧，二十、二十一两日主动出击未果，囤积于笔架山的大批粮草又被清军夺了去，军心已然动摇。

二十一日晚最后一次军事会议，洪承畴先动员再倾力一战，以期置之死地而后生，但诸将大都已怀去志，哪还听得进去哟；监军张若麒也反对，只好又改为突围，留曹变蛟、王廷臣守松山（还有辽东巡抚丘民仰），其余回宁远就食，携粮归来后再战。

本来各军约定好时间有序突围，未曾想会议刚结束，大同总兵王

朴便率众先跑，其余也慌忙跟进，乱成了一锅粥，与溃逃没啥两样了。唉，精锐都这样，明军焉能不败？还是让我们记住所有留下的将士吧，他们才是真正的英雄——最后曹、王、丘也是英勇就义，没有像洪承畴、祖大寿那样屈膝变节。

且说皇太极早已派兵在各要道等着呢，南逃明军全部遭到截击，兵溃如山倒，惨不忍睹。明军先后被斩杀五万三千七百八十余人，损失战马七千四百四十四匹、驼六十六峰、甲胄九千三百四十六副，另外赴海死者以数万计，逃回后方的仅三万余人。（《明清史料》）

洪承畴呢？救祖大寿不成，反成了第二个祖大寿，一个困守松山，一个继续被围锦州，仍然坚持了半年，不容易了。其间崇祯想再组援军而不能，与清谈判又是那副熊样（以后细表），时机一再错过，结局已然注定。

崇祯十五年（1642）二月十八日，松山城陷，洪承畴被俘，后降清。三月八日，祖大寿出降，坚守近两年的锦州终于陷落。随之，塔山于四月初九日，杏山于四月二十二日，也相继被清军攻陷。松锦大战历时两年，终以明军完败告终。

一场本不会发生的战争，最后演变成了终极 PK，大明一败涂地，输得体无完肤，从此走向亡国。为什么会这样？究竟是谁的责任？

主帅洪承畴当然脱不了干系。大决战开始后，全军集于松山，拧在一起，形成合力，以期迅速解围锦州，同时也防人家像萨儿浒大战一样，把你各个击破，没啥错呀？

问题是相持了二十天，目标未实现，粮草已不多，就算未料到皇太极能迅速增援，也该考虑拨点兵力驻于松杏之间的长岭山，完善攻防体系，加强前后接应，确保后勤保障畅通无阻，更要防备孤军深入被人家断后路呀。

洪承畴不是很持重的吗？起初还准备持久战呢，又是实战中打出的名帅，纵然没有与头等高手过过招，剿李自成的老经验又不合时宜了，但既然面对的是强中强、高中高，就更应该慎之又慎呀？怎么会犯常识错误？就连大同监军张斗都建议驻一军于长岭山，结果被他一句"我十二年老督师，若书生何知耶？"否决掉了。（谈迁《国榷》）

再看诸将，前面几战打得还不错，可决战之际，形势不利，就灰心丧气，主帅的命令也不听，以逃跑为上了。看看最后的惨局，还不

如像老洪希望的那样，孤注一掷，与敌全力一战，说不定真能置之死地而后生呢，明军战斗力这一次表现得可是很不错的。

还有位居中枢的陈新甲，兵部尚书呢，就这水平，与后来议和一样，成事不足，败事有余，连多讲的劲都没有了。监军张若麒，更不用讲了吧。

反观人家，最高统帅皇太极能迅速适时地掌控大局果断决策，将更猛、士更强、心更齐，围锦清军一度危急也能坚守等待援军，点点细节上的差距，终汇成整体上的不足。

有专家还说，此战明清双方投入兵力相仿，因此实力相差不大，胜负天平难料，真是可笑，无论冷热兵器时代，人数多少起过几次决定性作用？那时清兵的单兵作战能力，说一个能抵两三个明兵不过分吧。

扯了这么多，就是想说，明军不要指望野战能打过清军，就像洪承畴开始搞的那样，刺刀拼不过你，咱不拼行吗，防守好了，与你相持着，反正咱家底子厚，经得起磨，谁怕谁呀？当年袁崇焕守宁远凭坚城用大炮，就是这个理儿。

好了，最终回到要讲的那个点上了，松锦惨败的罪魁祸首原来是崇祯。作为最高领袖，要不是他翻覆无常，错听了陈新甲的话，洪承畴哪会改变战略，硬着头皮搞什么速战速决，结果把自家人给"速"进去了。

什么？责任不在你？沽名诿过的老毛病又犯了吧，还好意思把屎盆子往陈新甲、张若麒们头上扣？你又不是傀儡，你才是最高领袖，最终还不是你做主？你铁了心这样干，别人敢不听你的吗？这下好了，输得差点精光光了。

从此丢了救命草

但上天待崇祯真的不薄啊！生死存亡间，又拉了他一把，给了他一个翻身的机会。原来到了这种地步，皇太极仍然愿意议和，没有亡明的意愿！

这一次，崇祯总该好好珍惜，认真把握了吧。结果呢，还是令人震惊，让人无语！

崇祯十四年（1641）八月，松锦战败，洪承畴、祖大寿分别被困

61

于松山、锦州，无法突围。明内部和议之声，终于时隔三年（1638年起）后再起！

虽然崇祯内心也渴望议和，但考虑到过去严词拒绝了多次，现在大败后主动求和，太丢面子了！他不仅未同意，竟还严厉斥责了赞同议和的辽东巡抚叶廷桂，并把另一人宁前道副使石凤臣下了大狱！看看！就为了一个面子，竟置国家安危存亡于不顾，对臣下还如此寡恩残暴。

不过形势的发展，可由不得你崇祯了。这一年国内起义军战果辉煌，李自成正月攻下洛阳杀了福王，张献忠二月拿下襄阳斩了襄王，一向受崇祯倚重的杨嗣昌畏罪自杀（也有说病死）。此后，中原大地被彻底掀了个底朝天，就在松锦决战后不久，三边总督傅宗龙九月死于河南项城，李自成十二月再次兵围中原第一重镇开封。

这边厢，满人又把松锦围得铁桶一般，水泄不通，城陷在即。崇祯不自量力，两线作战，两线皆崩也。如此危局，再不与满人议和，还能怎么办？坐着等死吗？

在兵部尚书陈新甲等人的力谏下，崇祯最终决定与大清议和。就在此时，他还死要面子，希望能有一个大学士先出面承担一下，然后他再恩准。为啥？好沽名诿过呀，议成功归己，不成责下属，自己啥事没有！最后还是内阁辅臣谢升替他搭了一个台阶。

于是折腾了近四个月，到翌年（1642）正月，明清官方第一次正式和议终于拉开了序幕，兵部职方郎中马绍愉等担负了这个已经迟到十五年的使命，不过是在悄悄中进行的，因为崇祯不想让朝廷中那些只会逞口舌之能的言官们知道。

秘密也好，公开也好，时间不等人，抓紧弄吧！关外诸城正在遭受清军的围攻，和议早点成功，说不定还有得救。唉，让人又叹又气的是，崇祯却抹不开天朝大国君主的面子，又在为虚节矫礼劳神了。

马绍愉秘密到达宁远与清军统帅济尔哈朗接洽，一开始没有皇帝的敕书，清人认为不足为凭，只好再补，结果时间拖到三月，松山、锦州先后陷落了。

更可气的是，补发的敕书形式上却非两国君主间的正式外交文书，只是明帝的内部谕旨，通篇充斥着天朝上国对外藩属夷的居高临下之词。不知真相的，还以为人家战败了，我大明才网开一面，恩准议和呢。

皇太极非常恼火，换了别人恐怕早就不干了，发兵灭了你算了，但他仍坚持与明议和。经投降的洪承畴鉴定敕书为真后，也如法炮制了一份敕谕答复明朝，马绍愉奏报，崇祯再次以敕谕兵部尚书陈新甲的形式回复（面子真就那么重要吗）。

来回折腾，又过了两月，直到五月十四日，马绍愉才奉命抵达沈阳，正式与清谈判，此前不久，塔山与杏山又相继陷落。为了给谈判创造一个和平的氛围，皇太极下令停止进攻宁远，退兵三十里。

此次议和，大清上下极为重视，讨论多多。满洲贵族们主要是在让明割宁远还是燕京以东方面有分歧，而祖可法、张存仁这些汉官们先是极力反对议和，后又力谏最大限度苛求明朝，弱明反明之心比满人犹过之而无不及。

皇太极呢？他从没改变自己的一贯主张，不仅不想过于苛待对方，让明朝称臣纳贡什么的，相反，只要和议成了，还愿意尊明为上国呢，诚意相当之大。

经半月磋商，皇太极在给崇祯的国书中，开出了他的和谈条件。关键在于两点：一是明每年给清黄金万两、银百万两，清给明人参千斤、貂皮千张；二是边界划分，明以宁远双树堡中间土岭为界，清以塔山为界，连山适中之地，两国互市贸易。

这疆域的事，应该没有多大异议，因为之前，关外宁远以东之地，已被大清夺了去，成了既成事实，要拿你也没那个能力，何况比起要明割燕京以东国土，皇太极显然采取了较温和的做法。

至于岁币，乍一看，苛刻之至。想当年宋朝够窝囊了，与辽澶渊之盟，不过银十万两，绢二十万匹；仁宗时加了一次，也才银二十万两，绢三十万匹；高宗仅保半壁江山，与金议和，银绢也只有各二十五万两（匹），孝宗时还各减了五万。

现在可好，按当时金万两折银十万两算，大明每年要给清一百一十万两白银！这不是比两宋更屈辱吗？崇祯君臣最介意的就是这点了。

实际上这岁币什么的，哪个王朝没有过？不仅是宋，强汉盛唐，鲜卑之魏，契丹之辽，女真之金，皆有。不但弱时给，强时也给，如西汉后期每年给已降匈奴的财物，并不比西汉初屈辱求和时少，当然目的、方式、尊卑等有所不同。不仅汉民族，其他民族也是，如金国面对比他们更野蛮凶悍的蒙古人，也只好送钱消灾，送物笼络。说明

一下，此处讲的是成吉思汗以前的蒙古。

简单论之，相对来说，一个较文明、先进之民族对付一个落后、野蛮之民族，给钱了不见得就是屈辱，没给也不见得有多荣誉，关键看为什么给？给过后究竟怎样？何况你不给又能怎么办呢？与其就此沉沦下去，不如暂时受点屈，留得青山在，还怕没柴烧？

再说大明，对北边蒙古各部的沿边旧赏，搞了好多年了，款项不菲，据清初汪楫所撰《崇祯长编》记载，崇祯初将近百万；杨嗣昌也说过"一岁插赏百万金"。大清征服漠南蒙古后，开始取而代之，与明东西几千里接壤，从那时起，皇太极就十分垂涎这笔数额巨大的赏金，希望大明同意，能从蒙古那里继承过来。直到这次议和，想法仍然未变，只是实力强了太多，对明打击也更大，却也没太多要。

后来马绍愉回国遭到攻击，因为岁币百万并不比旧赏多，还被认为是说谎不可信呢。由此可见，皇太极的要求不算太苛，连明人自己都出乎意料，那崇祯会答应吗？

真是屋漏偏逢连降雨，关键时刻又掉链子。这陈新甲绝对是成事不足，败事有余。当初松锦战败就与他有关，现在人家马绍愉关于国家第一要务议和的密报，他看完后却随意地置于几上，自己的书童误以为是日行塘报，竟发付传钞了出去，本来秘密的事，现在地球人都知道了，结果一片哗然。

言官们的指责又是铺天盖地，很正常，他们向来以此为能事，坐而论道的功夫极高。不正常的是崇祯，特此声明，绝非傀儡的天朝大皇帝、决定议和的最后拍板者，竟然又一次在"黄口书生"面前缴械投降，再次反复起来，不仅未做任何解释承担，反而恼羞成怒，将议和之责一股脑推给了陈新甲，并把他斩了！就连马绍愉，也被撤职押回原籍！

崇祯他自己呢？再一次完全无辜，再一次义正词严——我天朝圣君，何曾向酋奴低过头！

至此，明清议和彻底破裂，崇祯至死也未再提过与清议和。那边呢？翘首以待的皇太极，履行了誓言，直到这年十一月，见崇祯没做任何回应后，第五次也是最后一次发动了侵入中原的战役——壬午之役。

八万铁骑所向披靡，兵锋直抵山东兖州、南直隶宿迁（今属江苏省）一带，都快到淮河了！先后攻破三府十八州六十七县八十八城，

俘获民众三十六万余、牲畜三十二万，河北、山东大部残破。次年（1643）四月，清军凯旋而归，五个月内，明军未敢一战！又何能一战？

强弱悬殊，天地之别了。皇太极，没搞错吧，还是没有放弃议和！直到八月突然病故！唉，崇祯啊！崇祯！！

该到小小总结时

皇太极，这位大清（包括后金）历史上最能干的领袖，堪称崇祯一生最大对手，打碎他中兴梦想的最大"罪人"，不过也差一点是让他实现中兴的最大"功臣"。

他拥有一支东亚军事界的"梦之队"长达十七年，假如自己有一颗征服大明的火热之心，也许大清入关要提前很多年，起码松锦战后就完全可能。但他一生追求的是明清相"和"，当然是带有战胜者的姿态及功利，远非现在的"和谐"之"和"。

内外交困的崇祯，如果同意皇太极的议和，忍辱先把强敌稳，但得北方边疆定，凝心聚力谋振兴，他日复仇未为迟呀。

国内起义军？决非致命对手。松锦一战的前期表现告诉我们，明军打不过"梦之队"，集中精力"剿寇"，胜自成败献忠，还是绰绰有余的。何况这曾经几乎就实现了，只差最后一击，若不两线作战，不调转军队与清决斗，洪承畴就完胜了。反过来，内乱平息的大明又能全力对付大清，那结局就不好说了。

但崇祯没有这样做，十七年一路走来，直至身死国灭前的最后一刻，他都在与大清和起义军同时进行着战斗，有点堂吉珂德，也有点巴萨耶夫。

结果呢，已经衰落的老帝国，哪能经得起如此折腾，国家负担越来越重，除正常赋税外，加派"三饷"（辽饷、剿饷与练饷）最高竟达每年两千一百万两！腐败再掺入其中，天灾又连连，战乱又不断，民众怎能不苦，人心如何不乱（有清人铁腕也行）？

内乱纷纷，外战扰扰，环境极端恶劣，精力又完全消耗，还有什么心思去谋发展，革除弊病、重振大业纯属空谈！

更严重的是，鸡蛋硬要碰石头，结局可想而知，在"梦之队"的打击下，明军一败再败，输得只剩下个裤衩了，不要说抗击大清，就

连平息内乱的资本都消耗殆尽了。

外患内忧就这样互为影响，互为作用，加速恶性循环着，一个在边疆河北山东等地纵横驰骋，一个在中原大地跃马扬鞭，北中国一片大乱。

唉，崇祯，真的是性格决定命运吗？坦途一再向你招手，你却置之不理，非要硬闯华山一条路，若艺高人大胆也就算了，可你是吗？胆量倒不小，脑子一热，天不怕，地不怕，艺就另当别论了。

你虽然是个勤政的人，也是个坚强的人，但残酷现实终会让你明白，勤政却无能比怠政更加危险，坚强变顽固比软弱更为可怕。

如果你地下有知，别怪俺说话刻薄，也许你做个宋真宗、宋高宗什么的，大明还不至于亡呢！你在败亡前还在说，文臣个个该杀，但最该杀的是你自己，你知道吗？

明亡首先是大战略的失败，这不由你最高领袖来担，谁来担呢？当时大明之势，攘外先安内，明显的道理，一年两年不采纳倒也罢了，十七年的时间，都已经被两线作战搞得快崩溃了，仍然不采纳，说你能力不足，性格乖张，你还有什么怨言吗？

好，战略是个宏观的东西，有点虚，不多说了。那微观呢，每一次具体的决策，特别是关系到生死存亡的重大决策，崇祯啊，你又对过几回？不要去怪别人，把责任都往大臣们身上推，他们都是你的部下，谁的权力又高过你？

一个出色的领袖就是要能在复杂多变的形势下、众说纷纭的状态中，迅速作出正确的判断。而你呢？不是轻信善变，沽名诿过，把正确的推翻；就是偏执多疑，冷酷固执，把错误的加以推行。两个极端都走了，不简单哟，抗击外部强敌是这样，对付民众起义也是这样，你说你崇祯还有啥子希望。

黄土高坡民众起

天启、崇祯之交的那一年（1627），澄城县王二揭竿而起，陕西大地随即风起云涌，起义之火势如燎原，并迅速刮到相邻的山西。火种因何播撒？晚明各种积弊与陕西特殊状况交汇而成。

万历末建州女真崛起，辽东战事爆发，加派辽饷越来越重，富庶江南还行，陕西贫瘠之地，哪能吃得消。倒霉的是，天灾又不断，如

崇祯元年，"自四月至七月不雨，八月恒雨，霜杀稼，木冰，岁大饥"（吴伟业《绥寇纪略》卷一）。你说这老百姓的日子怎么过？不起义又能干什么？

远至嘉靖年间，军饷拖欠已成习惯，辽东战事后越发严重，崇祯初不少地方欠饷竟长达三十六个月，士兵们哪能受得了？干脆哗变算了！己巳之变（1629），勤王军队部分带有武器的溃散士兵又杂于其间，还有崇祯初为节省数十万两银子，招募被裁撤的李自成这样的驿卒，再加上原来的响马，如此，中坚分子、骨干力量又形成壮大了，焉能不起义，又焉能造不成反？

起义队伍不可避免如雨后春笋般快速成长了，三个关涉全局的重点人物，应该先介绍一下。

高迎祥（？—1636），起义军前期最著名最威风的领袖，安塞"马贼"，号称"闯王"。

张献忠（1606—1647），榆林卫柳树涧人，干过捕快，当过兵，相貌伟异，曾犯军法当斩，又被领导赏识，放了一马，崇祯三年（1630），响应初期极有名的起义首领王嘉胤，据米脂八寨起兵，自号"八大王"。

李自成（1606—1645），陕西米脂人，世代养马户，家境还不错，念过几年私塾，有点文化，后家道中衰，为财主放过羊，还干过驿卒，当过马夫，并练得一身好武艺。二年（1627），崇祯下令裁撤驿站，李自成生活无着，索性造了反，先投初期另一著名首领王左挂，再靠"不沾泥"张存孟，"江湖"上号称"八队闯将"（1640年改称"闯王"）。李、张，起义军后期的盖世双雄，都建立了各自的政权，同样败亡于一个敌人，不少相仿之处呢。

当时起义队伍不少，民众参与的也多，好在开始局促于陕西，尚未形成大气候。其他地方，京畿心脏重地、江南财赋基地、中原兵家必争之地等，都尚称安定，帝国根基未动，贫困一隅的内乱搞得定，就看朝廷怎么弄了。

此时的崇祯才干掉魏忠贤，又一心想收复辽东故土，年龄也不过十七八岁，本不忍心说他，只是第一个被他派入陕西平乱的，就是极不称职的人，这里不说还不行。

杨鹤，后来叱咤一时的杨嗣昌之父。一个文人，一个有清望的人，一个适于蹲大机关的人，却是一个对军事一窍不通的人，竟因为

朝中无人敢去陕，而自己又受排挤，竟被吏部会推出任陕西三边总督。官场险恶，官场为私，这可是军国大事，岂能如此儿戏！

崇祯呢？一个字"准"！杨鹤想推也推不掉，只好勉为其难。崇祯二年（1629），己巳之变前，抵达陕西，开始了他的人生悲剧。

杨鹤力主招抚，崇祯开始也是这意思，但招易置难呀，叛军返还军伍，要按月发饷，欠饷都那么多了，拿什么发？老百姓返还家乡，要让他安生，饥荒都已连年了，拿什么安？

起义队伍又复杂得很，人心也难测，什么想法没有，什么企图没有，有人他还就愿意吃这碗饭呢。不要一说起义，特别是标上农民起义的标签，就是多么纯洁，多么高尚了。

时光飞逝，一晃两年，杨鹤的招抚之策起初也有点成效，当时陕西最有影响的义军首领神一魁都投降了，但很快降而复叛，宣告了抚局的彻底破产，侍奉的主子又是刻薄寡恩之人，结局可想而知。

崇祯四年（1631）九月，杨鹤被革了职，逮捕入京究问，后遣戍江西袁州，八年十月死于戍所。在他正受重用的儿子杨嗣昌上疏请求下，崇祯才勉强恢复了黄泉路上杨鹤的原官。

其实杨鹤真有点冤，本是有自知之明的人，当初崇祯让他去平乱，他就据实说干不了，后来确实力不从心，又上书请辞，可崇祯非让他干，也同意他的招抚之策，况且陕西三边之兵又经常被崇祯调去保卫京师，兵马单薄，不招也不一定就能剿。

崇祯就是崇祯，行为乖张得让人无法理解，不称职的人非要你干到底，失败了再拿你问罪，又丝毫不留情面，专断固执得要命，可是能干的人，他又常常不能放手一用，轻信多疑，患得患失。唉，反正结果一样，基本上都是他的错。

就像这次，陕西民众起义之初，局限于黄土高坡，也未形成后来李自成、张献忠大闹中原的实力，只要用人得当，像以后大红大紫的洪承畴等，极有可能早几年就搞定。

但人家崇祯就是用了杨鹤，两年最宝贵的时间白白浪费了，危局未解反而更危，实在可惜呀。

官民激斗犹正酣

头未开好，下面就难了。所幸接替杨鹤的洪承畴颇为了得。前任延绥巡抚时，即主围剿，刀光闪闪，血迹斑斑，王左挂、王嘉胤、"点灯子"赵四儿这些影响很大的实力派，先后被斩落马下，这让崇祯印象深刻，委以重任，兵部右侍郎兼右佥都御史总督陕西三边军务。

随后，老洪带着曹文诏、马科、曹变蛟等一班虎将，东征西讨，战无不胜，再击灭"不沾泥"张存孟、"混天猴"张应金、"可天飞"何崇谓、"黄巢"高应昌等几十股起义武装，一举荡平陕西。

随之山西成为焦点。崇祯三年（1630）起，陕西起义军陆续入晋（其中就有李自成），势力越来越大。你别说，老洪这个人不愧名帅，大局观很强，坐镇陕西，却以整个平乱为重，主动派出曹文诏等精锐秦兵赴晋协剿，崇祯对此十分赞赏。

问题是一方重臣有几个能达到老洪的境界，还不是各人自扫门前雪，哪管他人瓦上霜。政情复杂，官场争斗，各谋其私，不相协调，起义军又骁勇善战，山西局势尚未安，豫北又陷进去了。

这下可好，一省之复杂政治又扩展至两省之间了，山西与河南互打小算盘，总想把起义军赶到对方那里去，只图自己保境安民。

实际上，这时起义军声势虽盛，但局促于晋南豫北，具体为太行山东南、黄河以北狭窄地带，形势并不乐观。如果能设置陕晋豫三省总督，统一指挥调度，合三省力量为一，起义军还真就被包围消灭了。

至于这总督人选，老洪自然众望所归。地方有此想法，兵部也觉可行，但崇祯不同意！唉，无意再去探讨原因了，对崇祯都麻木了，反正大是大非上，他极少判断对过。

那崇祯咋做呢？有两大壮举，一派太监监军，二派京营出征。纵不论太监是否会狐假虎威，京营之军有否战斗力，单论这协调各军统一作战的事，不还是没解决吗？难道皇帝遥控指挥，太监们现场协调吗？你说这仗还怎么打？

最后，恰恰就是这帮"皇亲国戚"们坏了大事。本来起义军越来越步入险境，随时有被围歼的可能，可他们却被起义军诈降所误，眼睁睁看着十几万起义大军，从山西垣曲与河南济源之间的关阳、长泉一带，驰马坚冰上，南渡黄河去。也是天意吧，这段河水从不结冰，那年却冰坚如石。

这就是震惊当时的"渑池渡"，时间为崇祯六年十一月下旬。此

69

后，起义军掀起了新的一页，他们从黄土高坡下来，纵横驰骋于中原大地了。唉，要是用老洪做三省总督，何至于此！

崇祯决策何等"英明"！先用人不当（当时还年轻也就罢了），耽误了两年，让起义之火在秦晋大地燎原开来；而今又一次失策，导致起义军从太行山与黄河两大天险之间，轻易突围而去，进入了一个更为广阔的空间，把两年的艰苦努力毁于一旦。

难道这是一出明末版无间道？崇祯原是那起义军的刘建明？哎！倒要再往下仔细瞧瞧，探个究竟了。

失策葬送决胜机

跃马横刀于中原大地的起义军，各分东西，往来驰骋，更难以围而歼之了。严峻的形势面前，崇祯终于决定设置一个前线总指挥，但仍没有选洪承畴，据说考虑他身负陕西三边重任而作罢。崇祯选择了陈奇瑜，以兵部右侍郎兼右佥都御史总督陕西、山西、河南、湖广、四川五省军务，全力剿"匪"。

一年后车箱峡事件的发生，证明了这又是一次用人不当。崇祯七年（1634），李自成被困于汉南车箱峡，濒临绝境，再使诈降计，轻易骗了陈奇瑜，绝处逢生，突围而去。除了逮捕陈奇瑜，崇祯又能怎么样呢？反正他不会承认自己看走了眼，也绝不会想到，就是这个李自成给了他最后一击。

陈奇瑜的失败在于自己的失策，但也与以崇祯为代表的朝廷，屡屡在剿与抚上徘徊不定有关。先前的杨鹤，还有渑池渡事件，皆类似也。不知为什么，崇祯一直不能吸取招抚失败的教训，下定不了主剿的决心，这也给了臣下很大的心理暗示，否则天大的胆子，谁也不敢去抚呀。

一再失误后，崇祯终于任用洪承畴为五省总督，仍兼三边总督，同时起用卢象昇（1600—1639）为五省总理，协同围剿，具体分工是洪主西北，卢主东南。这次倒用对了人，但起义军已在中原大地扩散开来，局势至为严峻，非能轻易安定了。

洪、卢受命后，征战不息。卢象昇在中原打了不少胜仗，起义军第一强的闯王高迎祥也败在他的手下。这时，满洲人又翻越长城而来（1636年，第三次犯内地），镇压起义军的关宁边兵调走了，卢象昇

也被调去入援京师，做了宣大总督，起义军连败后又得到了喘息机会，洪东卢西夹剿之势也不复存在。

洪承畴在陕倒还不错，有一个好帮手——孙传庭，字伯雅，山西代州（今代县）人，万历四十七年进士，身长七尺二寸，雄健多谋略，平日慷慨谈兵，颇有澄清天下之志，崇祯九年（1636）任陕西巡抚。

孙传庭上任后，协作得很好，黑水峪之战生擒已退回陕西的高迎祥，接着施计斩杀了降而复叛的与闯王齐名的蝎子块，又连续打了两次胜仗，威名简直不逊于洪承畴了。

看起来，剿匪形势又有好转迹象了。新任兵部尚书杨嗣昌（崇祯初次议和时讲到过）也是个大能臣，主张攘外必先安内，对外务实求和，后因崇祯不坚定而作罢；对内实行"四正六隅，十面张网"计划，剿抚并用，取得了巨大成功。

到崇祯十一年（1638），起义军两大势力，中原的张献忠等部，尽被招抚。这里插两句话。崇祯一而再、再而三不接受教训，对于张献忠这样的"顽匪"，依然剿抚不定，模棱两可，让急于招抚立功的熊文灿之流，不仅钻了空子，还对张献忠全力保持军队的独立完整，都不加丝毫防备，终酿大祸。

陕西的李自成等部几乎被洪承畴、孙传庭全歼，自己丢妻弃女，带着十八骑狼狈逃亡商洛山中，几次自杀未成，惶惶不可终日。

看起来，十一年起义之火终于要熄灭了，崇祯中兴大业也终于有了点眉目，但是他在攘外与安内之间的一再犹疑不定，甚至不自量力地以攘外为主的战略，又一次让这得来不易的美好化为泡影。

还是1638年，这边厢安内成功在即，那边厢皇太极求和不成，兵戎相见，第四次向中原杀奔而来，崇祯赶紧征召各地勤王，洪承畴、孙传庭都在其列。一向言听计从的杨嗣昌力争留下一人绝"匪"之根，崇祯也断然拒绝，甚至在清军退走后，仍将洪、孙二人及所带秦兵劲旅留了下来。这真是不可理喻！

终究一地鸡毛啦

后果不堪设想！崇祯十二年（1639），张献忠重举义旗，李自成也乘势再起，顷刻间中原大地又是一片战火。崇祯惟一自始至终亲信

71

的大臣杨嗣昌，亲往前线督剿也不管用了。

两年后（1641），崇祯攘外与安内政策彻底破产，两线作战全面崩盘。大明最精锐的部队在辽东战场几乎丧失殆尽，其中就包括昔日"剿匪"战绩卓著的曹变蛟等所率秦兵劲旅。这时李自成该偷着乐了。

中原战场只有左良玉、贺人龙（很快被崇祯怀疑通"匪"所杀）尚称有力，但哪能抵挡起义军已然形成的狂风暴雨？明军除了惨败还是惨败，局势开始逆转。也许此时能够集中全力的话，帝国还有安内的一线生机，但是崇祯最后一次拒绝与清议和（1642），这时啥机都没了。

崇祯十六年（1643）正月，李自成在湖北襄阳称新顺王，五月，张献忠下武昌，建立大西政权。这在起义军历史上可是划时代的事儿，从此他们告别了流寇主义，向建设国家大步流星迈进了（可惜后来遇到了满洲人）。

之后，起义军越发所向披靡。与杨嗣昌不和、在狱中呆了近三年的孙传庭重新出山，赢是不可能了，但扼住潼关，保住陕西，局势尚未全毁也。此时，明军还剩三支主力，辽东吴三桂松锦战后重整的关宁铁骑，正勉力抵御清军；湖广左良玉部已被李自成打怕了，畏敌怯战；只剩陕西孙传庭部（包括贺人龙旧部）驻守关中，成了"剿匪"战场的中流砥柱。

可那崇祯再行乖张，竟要求孙传庭出关赴中原打李自成，结果一败涂地，力量俱损。唉，和松锦大战时的洪承畴何等相像，历史被复制得为什么如此之快？就两年时间啊！

且说李自成，反过来克潼关（孙亡），占西安（1643），崇祯十七年（1644）正月初一，称王于此，改国号"大顺"，年号"永昌"。随即，"百万雄师"过黄河，向着京城汹涌澎湃而来，明军望风而靡。

唉，真是江山易改，本性难移。就在生死存亡之际，崇祯老毛病一点不改，又在南迁与勤王上，犹疑不定了，结果把尚存的一点点希望也全部打碎。

不像拒绝奉召的山东总兵刘泽清等人，艰难时刻吴三桂仍听中央的话，可崇祯竟为了关外早该放弃的宁远孤城，迟迟不征召入京，抵御李自成，待到最后决断时，早已落花流水春去也。痛心的是，以吴三桂反过来助清讨大顺灭南明的表现，足可证明这本是一支完全可以依靠乘凉的大树啊！

真正听召并及时赶来的只有蓟镇总兵唐通和他的八千人马，崇祯视之如救星，但唐很快又掉转头降了李自成，连带着把通向京城的最后门户居庸关也献了出去。勤王之举彻底破产，北京城哪还能守得住呀。

守不住，咱赶紧跑也行啊，南方还是咱大明的，坐镇南京重整河山非不可行也。结果呢？他没跑，起初也没让儿子跑，等想跑了又来不及了，父子的命运就不用说了，只可惜了抗清大业。

以后的南明，之所以迅速败亡，连南宋抗元都不如，根子还是在于自始至终没有一个众望所归的领导核心，抗清力量形成不了一个牢固的整体，一盘散沙，还互相争斗，结局可想而知。

还有更令人惊叹的，当李自成兵临城下，京城指日可破时，竟还给了崇祯一个天大的机会，最后一根救命稻草。

只要你封俺为王，把西北给了俺，再赏个百万两银子，俺不仅不打你了，还可派兵帮你内遏群寇，外御满洲，只是不奉朝觐，怎么样，够宽容了吧，本来俺可是能灭了你的（《甲申传信录》卷一）。结果怎么着？崇祯又拒绝了，像过去很多次的一样！

崇祯十七年（1644）三月十八日，北京城陷，三月十九日凌晨，三十四岁的崇祯自缢于煤山（景山）一棵老槐树下。黎明时分，李自成大部队进城。二百七十六年的大明王朝正式告别了历史舞台，以后的南明一般不计算在内。

呜呼哀哉！就在十七世纪，军事科技发展略为缓慢的东方，也即将告别游牧民族仅凭金戈铁马便能征服四方的冷兵器时代的前夜，文明最终战胜野蛮的前夜，一个幅员辽阔、光芒万丈的文明巨人，竟被一个"小小"蛮族击倒和征服了！

可这一切本来不会发生！崇祯！你作为最高领袖，如果举措得当，大明哪能灭亡！华夏又怎会沦落！你说，你是不是罪大至极！

〈摄政卷〉

定鼎中原皆因命　文武情说多尔衮

多尔衮的形象，如今越来越被塑造成雄才大略了。乍一看也是，早年跟着皇太极东征西讨，骁勇善战，后来主政时又定鼎中原，何等了得。还有那一段越来越伟大的三角恋，影视剧里狂轰滥炸，满洲第一俊男与满蒙第一美女的爱恨情仇更让他人气旺旺、风姿伟伟，明星指数直线攀升，远超充分信任过他、悉心栽培过他，不经意间给了他夺皇权立伟业的机会，却被他占了老婆的所谓三角恋的另一矮角——皇太极。如此巨星级的大人物，真要脱下他的黄金甲，再碾碎那段奇恋花，恐怕非议多多吧。硬去标新立异，反其道而行之，当然不可取，但以事实说话呢？有证据示人呢？心坦然，心坦然啊。

开启摄政多时代

多尔衮是一员骁将，沙场上跃马横刀，英勇无比，战功无数，比那个"千年一帝"强多了，这也是他能得皇太极信任，成为一人之下万人之上的重要因素，但说到文，就有点菜了，远不如他的八哥皇太极，一介武夫倒不至于，平常二字更合适。

为何？就从他成为大清第三代领导人，步入人生最辉煌阶段说开吧。（至于前期如何上位的事，三角恋的事，且听后面分解。）

崇祯十六年（1643）八月初九，大清历史上最出色的领袖皇太极病逝。事发突然，也未留下什么遗诏，皇位争夺战随即拉开帷幕，多尔衮与豪格有得一拼。

肃亲王豪格，皇太极长子，也是一位能征善战的主儿，三十有四，长多尔衮三岁，正值壮年，若在中原，肯定是继承皇位的不二人选，但满洲人没有这个传统，特别是前期。不过他有皇太极名下的嫡系两黄旗，还有自己所领的正蓝旗，合计三旗拥戴，牛得很呢。这里要声明一点，此旗专指满洲八旗，至于蒙古八旗、汉军八旗，当时根本没有资格参与皇帝选举。

二人之间的竞争，被后世渲染得激烈纷呈，特别是把多尔衮塑造得雄健有力、冷静从容、审时度势、老谋深算，且一心为祖宗社稷着想，为大清安定团结考虑，为下一步入主中原谋划，十足一个伟大领袖。其实远非那么回事。

从皇太极突然病逝，到皇位争夺战结束，也就五天时间，真不知道所谓的连横合纵能复杂到什么程度。不要把多尔衮们想得太能了，难道皇太极在世时，他们就已经预谋好了？

多尔衮自然想当皇帝，也是奔这个目标去的，他的基本班底两白旗——自己的正白旗（阿济格属于该旗）与多铎的镶白旗，同样强劲有力。不过从整个争位过程看，虽不能说像他以后入关那样，纯粹摸着石头过河，但也绝没有一个高瞻远瞩、周密翔实的规划，气魄、雄略、坚毅、果敢等，根本与他沾不上边。

多、豪二人其实各有千秋。军事实力：你有两旗咱有三旗，你有牛录六十五咱有六十一，相差不大。人气指数：豪格攀高，有皇位决定权的七位亲王及郡王，支持豪格的多数，包括举足轻重的努尔哈赤

次子礼亲王代善（拥有两红旗）及侄子郑亲王济尔哈朗（镶蓝旗主），但并不坚定。个人地位：多尔衮称强，皇太极逝世前实际上已是群臣之首，这从八月十四日诸王大臣集会推选皇位继承人，真正主持人是他便可看出。

多尔衮惟一可能当上皇帝，应是在 PK 之始。要是他能凭借自身崇高的地位（这一点相当重要）和实力强劲的两白旗支持，在多铎率先提议他为帝之后，快刀斩乱麻，果断同意，一下把犹豫者拉过来，造成既成事实，说不定还真行。

但他没有这样做，他在犹豫观望，结果机遇稍纵即逝。接着，多铎见他没答应，也未迂回支持，竟自我推荐起来，遭到拒绝后，又推荐代善，遭到拒绝。至于阿济格，不仅未给老弟说一句话，其间还跟着代善退场了！说明什么？多尔衮事前根本没在三兄弟之间做一个很好的谋划，形成合力，共推他当选，否则怎会发生这样的事？还有一个更大胆的假设，也许多尔衮根本就没打算要当皇帝，只要能推选一个能让他掌控的主儿就行了。只是没有任何历史记载作支持，也就点到为止吧。

多尔衮的态度，让他失去了称帝之机，也给了豪格反击的机会。随后，豪格的支持者们表态了，形势对多尔衮非常不利。败局已定，除非事后不承认，公开起义，不过以他有点优柔的性格来看，可能吗？

恰于此时，命运垂青了多尔衮，对手两招不慎，满盘皆输。豪格见多数人支持，以为胜券在握，假意推辞一番，表示一下谦虚，没想到弄巧成拙，不仅没有人及时劝进，还给对手以可乘之机，正好推翻了支持他的决定。随后，他又恼羞成怒，极不冷静地拂袖而去，关键时刻，自动退出了竞争舞台。如此不成熟的政治人物，实乃多尔衮之大幸也。

从豪格事件可看出，当时更多的人还是骑墙派，并没有坚定支持哪一方。其实就是双方基本阵营也非铁板一块：两黄旗中有亲多尔衮的，比如他舅舅阿布泰和固山额真阿山等；而多铎与多尔衮也并非想象中那么融洽，《清太宗实录》就记载，前不久"多罗豫郡王多铎与和硕睿亲王多尔衮不协……遣人扬言恐吓，藐视亲王（多尔衮）"。政治斗争复杂得很啊！如果多尔衮一开始行动迅速，快捷凌厉，是能对这些人起到震慑作用，从而赢得更多响应支持的。

豪格虽然退出了，但支持皇太极儿子与支持多尔衮的双方已是剑拔弩张。面对这样的形势，多尔衮不退而求其次也不行了，于是折衷选择了皇太极九子、五周岁的福临当了皇帝。而他名为与济尔哈朗相携摄政，实则很快就一人独专，从此开始了又一个决定大清命运的时代——七年多尔衮时代。

运来咋能挡得住

这个时代对大清来讲是个超级大转折的时代，从此它成为中国历史传统意义上的大王朝，而且一干就是二百六十八年，略逊唐明，远超蒙元。多尔衮足够担当伟"帝王"了吧？

功业确实算得上，只是靠了时运相帮，自己又未显出多大能耐，能真正算吗？千年前的唐高宗，外战上比他老爸李世民更加辉煌，打造的疆域不仅是唐也是汉民族历史上最为辽阔的，又有谁说他伟大呢？

言归正传，真是运气来了，挡也挡不住。虽说大清前中期的领袖都是幸运的主儿，还出了像康熙、乾隆这样顶尖有福之人，不过他多尔衮的幸运指数也绝对能排在第一档次。就说争皇位那会儿，眼看就要败了，没曾想对手先自动缴械了。再看看上台（1643）后，面临的又是何等大好局面啊。

老爸老哥两代人的拼搏，大清到他接手时，早已不是地处辽东边陲外的蕞尔小邦，整个东北（包括后来沙俄占去的）皆为其所有了，漠南蒙古（今内蒙）已成忠顺良民了，漠北蒙古（今外蒙）、朝鲜臣服了，就连西藏也遥尊了，规模声威远超当年大辽鼎盛时，军事上更是东北亚，不对，整个东亚的巨无霸，打野战独孤求败，叹无对手。

昔日天朝，大明帝国，在崇祯的英明领导下，离全面崩溃只差一步了。松锦决战惨败（1641）后，除了吴三桂尚能在关外宁远勉强苦守孤城外，还有什么力量可以抵御大清？壬午之役（1642—1643），满洲铁骑在华北平原上纵横驰骋，如入无人之境，半年之内，明军不敢一战！

还有那起义双雄，李自成与张献忠，就在多尔衮上位的这一年（1643），不仅把残破的大明再搞个天翻地覆，还相继于襄阳、武昌建立了政权。华夏由一统变成了明、大顺（李）与大西（张）三方混乱

共存，可谓一地鸡毛。就算人家不来打你，又要到啥时才能三合为一？

可以讲，大清入主中原的最佳时机来临了。这一年（1643），如果多尔衮还像皇太极曾经干过的那样，入塞侵中原，取北京占华北易如反掌，内外交困的崇祯不堪一击了，次年李自成轻松入京也证明了这一点。

吴三桂呢？届时西南东北两相夹击，瓮中之鳖了，还能做什么？从他以后的表现看，不投降也被干掉。正在华中的李自成、张献忠即使很强大，东南大明仍然很牢固，大清也可凭依华北，牢据制高点，取得逐鹿中原、掌控天下的优势。

但多尔衮并未这样做，结果失去了征服中原的最佳时机，假如他有这个念头的话。谁曾想老天竟如此垂青于他，硬是把一个更大的机遇塞到了他的手里，不要还就坚决不行，你说这人世间哪有公平二字哟！

这个机遇就是华夏周期交替轮换中，此次上来的新生力量，竟如此不堪大任，无论是李自成还是张献忠，面对满洲铁骑都是崩盘式的溃败。这在华夏历史上还是第一次。

尤其李自成，最厉害时，北京打下了，整个北方基本也在手上了，纵然野战打不过满洲人，但凭着一股新兴勃发之气，加上也是千锤百炼很有战斗力的军队，崩盘后余部再起都能抗清二十年（1664年才彻底失败），守住家业应该不难吧？唉，只能一声叹息了。

还有那个代表"旧势力"的弘光小朝廷，南明历史上仅有的还算统一、中央又有点权威的"第一届政府"，更是脆弱得不得了，连精气神都没了，说是多尔衮们的对手，简直都抬举了它。

你说多尔衮幸还是不幸？上来就登临绝顶，一览众山小，而且差距大到何等程度？不管时机合不合适，规划周不周全，措施到不到位，只要他一出手，又不是很无能，大功业自然就来了！

但好笑的是，这位现已被捧得如此高的大人物，却把这样一个手到擒来之业，东搞搞西弄弄，最后竟变成了好像是捡了一个大便宜，人家无意间送给他的，而且还大反复了一下。要不是满洲人战斗力太强，汉人太散，就又失去了。真不知道他的雄才大略究竟表现在哪里？

牛刀实在有点钝

怎么细法呢？领袖级的人物，当然要宏观、微观全方位地看看了，大战略、大思想，肯定少不了，而且是要放在第一位的。

如今高捧多尔衮的，多半把他与老爸老哥放在一起说道，男儿岂能无大志，自有万丈雄心在，僻处塞外非吾愿，定鼎中原方为杰嘛。

于是不论多尔衮干什么说什么，都要和入主中原联系起来，好像不这样，显不出他的雄，透不出他的伟来。问题是他心中有吗？若有，又有多少呢？

前面探讨明亡时讲过，大清（后金）开国以来，前两代国君努尔哈赤、皇太极父子，哪想过要入主中原？努尔哈赤不用说了，本是大明人，却做叛乱者，屠杀有一手，眼界山大王，皇太极不都坦白过，他老子从未有灭明之图吗？至于他自己，又何尝有过？

观皇太极一生对明作战，五次入塞战无不胜，攻城拔寨如探囊取物，除第一次留下极少量人马驻守过遵永四城（见《己巳之变》），其余皆无占领意图，甚至松锦一战已把明军精锐打得落花流水，仍是"和"字当头，而且战略上一直采取汉族谋士们（比起主子来更有远大理想与抱负）认为是最下下的蜗牛之策，即稳扎稳打，一步一脚印，先取宁锦，再窥山海关，大明愿和就罢了，不和也更容易打你。

这说明什么？不是皇太极笨蛋，而是他骨子里根本就不打算灭明。否则，宁锦真有那么重要吗？五次入塞那会儿，动辄半年，哪一次受过宁锦的牵制？大后方受过袭扰吗？回军之师又遭过真正拦截吗？

待到多尔衮上台，明之宁锦防线更因松锦大战的惨败崩塌一大半，两角只剩一角宁远，带着中前所、中后所和前屯卫三个小城，实力大不如前，守卫都勉强，更别谈什么牵制了。其实宁锦让满洲人神经紧绷更多的是另一种象征意义，原来大明始终没有放弃收复辽东。

据史书记载（常常自相矛盾），多尔衮及另一个摄政济尔哈朗（很快就靠边站了），都属于满洲贵族中力主入关的激进派。既然这样，掌了权后还不弃了下策，避开宁远，西入长城，挥军南下，直捣北京，速占华北？当时形势就像前文所说真是好极了、美极了。

何况大清前期尚武重军功，新任领袖哪个不想在战场上立刻扬名

树威？当年皇太极一即位，就发动了宁锦之战，便有这个因素在里面，多尔衮自然也不例外。但奇怪的是，既然目标不同，他为何又沿袭皇太极的老路，把打击的重点放在山海关外呢？

崇祯十六年（1643）九月十一日，皇位争夺战结束不到一个月，多尔衮即坐镇大本营沈阳，由济尔哈朗带着满洲铁骑狂啸而去，把关外三个小城全部拿下。不过，重镇宁远依然在吴三桂手里，大明旗帜高高飘扬。整体上这次大规模征伐，清人并未达到预期目标，有点丧气而归了。多领袖牛刀小试锋不利啊。

再奇的是，紧跟着半年内，多尔衮竟无所作为了！面对危亡在即的大明，本来最有实力，也是最有可能给予最后一击的大清，却在他的带领下，好像搞不清方向了，傻愣愣在那看着，甘做绿叶配红花起来。

仅有主动的一次是崇祯十七年（1644）正月，多尔衮派人到陕西找李自成，欲结同盟共击大明，最终没有下文只好作罢。多尔衮和他的大清，经历了松锦大胜与壬午横扫后，竟如此不了解明情，对一触即溃的帝国，还想着联合起义军共同击之，眼光绝对超一流！

直到李自成抢了头彩，三月上旬兵临北京城下，到手在即，吴三桂又奉旨从宁远撤回勤王，多尔衮才于三月十六日得知了一点情况。还不是关于李的，而是有关吴的自动撤退，让他感觉到了大明有什么异常（信息收集多么迟缓），才决定乘机攻明（不是大顺），来个混水摸鱼，就这还不是马上，而是四月初。真是无语！兵贵神速呢？抢抓机遇呢？

更奇的是，多尔衮带着大军四月初九从沈阳出发，明知吴三桂撤了，他却不从梦寐以求的宁锦大道跟进，乘机拿下山海关，而是又踏上了过去从蓟门一带入中原的曲折老路线，联想到去年还全力攻了一次宁远，试图打通一下，让人有点摸不着头脑。

而且多尔衮仅以每日平均五六十里的速度慢腾腾前进，跟春游似的，真不知何时才能到达北京城下？更搞笑的是，十三日渡过辽河后，他才得知李自成进了北京城，崇祯完蛋了！原来我们雄才大略的多领袖，就是这样纵览全局的。

真是看不懂了，如果没有李自成东进北京在先，多尔衮会无为到何时？激进在何方？有本事在何地？人家在襄阳建立政权后，路线很明确，先下西安，再克北京嘛。而他多尔衮却于明亡在即之关键时

刻，不知彼心无底，反应钝动作慢，更严重的是方向太模糊、目标不明确，纯粹摸着石头过河，就像他自己所言："何言一统，但得寸则寸，得尺则尺耳。"（张怡《諛闻续笔》卷一）这一点在他此次出兵过程中，可谓尽显无疑。

燕雀岂会成鸿鹄

多尔衮得知吴三桂从宁远撤退，预感明必有大变后，反应迟钝了点，行动缓慢了些，只是能力方面的问题，不能说他内心里不重视。

多尔衮倒是下令全国十岁以上七十岁以下的男子全部从军（朝鲜《李朝实录》仁祖卷四十五），就像他老爸老哥曾经做过的那样，倾举国之力入侵中原，这可不是一个小数字呀。满洲人虽是一个小民族，百万人总该有吧，就算按照各方记载最低数字六十万来计，老弱病残PASS掉，青壮年也不会低于十万的，再加上归附的比满人更多的漠南蒙古人，还有占了帝国大部分人口的汉人，想想能征多少兵吧。况且除了汉人定居民族特性，满、蒙可都是男人们上马便是兵、下马就是民的主儿，既比中原民族征兵易、成本低、来得快，又能轻松得到更多能征惯战之士。

因此多尔衮带走的人马最保守估算也当有十四五万强兵，也许都有二十万了，只是清人极不愿记载自己每次出征的军队数量，很难搞得清确切数字罢了。那个时代，中原民族与游牧渔猎民族打仗吃老大亏了，有些人竟还用双方总人口及军队人数来比较，得出满洲人最终获胜的超凡伟大，极端幼稚不是？

一下搞了这么多人马入中原，说没有大志向在后面撑着，好像都不太有人相信，那就让咱们看看历史上名头非常响亮的大清第一汉臣范文程，于四月初四（1644）大军未出发前，给多尔衮上的奏书咋说的吧。可不要小看这个，它可是一向被后人拿来作为清人入主中原的总战略方针来看的，代表了帝国统治阶层的最高精神。不过清官方记载时已多次删改，很难看到原文全貌了，但其中仍透露出来的与清人早有定鼎之志不相符的东西，倒越发显得弥足珍贵了。

"乃者有明，流氛踞于西土，水路诸寇环于南服，兵民煽乱于北陲，我师夏伐东鄙，四面受敌，其君若臣安能相保？……今明朝受病已深，不可复治，河北数省，必属他人，其土地人民，不患其不得，

患我既得而不能有。夫明之劲敌，惟我国与流寇耳。如秦失其鹿，楚汉逐之，是我非与明朝争，实与流寇争也。……彼明之君，知我规模非复往昔，言归于好，亦未可知。……当严禁军卒，秋毫无犯，又示以昔日得内地而不守之故，及今日进取中原之意，官仍为官，民仍为民，官之贤能者用之，民之失所者养之，是抚其近而远者闻之自服矣。如此，河北数省可传檄而定也。……此行或直趋燕京，或相机攻取，要当于入边之后，山海、长城以西择一坚城，顿兵而守，以为门户，我师往来，斯为甚信。惟摄政诸王察之。"（全文详见《清世祖实录》）

看下来，真要怀疑这范文程的韬略水平了，文章写得乱姑且不去说它，战略上也是杂七杂八，没有一个主心骨，还有点自相矛盾。什么明已不可治啦，河北一带将归他人啦，与咱争天下的换成流寇啦，不要再抢掠百姓啦，得民心河北传檄可定啦（清人得天下啥时凭的是人心），大明愿和也不要拒绝啦（不可治了还跟它和什么），直趋燕京或相机攻取啦（等于没说），长城内要择一坚城固守啦（不是要夺河北吗），等等。不过其中有两处倒值得关注。

一是进兵的最大着眼点一再停留于河北数省（黄河以北，大致今华北），加上其他种种迹象可表明，大清起初的入主中原，跳不出四百年前金国的窠臼，最大限度也就是占据河北而已，哪里是什么整个天下。这从刚入关后的表现，也可看出。

二是没有一次提过李自成入京，倒是能侧证出当时的多尔衮确实不明了北京的状况，才会在大明北方已亡时，还把直接矛头对准它，直到十三日大军渡过辽河，方知北京实情，原来对手变成李自成了。

据记载，范文程还向多尔衮进过一次大策："自闯寇猖狂，中原涂炭，近且倾覆京师，戕厥君后，此必讨之贼也。虽拥众百万，横行无惮，其败道有三：逼殒其主，天怒矣；刑辱缙绅、拷掠财货，士忿矣；掠民资、淫人妇、火人庐舍，民恨矣。备此三败，行之以骄，可一战破也。我国家上下同心，兵甲选练，诚声罪以临之，咇其士夫，拯厥黎庶，兵以义动，何功不成！"（《碑传集》第三册）

这俨然是对李自成在京表现的完美总结，向来也是人们乐于引用的。问题是，清人大发兵时都不知李自成打进北京城了，连吴三桂四月上旬也才从逃出的家人口中得知一点京城的消息，他范文程何时知道得这么详细呢？又是谁告诉他的呢？真实性很让人怀疑，不足

为凭。

且说多尔衮得知李自成打下北京城后，对是否继续前进有点犹豫，毕竟那是一个从没较量过的对手，想想自家人曾三围北京不能下，而人家一次就搞定了，必有过人之处呀。为此他还专门请来与李打过仗的洪承畴，想听听他的意见。

洪承畴自然也是一番高谈阔论，其中认为大顺军"虽不能与大军相拒，亦未可以昔日汉兵轻视之也"。判断还算正确；严明军纪方面，与范文程类似，也应肯定。至于对李自成"遇弱则战，遇强则遁"（《清世祖实录》卷四）的看法，不能说没有一点道理，但那更多是六年前的了，彼时李自成标标准准的流寇，此时可是有广大疆土在握的帝王，哪能相等观之？一个新兴政权面对从未交过手的敌人，怎么着也不会面都没碰上，便要逃吧？另外有关入塞攻京的具体战略战术，因为形势很快突变，好也罢坏也罢，基本失去了付之于实践的可能，这里就不再多言了。

后来大军虽然继续前进，想必多尔衮内心深处还是有一点忐忑的，毕竟未来对手到底怎样，战场上不碰一下、撞一下，仅凭谁的几句话，便成竹在胸，怎么可能呢？可他就是命好，如果按照原计划来到北京城下，会立刻发现对手远非他想象得那么强，更让人欣羡忌妒得简直有点想抓狂的是，就那老天还怕他万一有个闪失，赶紧又给他派去了一个意料不到却又强劲有力的助手（以后细表），时间就在他八月十五日行至翁后（今辽宁阜新境内）时。

自此，李自成的败局不可挽回了，随之而来的一场大战虽没有决定生死，却是他一路崩溃的开始，而这离他入京仅仅才过了一个月。

所幸对手也不是

崇祯十七年（1644）初，华夏那场山河倒转、天崩地裂的巨变，所有人等，管你是"雄"还是"熊"，都给你拉出来，放大镜下照照，看清你的本质，弄清你的真相。什么雄才大略，英武绝伦，不是靠吹就能吹得出来的，而是要凭事实说话的。

多尔衮本已失去入关的最佳良机，窝窝囊囊让李自成抢了先，占了巧，不费吹灰之力放倒了华北这棵明之参天树，并于三月十九日凌晨（前锋部队十八日晚已进城），信手摘了个最大的水蜜桃——北京

85

（可惜未来得及细细品尝）。

常规划分的大明，这时算是亡了（其实还有南明），代之而起的新兴大顺，不要说汉唐，就是宋初水平，大清基本也没戏了。未曾想新对手，也是未来对手中的No.1李自成，关键时刻比多尔衮还要菜，还厚道，竟拱手送给他一个天大的礼，让他误打误撞入了关！

唉，李自成和他的大顺，哪是什么成大器的主哟。当初从西安一路东来，心路历程也和多尔衮入关时差不多，打哪算哪，搞定更好，不行的话退回老家就是了，反正他是绝没料到东进会如此轻松，意志也丝毫不坚定，山大王的本性难移，骨子里安于陕西做他的西北王，所以才发生前进中稍遇挫折便想着后退的事。

打山西宁武关遭到周遇吉顽强抵抗后，李自成便心惊胆战了，"宁武虽破，死伤甚多，自此达京师，大同、宣府、居庸关重兵数十万，尽如宁武，吾辈岂有孑遗哉？不如还陕图后举"得了（《明史》）。恰逢大同、宣府明军来降，他才打消念头，重新振作，直奔北京而来。

待把京城围得水泄不通，指日可待了，李自成竟然还是缺乏占领全天下的雄心壮志，想和本来败局已定的崇祯和谈！根本主旨是让皇上分西北给他为王。（《甲申传信录》卷一）

结果是因为崇祯不可思议的拒绝才作罢！如此眼光，如此心态，怎么能面对更复杂的局势、更强大的敌人呢？可以说，这为他日后轻易撤离北京城，让多尔衮不费一兵一卒便抢去并美美吃掉了原来是他摘得的那个水蜜桃，埋下了一个强有力的伏笔。

那么等到进京后大业初成，李自成是否勃然奋起，志向远大了呢？非也，非也，一连串的低劣失误，一连串的让人失望接踵而来。

其实乍一看，李自成的形势还不错。老大帝国的心脏北京被他占了，整个北方属于他了，旧朝官员们摇身一变差不多都成新朝人了。原本走在大明勤王路上的吴三桂得知变天后也投降了，正向京城赶来，降将唐通也奉李自成之命接管了堪称天下第一边防重镇山海关（为何不用自己的精兵强将）。

大清虽虎狼之师，强劲无比，事后证明战斗力也远胜于大顺军，毕竟攻城不是强项，多尔衮倾力前来，也只是抱着趁火打劫、能捞就捞的心态，只要李自成抱定坚守的信念，增调四方兵力入援（仅湖北荆襄一带就有七万精兵呢），再拉紧吴三桂不放，守住北京，守住华

北完全是有可能的。大不了，清军还像过去那样，大肆掳掠一番而去，但难度肯定要加大，毕竟大顺军是一支新兴之师，战斗力、精神面貌等远非明军可比。

只是现实哪有想得那样美哟，看看李自成和他的大顺军都干了些什么？首先战略上严重错误。李自成一帮人入京前后，好像根本没感到满洲人存在似的，吴三桂降了，北方一切 OK 了，也不想着尽快稳定大局、坚固京城了。这边厢忙着登基大典什么的，那边厢目光甚至放在了派明降将马科等去收复四川了。张献忠正在干同样的事，莫非要与他决一雌雄？虽然迟早要发生，但现在不是时候呀。

湖广荆襄一带本有大将白旺率领的七万精兵，却因左良玉来攻，入京前又派绵侯袁宗第那支大顺军五大主力之一去了，后来也就一直放在那里，并没有再调往京城。加上留驻大本营陕西及散布于山西、河南、畿辅、山东等地的军队，其实跟着李自成到北京的只是他全部军力的一小部分，最多不会超过十万人。至于原明降兵降将，数目不算少，可那管什么用？没跟你摸爬滚打过，经不起考验的，形势能迅速稳定下来还行，否则叛了一次，还怕再叛第二次？事后血的教训证明，危难之中仍跟着你李自成的还是那些老杠子们。

不仅如此，当吴三桂带着关宁铁骑来降后，派去镇守山海关的竟是降将唐通带领的两万人，且不说忠诚度，就这点军力，管啥用嘛，如果清军走宁锦一线，沿着河西走廊呼啸而来，这雄关还能守得住吗？现实中，即将倾国而来的清军倒没有这样做，他们走的是过去入塞的老路，但吴三桂再叛大顺回师山海关后，轻易便能夺回，就很说明问题了。如此重要的雄关，李自成要是派嫡系部队前往，日后岂会那么便宜了吴三桂？

就凭这样的战略部署、兵员配备和防御意识，吴三桂不叛，当多尔衮带着十四五万满蒙汉八旗大军杀过来时，你李自成能挡得了吗？何况你守京城的信念还不那么坚定？

不是说李自成没有一统天下的愿望，但就像前面所讲，骨子里满足于西北称王的山大王本性，让他难有一往无前创大业的勇气与胆略，很容易遇挫而退。李自成自己就这样说过："陕，我父母国也，富贵必归故乡，即十燕京岂易一西安乎！"（《国榷》卷一百零一）一个新王朝的开创者都如此思维，这个王朝还能坚持得久吗？

不过有一说一，有二说二，该狠批的地方自然不留情，不该的也

没必要六亲不认。像大顺军入京后迅速腐化、纪律又差、人心尽丧等，历来被抨击得相当厉害，其实远不是那么回事。他们于三月十九日正式入了北京城，至四月三十日撤离，前后一个半月都不到，即便想堕落又能堕落到哪里去呢？还真会影响到大顺军的战斗力？要是真能在这么短时间便发生质的改变，那也是世界一大奇迹了。

至于人心，更是被过于夸大了！后来被无尽吹捧的所谓秋毫无犯的清军，进入北京城后竟把城东、西、中居民全部赶走，腾地方供征服者们居住，接着剃头、圈地等残暴手段层出不穷，这样干又能得到多少民心呢？还不照样征服了你，把你治得服服帖帖？大顺军即便有点纪律问题，也没干过这等没人性的事呀！

其实他们也就是拷掠降官、追赃派饷干得凶些，没什么吗？和普通民众有多大关系吗？这帮人在老朱家吃香的喝辣的，过着人上人的生活，却在人家完蛋时，没帮一把就算了，还墙头草，疾速投靠了新主人。就这点出息，即使人心向着你，又能帮得了你什么？看看清军来了后，有谁拿起了反抗的枪？人们往往轻蔑地称吴三桂为三姓家奴，可这些看起来道貌岸然的家伙，又有哪一个不是呢？对这样一群不知廉耻的软骨头，大顺军敲打敲打他们有什么了不起！倒是应该头脑清醒，分个轻重缓急才是。有的人直接牵涉到王朝的命运，你要是不管三七二十一，拿过来也一番拷掠了事，问题可就大喽。

冲冠何止为红颜

大顺军中拷官追赃确是一个比较普遍的现象，局势甚至有点失控，带头的人就是二当家刘宗敏，和李自成出生入死的弟兄，当年李自成差点亡于商洛山时，所带十八骑中就有他。

常言道，兄弟们能共患难，却不能同富贵，真是一点不假。刘宗敏进入北京城后，很快便找不着北，不知自己吃几碗饭的了，反叛倒是没有，却有点不甘居于李自成之下的味道。李自成好像也拿他没办法，看来驾驭能力有点问题，这怎么能行？刚上路就这样，以后怎么办？

还有呢？这刘宗敏拷起官来也是一把好手，相当厉害，银子、美人滚滚来，人生岂不快哉！可他也太欠思考了，不管是谁都一样对待，连吴三桂居于京城的老爸，就是大凌河之战中所讲的吴襄，也不

放过。不仅如此，吴三桂那国色天香的宠妾陈圆圆，竟也被他占了去。这下麻烦可大了！正走在朝见新主路上的吴三桂，获悉了从京城传来的不幸消息。

吴三桂（1612—1678）时年三十二岁，血气方刚正当年，出身辽东豪门，父吴襄干过大明总兵官，舅舅祖大寿更是了不得的大人物，自己又是少年得志，功立疆场，堂堂原大明的总兵官、平西伯，关外守边之擎天柱，招牌多亮多正，标准的上层贵族阶级，何曾想过会与势不两立的"贼寇"为伍？没曾想那一场山河巨变，改变了华夏的历史，也改变了他的人生轨迹。

当初接到崇祯的召唤，他也是义无反顾想做那忠贞之士的，带着手下将士们踏上入关勤王之路，三月二十日抵达丰润时，还打败了李自成派来攻打滦州（河北滦县）的明降将唐通和白广恩，后得知京城陷国君亡，大势已去，只好又返回山海关。

下一步怎么走？面临大顺与大清两个强劲势力的左右夹击，凭他手上最多四五万人马，自立为王肯定不现实，降清当然也不行，咱吴三桂也是有民族大义的人啊，原则性还是要讲的（可惜经不起考验）。现在大明已亡，大顺掌控天下之势看起来已是必然，只有投靠它了。

恰好李自成对吴三桂也相当重视，曾对丞相牛金星、军师宋献策说："山陕、河南、荆襄已在掌握之中，大江以南传檄可定，惟山海关吴三桂是一骁将，当招致麾下，而辽东劲敌又使我衽席不安。"（孙旭《平吴录》）

为了招降成功，李自成让吴三桂老爸、老师（松锦大战中的张若麒）及诸降将纷纷出马，还派唐通率所部携犒师银四万两，前往山海关犒赏关宁军（欠饷很久了），同时准备接收山海关驻防。另遣将吏各一人带黄金千两、白银万两及锦帛千匹赐吴三桂，并封他为侯。

好家伙，父子情、师生情、同事情全用上了，权力、地位、金钱、荣誉都给足了，已经看清形势的吴三桂岂会不降？李自成这一步棋下得还不错，毕竟众多起义队伍里脱颖而出的佼佼者，岂能没有两把刷子？再看那边的多尔衮，此时还不知中原到底发生了什么事呢。只是派个降将带着两万降兵接收山海关，过于轻率了，乃至铸下大错。

三月底，吴三桂为崇祯及其后妃治丧后，将山海关交给了唐通，率领自家人马走向了朝拜新主之路。四月初四，抵达永平西沙河驿

时，吴三桂见着了从京城里逃出来的家人，一问才知老爸被逮起来了，还遭到了拷打，心中颇为愤怒，不过想想可能是人家想胁迫自己投降所采取的手段，也就没有太放在心上。

再一问，他的美娇娘陈圆圆竟被李自成手下大将刘宗敏给抢了去，不由得勃然变色，怒发冲冠，"大丈夫不能保一女子，何面目见人耶！"（刘健《庭闻录》卷一）。当即下令回师，打了兵力本就不足的唐通一个措手不及，重新占了山海关，斩杀了大顺的使臣，写了一封与老爸诀别的信，彻底走上了同李自成生死对抗的道路。

因为明末清初著名诗人吴伟业的《圆圆曲》传诵一时，影响极大，其中一句"痛哭六军皆缟素，冲冠一怒为红颜"，简直给吴三桂这次叛变定了性，原来就是为了一个女人，最后投降了清人。风花雪月般情调的红颜故事，颇能吸引大众眼球，但真实性有多大就颇令人存疑了。

像吴三桂这种身份这种经历的人，投降李自成本出于无奈，很容易动摇，亲人遭难已经让他很不爽了，再来一个美人儿事件，无疑火上浇油。男人嘛，又是刚过而立之年便功成名就的男人，哪能咽得下这口气？干脆反了得了！不过根子倒还应在"阶级基础"上面吧。

四月初六，李自成得知吴三桂复叛，雄关复失，又气又忧，光责备刘宗敏不管用了，赶紧补救，把吴襄从牢中放出来，专门请他吃了饭，套了下近乎，道了个歉意，狠狠笼络了一把。可惜为时已晚，吴三桂铁了心要与李自成斗了。

他自感力量不够，也没什么好办法，竟作出了惊人的决定，向昔日仇敌满洲人借兵，帮助他报那君父之仇（父可是你自己不要的），实现明之复兴。求援信中这样写道："乞念亡国孤臣忠义之言，速选精兵，直入中协、西协，三桂自率所部，合兵以抵都门，灭流寇于宫廷，示大义于中国，则我朝之报北朝者，岂惟财帛？将裂地以酬，不敢食言。"（《清世祖实录》卷四）客观讲，信中并无投降之意，只是请兵助剿，当然大转折马上就要来临。

起以雄关定中原

且说李自成，一看文的不行了，不顾大臣们的劝谏，决定亲自出马，领兵征讨。按常理讲，这没什么不对呀？很多议论都是事后诸

葛，说什么李自成不该去，否则也不会大败一场回来了。其实这倒体现了李自成对山海关的重视，一把手亲自带队，士气更加旺盛，战斗力也越发强大，好事嘛！

结果证明，如果没有满洲人的参战，这山海关也就被李自成打下来了！可问题的关键就在于此，大顺君臣上下为什么对那个侵扰中原长达近三十年的东北强敌，不存一点防备之心呢？牛金星、宋献策们反对李自成出征，也是就事论事，单从吴三桂这个角度出发的，根本没把满洲人可能带来的威胁考虑在内。其实人家已经在路上了，李自成这么带队一走，吴三桂不请兵的话，正好鹬蚌相争，渔翁得利，过来轻松拿下一个空城，届时李自成反倒处在吴清东西夹击之中了。

堡垒最易被内部攻破，说得真是一点不假，历来一个民族败亡的最大因素就是闹家窝子。看看李吴相争让多尔衮捡了多大的便宜，只要有入关的意愿，又付之于行动，啥事不操心，这事就成了！虽然历史发展的真实轨迹乃是另外一条路，但也同样证明了这一点。

据说李自成一开始想让刘宗敏、李过（自成侄）挂帅，不料他们却已安于享乐，殊无斗志了，没办法，才决定亲自出征。前面也说过，不到一个半月，怎么会让一群人丧失拼搏进取的精神呢？很显然与事实不符。不论刘宗敏、李过，还是谁，都是跟着李自成上了前线的，刘宗敏还英勇作战负了伤呢。

四月十三日，李自成率领六万大军，带着崇祯的三个儿子，即太子朱慈烺及永王、定王，还有吴三桂的老爸吴襄，浩浩荡荡向山海关进发了。他完全没有想到吴三桂早已铁了心肠，还抱着一丝招降的希望，结果又给了人家以可乘之机。

吴三桂那是相当狡猾的，一方面再派使者催请满洲人来援，另一方面又遣人到李自成那里诈降，延缓其进军时间。不管是否中计，反正李自成花了八天时间才到达山海关，确实慢了点。北京至山海关七百余里，快速行进四五日即可，后来李自成从山海关败回北京就是用了四天时间，中间还在永平宿了一晚，又打了一仗。

十八日，李自成抵达距山海关仅一百五十里的永平，磨磨蹭蹭三天后才到山海关。看看什么速度？要是走快点，一天就行了。若是早个两天到，说不定清军赶来前（二十一日），就已经把城攻下了，那整个战局将因此彻底改变。清军打野战还行，攻这等天堑雄关就难了，很有可能打不下来，领教到大顺军的厉害后，撤回辽东去也，本

来就是抱着浑水摸鱼的态度嘛。

二十一日凌晨，李自成来到关前，发现吴军已列阵迎战，迅即部署主力于石河西作正面进攻，并派唐通率部从九门口出关，立营一片石，以防三桂东逃。两军随即展开血战，一天激烈搏杀，大顺军虽未攻入山海关，但已占据上风，继续下去，胜利在望。这下吴三桂受不了了，咱请求的援兵在哪里？

对了，清人呢？多尔衮十五日在翁后，见到了吴三桂的请兵使者，得知了原委。好家伙！这么大的馅饼掉下来，岂有不受之理？心中虽然有点狐疑，但也不妨碍他改变行军方向，朝着山海关而去。

吴三桂请兵之初，并不知清军已在征明的路上，他的计划是多尔衮按过去老路线入塞（西协、中协），而他则从山海关而来，双方合力攻打北京城。很显然，多尔衮并未按照吴三桂的请求去做，也难怪，一个强者怎会任你摆布，何况你根本就没有提到一个"降"字。

既然这样，机不可失，失不再来，那就疾驰而去吧，没想到多尔衮与李自成竟是半斤对八两，那边慢腾腾，这边迟缓缓，二十日清军才行至连山，接到了吴三桂第二封求援信，直截了当地求他救援山海关，因为李自成的大部队就快到了。

清军这才一昼夜疾驰二百余里，二十一日傍晚到达山海关外，很快便与唐通所部交了一次锋，轻松败之。想必李自成不用多久，便会知道满洲人来了，那么第二天的决战，大顺军打的也不应该是一场无准备之仗。

多年死对头走到一起可不是那么容易的，吴三桂自然是一片诚心，可人家一时半会儿哪能看清呢？多尔衮很谨慎，说他精明干练行，勇略不足也可，就看你站在什么角度了。反正到了山海关大门口，纵使你吴三桂派多少使者前来恳请，他就是不愿进去，领大军驻于关外四五里远的欢喜岭，并严令当晚"披甲戒严，夜半移阵"。

吴三桂一看急了，这样下去怎么行呀，只好一大早亲自去见多尔衮，求其入关。双方一番交涉，多尔衮感受到了他的诚意，疑虑大减。双方达成了一个口头协议："桂念腹背受敌，势不得全，乃与清帅约云：'从吾言，并力击贼，吾取北京归汝。不从吾言，等死耳，请决一战。'问所欲？曰：'毋伤百姓，毋犯陵寝。访东宫及二王所在，立之南京，黄河为界，通南北好。'清帅许之，攘刀说誓，而以兵若干，助桂击贼。"（《谀闻续笔》卷一）

这个协议是否存在，历来纷争不一，难有定论，存在的可能性也许更大一些。清人这次出兵，最高目标一开始也不过就是取得河北数省，真像协议中所言与明以黄河为界，那不就实现了吗？而他吴三桂刚请兵时，便有了给人家财帛再裂地以酬的打算，最后达成这样一个协议也属正常了。

后来，战败于山海关的李自成想和谈时，吴三桂提出的一个条件也是："请归太子二王，速离京城，奉太子即位而后罢兵。"（谈迁《国榷》）李自成答应，如果让他顺利撤离北京，即把太子二王交出来，二者于是成交。倘使没有与多尔衮协议在前，吴三桂这样做那可就里外不是人了。

再过三十年，吴三桂起兵反清时，激昂的檄文中就曾愤然指责多尔衮背盟，义正词严的样子真不像编造出来的，而当时清廷的反应也并非坚决否认，倒有点刻意回避的味道，若其间没有猫腻会如此吗？再说了，清人占了京城后，刚开始也是按照黄河为界行事的，并没有打算南下，与他们起初的战略相吻，也与这个协议内容相合。这方面以后再说，还是继续看那命运攸关的山海关大战吧。

能够达成这样的共识，多尔衮是高兴的，因为入主中原的空前伟业在向他招手了。而后他又提出要求，为便于战场上同大顺军相区别，吴军将士们都要剃发，因时间太紧迫来不及了，便定以肩膀上系块白布作分辨。吴三桂是当场剃了发，等于是降了清。接着双方又歃血定盟，一番肝胆相照的激情宣泄后，抗顺统一战线正式形成了。也就是从这时开始，吴三桂已无法掌握自己的命运，历史的大势也更不会按照他的设计来演进了。

随即，清军有史以来第一次入了山海关，左翼英王阿济格率万余骑入北水门，右翼豫王多铎领万余骑入南水门，多尔衮自统主力入关中门。清吴一旦联手，李自成败局已定。

清军战斗力本来就强，人马最少也有十四五万，再加上吴三桂的五万，算算多少人吧；而李自成只有六万人马，即便沿途收容了唐通的部队，也不会超过八万，与人家相差太悬殊了，怎能打得过？老李呀，兵力太分散，还有主力部队在外面，现在后悔了吧？

四月二十二日，大顺军先与吴军在石河西红瓦店一带再来一番拼死搏斗，惊天地泣鬼神啊。大凡一个民族衰弱时，最勇猛的表现一般都是在窝里斗中，这次自然也不例外。双方苦战了大半日，下午时

93

分，吴军支持不住了，大顺军也已筋疲力尽。

就在此时，一旁窥伺多时的多尔衮终于完全对吴三桂放了心，而大顺军的战斗力也已大体掌握，一切就绪。清军以多尔衮最嫡系的两白旗骑兵为先锋，三吹角，三呐喊，万马奔腾杀奔而来，气贯长虹，锐不可当。吴军再度振作，与清军合力共战。大顺军英勇拼搏，顽强抵抗，大势却已不可挽回。李自成策马而走，二当家刘宗敏中箭身负重伤，全军溃败而逃，清吴联军乘胜追击四十里。

此战可以说正式拉开了清人入主中原之路，又因北方实力最强的两个汉人鼎力相助，让他们极其幸运地打响了第一炮，也为今后夺天下定下了一个轻松的基调。李自成与吴三桂的PK，太具有代表性了，简直就是明末清初内部斗争最生动的写照。

原来官匪之斗是可以超越民族利益之上的。不仅吴三桂，明体系的人士大都持这种观点，连那名声超亮的民族英雄史可法也不例外。清人过来消灭起义军是帮忙，应该感激才对。这严重阻碍了他们对清人入关本质的认识，等到终于清醒时，一切为时已晚。

李自成堪称中原抗清最有实力者，他的大顺军战斗力中原之地尖中尖了，没想到在满洲铁骑面前，依然不堪一击。这是多么令人痛心的事！人们在讨论兴亡时，能够找到很多原因，一般却不愿意过多讲到实力的问题，其实这才是失败的根本所在。就是其他方面错误都不会发生，如果实力不足，你还是打不过人家。拥有强大的实力，才是一个民族力挽狂澜于既倒的根本保证，可惜当时的神州大地，只有一个字——"无"。就是这样，代表抗清最高水平的李自成们还一再犯错，失误连连，那你还靠什么去抵御外敌入侵呢？

吴三桂恰是民族背叛者中最具代表性的。他本可以成为大明的支柱，却因这样那样的原因，最终成了本民族彻头彻尾的投敌者，反过来比征服者还要不遗余力地镇压本民族的反抗，取得一个又一个加官晋爵的资本。当然还有更多人，连吴三桂都不如，强敌面前没有一丝挣扎，迅速便降了过去，吃香的喝辣的，但人格上有什么尊严？就连被称为清初第一名臣的范文程，老婆都差一点被多铎公然抢了去，幸亏多尔衮还有点起码的政治头脑，及时制止而作罢。这还是早就投清的最高等级汉人呢，可以想见中原民众地位何等之低。不过，就那也不妨碍他们一批又一批争先恐后降敌而去，犹如滔滔江水连绵不绝呀。毫不夸张地讲，他们为清人定鼎中原作出了卓越的贡献，后期更

是无可争议的主力军。相较之下，英勇的反抗者也不少，但比起他们来却是小巫见大巫了。

窝里斗更是加快了入侵者征服的步伐。李自成与吴三桂，华之北最有分量的两大实权人物，不能同心协力共御外侮，却在外敌入侵的关键时刻，彼此间打得难解难分，反而给入侵者提供了更多的征服机会。多尔衮真是太应该感谢他们了，要不然怎能入得山海关，又拿下北京城，继而占领河北乃至差点夺取天下？这样的事以后还更多。李自成逝世后，大顺军内部始终未拧成一股绳，直至二十年后全军覆没。张献忠丢下的大西军同样如此，孙可望与李定国皆英才，却因彼此不和，极大摧毁了西南抗清之局。还有李定国与郑成功，要不是后者过于考虑小集团利益，真能合力攻下广东，南方抗清之势怎会没有转变的可能？至于南明，内部更是一塌糊涂，不值一提。面对如此对手，清人凭借游牧渔猎民族惯有的剽悍之气与勃兴时机奋发向上之力相融而成的优势，岂有打不赢之理？

又把京城轻松取

就这样，多尔衮凭借强大的军事力量及好得不得了的运气，把父兄几十年从未到得城下的山海关收入囊中，已经打破了大清征伐中原的纪录，接下来就像布勃卡一样，不停刷新了。新的便是拿下中原王朝的心脏——北京。

过程惊人的顺利，让你不得不承认历史就是如此刁诡。想那崇祯后期，即使衰败不堪了，也未让满洲人攻下过京城，可战斗力超过明军的新生力量大顺之师，入得京城一个半月不到，便被满洲人撵走了。猛一看，还真让人难以理解，细思量，原来是吴三桂与李自成再次联手送大礼罢了。

当初山海关战败，确实给了李自成以沉重一击，但绝不是致命性的。不说他还有大批部队分布在京畿之外，就是他带到关前的人马被歼灭的也只是一部分。大决战当天晚上，李自成退到永平（上次路程用了三天），收拢溃散之卒，又得数万人马，不少了，只是士气已较前大为逊色也。

多尔衮并未穷追猛打，清军主力撵了四十里就回来了，只派吴三桂带着他的汉人部队及少量清军追赶而去，后来一直到李自成退入山

西都是如此。

　　吴三桂追到永平，与李自成达成协议后（详见前文），当晚也返回了山海关。有点奇怪，行军打仗不是讲究"宜将剩勇追穷寇"，决不给敌人以喘息之机吗？多尔衮可是被捧为大军事家的，应该清楚呀？这个时候如果清军主力毫不耽搁地猛打，完全有可能彻底击垮李自成。师困马乏绝不是理由，以前清军入犯中原长则连续作战半年，这次从出征始不过半月仅打了一仗而已。要是李自成以后有守北京城的决心与勇气，赶紧调集各路人马云集而来，与你死嗑，这时机延误的可就大喽。多亏了人家实战中没这个概念。

　　吴三桂这次可真是立了大功一件，自然受新主子奖赏了。多尔衮以顺治名义封他为平西王，手下将士跟着也全部剃头，算是彻底降了。二十三日，吴三桂受令带所部及清军马步兵一万，作为强力中锋，继续突前追击李自成。那个与李自成的协议？自然作废了。多尔衮则带着自家大部队，消停慢意地跟在后面，既能吃到桃子又能减少伤亡，何乐而不为？

　　李自成也是牛人一个，等吴三桂回头再追过来，他竟然还在永平！他又一次轻信了吴三桂，以为只要和他谈妥，就可以顺利回京了。老李呀，这人世间最不能让人相信的就是政治上的承诺了，以后吸取教训吧。

　　吴三桂很快进逼永平。李自成被迫迎战，人马虽不少，但士气低落，一战即败，于是赶紧向北京疾退。路上他越想越恼，至永平城西二十里的范家庄，便下令斩了吴襄，用竹竿挑头示众（管什么用）。

　　二十六日，李自成败回北京，下一步怎么办？随即摆上议事日程。他本来就无长留北京的打算，西安才是理想定都之地，所得金银财宝也早已开始打包装箱准备带走，今又大败而归，城内人心也是惶惶，更加坚定了回陕决心。

　　登基的事，李自成本无兴趣，但经不住臣子们的劝驾，北京的地位又不同凡响，好吧，走之前把这事办了，说不定还能再凝聚一下人心。另有一事必须要办，三桂这等可恶之人，不杀他全家不足以泄心头之愤。二十七日，吴氏家族在京人等，除了三桂一个哥哥，三十四口全被处死。

　　二十八日，吴三桂抵达近畿之地，发布了一番通告——大家听着，咱马上就要进京了，降贼的人等赶快反正吧！京城内外，人心更

加不稳，那些十足墙头草的官员们又在谋划着改头换面投靠吴三桂了。

二十九日，李自成搞完了登基大典，一把火烧了宫殿和各城门楼，第二日带着太子二王（后下落不明）撤离了他仅拥有四十一天的北京城，归心似箭，直奔老家而去。

吴三桂也未入得北京城，当天晚上，多尔衮在蓟县获知大顺军撤退后，即令他与阿济格、多铎率清吴联军，快马加鞭追击李自成。

其间历史记载相当混乱。捧多尔衮的又是一番雄才大略的论证，什么吴三桂有扶立太子进京登基的打算，而清军名义上是为明帝复仇讨贼而来，如果让吴先进了城，清军再入就名不正言不顺了，那多尔衮当然不干了。占领北京入主中原才是他的雄心壮志嘛，岂会让给他吴三桂复兴大明？

如果所讲属实，一般人在那个位置上，其实又何尝不会这样去做？没什么复杂呀？要是这就叫大略的话，太多领袖人物可以称颂了。何况吴三桂此时是否有那种想法，都很让人怀疑呢。

山海关战后，吴三桂随即彻底投降，手下将士全部剃发易服，自己也做了大清的平西王，怎么可能还会立太子于北京即位？何况这太子也不在他手上呀？且看他到了近畿发布的通告，可是半点未提过太子。

此时的吴三桂，已经死心塌地做那清人的鹰犬，不可能再当明之忠臣了，否则南明弘光政权建立后对他百般笼络，又是加官晋爵，又是送钱送粮，他还不投奔了去？或者做个地下党什么的？吴三桂，助大清定鼎中原的居功至伟者，不管找什么理由，都洗刷不掉他民族背叛者的耻辱。

多尔衮让他继续追击李自成，也许就是用他打头阵这么简单，就像后来征讨南明时前方打仗的逐渐都变成了汉人部队，再往后，康熙平三藩向昆明进发时，安排冲在最前面的基本也都是汉军一样。

吴三桂是多么英武雄健的人呀！打李自成那是毫不手软，因为同行的清军基本作为后援部队参战，有时甚至故意旁观，冲锋在前、浴血奋战的其实都是他吴家军。真是不得了啊，一路上连战皆捷，迫使大顺军很狼狈地退入山西。晋冀咽喉之固关（今山西平定县境内）脚下，清吴联军止步，五月十二日返回北京，吴三桂当然又是大功一件。

而就在十天前，多尔衮便已率领清军兵不血刃进入了北京。当时城里的官民们哪知道真相，还以为吴三桂带着太子回来即位了，赶紧浩浩荡荡出城迎接，没想到定睛一看，来者竟是穿胡服扎辫子的"蛮邦"领袖多尔衮！众人皆惊，有点气节者悄悄走了，大部分却都做了顺民，将错就错把多尔衮迎入了京城。

此时的多尔衮怎能不开怀大笑？这前前后后运撞得也太大了，新对手竟然如此不堪一击，让他一不留神，干了这等伟大的事儿，入了关，进了北京城了！一个月前打死也不敢相信呀。

终定囊括天下志

这次多尔衮占了北京，决心要常住了。内部也有人主张狠狠屠戮一番，留点兵马守着北京，大军还是回辽东得了，起码也退保山海关。他哥哥阿济格，一个头脑简单四肢发达的粗莽汉子，便采此说，愚蠢透顶，无须多论。

既然想长期占着，过去烧杀抢掠那一套就不能再搞了，民心还是要稍稍争取一下的，于是便有了严肃军纪啦、不扰民啦、为崇祯发丧啦、革除前代弊政啦，等等"英明"举措。结果多尔衮和清廷又被狠狠高捧了一下，看看！人家获胜是有道理的，得民心者得天下也。

不错，因为入关目的不同，多尔衮领衔主演的这一次，统治手腕上确实有所改进，刚开始略少了一点野蛮，某些方面终于做得像个正常样了，不过都是治国最基本的东西，有什么值得高看的？何况又有多少真实性呢？历史是胜利者书写的，如果李自成掌控了天下，那么现在看到的就是大顺军如何体民爱民了。

其实就在那无尽颂扬中，细瞅瞅也还是能看到清兵留下的暴行痕迹的。他们从山海关一路下来到京城，沿途强令民众一律剃发，怎能不扰民？这可不是现在花几个小钱理个发那么简单的，直接牵涉到民族尊严与个体人格的大事，残酷性丝毫不逊于杀戮。后来江南诸多民众已经屈服于征服者的淫威了，却因剃发一事，又发出反抗的怒吼呢。

当多尔衮到了北京城，起初也是严令剃发的，只因抗议声太大了，刚来也需要巩固统治，暂时作罢。可他为了腾地方给八旗子弟们住，竟强行把京城东、西、中的居民全部赶走，这是何等的扰民？被

横加贬斥的李自成不就是对那些墙头草们下了点手吗？可绝没做过这等混账事！

至于革除前朝弊政，如免除"三饷"加派这样听起来非常冠冕堂皇的民生工程，其实就是一张空头支票，不仅未得到兑现，整个多尔衮顺治时代，收钱数额反而直线上升了！只是名字改了一下，不叫辽饷了，"九厘额银"是也。

更有甚者，时间不长，多尔衮们就连那一点点刻意塑造的温情都打碎了，彻底撕下伪装，凶相毕露，干出一系列残酷暴行来。中原民众不得不生活在战乱与压迫的双重苦难中，这留待讲到清人征服江南时再详述吧。总之，清人能够夺得天下，绝不是凭什么收民心之举，而是靠着强大的军事力量做后盾的。

多尔衮刚占领北京时，哪有什么夺取天下之志，下一步敢问路在何方？茫茫然也。就像他刚从沈阳出征那会儿，也就浑水摸个鱼，乘火打个劫，"得寸则寸，得尺则尺耳"（张怡《谀闻续笔》卷一）。

当时神州大地四大政权并立。清人以辽东为大后方，占据北京及附近地区，关内地盘最小，但有东亚无敌之师，"鹤立鸡群"也。李自成大顺军退保山陕，还有豫西、荆襄等地，前段虽迭遭打击，但实力仍在，无可争议抗清中坚。张献忠大西军这年正月入川，六月下重庆，八月克成都，逐渐掌控了四川大部，抗清斗争坚定性不逊大顺，只是僻处西南，尚未汇入反清洪流中。五月十五日，南明弘光政权于南京建立，拥有江淮及南方广大之地，中原辖地最为富饶广阔、最具正统地位的抗清力量。而在清与南明之间还有一些待定地区，如山东、河北南部、河南等，原属大顺，李自成从北京败退后，纷纷揭竿而起，很混乱，但倾向大明是主调，毕竟其他两方，一是"外寇"，二是"盗贼"嘛。

大顺、大西、南明三方之力如能合而为一，多尔衮还能靠什么夺天下？可惜就算太阳从西边出来，也不会见到有这样的奇迹发生。不过即便三方各自为战，搞到最后全面崩盘的结局，仍让人感觉不可想象。

此时，张献忠还未与清人遭遇，暂不讲。就说大顺与南明，都是有立足于西北与江南可能的，特别是南明建立之后如能及时把握，纵然打不过清军，但能表现出勃兴之生机、昂扬之斗志，完全能起到一种震慑作用，让多尔衮摸不清底细，不敢轻易改变战略南下。况且即

便他做了，凭江淮之险，南明守住南方有何不能呢？昔日南朝与南宋不都是凭此成功抵御强悍北军的攻击吗？

看看多尔衮六月时发布文告中还说："非有富天下之心，实为救中国之计，咨尔河北、河南、江淮诸勋旧大臣、节钺将吏及布衣豪杰之怀忠慕义者，或世受国恩，或新膺主眷，或自矢从王，皆怀故国之悲，孰无雪耻之愿？予皆不吝封爵，特予旌扬，其有不忘明室，辅立贤藩，戮力同心，共保江左者，理亦宜然，予不汝禁。但当通和讲好，不负本朝，彼怀继绝之恩，此敦睦邻之义。"怎么样？最高目标不过是拿下江淮，至于江南之地仍归你大明所有。

但是多尔衮又提到："若国无成主，人怀二心，或假立愚弱，实肆跋扈之邪谋；或阳附本朝，阴行草窃之奸宄。斯皆民之蟊贼，国之寇仇。俟予克定三秦，即移师南讨，殄彼鲸鲵，必无遗种。于戏，顺逆易判，勉忠臣义士之心；南北何殊，同皇天后土之养。布告天下，咸使闻知。"噢，原来还是要靠自己！如同前面所讲，你争气了，一派欣欣向荣之景，清军自然不会轻举妄动，否则，那就反之了。

令人恨其不争的是，南明拥有一手还不坏的牌，最起码能够守住南方半壁江山的，可它硬是不要，非要往人家怀里送，你说谁会拒绝这样的好事呢？随着形势不断向前发展，多尔衮的雄心自然也越来越大了。

他本来很短视，也缺乏战略眼光，纯粹靠着强大的八旗战无不胜、攻无不克。就说追击李自成那会儿，清军将其撵到山西便主动撤退了，原因是太劳累需要休整，且一休就是个把月。这不等于放虎归山吗？要是对手水平高，也许胜机就不再啦。

劳累？岂是理由！想当年面对匈奴十几万风暴铁骑在故乡土地上以逸待劳，大汉之军都能穿越黄沙北至万里极寒地带击而胜之，何等豪迈又何等艰险！相比之下，清军自关外南下，也只山海关一战有点模样，其他一路过来轻松得很呢。多尔衮啊！亏你运气好，对手都不行，否则你凭什么呀！

南明这个方面更是。那时华夏命运为何如此多舛？刚成立的南京弘光政权君臣上下，不论现在被颂扬的史可法、东林党人，还是被鞭挞的弘光帝朱由崧、马士英之流，全是不争气的主儿，干下的蠢事一箩筐，不仅未对当时的抗清斗争作出过一点贡献，反而因为自身的一再不思进取、妥协退让，给了人家进一步拓展的可乘之机，并渐有征

服你碾碎你的信心与决心。

自五月上旬追击李自成至山西返回北京后，清军一个月内休息整顿未再出兵。当时清廷仅据有北京及附近一带，今河北南部、山东及河南大部混乱不堪，权力真空也。当时南明弘光政权已经建立，作为近三百年大明之继承人，号召力影响力自然非同凡响，清人与大顺皆不能望其项背也，但他们好几十万大军龟缩江淮，割据自雄的本事挺大，却不见有啥挺进收复之举，坐等旁观着清军优哉游哉调养一番后，六月份开始出征。初十日固山额真觉罗巴哈纳、石廷柱率兵南征收山东，十四日固山额真叶臣领兵西讨取山西。

奇怪的是，多尔衮明知李自成实力尚在，南明是否北上争锋还不可测，两边却都未派主力，那些大规模出兵必定要领衔的宗室王爷们仍在北京休整。更令人感叹的是，结果同样 OK，对手的水平也可想而知了。

西讨暂且不表，且看南征这一块，七月初清军又被调往山西会剿大顺军去啦，之后两三个月内，留在山东的只有清人地方政府，却没有什么正规部队。这等形势下，南明仍不敢有任何行动，不要说什么北上了，就是暗助当地民众自发组织的反抗力量也不敢，如此窝囊，任谁也会小看你，萌生打你的念头啊。

何况那些投靠清廷的汉人们，向来都是以四海一统为己任的，大气魄大战略一向走在大清的最前沿，皇太极在位时便已多次展露过了，可惜那时的主子没有采纳。现在好了，同道者越聚越多，力量不断壮大，说话的分量自然也比往昔增强了。更难得的是又面临新主子需要大决策的时候，而那些满洲上层贵族们，闷头打仗行，搞啥文韬武略哪比得上这帮从几千年文化积淀的土壤中生长出来的精英哟。他们不厌其烦地向多尔衮进言南下，什么江南民风脆弱好征服啦，财赋基地不拿过来北方的日子咋过啦，等等。诸多因素一相交集，多尔衮终于下定了夺取天下的决心。

No.1一路溃亡了（上）

多次讲过，清人入关时惟一能够骄傲的资本，就是那支东亚无敌之师，其他没啥可以称道的地方，包括领袖水平，但在弱肉强食的时代，有这也就行啦，何况他们还有天降的大运无时无刻不伴随在身旁

呢。政治上平常的多尔衮，凭此就算目光短浅点，谋略平庸点，又怕什么呢，制高点都是他掌控着，不管跟谁斗，反正不会输，一旦你出错，一旦有机会，不要立马，二马三马都能干了你。

就说李自成，清人入主中原的最强对手，虽说退入山西那会儿，清军没有穷追猛打，又给了他一个月重整旗鼓的机会，但又有什么用呢？强者犯个错，也许没啥关系，弱者要是犯了，而且不是犯一个两个，那问题就大喽。

他并未珍惜多尔衮战略进攻上的迟缓拖沓带来的机会，乘机征调陕、豫等地援军，在当时的最前沿山西全力部署防务，严阵以待清军。相反，他带着主力部队又往陕西撤了，六月初渡过黄河返回西安。即便原明朝降将大同总兵姜瓖早于五月初十就已叛变，并占领了雁北重镇大同，先复明后降清（最后又反清败亡），他也未采取任何措施，义无反顾地走了。

之前虽也安排了一些部队在各地驻防，力量远不足以抵御清军。当时清与大顺的战斗力，如果清军派十万来攻，后者也许起码要有两三倍的人数才能守得住，所以主力不留下来，根本谈不上保卫山西，更别提七月份还有啥反攻，那不是以卵击石吗？

还有两大缺失也非常严重。李自成没有安排一个有威望的高级将领统领整个山西的军队，结果各自为政，难以形成合力，使战斗力更加低落。更严重的是，他对明朝降将还失之于宽，经常委之以重任，又缺乏必要的监督，事实证明大错特错也。先前李自成所向无敌时叛明降顺者，后来大都以再降了事。

很正常，时间太短，人家没跟你形成合力，感情还未建立起来呢，你就不行了，意志本就不坚定，危难时刻谁还愿意跟着你？相反，忠心耿耿的基本上都是过去一块摸爬滚打的老部下，因此生死存亡之际，李自成应该重用自家人才对，但他却一再不吸取教训，只有不断吃苦头了，姜瓖还仅仅是个开始。

随后位处晋陕交界的原明朝降将唐通也反了，不仅让山西北部全入清手，还西渡黄河在陕西府谷等地建立了据点，打了一个楔子，直接威胁到李自成的大本营了。加之京城里一个叫吴惟华的降清明臣，自告奋勇赴晋（好了不起哟）又招降了一些地方，清军还未亲自动手呢，山西太原以北之地已尽入清人之手。这再一次证明了民族内部的不团结、窝里斗，是多么损己利人。

就这样，战略上同样不行的多尔衮，虽然未派主力仅是固山额真叶臣等部六月份开始攻晋，过程也慢了一点，最终还是取得了胜利，十月初三（1644）拿下了省会太原，基本搞定了山西。

唉，李自成不顾一切往陕西老家退缩，硬把自己往绝路里送，难道不知唇亡齿寒的道理？山西丢了，陕西不就敞开了？多米诺骨牌效应更是好惊人啊！一败再败之状一旦形成，不仅军队士气极大受挫影响战斗力且难以恢复，同时内部投降的（主要是原明降者）也会越来越多。

另外，搞不懂的是，既然下定决心守陕，时间又很充足（四个月呢），为何不把其他地方如荆襄一带七万精兵一同召回，集合全力保卫呢？错错错啊，本来军队战斗力就差些，战略防御上再不行，你还打什么打？

多尔衮真是幸运到家了，有这样的对手，真是笑得合不拢嘴了。虽然俺夺天下的决心下得晚了点，打你李自成也拖沓了些，时机上更是浪费了不少，但是俺有优势呀，"梦之队"在手嘛，哼哼，到俺决定全力打你时，自成啊，看你往哪跑？

这不，入关五个月，大清形势一片大好。帝国迁都大事顺利完成，顺治小皇帝九月十九日入京，十月初一举行了隆重的登基大典，多尔衮被封为叔父摄政王，辉煌至极了。征服大业已见胜利曙光，华北基本掌控，山西即将全克，大顺再次失败，南明又怯懦无为，确实到了最后全面一击的时候了。

十月（1644），多尔衮几乎集结所有兵力，分两路同时出征。英亲王阿济格为靖远大将军，领着平西王吴三桂、智顺王尚可喜等西征李自成；豫亲王多铎为定国大将军，带着恭顺王孔有德、怀顺王耿仲明等南伐弘光。此时的多尔衮真有满腔问天下舍我其谁的豪情了——但又咋会想到，他的这次最大规模出兵，竟差一点铸成大错！

前已提过，大顺军打不过清军，可战斗力也不是差之千里呀，将士们很英勇，上下也较齐心（北京时的刘宗敏算是小插曲吧），特别是老部下们一败再败后，士气不可避免受到影响，但心还是紧跟领袖的。截至此时，降清的基本上都是原明朝降将，如果李自成指挥有方的话，绝对不可小觑也。

何况陕西又是"龙脉"所在，李自成绝不会像对北京、山西那

样，说丢就丢毫不心疼，他是抱定了坚守决心的，更想凭此风云再起。当他得知阿济格取道山西北部和内蒙古进攻陕北，欲待得手再南进西安后，便决定亲率援军赴陕北与敌决战。

你还别说，现在胜负真有点难料呢，背水一战的大顺军，打它一半清军，谁说没有置之死地而后生的可能？要是李自成赢了，雄心大一些，乘胜追击一下，华北局势说不定都会为之一变，因为此地已没有多少清军了，多铎南下又不会很快回来，特别是当地民众的抗清之火跟着燃起来，那可了不得呀。只是美好的假设岂能当真，一个突发事件便迅速埋葬了这一切可能，多尔衮真是好命之人呀。

No.1一路溃亡了 （下）

原来山西平阳（今临汾）与河南西部的两万余大顺军，恰于此时在河南怀庆发动了反击战，当地清军被打得大败，多尔衮得知后，极度震惊，意识到自己用兵的错误，畿辅山西、河南等占领地太过空虚，兵力严重不足，一旦有事，后果不堪设想，说不定人家就乘虚直捣北京了，届时两路大军根本赶不回来支援，他多尔衮能咋办？身边没啥兵，只能带着小皇帝卷起铺盖回东北老家去也。

于是他赶紧下令多铎军由南下改为西进，先败怀庆大顺军，然后进攻潼关，与阿济格一道南北合攻陕西，形势又瞬间改变。李自成此时正在往援陕北的路上，一时进退失据，不知如何是好。

清军表现也极为拙劣，如此重要的大战，最高领袖多尔衮差点犯下大错在前，两路大军统帅又延误战机在后。多铎按原计划于十月二十五日出征，多尔衮命他先与阿济格会剿大顺军，以后再相机南征。可他倒好，十一月中旬到山东济宁，十二月上旬至河南怀庆，当月二十二日才抵达潼关，前后整整花了两个月时间。粗勇寡谋的阿济格更是搞笑，根本未把战事放在心上，征途中竟擅自绕道蒙古土默特部、鄂尔多斯部索马去了，多尔衮闻报一再派人严厉催促，才于十二月末进入山西，征集了姜瓖的部队后，终于向陕北进攻了。

这就是清人入关时领袖与军事统帅的做派，怎么看也很难与优秀、出色画等号呀。无奈一个刚从野蛮落后中走来的民族，先天的剽悍骁勇加上一股勃兴之气，掩盖了其他所有的不足，正好又赶上文明先进的中原民族就要告别冷兵器时代的末班车，而且还在它最为衰落

颓废时，结果成就了一段惊天奇迹。

且说李自成，看到北边的清军还未打过来，遂决定先回头增援潼关，那里只有马世耀率领的七千兵马，根本抵挡不了清军的进攻。大约与多铎同时，李自成带领他最勇猛的两员大将汝侯刘宗敏、磁侯刘芳亮到达潼关，看穿了清军等待红夷大炮到来后再发动攻势的意图，十二月二十九日主动进攻。大顺军表现得非常英勇，也多次夜袭以求出奇制胜，只叹对手过于强大，连战数阵都以失败告终，随后清军红夷大炮运达，形势更加不利。

就在此时，阿济格也开始向陕北进攻。他令姜瓖围攻高一功（李自成内侄）把守的榆林（后主动撤出），自己则带着主力迅速南下，连克数城，包括亳侯李过（后改名李锦）防御的陕北重镇延安，向西安挺进。李自成得报后，第二年（1645）正月十一日，被迫率主力赶紧返回西安。

第二天马世耀假降，引多铎入潼关，欲秘密联络西退的李自成，搞个内外夹击一举歼灭之，可惜老天站在清人那一边，很不错的计谋竟被多铎无意间识破了，结果马世耀与他的七千兵马全被擒杀。整个潼关之战历时十三天，它的失守也预示着整个陕西的最后命运。

李自成赶回西安后，深处清军两面夹击之中，想守肯定不行了，不得不撤离他本打算作为最后依靠的故乡，再次踏上逃亡路。多铎于正月十八占领西安，二月初即离开，经河南往讨南明。阿济格可能在二月中旬方抵达西安，旋即追赶大顺军去了。

应该说，李自成守卫陕西是尽心尽力了，绝不像在北京那会儿，失败的根由也是因为打不过人家，但在战略上还是有失误的。他可能没有意识到大顺军与清军的差距有多大，否则就不会想到反攻，也不会仍然不调集荆襄、豫西等地至少十万兵马回来共保陕西了？真要是那样的话，他与刘宗敏各率一支大部队分别抵御两路清军不好吗？

当然，假设没有任何实质意义，从寄予厚望的老家败走，不论对李自成还是大顺军的众将士，打击都是极其巨大的，人心如此，战斗力同样如此。但就是到了这个时候，李自成也不是没有一点希望了，无一处可以安身了，他还有最后一块好地盘呢。

前面多次提过的荆襄，历来兵家必争之地，战略地位极为重要，此时仍在大顺的手上。当年李自成入陕前，专门留下七万精兵强将，在荆襄四府（襄阳、荆州、承天、德安）悉心经营了一年多，就算不

足以抗强敌于大门之外，起码也能顽强抵抗一番，稍作喘息待时机呀。

李自成从西安撤退后，经蓝田、商洛向河南转移，三月下旬又进入湖广荆襄根据地。这时他带来的兵马有十三万，加上当地的七万，合计二十万呢，地盘根基打得又不错，如能全力守之，抵抗半支清军不是没有可能。如此既能刹刹清军的威风，稳定一下军心，也能等待李过、高一功带领陕北、甘肃、青海等地大顺军前来汇合。他们从陕西汉中入四川，正沿长江东下向这边赶来呢，若真能联合在一起，形成一个拳头，李自成开拓大顺的一片新天地，谁说不可能呢？

可李自成竟然放弃了荆襄，因为他的计划是东进！想在清军南征之前打下南京，据为基地，图谋再起。非常时期，弃稳固之基于不顾，非要去千里之外毫无基础、没啥人气的地方冒险，简直如同儿戏。能否摆脱阿济格的追击不讲，就那南京的弘光小朝廷，别看在清军面前一无是处，打内战不见得不行呀，这可是被历史一再证明的好传统呢。更显天真的是，多铎已在南征途中，你凭什么认为能赶在他之前拿下南京呢？

就这样，这么好的一块地盘等于拱手送给了清军，李自成带着大队人马又成了无家可归的"流寇"，向着根本不可能到达的南京而去了，结果可想而知。如果从河南邓州开始算起，大顺军先后与阿济格追军八战八败，伤亡极其惨重，最后只剩下数万士气低落的人马了，而他李自成更在五月初不幸死于湖北九宫山团练的误打误撞之中。

死得有点窝囊，也殊为可惜。因为大顺军以后群龙无首，再未形成合力，就那仍能坚持联明抗清，以刘体纯、袁宗第、郝摇旗、李来亨（李过子）等为代表的夔东十三家，更是直到康熙三年（1664）才最后失败，距李自成遇难整整十九年。想想看，如果李自成还在，力量不散，一旦喘过气来，又是何等局面呀，除非这一年惨痛的教训没给他带来任何变化。

还有很重要的一点，刚入关时所向无敌的满洲铁骑，退化得也快，人口本就稀少嘛，战斗中又有伤亡，进入花花世界后，变质更加不可避免，几年下来，战斗力仍强，但已不再是入关初的无坚不摧了，而且以后镇压南明的中坚力量，实际上已换成了无数的汉人部队，他们可不见得能打过李自成。

败家极品数弘光

你说多尔衮咋就这么有福呢？一上来便把头号之敌打败了，使了点劲，倒也并未碰上大麻烦，接下来更是遇到一个十足败家子，守着华夏最富庶的地盘、最广的人口和最多的军队，却最一事无成，眼睁睁看着清军游玩般下江南搞定一切。

它就是南明最早的弘光政权，大明之延续也。其实李自成进入北京占领北方，并不能代表大明已亡，充其量宣告了一个二百七十六年传统大王朝的终结，而明作为一个国家依然在南方存在，留都南京自然成了其政治中心。

北京沦陷那会儿，崇祯自缢，儿子们又未能逃出来，南京诸臣得知后，首要之务就是赶快选个新皇帝。谁呢？明室诸王中以万历孙子福王朱由崧最有资格，但东林党人却因同其祖母郑贵妃当年为两次皇帝继承问题发生过激烈矛盾，害怕福王上台后会翻过去的老账，对他们不利，于是便以"立贤"为名，非要拥立万历兄弟的儿子潞王朱常淓。后来在清人征伐面前，潞王很快露馅，原来与福王一样，都是贪生怕死之徒，可见东林党人标榜的"立贤"是何等货色了。

后来福王凭借高杰、黄得功、刘良佐、刘泽清等江北四镇总兵的支持，得以登上皇位，就是后来的弘光帝。凤阳总督马士英因及时跟上，后主持阁务兼兵部尚书，成了实际的大臣第一人。而原先的南京百官之首兵部尚书史可法，因起先反对拥立福王，政治角逐中第一炮就没打响，只好自请往扬州督师，但仍是朝廷的顶尖重臣。而那四镇总兵本来就很难对付，如今拥戴有功，更加飞扬跋扈，朝廷对他们来讲可有可无，无论是马士英还是史可法都不能制。至于镇守武昌的宁南侯左良玉，崇祯后期便已嚣张得不得了，而今还用说吗？

如此开局，怎么好得起来哟。内部纷争没完没了，不能形成合力一致对外，已经很危险，再加上君臣上下目光短浅，不思进取，苟且偷生，失败已成定局。山东、河南等地处于权力真空时，南明的表现前文已经提及，不再多讲。后来呢？那个被高捧颂扬的史可法，始终渴求"借虏平寇"及"南北分治"，而且信念极其坚定，在被全面打击之前，即便人家已断然拒绝，竟也从未动摇过，和平友爱的精神实在可嘉。

　　顺治元年（1644）七月二十八日，多尔衮在给史可法的信中就已经挑明，不承认你南京政权的合法性了，让你无条件投降，甚至还拿根本不可能存在的"联闯平南"加以恫吓。史可法回信中却仍卑词乞和，妄图保持偏安江左的局面，行动上更是无丝毫作为。

　　马士英们自然也不例外。朝廷于六月二十一日派遣的以南京兵部右侍郎兼右佥都御史左懋第为首的北上讲和使团，仍在继续北行，后于十月十二日到达北京（这么慢），除了增添更多羞辱，还能得到什么？出使人员也只有左懋第有点骨气，被清人扣留后坚贞不屈而死，其余人不说也罢。

　　再往下看，当清兵两路大军共讨李自成时，华北兵力非常空虚，只有豪格带领的极少量兵马，而南明却有数十万军队部署于江淮一带，却始终未有一战。真是连唇亡齿寒的起码道理都不懂了，很明显嘛，多尔衮收拾了那边，自然会把目标指向你，事实上人家本打算连你同时打的，只是遇到意外变故才放弃。那时朝廷里也不是没有清醒的人士，山东总督王永吉等少数人就振臂高呼过，但没人理他，只知吃喝玩乐的皇上与当朝重臣马士英、史可法之流，没有谁出来讲过一句赞同的话。

　　也许江北四镇骄横惯了，也安逸惯了，不会听你朝廷的命令出兵，但问题是你连这样的指令也从没下达过呀！就这点出息，政治素养与民族大义连农民军都不如，谁会不来打你？白白把那华夏最花花世界江南给了你享用，可不要做梦。不要说清人了，李自成从西安败退后，还想着过来争夺呢。你想偏安，醉生梦死，怎么可能？

　　真是不明白，那个青史留名伟大杰出的民族英雄史可法，究竟比所谓祸国殃民的奸臣马士英强在哪？前能进兵时不敢进兵，后需严防时又惊慌失措，为多尔衮下定决心并轻易南下作出了艰苦卓绝的贡献，大清官方史书上，当然应该把他大书特书一番才对。

　　确实，史可法最后英勇就义了，马士英也是呀？不能拿死得壮烈，掩盖活着时犯下的种种错误。唉，生死存亡之即，忠烈当然需要，但更需要的是为国解难的能力。史不是，马也不是，掌权者更没一个是的，这才是真正的悲哀呀。既然如此，这等政权，这等人物，结局还用多想吗？

　　敌人事实上给了弘光政权将近一年的时间，无半点进取之志也就算了，想偏安江左那就好好加强防御吧，到头来咋样呢？城没防好，

倒在清军南下时，始终权争不已、混乱不堪的内部，又搞出来个驻武昌的左良玉带兵东进的所谓"清君侧"的闹剧来，大有与清军合击南明的架式。这下可好，光是清军就打不过了，还出这样的事，那不加速败亡还能干什么呢？

清顺治二年（1645）三月初，从陕西返回的多铎军南征了，一路势如破竹，所向披靡，四镇数十万大军先后投降。清军仿佛是下江南游玩的，沿途没有遭遇过一次真正的抵抗，就连史可法镇守的扬州也是一攻即下，五月十五日即兵不血刃占领南京。弘光帝出逃后被俘，被世人寄予极大复兴希望的南京政权，就这样土崩瓦解了。巧得很，大顺皇帝李自成也刚死于湖北九宫山。而那个"帮"着清军打南明的左良玉，在东进途中病死，儿子左梦庚后来率部投降了追击李自成的阿济格。

五月十七日，多铎正式进入南京，随即把城中东、北两区居民全部赶走，供清军居住，就像他们刚入北京城时一样，联想到下扬州时屠杀民众八十余万（王秀楚《扬州十日记》），清军之残暴征服给中原民众带来了多大的灾难啊！

六月初八，南逃的马士英又在杭州拥立潞王朱常淓监国。这个曾被东林党人高捧的贤王，先是推脱不掉硬着头皮干，后在清军打来城还未破时，便已决定降清了，竟备好酒食从城上吊下来供敌兵享用，哪有一点民族气节！十四日，清军轻松进入杭州城。后来朱常淓、朱由崧及其他俘降的明之藩王们，都被押解至北京，第二年全被处死。

清人入关仅一年一个多月的时间，就取得了如此惊人的辉煌胜利，大顺、南明弘光两大抵抗势力迅速被打垮（张献忠靠后了），北方已经占领，南方就在眼前，多尔衮骄狂地以为大局已定，没有让清军继续南进，一鼓作气荡平天下，而是派遣了投降的汉臣们南下招抚，结果给了南方抗清力量重整旗鼓的机会。他尽干这样的事，一再错失良机，也就是他命好，对手实在相差太远，不然凭什么建立大功业？

还不只呢！这下好了，天下已定，想干吗就能干吗了，于是他立马撕下了刚戴上才一年的勉强算温和的假面具，露出了征服者的狰狞面目，全面推行起一系列民族压迫和民族歧视的政策来，从而激起华夏大地更大规模的反抗。

留发别想留住头

过去的时代，衣冠服饰乃一个民族最具代表性的特征，尤其汉民族这样灿烂文明五千年者，更成为其民族文化精神的象征，野蛮残酷地以剃头等方式改变之，就是对这个民族最大的摧残凌辱，何况伴随着的还是无情杀戮呢。

大清对被征服的汉人，施行剃发、杀戮、迁城等残暴政策，努尔哈赤时就开始了，辽东少则百万人死于他的屠刀之下。皇太极时采取了一些缓和满汉矛盾、减少对汉人压迫的措施，但大满族主义色彩更加浓厚，常以金世宗为榜样，严守本民族的文化习俗，像剃发这样的事，要求更加严格。

多尔衮上位后手段之狠辣，远超老哥，丝毫不逊老爸，入关之初，军纪虽有好转，剃头、迁城等暴行依旧，后为了立足中原，收买人心，崇祯十七年（顺治元年，1644）五月二十四日，下令罢除剃发。应该讲，这对之后大清迅速击败大顺与南明弘光政权，占领整个北方，并为下一步顺利迈向南方，起到了很好的促进作用。

晚明的衰落、内政的腐化、"流贼"的冲击、强敌的入侵、弘光的衰败，以及文明的浸淫、精神的沦丧等等交汇互织下，中原民众大多已接受或者不得不接受了被异族统治的现实。

只要多尔衮在衣冠服饰上继续采取宽容政策，加上强大无比的满洲铁骑，收降南方，夺取天下，指日可待也，但是民族的野蛮、领袖的愚蠢，又怎会让清人这么做呢？他们哪有这样的见识哟！

占领南京后，多尔衮们便凶相毕露，六月初即严令中原男性民众一律剃发，而且是不允许有任何改变浮动的绝对命令，"留头不留发，留发不留头"，华夏史上极端罕见，辽金元都未有此狠辣也，况大明统辖满洲鼻祖建州女真二百年，也从未令其改变习俗，蓄发戴巾呀。

更令人无语的，那又是一个什么样的剃发哟！简说一下，现如今充斥影屏的辫子戏里的形象，还是超级美化的呢。清前中期剃发样式的真相是，头颅四周全部剃去，只留一顶如钱大，结辫而垂，名曰金钱鼠尾，中原简直又回到了蛮荒时代。

后果可想而知，多尔衮错误地提早鸣金收兵，九州大地抗清的火焰本来就未熄灭，这下可好，很多已经归顺的和即将归顺的地方，被

迫又扛起了枪，与野蛮残暴作坚决斗争，尤其江南一带，江阴、金坛、嘉兴、武进、上海、苏州、常熟、昆山、嘉定、太仓及皖南各地等等，怒火迅猛，已然燎原，大清再也别想轻松拿下甚至和平收取了。

还有散落于荆门、当阳之间的李自成余部，李锦（过）、高一功、袁宗第、刘体纯、田见秀、郝摇旗等，本已降或愿降清了，就因剃发及民族大义使然，转而又归附南明，与张献忠大西军余部共同成为西南抗清二十年的中坚力量。

远不止此呢。以后剃发易服问题始终成为有清一代，横亘在汉满民族间的一道不可逾越的鸿沟，蓄发复衣冠也成了汉民族反抗压迫的一面旗帜。郑成功父子（见《大帝卷·台湾篇》）先后与清谈判未成，剃不剃发便是其中一个重要因素。到了吴三桂反清，甚至太平天国起义，不也以复先人衣冠服饰为号召吗？至于辛亥革命，有所不同了，根本却在，剪辫子嘛。就是到了现在，也不能说没有一点影响呀。

危害至深至远矣！作为大清入关第一代领导人，多尔衮算是开了一个恶劣的头（老爸与老哥毕竟还在关外），所起的反作用极端之大，不仅仅是延缓了大清征服步伐那么简单哟。

实际上从满洲人的角度看，他也完全不必做得如此鲁莽残暴，待顺利夺取天下后，再因势利导，一步步推行，加上统治者坐标功能、默化作用，剃发易服也许就和平实现了，汉满也不会鸿沟那么深了。

只是多尔衮哪有这个头脑嘛，还是继续说说他的恶政吧。大清残暴征服的背后，往往就是无情的杀戮，广为人知的扬州十日、江阴屠城、嘉定三屠，何等惨烈。仅江阴死难民众就达十七万余！扬州更是高达八十余万！但又何止于此啊！广州、湘潭、大同等的屠城，无不血迹斑斑，令人发指！

至于其他什么圈地和投充、逃人法等，更是把中原民众当成奴隶来压榨。其实这些恶政清人在关外时就已搞了，只不过那时影响力小些罢了。顺治元年（1644）十二月，多尔衮为保障八旗上下所有人等（不仅是贵族）入关的美好新生活，发布了圈地令，名义上把近畿无主荒地分给他们所有，实则大量占了去，管它荒不荒。当地民众的产业被无情掠夺，土地房屋自然，室内所有东西竟也包括，就是老婆孩子难看的可以带走，反之想留下的你还必须得留下！

大量民众不得不一无所有背井离乡，生活够苦了，加上换拨土地

111

以次充好、远不到实有数目等现象普遍存在，交税却要按原来的土地交，结果怎么样，还用多说吗？何况太多的人流离失所，连安身之处都没有呢，而那些被迫留下来给新主人耕种的更是等同于奴隶。相反那些土地被八旗子弟掠夺过去又做什么呢？畋猎放鹰的干活，这下倒好，真成了荒地了，生产力因此遭到极大破坏，社会秩序更不会好到哪儿去。

至于圈地的规模更是相当惊人，仅顺治四年正月一次圈占的近畿四十二府州县的肥沃土地就达五万顷左右。后来形成了以畿辅之地（河北京津）为核心，向山东、山西、苏北等地扩散的局面，一直到康熙二十四年（1685）才告结束。

与圈地同时的还有所谓"投充"，即中原民众投身于八旗之下为奴，情况很复杂，但大多是被逼者。这一恶政持续时间更长，乾隆时还下令严禁，想见起码清代中朝还有。也难怪满洲上层贵族就是最大的既得利益者，怎么会轻易废除呢？且看所谓刚入关如何爱民的多尔衮，仅继子多尔博手下投充人数就达六百八十余名，大奴隶主呀！

清人向来抢掠成性，入关前便已掳得大量中原及辽东民众为奴，入关以后老本行也没丢掉，加上圈地、投充等就更多了。那些被迫旗下为奴的民众不堪压迫，思乡心切，逃亡者众。为了维护本民族的剥削利益，早在努尔哈赤时便搞了个残酷的逃人法，清人入关后，多尔衮更是把捉拿逃人作为当朝第一急务，严惩力度不断加大。到了什么程度，就连怀顺王耿仲明这等人物都因手下人隐匿逃人被揭发，惊惧自杀了！甚至礼部请求祭祀他，多尔衮也是断然拒绝。真是没想到法律面前人人平等（不包括满洲人），多尔衮时便已做到了，实在钦佩之至，不愧为大清历史上的杰出领袖啊。

更让人钦佩的是，为确保一系列恶政得以坚决贯彻落实，顺治三年十月，多尔衮竟下令凡"有为剃发、衣冠、圈地、投充、逃人牵连五事具疏者一概治罪，本不许封进"（《清世祖实录》卷二十八）。而顺治这个被认为相对温和且有点多愁善感的小青年，亲政后却是变本加厉，于顺治十年成立了兵部督捕衙门，专门处理逃人问题，并于十二年三月，"再行申饬，自此谕颁发之日为始，凡章奏中再有干涉逃人者，定置重罪，决不轻恕"（《清世祖实录》卷九十）。

这下可好，当人类发展史上具有重大转折意义的十七世纪来临后，西方世界正向新的社会制度迈进时，拥有灿烂文明的中国不仅没

有跟上，反而倒退了，竟部分恢复了奴隶制度，而且是在官方主导下进行的，这也算是一大奇迹了吧。

身前天下何曾定

多尔衮战略的失误及系列恶政的推行，后果很严重。他以为天下已定，骄狂了，放纵了，为所欲为了，但紧跟而来的却是抗清烽火越来越旺，江南诸省、湖北、四川、陕西、山西、山东、甘肃、宁夏等无处不燃。因清军未穷追猛打侥幸躲过灭顶之灾的大顺军与南明，乘势又有了重整旗鼓的机会，而张献忠大西军还未与强敌过上招呢。此乃中原抗清的三大主要力量。

刚入关的满洲铁骑虽然所向无敌，毕竟兵员不多，进入中原后又迅速腐化（有那么多恶政护着，自然了），短短几年，战斗力便远不如昔，再想横扫中原难矣。应该说仅凭这支力量，清人想完全掌控天下根本不可能，但有人帮他呀，作用还不小呢，最后甚至都成关键性、主导性的了。他们就是前前后后降清的汉人们。

入关前清军中的汉人部队已经很可观，之后投诚的更如过江之鲫，远多于毅然抗清者。被明廷斥为匪寇的大顺、大西等农民军反倒降者寥寥，所谓正统的明军却一降一大片，弘光时一下就有数十万之众，并在镇压抗清武装中骁勇异常，功勋卓著。像后来又反正的原左良玉部下金声桓、高杰部下李成栋，连满洲八旗都相当忌惮。那个时代的中原民族让人痛心又需要总结的地方实在太多了。

多尔衮们后来就是采取"以汉制汉"政策，靠着大批的汉人部队打头阵作先锋，乃至成为诸多血战的主要力量，满洲八旗则越来越成为后方的坐镇者及前方的殿后者了，但必须承认满洲人的战斗力那时依然最强。

别说，这一招还真灵，有了这些汉人的鼎力相助，清人又渐渐站稳了脚跟。多尔衮的愚蠢让他七年摄政始终未能平定天下，但也没有大难临头，洪承畴、吴三桂、孔有德、耿仲明、尚可喜等贡献大大的，当然还有对手的更加不济相助了。

过去抗清的 No.1 大顺军，李自成不幸遇难后群龙无首，一直难成合力，待李锦、高一功率军赶来汇合，整体力量增强，但领导权问题依然未能解决，战斗力和决策力自然大受影响。他们一度有投靠清

人的意思，就像前面所讲剃发问题及民族大义使然，最终还是决定联明抗清，先后接受了隆武、永历政权的领导。虽然并不受明廷待见，屡遭歧视排挤，他们依然奋勇杀敌，成为当时南明抗清的主力军。

农民军并世双雄，李自成亡了，余部尚在继续战斗。张献忠呢？一声叹息啊！清军没打来时，他与南明斗也与大顺争，居于四川始终未消停过，等肃亲王豪格带着吴三桂（征服中原岂能没有他）前来征讨时，刚在西充凤凰山接上火（1647），他又率先中箭身亡了。大西军面对强敌，实力本就稍逊，加以群龙无首，焉能不败？一战大溃也。后余部在孙可望、李定国、刘文秀和艾能奇的带领下进入云南，一番拼搏奋斗，竟涅槃重生，开创了比在四川更宏大的事业。不过因为位置的关系，大西军当时仍远离抗清的主战场。

南明呢？弘光政权败亡，不是结束仅仅是开始，随之先后有唐王朱聿键在福建福州建立的隆武政权（鲁王朱以海浙东监国与之相争）、桂王朱由榔在广东肇庆建立的永历政权（初有隆武帝之弟朱聿𨮁建立的绍武政权短暂抗衡）。作为最具正统性、最有号召力的抗清政权，江南诸省又在手上，地盘、人口都不小哦，财富比起北方也是没话说，如能抛开歧视，与农民军紧密合作，北上驱逐"鞑虏"不现实，保住南方谁说不可能呢？

但他们哪是成气候的主！内从未拧成一股绳，团结一致形成合力，皇帝和朝廷都是个空架子，缺乏牢固的领导核心，党争激烈，军阀自雄，纷乱不已；外又不能与农民军真心诚意携手并进，形成强有力的抗清统一战线，面对强敌岂能不败？

且说南明最后一个也是持续时间最长的永历政权，经过刚开始湖南、广东等地连续丢失的系列惨败后，更多因为金声桓、李成栋分别于江西、广东反正，一度有过复兴的大好景象，无奈不成气就是不成气，很快又落花流水春去也。顺治七年（1650），孔有德占领了广西，尚可喜和耿仲明（部下收留逃人畏罪自杀）之子耿继茂拿下了广东。永历政权从此丢掉了根基，很快成为完全依附于大西军的一个空壳，仅仅起到象征性的抗清旗帜作用。

就在清军拿下两广不久，确切说是顺治七年十二月初九，多尔衮病逝于喀喇城（今河北滦平），享年三十八岁。他自己肯定没有料到，入关第二年便以为天下已定，怎么到现在五年过去了，仍看不出可以马放南山呢？也不知他逝前有否认真总结一下，对自己当初的判断失

误来点后悔与自责，反正那些恶政他绝不会认为是错的。

七年的摄政生涯，多尔衮侥幸入主了中原，建立了不世之功业，但接下来第二步他并未走好，想让大清成为四海一统的大王朝，对以后亲政的顺治来讲，依然是个极端艰巨的苦差事。

看看多尔衮病亡后的天下大势吧。南明变成了空壳，华夏抗清之火却依然在熊熊燃烧。第二年（1651）大顺军终汇聚于夔东，与其他一些抗清武装共同组建了著名的"夔东十三家"，与清人进行着英勇的战斗，直到康熙三年（1664）才彻底败亡。东南沿海郑成功（见《大帝卷·台湾篇》）抗清武装也迅速发展壮大，日后同西南李定国堪称南明抗清之两大擎天柱。

孙可望等领导大西军更是光芒四射，仅仅两年多时间，便把云南治理得井井有条，毫无争议地成为日后华夏抗清最为稳固、最具实力的大后方，南明丢失两广后还能再坚持个十年，主要依赖于此也。作为大西军的第一领袖，孙可望文武兼备，才智非凡，安居一隅，却放眼全国，主动提出联明抗清（关键时刻农民军比明廷士大夫们更有大局观），并付之于实践。

多尔衮病逝的那一年（1650），大西军已拿下贵州，继而攻取四川南部，收编了打着南明旗号却割据称雄的大小军阀，之后万马奔腾，所向无敌，顺治九年（1652）便已攻克四川、湖南大部及广西全境，其间李定国居功至伟，收湘与冯双礼合力，复桂则独领风骚，桂林大捷更迫使清定西王孔有德自杀。

还远不止此呢！第二年（1653），李定国又在湖南取得衡阳大捷，大败增援而来的满洲八旗精锐，并击毙清军统帅敬谨亲王尼堪，取得了明清交战以来从未有过之大胜，一举打破了满兵不可战胜的神话。这对明清双方精神上都会产生极大的震撼，明之昂扬与清之顿挫同时显现矣。

此时以大西军为基本班底的明军，可谓兵精将勇，斗志高昂，还有牢固的根据地在手，抗清形势一片大好，纵不能恢复大业，稳固西南统治，但与清长期相持，以待时机何成问题？但让人再次感叹的是，十七世纪的上天太过垂青于大清了，就在他们的西南前线总指挥洪承畴一筹莫展之际，大西军内部竟闹起家窝子来了。

主要是孙可望与李定国的不和，导致内部分裂，矛盾激化，以致最后竟兵戎相见，孙可望失败后无处投身，只好归降清人，当了"义

王"，反过来帮着人家打自己人了。李定国掌权后又猜忌那个攻打四川的刘文秀，面对清军的全面进攻也有举措失当，等等，不一而足。反正堡垒最易被内部攻破，实在是颠扑不破的道理呀。

这下好了，本来以南明为旗帜的抗清统一战线，就从来没有真正统过，而今最为重要的力量又自乱阵脚，这整个抗清还有什么希望可言？后来清军乘机三路大军铺天盖地而来，大西军全面崩溃，至顺治十六年（1659），连经营十二年的云南也丢掉了。

康熙元年（1662），永历帝被吴三桂从缅甸擒获后绞杀，仍在中缅边境坚持抗清的李定国随后忧愤而死，再过两年（1664），大顺军余部夔东十三家也彻底败亡，燃烧了二十年的大陆抗清之火终于熄灭。郑成功父子（见《大帝卷·台湾篇》）后来在台湾又开创了一片新天地，抗清斗争直到康熙二十二年（1683）才宣告终结。如果以大顺军败亡为止，清人定鼎中原也是在多尔衮逝后十四年才算大功告成的。

凭啥本事上了位

实践才是检验真理的惟一标准，看到多尔衮摄政后一路走来，大清平定天下的一波三折，其雄才大略到底有多少成色，也该略知一二了吧。太好的机遇、太强的实力及太弱的对手（相比较），换一个人，说不定比他干得更出色。

当然作为一个大将，乃至二级统帅，他还是不错的，皇太极时代就证明了这一点，但因此便说他杰出伟大，肯定讲不过去，单单大清初期几十年，此等人物就不少呢。

满洲作为当时一个野蛮剽悍又处勃兴时期的民族，兵强强一片，将勇勇一批，本是很正常的事。看看历史记载的那时将领，包括王室贵族，基本上都是能征惯战的主儿，就说多尔衮一母所生弟兄仨，哪一个不厉害，弟弟多铎好像比他还强呢。

更重要的是他们的对手，朝鲜不必讲了，无论大明还是蒙古都处于衰落期，军力相差很大，一般讲，大清将领哪一个带队，都能取胜，甚至横扫，先后五次入关的辉煌战绩便是明证。何况他们还有一个出色的总舵手皇太极，疆场纵驰骋，何战不取胜，关键如松锦大决战，更是在他的亲自指挥下摧毁明军的。

多尔衮呢？大英勇当然了，大谋略却没见着。如让他成名的清除察哈儿残部之战，双方实力太悬殊，胜是必然的。至于赶上了林丹汗老婆与儿子的投降（见《亡国卷》），尤其遗失两百余年元朝传国玉玺的获得，让他奇功一件，更多还是机遇使然吧。

再说松锦大战，他作为围锦主将时（与济尔哈朗轮换），因包围不严，让洪承畴轻松把粮食运进城内，及私自允许士兵轮流回家休整，为此还受过皇太极的严惩呢。期间，与洪几次作战，都没取得便宜，反而有失败的危险，很是担心害怕，多次向皇太极求援。最后，还是皇太极抱病火速赶来，针对洪布阵的缺陷，凭借骁勇八旗，一举大溃明军，从此明无力再与清抗衡也。

声明一点，讲了这些，不是为了把多尔衮说得一无是处，而是想说清军的所向无敌，根本在于整体实力的巨无霸，他只是其中一分子罢了。至于他能成为皇太极突然病逝后、争皇位前实际上的最高掌权者，军功固然重要，关键还在于皇太极长期以来的充分信任。

现在围绕多尔衮的这段历史，有太多的传言夸张渲染。什么努尔哈赤留下的汗位本是多尔衮的，皇太极却阴谋夺了去，起初还排挤甚至对他一直心存芥蒂；什么英武卓绝的满洲第一俊男多尔衮与满蒙第一美女大玉儿（庄妃），原是青梅竹马两小无猜，后因皇太极横刀夺爱，遂形成剪不断理还乱的三角关系；等等。

笑谈，笑谈也。多尔衮、阿济格与多铎的母亲阿巴亥，是努尔哈赤晚年极为宠爱的大福晋，爱屋及乌嘛，老努对这三兄弟会有点另眼相看也属正常。虽然年龄小些，到老努驾崩的那一年（1626），多尔衮十四岁，多铎十二岁，惟一成年的阿济格也才二十一岁，肯定不会有代善（老努次子）、莽古尔泰（老努五子）、皇太极（老努八子）这些年长哥哥们的赫赫战功了，但政治地位倒也不赖，阿济格与多铎更是旗主贝勒。有趣的是，位于中间的多尔衮却不是，成年哥哥就不讲了，弟弟呢？起码能说明在老努心目中，他连多铎都不如吧。

既然这样，就算老努身前有把汗位传给阿巴亥儿子的想法，常理上也应该给阿济格或多铎，而不是多尔衮呀。何况老努撒手而去前，哪里留下过遗嘱嘛，没有任何证据可以证明的，真不知那个传位给多尔衮的说法从何而来。

其实老努身后的汗位争夺战，他们兄弟仨都不够格，只不过以后多尔衮成了带领清人入关的摄政王，加上他自己也常有意念道如何受

父王宠爱，后人们又喜欢捣鼓大人物的政治权斗，就像他们的情爱故事一样，于是明明很简单的事因为新猛料不断掺入，复杂得一塌糊涂起来。

真实情况是，当时有可能继承努尔哈赤汗位的也就是代善、阿敏（努尔哈赤侄子，济尔哈朗二哥）、莽古尔泰和皇太极等四大贝勒中的一员，尤其皇太极与代善，其他人根本沾不上边。可见多尔衮未当上大汗，很正常，没啥遗憾委屈的，相反还塞翁失马，焉知非福呢。

一代雄主皇太极上位后，为强化权力，巩固地位，自然会把矛头指向那些位高权重的宗室贵族。起初与他并坐齐尊的代善、阿敏、莽古尔泰首当其冲（原四大贝勒去其一，三大贝勒也），镶白旗主阿济格也在其次之列。多尔衮不仅未被冲击，反而因先帝诸子中排行十四，年龄小，地位相对偏低，威胁不大，成了被拉拢培养的对象，用以抗衡政治对手们。排行十五的多铎虽是正白旗主，年龄却更小，处境与之相似。

多尔衮没有大政治家、大军事家的气魄，倒也骁勇善战，文在满洲贵族一群武夫中也不错，对新汗更是恭顺之至，三者一结合，再加上述前因，自然深得皇太极的器重，终其一世信任无比。这里简要看看他的火速上升轨迹吧。

后金天聪二年（1628）三月二十九日，阿济格被废黜（为人粗莽任性也是其因），多尔衮继为固山贝勒（即旗主贝勒或和硕贝勒），成为镶白旗主，上了一个政治大台阶。五年（1631）七月，后金仿明制建立六部衙门，他统摄吏部，握有组织人事大权，更不得了喽。

皇太极改金为清后，崇德元年（1636）四月，论功大封兄弟子侄。其中六位和硕亲王如下：和硕礼亲王代善、和硕郑亲王济尔哈朗、和硕睿亲王多尔衮、和硕豫亲王多铎、和硕肃亲王豪格与和硕成亲王岳托（代善长子）。其中多铎、豪格与岳托在爵位上都曾反复过，所以前文提及时会与此有所不同。至于阿济格，则被封为多罗武英郡王。

由于原三大贝勒中的阿敏、莽古尔泰早就失势并已故去，本来就是老大的代善，地位更加崇高，亲王中自然居于榜首。他和长子岳托起先和皇太极关系很是不错，但政治斗争何等无情，如他这般位高权重者，遭受猜忌打压必然也，只是结局相对要好得多。在多尔衮与济尔哈朗的鼎力携助下，皇太极一番攻击波下来，代善名位尚在，气势却已难复，加之年岁已高，越发世故，榜首之位也就是名义上的了。

　　而与多尔衮实为皇太极左膀右臂的济尔哈朗，只是努尔哈赤的侄子，又乃谨慎隐忍之辈，所以亲王中多尔衮名义上排列第三，到皇太极猝然病逝时，已然群臣之首。这为他紧接着在皇位争夺战中击败豪格，打下了坚实的基础。

　　结果呢？皇太极地下有知何能瞑目哟！成年儿子皇位被人家夺了，老婆被人家占了，另一个儿子后来也改口喊人家皇父了。唉，谁叫你看走了眼，又没及时确定继承人呢！

冷眼旁观奇恋花 （上）

　　皇太极一代雄主，一生何等威风，只有两件事可惜了。一是能入主中原却不入（起码松锦战后），否则从现今中华民族的角度，他肯定是汉武唐宗之类的伟帝王了。另一件就是继承人问题未搞好，够格的儿子豪格没干上，信赖的弟弟夺了权倒也罢了，还做了那等事，特别是后世再酱油醋一块和和，皇太极越发不能瞑目了。

　　看看现在狂炒猛渲的！他的爱妃与他最信赖的弟弟，竟然成了天造地设的一对，是他横插一杠，分开了他们，也分开了人世间最相匹配的一对痴男怨女，让他们的爱情哀怨凄美，更能摄人心魄，更能传诵千古，也更能烘托出那个所谓最奇、最丽、最伟女子绚烂多姿的一生，同时也让咱们的主人公沾了光、添了彩，更能闪亮照人了。

　　最惨的就是皇太极了，莫名其妙背了运，从此再难翻上身，本是一代雄杰帝，却成奇恋矮脚丫，一只乌龟爬上来，还有绿帽顶上戴，冤冤冤，恨恨恨，多尔衮啊，你这白眼狼！

　　别生气，莫恼火，阿皇其实无须痛骂，如今有些说史者与娱乐狗仔队没啥区别，添油加醋、热炒爆料的本事大得很呢，何况还是男女间的那点破事，就连好高好高的名家都来凑热闹，考证什么多尔衮与孝庄两三岁时如何第一次相见的，阿皇你又何必太较真。

　　说实话，你老弟确实与你老婆有一腿，但那是在你走了后，之前多尔衮有没有这个想法不知道，哪里够胆去实践哟，何况你怎么把老婆娶回家的，自己还不清楚吗？

　　孝庄皇太后（1613—1688）博尔济吉特氏，名布木布泰，后世习惯称之为大玉儿，出身于最早归降大清的蒙古科尔沁部，贝勒寨桑的

二女儿。继他姑姑哲哲之后，十二岁时（1625）也嫁给了时年三十三岁的皇太极，后来她的姐姐也嫁过去了，姑侄女三人共侍一夫，这在大清前期极为普遍，努尔哈赤父子还共娶过姐妹俩呢。

言归正传，孝庄出嫁十三年后才给皇太极生了个儿子福临（此前有三个女儿），有点慢呀，但也幸运，否则太大了，还不一定被多尔衮看中呢。至于她十八年的妃子生活，纵观史书记载并无出彩出奇之处，就连皇太极为争取蒙古人，册封五位蒙古妃子为五宫后妃，她也是排在最后一位的。

也不知是哪个妙笔者，生花出她为满蒙第一美女来，看过她的画像你就知道了，不丑但也绝对算不上大大的美女，更不要说第一了。难道好几百万的满蒙真找不到人啦？非也非也，皇太极宫内起码就有一人更强——她的亲姐姐宸妃海兰珠。

皇太极对海兰珠真是喜欢得不得了，万千宠爱都集于一身，即便她之前嫁过人，也丝毫不受影响。当她生了个儿子后，皇太极更是欣喜若狂，立即封这个皇八子为皇位继承人，可惜早夭了（否则大清的历史将会重写），海兰珠也为此痛心忧闷成疾。

就在那场可以说决定明清命运的松锦大决战，扫尾工作还没结束时，皇太极便因她病危，丢下大军，急匆匆往回赶了，可见爱她有多深。无奈没能见上最后一面，皇太极真是悲痛欲绝，寝食俱废，差一点昏死过去，两年后撒手而归，肯定与此有关吧。唉，不管什么样的男人，对自己真正心爱的女人，都是会不顾一切的。

与这样的姐姐相比，孝庄相形见绌得很了，基本上不显山不露水，综合表现再平常不过了，要不是儿子由福临变成了顺治，真看不出来她有多少能被历史记住的。至于色降洪承畴那一段，纯粹后来的演义，不足道哉。

那多尔衮与孝庄的奇伟恋呢？皇太极时代更是没有留下一点点蛛丝马迹。如果他们两人乃私下偷情，那真是太了不起了，能高到如此程度，除了一些伟大的后人们晓得，神都不知鬼也不觉呀。

其实根本皆空的事，神鬼怎么知怎么觉？当世没有留下任何记载、任何说法是其一，从多尔衮与皇太极的关系也能看出其真实性到底有多大。

多尔衮的发迹关键在于皇太极的提携，没有这一点，他纵有三头六臂，诸多王公中也难出头。前文已说过，皇太极时代特别是后期，

他与济尔哈朗是最被信任重用的，基本上没有被怀疑过，现在讲的那些所谓矛盾什么的，你也绝对不会在当时找到源头。

如果多尔衮与孝庄真有那么多故事，特别是青梅竹马、横刀夺爱什么的，皇太极还能一点感觉都没有，对多尔衮还能那么信任，把他扶上实际一人之下的高位？要不然就是皇太极境界太高了，咱们一般人理解不了。

至少在皇太极时代，他们两个是不会有一腿的，有也是在皇太极逝后。具体什么时间——皇位争夺战前，还是以后，真不好说。他们两人的事情，特别是多尔衮当了摄政王之前，除了野史，没有任何原始记载，无论你怎么认为，都是建立在假说之上，自然包括本文的看法。

至于福临能成顺治，是否靠了那一腿，也不好说。当年皇太极突然病逝，旧秩序宣告结束，新秩序尚未来临，值此新旧交替之际，权力场上激烈搏杀不可避免，个中人等谁也别想置身事外，往往不是你死就是我亡，每个人都不得不考虑自身进退。此时孝庄带着他五岁的儿子，孤儿寡母的，想寻求保护伞很正常，关键是谁能当这个伞？

多尔衮？为什么不可以？先看他的老婆，肯定不是影视剧中所说只有一个不爱的所谓孝庄妹妹的小玉儿（应该不存在），因他一生只爱大玉儿（孝庄）。

这个人虽说身体不好，人类本能的欲望可不低呀，一生纵情声色，荒淫无度。女人有多少说不上来，有名有姓的起码就有六妻四妾，蒙古人占了七个，其中属于科尔沁部的妻子就有三个，元配是孝庄的堂姐，另一个是她的侄女辈，还有一个当时还是对手豪格的老婆，以后才被他占了去。

再加上多尔衮又是皇太极身边的大红人，凭这些，孝庄与多尔衮家应该有交情，甚至是很不错的交情。这就有了投靠的基础，何况多尔衮当时最有实权，还有比他更安稳的保护伞吗？

另外，从多尔衮一方来看，为自己今后的命运着想，不论皇太极身前，还是身后，走一点夫人路线，也是常理呀。两相一交合，接下来发生的事也颇为顺理成章了。

为了抓得紧一些，孝庄想来一腿，或者多尔衮见有机可乘（庄妃虽不算大美女，但姿色也过得去，年龄又相仿），垂涎欲滴，也想来一口，没什么不可能呀，历史上这样的事太多了，加上满民族当时清

规戒律又少，不奇怪，很正常。

话又说回来，即使没有那一腿，人总会讲点感情吧，反正自己也干不上了，选谁都是人家皇太极的儿子，不如选一个更亲近的，年龄又小好掌控的。地位高于孝庄的懿靖大贵妃的儿子，虽然年龄更小，但由于老妈曾是林丹汗的正宫囊囊太后，习俗再天成，总有点那个吧，况且关系又相对疏远一些。

当然这些都是假设，真相谁也搞不清，惟有一点可以明确，多尔衮做了摄政王后，孝庄有没有下嫁不好说，最终确是成了他的女人的。不过这也没啥，政治斗争尤其是最高级别的皇权斗争，何等惨烈，人头落地、家破人亡常有的事，一个女人带着未成年孩子，十足的弱势群体啊，不仅想生存还想更好，靠女人的特殊才能也是没办法的事。

冷眼旁观奇恋花 （下）

只有一个女儿的多尔衮好像也把顺治当成了他的儿子、他的继承人来看待，七年摄政没有篡位的迹象，很安于现状的样子。也许自己一直没有儿子，当皇帝的愿望已经淡漠，但与人家老妈有一腿，肯定影响了他的决断。

还有另一种看法，认为多尔衮谋位之心不死，从摄政王、叔父摄政王、皇叔父摄政王，直到皇父摄政王的轨迹，从临死前和大哥阿济格（弟多铎得天花已死）私下嘀咕（真假难辨，反正阿济格很快被干倒），无不证明了这一点，只是自己死得太早太突然了，没来得及。

历史就是这样，很多事情，真相究竟如何，往往很难判定。从多尔衮的性格看，从原始的记载看，本文以为第一种观点可能更接近真实一点。

反正不管怎么样，多尔衮掌权七年没有迅速篡位，还是失算了。可以讲，他还没有真正看透权与血的关系，像他这样凌驾于皇帝之上甚至又占了皇帝老妈的权臣，一般结局不是夺了人家的位，流别人的血，就是流自己或是子孙的血。权力斗争就是这样冷酷无情。

他的身体一直不好，特别是松锦大战时透了支，越发不行了，入关后，国事又操劳得很，想恢复已不可能，病体恹恹，结果只活了三十八岁（1612—1650），就撒手而去了。什么孝庄为了儿子的皇位，

不惜牺牲自己心爱的情人，暗算了他，不过是后人的演义，娱乐的。

多尔衮身后结局极为悲惨，被他捧上位却对他痛恨到极点的侄子（也能理解），还有济尔哈朗（一直被他打压）等政敌墙倒众人推，结果尸骨未寒，就被掘墓鞭尸，打入十八层地狱，连老婆都被王公们分了（清初尽干这样的事）。直到百年后，乾隆才给他重新正了名。

很奇怪，孝庄与他起码有七年的实际夫妻关系了，总该有点感情吧，怎么未见她有任何表示呢？多尔衮人都死了，也不会对自己儿子有啥威胁了，批判批判也就得了，何必搞得这么绝呢？何况天下人都知道他俩的关系，搞狠了不等于自我大暴露，脸上无光吗？

虽说母子关系不好（怎么好得起来哟，哪一个儿子能忍受这样的事，虽然孝庄有她的苦衷），毕竟儿子那时也才十二三岁，自己又是太后，而且被捧为卓越超绝的女政治家，真拉下脸来维护一下，谁能不听呢？

也许他们就没有真正的情，走到一起，对孝庄来说只是形势所逼，出于无奈，现在好了，解脱都来不及呢，还去帮你？你的老婆、女儿？哼，关我啥事！

还有一个最大可能，孝庄就是一个女人，一个简简单单、平平常常的女人，不参与政治，不过问权力，女强人沾不上边，宫外事也少听闻，没那个心境（终究还是丑事），没那个欲望，也没那个魄力插手其间。唉，任儿子、大臣们弄吧，不想管，也管不了，俺就老老实实做俺的太后得了。

其实，真正的孝庄再普通不过了，什么政治智慧、超级手腕，等等，全是胡扯，除了后人的演义，你根本找不出当时留下的这方面的片言只语。可以说与满蒙民间女子惟一不同的是，她有着王族的血统，后来得以成了帝王的老婆，并幸运地又成了帝王的母亲，及一位摄政王的情人甚至老婆（有待进一步考证），仅此而已。

她没有一处地方是出类拔萃的，包括那时女人最大的本钱相貌及柔媚功夫，在皇太极的后宫中，受宠的可不是她哟。至于多尔衮看上她什么，是否真是看上她这个人，是否因为她不同寻常的身份，没有根据，不能妄加揣测。

正常人的喜怒哀乐，皇宫里的高贵闲适，已经让她满足，除了与多尔衮时势造就的非一般外，也不想再干什么出格出位的事，没有野心，没有张扬，不像秦宣太后、武则天、慈禧等，对权力、政治这些

东西，她从来不感兴趣。

所以她所处的时代，儿子上位外，还有哪一件事能看到她的身影？她就不是这样的人，前台为她空着她都不愿上呢，又怎会硬往里挤？

就说多尔衮逝后，顺治依然未成年，按照后人对她的高捧，如果真有野心，凭她的地位，垂帘听政，有何不可？但她没有，大权不过是从多尔衮转移到济尔哈朗等人身上。再有孙子康熙继承大统时，只有七岁，懂得什么，凭太皇太后之尊，拿下大权如探囊取物，但她仍然未做，甘居幕后。

多尔衮死后被反攻倒算，孝庄一点头未出，就能真正理解了，她就是这样一个人，一个只想做一般意义上女人的人，一个内心里极不愿过问，可能也没能力过问那些所谓男人们之间事的平凡而又真实的女人。

溯往几千年，宫中女子千千万万，慈禧只是凤毛麟角，更多的还是孝庄们。被后人不断渲染高估，传奇得不得了，卓越得不得了，也香艳得不得了，以至完全脱离了事实的本来面貌，这不是孝庄的错，因为她根本没想过要做这样一个女人，有些后人太无聊，她也没办法。

【大帝卷】

千年一帝是笑谈　最被高估数康熙

如今还能在神坛上供着的帝王们，掂量掂量，哪一个不是光芒四射的主儿？而他位在其中，却仍是那么与众不同，那么绚烂夺目，也难怪，千年才出的一个极品嘛。

　　纵使天花惹了祸，又有何等大关系；只要丹青妙手来，俊脸哪有一点疵；身后继承未遂愿，何妨一生雄伟业；众里寻之千百度，大帝还数咱康熙；只是人间哪有神，更别说是神上神；虚幻泡影岂当真，神坛跌落骨折疼；不如帮其摆正位，还是做那一众生。

［机遇篇］幸运谁能比上他

　　要说中国历代帝王之幸，人们首先想到的可能是乾隆（1711—1799）。猛一看也是，干了六十年太平帝王，活了八十八岁，不经意间又创下了收复新疆这样的伟业，足以让古往今来所有人等仰视赞叹了。再被时下影视剧一渲染，原来他还那么风流倜傥、英俊潇洒，一生风花雪月，美人争相做伴（看中的可都是他这个人），你说这一生过的！"幸福"二字对他算个啥！

　　再一瞅，不对呀，强中更有强中手嘛，谁说咱华夏五千年就没有更厉害的主了？远的不讲，咱文中的主人公康熙就比他幸运多了，一生随处可见幸，信手拈来都是运。这般讲话，那些康迷们肯定会斥责痛骂了，大胆！竟敢污蔑咱千年一帝！他的灿烂辉煌，他的丰功伟业，哪一样不是靠他自己双手打拼出来的！鞠躬尽瘁，呕心沥血，力挽大清狂澜，开创康乾盛世，何曾与幸运沾上边？……责问得非常好，这等伟大帝王绝不能给他泼脏水的，但确实有据为证，咋办呢？

天花助他上了位

　　大清入关那会儿，天花可谓最炫最酷的杀手，甚至比农民军、南

明那些有组织、上规模的抵抗力量还要让征服者胆寒。别看这些人战场上横刀立马、凶猛剽悍得很，却极易成为它枪口下的猎物，想躲都躲不掉，想抗也抗不了，一瞄一个准。

天花是由感染痘病毒引起的，曾经是世界上传染性最强的疾病之一。其病毒繁殖快，能在空气中以极其惊人的速度传播，得病者死亡率很高，即使生还者也会在脸上或身上留下痘痕，就是咱们平常所说的"麻子"。

如今，它已被咱人类消灭掉了，但在那时可就是癌症，人们无不谈"花"色变，尤其是征服者们。可能是气候原因吧，他们先前生活于荒寒的白山黑水之间，极少遇到这样的疾病，结果挪个地方，到了中原，本想过过高高在上的好日子，没想到一碰上它，就整体缺乏了抵抗力，中枪倒下的概率远比当地民众要多得多。

征服中原战功最为显赫的多尔衮老弟多铎，就这样英年逝去了，要不然多尔衮逝后，顺治能否反攻倒算，那还真不一定呢，多铎可不像阿济格那么粗莽。这么一看，这个天花杀手倒改变了大清的历史，不简单呀。

还有呢！顺治也未能在其枪口下逃生，二十三岁便撒手而去了。对顺治最后的结局有很多种说法，其中五台山出家为僧可说最具想象力和戏剧性；而因思念先他而去的爱妃董鄂氏，郁郁而逝，堪称人世间又一出极富感染力的悲凉版爱情佳话。不过，在没有确凿证据之前，咱们还是以大多数人认可的第一种为准吧。

就在这一片白色恐怖之下，有一个人，确切地说应该是一个小孩，却创造了个偌大的奇迹。他不到两岁便不幸成为猎物，却又奇迹般活了下来，虽然脸上不幸留下了后遗症，但比起那些众多倒下去的人，总该够奇够幸了吧？他就是顺治的儿子，未来的"千年一帝"康熙。

当然这还只是一个小开头，更幸的还在后面呢。小时候的康熙平平常常，未见有啥招人怜爱的地方，八个兄弟中，排行老三，后来老大夭折，进为老二，也不是什么嫡长子，毫无特殊之处，顺治也不曾特别关注垂青过他。

何况他还有一半汉人血统呢！虽然史书上避讳没有说。其四分之一蒙古人血统倒不打紧，这一半的汉人血统可就厉害喽。一个不仅被征服奴役且最被严加防范的民族，有清三百年，大臣中有其身影，后

宫中也偶有其佳丽，没啥，但皇帝中竟有其血脉，那可真是又奇又特了。按常理来说，血统的问题应该对康熙上位有影响，不过幸亏他流的不是正常的普通的汉人的血液，否则怎么可能上位？

康熙的曾外祖父佟养真（佟养正），干过大明的总兵官，标标准准的汉人，当年还跟着名将李成梁之子李如松抗过倭援过朝，后叛降了努尔哈赤，做了投入满人怀抱的第一批来自敌方阵营的汉人官僚，以后的洪承畴、吴三桂之流资历上只能望其项背也。佟养真三子佟盛年，后改名秃赖（满化得够彻底的），雅化为图赖，有一女入宫做了顺治的后妃，即后来的孝康章皇后佟佳氏，生下的儿子便是康熙。

这么看起来，康熙这辈子顶多也就做个亲王郡王什么的，当皇帝反正是不可能的，而且顺治临死时，想到儿子们都还小，最大的才八岁，为了不重蹈自己幼时即位被权臣叔叔多尔衮掌控的可怜命运，起初还打算把皇位传给堂兄安亲王岳乐。

后来在他最亲信的洋大人汤若望的劝说下，放弃了此念头，觉得还是立自己的儿子好些。但给哪个儿子呢？考虑再三，想想仍是老汤建议的对，康熙可是他惟一得过天花可保终生免疫的儿子，不给他给谁呢？不然再搞一个短命的皇帝，大清江山不稳呀！

就这样，康熙歪打正着上了位。古往今来几人能有这样的奇福特贵？就算老爸上位时年龄更小，毕竟是靠着母亲傍了"大款"，不太光彩；而乾隆也是二十四岁早已成年后，才正常接了老爸雍正的班，也没啥突出的地方。

至于《圣祖实录》什么的，后人狂捧什么的，说康熙少有大志，自强不息，勤奋好学，与众不同，等等，为他上位打下了坚实的基础。姑且不论真伪，起码除了一大堆文字游戏，还没有一个具体事件可以证明其老爸顺治曾因此对他另眼相看过，并觉得他更有出息，应该脱颖而出，继了那皇帝位。

还有现如今已被树为最奇最丽最伟的皇太后孝庄（见《摄政卷》），曾为康熙上位很助了一把力的说法，可能性也极小。不妨设想，一位不爱政治、无权力欲、更不强势的、正常的、可亲可敬的女性，会为了支持哪一个孙子当皇帝做坚决状吗？就算会，因为她与多尔衮这样那样的关系，与儿子搞得那么僵，说的话能有多大分量呢？顺治又能听得进去多少呢？

在没有新的有力证据出现前，咱们还是认可天花与汤若望的作用

吧，当然从根本上讲还是咱康熙的命好，再进一步讲，应该是大清的命好。你看看，如此一个让人类曾经恐怖到极点的"煞星"，却成就了一个大清陛中国历史上"最杰出"的帝王和一段"最丰功"的伟业。

天花原来如此可爱，康熙幸哉，大清幸哉！

江山已定接了手

康熙当皇帝时才八岁（1661），两眼一抹黑，懂个啥？没办法，人家就是命好。祖上三代浴血疆场，加之四辅臣（见《大帝卷·鳌拜篇》）佐政，到他十五岁真正接手，大清王朝已在华夏站稳了脚跟，夯实了基础。虽说天下人心未必全得，但整个大陆却已尽在掌控之中，抗清力量也只能退缩到台湾等几个海岛上了。

有人说康熙即位初时局艰难，既要守成又要创业，不知依据何在？如果努尔哈赤、皇太极、多尔衮甚至顺治们地下有知，恐怕很难含笑九泉了。怎么，咱拼死拼活打江山，为你留下个大基业，不能为了拔高你，就一笔抹去了吧？

前中期二百余年的大清，堪称历史上最幸运的王朝，每到关键时刻，上天总会垂青于它，给它一个又一个机会，让它完成一次又一次飞跃。不过咱们暂且抛开幸运的不谈，先来简单看一下大清（包括后金）是如何从一个僻处塞外蛮荒的蕞尔小邦，五十年一跃而为入主华夏的东亚第一大帝国的。由此，后人给康熙脸上涂的脂抹的粉究竟有多厚，还不一目了然？

明万历十二年（1584），建州女真贵族后裔努尔哈赤以所谓十三铠甲起兵，奋斗三十余载，统一了中原人泛称的东北女真诸部，于1616年建立了大清的前身——金，史称后金，并于1619年萨尔浒一战大败明军，接着又夺取第一块文明之地——大明辽东。从此，建州女真（以后称满洲）登上了历史前台，国家规模初具，军事上已然东北亚乃至东亚的巨无霸，蒙古人不是对手，昔日的主子大明同样不是对手。

皇太极时代（1627—1643），大清（前期还叫金）基本完成帝国建设，未来大王朝的气魄与实力赫然显现也。西收漠南蒙古并臣服漠北蒙古，东降原明之属国朝鲜，北取黑龙江上游索伦、呼尔哈等部；

南则五入中原，纵横驰骋如入无人之境，尤松锦大决战，更把最大对手——大明打了个落花流水，使其再无抵抗之力，为以后入主中原、占据华夏奠定了坚实基础。如果说老努晚期政策不当（见《亡国卷》），外强中干颇有危机的话，那么此时的大清已是根基牢固的超强帝国了，东亚之族谁够威够胆撼动它分毫？

多尔衮顺治时代（1644—1661），大清凭借所向无敌的满洲铁骑，乘着明帝国内部的衰败与混乱，终于在1644年入主了中原（见《亡国卷》），并经过十七年的艰苦战斗，基本扑灭了华夏大地熊熊的抗清之火。明末起义双雄同途同归，取明代之的大顺李自成先溃，入据四川的大西张献忠后亡。南明弘光、隆武、鲁王、绍武、永历等政权先后败没，其后期擎天柱原大西军余部李定国也已成"残中局"。

四辅臣时代（1661—1669），南明逃入缅甸的最后一个皇帝——永历帝朱由榔，被最有名的降清明将吴三桂擒获绞杀，一代民族英雄李定国随后忧愤而死；大顺军余部李来亨等夔东十三家军，也于1664年败亡，大陆最后一支抗清武装倒下了；同年，清军携手荷兰人收复了东南沿海最后一个岛屿，郑成功子郑经（见《大帝卷·台湾篇》）只能退守台湾澎湖，继续高擎反清复明大旗，实则已成空谈。

战火纷飞的岁月结束了，和平时代终于来临了，看起来不出意外，除了东南海上，大清王朝已牢牢掌控了华夏大地，从此步入一个稳定发展的新时代。这个时代不需要领袖们多么天纵英才，雄才大略，只要不是扶不起的刘阿斗、杨广式的败家子，正正常常人一个，不搞什么歪门邪道，老老实实循规出招，有着东亚军事界"梦之队"保护的雄伟壮阔且处于上升期的大帝国，不腾飞还真没天理了。

恰逢其时，我们的"千年一帝"康熙，做了八年不能挺起胸膛的小皇帝，终于长大了，不安心了，近似儿戏般地拿下了权臣鳌拜，亲揽了朝纲！年纪轻轻，即有宏伟蓝图可画，大好江山可供指点，该是何等雄健，何等豪迈！

相比之下，老爸顺治可就差多了，年龄更小便当了皇帝（见《摄政卷》），但又有过多少扬名的机会？十八年来，帝国局势哪有一天安稳过，不是金戈就是铁马，虽说不需要自己亲自动手镇压"乱党"，终究治过几个计划，只是不能很好制定，并付诸实践啊。

何况前期权臣专权更厉害，后期也多受掣肘，最疼爱的妃子又不幸死去，打击之大可想而知；加之体质不佳，还倒霉得了天花，又不

131

如儿子那般命大，于是乎，就在帝国正迈向质的飞跃时，二十来岁的顺治竟撒手而去了，可叹可惜啊！要不然这千年一帝哪能轮得上康熙？

唉，咱康熙就是有福之人呀！

健康指数还不错

当然了，康熙的幸运、福气不仅表现在事业上，生活中也是无处不在，异性方面尤为人津津乐道。对此，这里还真不想多说，不是装清高，实在不想成了有些人，眼睛就是直勾勾盯着康熙身边的女人不放，惟恐搞不出啥新花样，吸引不了大众的眼球。像苏麻喇姑什么的，考证来考证去，就差祖宗八代没被抖出来了。

还是专门说说康熙的身体健康情况吧，必须承认，他的身子骨在古人特别是帝王中，算是不错的了。众所周知，除了那些跃马横刀、拼杀疆场的开国之君，一般从小便在最大的蜜罐子里长大的帝王们，身体倍棒的并不多，能活到接近七十岁的就更少了。可康熙自小便在最高规格的锦衣玉食的呵护下成长，却能活到六十八周岁，实在不简单！

单看大清十二帝，宣统二十世纪的人了，不说也罢，也只有寿命超高的乾隆活了八十八岁，努尔哈赤六十七岁，道光六十八岁，其余皆在六十岁以下。康熙不能算有多高寿，但已远超帝王平均值了。

究其原因，有《圣祖实录》，亦有后人所述，可谓极尽吹捧之能事。什么康熙虽然伟人一个，勤政无比，日理万机，却也注意强健体魄，很有生活情趣，不像明代帝王好女色，还有啥不忘满人骑射之本、爱好多多且有意义，等等。

做人难，捧人易！历代帝王实录之类的真实性究竟有多少呢？特别是有清一代，从康熙开始高度集权专制，可以说满朝没有真正的大臣，只有彻底的奴才，由他们记载主子之事，自然可想而知了。

何况就算是真，反而更加好笑。同类的事，一般帝王们都会有，什么游猎、钓鱼、赛马，诸如此类，没啥特别的，怎么放在很多帝王身上，就是玩物丧志，而放在康熙身上就是培养高尚生活之情操、不忘祖宗尚武之根本等宏大的事了？真是人嘴两张皮呀！

康熙时最有名的西方传教士南怀仁在他的《鞑靼旅行记》中，对

康大帝曾这样说道："这位君主，要想成为一切人的品德上的楷范，还有待于更好地信仰基督教，别无他法，可惜，他有耽溺享乐的倾向。"虽说外人所言不见得就是真，但总不会比奴才讲的可信度低吧？

尤其是康熙不近女色这一点，在奴才们的生花妙笔之下，已完全置事实于不顾了。且不论近不近女色是否就会对身体不好，单是康熙帝一生中留下的有名有姓的妃子，粗算一下就有四十几人，儿子女儿也是一大堆，三十五子二十女，不要说明代帝王无人能及，就是当今世人心中最风流倜傥的乾隆爷也得惭愧三分啊。

不想以此去证明什么，却能看出他阿康绝不是一心扑在王朝事业上的清心寡欲之人吧？那个时代作为帝王本没什么大不了的事，你却非要拿来批一帮人，又反过来赞一帮人，且不惜颠倒黑白强说之，用尽了人世间所能用的一切美好词句，就很有点那个了。

其实要说这方面做得好的，明代不少帝王还真是不错。崇祯就是个好模范，更有一个践行一夫一妻制的弘治帝，历史上绝无仅有的，却也未见有人像对待康熙那样大书特书一番呀？

当然喽，从中也能看出咱康熙帝身子板也确实不错，这一点其实幼时得天花那会儿已经初步验证了，顶尖最酷杀手天花拿枪指着你，问人世间有几人能活，可他偏偏就枪口下逃生了，先天条件好啊。

可以说，这才是阿康能长寿的根本所在，不然就说不清为啥皇太极、多尔衮之流，一生戎马生涯，经得苦受得练比阿康没事带着一帮人骑骑马打打猎什么的多多了，为啥比他命短呢。当然后天养生肯定很重要，阿康这一点想必做得还是不错的，但绝不是戒色游玩之类。

于是乎，中国历代帝王中，有比康熙更小年纪上位的，也有比康熙活得更长的，但像康熙这样既小小年纪当皇帝，又有好身体寿命长的，实在是绝无仅有了。结果康熙创造了中国历代帝王在位时间的最长纪录，六十一年！若将其放于人类历史上所有帝王中，估计也能排个前五吧。

六十一年，真比有些朝代还长，秦新三国宋齐梁陈隋，还有五代，远不如也。应该说，这才是康熙多不胜数的"伟大"中惟一真正了不起，走在世界前列的。着实让人羡呀，也为咱中华民族争了好大的面子！

康熙的命实在是好！不仅有时间名垂青史，还能为大清做出不可磨灭的贡献。在大清告别战火纷扰、迈向和平发展的转折时期，和谐

稳定比啥都重要。恰于此时，康熙一干皇帝就是六十一年，虽然苦了他那些急不可待想承继大统的儿子们，但却有力地保证了大清的可持续发展。

要不是他干得真的一般般，大清的前景更为广阔，蓝图更加绚丽也。其后的雍正也不至于那么苦那么累，做着默默无闻的老黄牛，却只能委屈地看着老爸与儿子显摆耍酷了。当然这些都是后话了。

哪有什么大风浪（上）

不过，要论康熙最大的幸、最高的福，还是在他的事业上。六十一年漫漫帝王生涯，不仅未遇到什么大风浪，反而无心插柳柳成荫，事情不管办得如何，到头来却都是大功一件。且先来听个简说篇。

人们在论道乾隆时，一般都会认可，他真是特福极贵之人，在位六十年，实际当政六十四年（这一点比康熙强），恰逢祖上余荫，特别是老爸雍正的呕心沥血、继往开来，让他赶上了一个持久的承平大盛世，一辈子受用不尽。

此时遥遥领先的洋人们（除了还不算真正西方人的俄罗斯人）对这个神秘的东方帝国，还抱有一种乌托邦式的幻想，不要说不会过来打它，反而认为它的一切都是那么美好迷人，甚至是学习的榜样。还有那冷兵器时代曾经叱咤风云的游牧民族，值东亚冷热兵器交替之际——当然还有宗教软化等其他因素，也不可避免地衰落，对中原定居王朝已构不成啥威胁了。

这么内外一相结合，乾隆帝的日子过得当然滋润了，其孙子道光也只能在遥望中垂泪叹已命苦啦。更加上一些好事的后人们又生花妙笔得很，把他够让人羡慕不完的一生，再度渲染烘托得"二风"（即风花雪月与风流倜傥）尽现。真是光芒四射，让人感叹呀，怎么男人梦想的一切，他都有了呢？于是乎，乾隆的福呀贵呀就更深入人心了，你要说有人比他强，恐怕还真没有多少人会支持。

相反看那康熙，基本把他刻意塑造成戒奢从俭、殚精竭虑、力挽狂澜于既倒的千年一帝的伟大形象，仿佛与"二风"根本不沾边，特别是所谓一生伟业好像都是在荆棘中靠着他的雄才大略才获取的。这么一来，祖孙两人一对照，谁更有福气便一目了然喽。那么真相究竟如何呢？事实胜于雄辩！"二风"问题前已提及，多说也无意义，还

是集中精力观其功业吧。

康熙接手的是一个刚刚告别战乱、百废待兴的大帝国，赶上的是一个起点很低、较易发展的大时代，这实际上比乾隆上位时机会更多，条件更好，好比你在白纸上画总比在别人的作品上画更能随心所欲吧，特别是制度等深层次的东西，初期较健康时肯定比后期渐渐失灵时更容易掌控。

外部形势也非常之好。乾隆时所处游牧的衰落、西方的不侵，康熙时一样不少，而且与西方的差距还不像乾隆时那么大。人家工业革命还没全面启动，咱要是加把劲，赶上还是有可能的，就看领袖怎么带头了。

至于帝国内部的安定团结，康熙时代也不比乾隆差，除了自己引火烧身，挑起了三藩大叛乱，搞得刚与战争告别的国家与民众再次陷入一场大灾难与大痛苦，要不是垂垂老矣的吴三桂不争气，大清在关内的统治甚至也差一点完蛋。其实康熙在位六十有一年，国家是相当安稳的，内部之基坚如磐石，有谁能撼动丝毫？

康熙实则做了一个长久承平的帝王，日子过得也很滋润。如果是他自己的原因造成了一段时间的不幸福，那是他自己的事，怪不得别人，更不能拿来说项。三藩之乱已说过，再比如鳌拜专权问题，又是一个大谎言。

明明是一个对国家赤胆忠心之人，却因为要烘托康熙年少不凡，英武异常，硬被丑化曲解成蛮横残暴甚至想抢班夺权的乱臣贼子，结果让小康熙受的那个屈辱别提有多深了；但是他神啊，暗施巧计就拿下了鳌拜，亲了政，掌了权，风雨之后终见彩虹。

事实是，咱康熙帝啥苦也没吃过，分明是自己无上的权力欲在作祟。待长大之时，他的惟我独尊、专断固执的个性尽现，岂能再容忍有一点权力外泄？其实鳌拜不是不忠，而是分割了他的权力，对他产生了制衡——这还得了，拿下算了，就这么简单的事。

不得不说康熙是幸运的。要是像他老爸那样遇到一个多尔衮这样的真正大权臣，那他还能这么轻松搞定吗？再看历史上多少权臣控制下的小皇帝，几人有他这福份！下面的功业篇，第一个要讲的就是这事了，待看后面细述吧。

平定三藩之乱后，大清迎来了更加稳定的时代，国内就此基本祥和，汉人们也认了命，毕竟日子还得继续。其后，帝国周边虽然陆续

发生了些事，但已无关安定团结之大局，无非为咱康熙帝悠闲自在的生活之外，多搞了点高尚生活情趣，增加了些锦上添花的玩意儿。声明一下，以上所言仅指个人，事件本身还是很了不起的，绝无调侃之意。

局促于台湾及东南沿海厦门金门诸岛的郑氏政权，康熙元年（1662）以来，除了乘着三藩之乱，东南小旺一段，基本上对帝国也构成不了什么威胁。对大清来说，顶多也就是不除不足以消除汉人反抗之隐患罢了。待到大乱平定，紧跟着郑成功的继承者郑经又一病而亡后，郑氏台湾也就越发不足为惧。

康熙二十一年（1682），维护大清帝国诸民族团结统一的伟大汉人英雄施琅攻灭郑氏，拿下台湾，也只是轻而易举的事了。

怎么？那噶尔丹放着称雄于中亚牢据天山南北的准噶尔帝国伟大领袖风光安稳的日子不过，此时也来凑热闹了？来吧，咱康大帝掌控着这么大的一个雄壮帝国，正愁没功业可建呢。

要说这噶尔丹，不可谓不是一代枭雄，那一股子热血男儿劲远比他的东方远亲漠北与漠南蒙古王爷们要足，绝对是当时最够资格继承成吉思汗英雄豪情的汉子，无奈时运不济呀。

大清帝国正蒸蒸日上，军事力量不如刚入关那会儿，但依然强劲，加之火炮上的巨大优势，以准噶尔三万骑兵的实力（明初捕鱼儿海一仗歼灭擒获七万蒙古人），东方的两位远亲、成吉思汗最纯正的后裔，又站在了敌人一边，不输才怪！

结果，咱康熙帝亲自带着十几万大军闪亮登场，威风十足，在一场必赢的战役中取得了意料之中的胜利。不得不感慨，这人光有雄心是不够的，还要有实力，不可为的事却硬要一而再、再而三为之，就有点不自量力了。结果，噶尔丹经过九年（1688—1697）的奋斗，只落个自身败亡，为他人辉煌做了嫁衣裳。

不过看官们可别以为噶尔丹是死在康熙手上的。其实，要不是他的侄子策妄阿拉布坦闹了家窝子，后方端了他的老巢，噶尔丹哪会自杀，回去还不照样当他的准噶尔大汗？

哪有什么大风浪（下）

当然，再大幸的人也总会有一点小不顺心不是？接下来的策妄阿

拉布坦也是一代雄杰，继续与大清针锋相对，只是实力并未见长。凭当时清军的力量完全可以摆平之，但康熙一直到死，也未能做到，因为他哪有这个雄心壮志哟，从没想过如汉唐那样去征服天山，包吞西域。

不过历史真的很有趣。准噶尔两代雄主，通过不断地挑起战争，却意想不到地引领着康熙在不知不觉中获得了两大功业。

天山依然那么遥远，但漠北蒙古最终还是归附了大清，帝国军队也于康熙残烛之年进军西藏。元以后三百余年，这可是中原王朝第一次，实在了不起！

虽然并非康熙雄略而得，凭此两样，还是要说他确是一个有所作为的帝王。本文也绝非要把他说得一无是处，只是想去掉他身上那件过于华丽的外衣，还其真相罢了。

不过还是要先为唐高宗叹一声，他的时代打下了汉民族历史上最为辽阔的疆域，就是比康熙时的大清也还要大很多，又同是沾了祖上的光，自己也未表现出什么大本事，面对的敌人却更厉害，打得也更漂亮，可到头来在祖国疆域、民族团结上的贡献，竟连康熙帝哪怕五分之一的功绩都没有？仅就这一点，可见标准有多不一样。

好了，不管怎么讲，与准噶尔的斗争，结果总算是有功业的，可下面要说的就是十足荒唐事了。

一帮俄罗斯人，每战从未超过千人的武装，从东欧不远万里横越西伯利亚极寒绝地而来。要知道，那个时代，一旦有紧急事件发生，想得到后方及时支援的可能性几乎为零。

就这水平，他们竟能在黑龙江流域把个正处勃兴又强悍无比的大清，搞了个鸡犬不宁长达近半个世纪，真让人难以相信！顺治时代倒还可以解释为重心放在了征服中原上，但康熙时代，尤其三藩之乱后，手握的已是个安定团结的雄大帝国了，要对付这一小撮俄罗斯人，还不是毛毛雨，岂能容他们再猖狂？

就像过去很多次发生的一样，这没什么大不了的，对康熙帝来说，又是一个可锦上添花的事儿，可惜他做得极不漂亮，有点匪夷所思，愣是把好事办坏了，轻松事儿办复杂了。

虽然欧洲人的火器太高科技了，咱们一两万人攻不下人家还剩一两百人守卫的雅克萨城堡，就像郑成功打台湾攻不下荷兰人的热兰遮城一样，但曾经搞不过清人的郑成功能坚持到底，逼得当时欧洲最牛

的荷兰人举手投降，那康熙在老家门口面对力量更小的这帮俄人，占据了天时地利再加人和、敌寡我众相差悬殊、后勤保障更加快捷、俄人重心又不在此等巨大的综合优势，谁说不行呢？

可康熙硬生生就是未能打垮这一小撮俄人，还与人家最后签了个所谓盛世中的不平等条约（1689），割给人家足足有二十来万平方公里的土地，也算是世界一大奇闻了。

更为搞笑的是，还有那么多后人为其摇旗呐喊，找了一大堆爆笑的理由，如噶尔丹在旁虎视眈眈什么的，来证明能签一个这样的条约很不容易了，彰显了大清王朝的国威，维护了中华民族的尊严，比起近代迥然不同，康大帝圣明呀。

真是惊叹吹鼓手们的本事，翻云覆雨起来盖了帽了，一个勃兴的大帝国竟治服不了虽拿着先进武器、人数却极端稀少的几个俄人。不过，这倒也说明了康熙好命之卓然不同处，就是他孙子乾隆爷，也只能望其项背也。

怎讲？原来他康熙干了一些事，大多没啥了不起的，甚至还相当恶劣，却因历史的演进、时代的需要，被后人们不吝华美辞藻的称颂和极尽所能的掩盖，结果一个个都脱离了本来面目，要么丰功伟业，要么曲径通幽，要么悄然无息，反正他被树成了神，并逐渐成了完美无缺的神上神。

就说那最有名的几件吧。平三藩？南明之亡不过二十年，各民族兴亡此时谁善谁恶本难分，且又是你康熙自己挑起的，怪得了谁？倘使吴三桂乘着初胜之勇、清人无备，一鼓作气饮马长江直捣北京，说不定现在歌颂的就是伟大的民族复兴英雄吴三桂了。

可惜吴三桂没有那个胆识气度，错过了稍纵即逝的机会，成全了康熙，让他侥幸逃脱了人生中仅有的一次大风大浪，现在倒成了维护国家安定团结的形象代言人了。

收台湾？要不是郑成功赶走荷兰红毛夷在前，那里随即成了汉人最后一块抗清基地，以康熙和帝国贵族们的思想认识水平，海外蛮荒之地嘛，又非我朝固有之土（二十年前还在东北呢），不要也罢，荷人占了也就占了，随它去了。

现在倒好，你我共知的时势面前，有些人乘机曲解国家的大政方针，不顾事实地高捧康熙还有那施琅，并丑化郑经，其实这哪跟哪呀？就算退一步说，收台湾最应该被歌颂的也是人家郑成功吧。

　　定蒙古？准噶尔可耗了康熙三四十年，依旧在老地方称雄呢，后来也是乾隆时才乘人家内乱干掉了它。一个实力并不强的游牧政权，康熙都打成了这样，真不知吹鼓手们吹起来脸红不红，心跳不跳？当然民族团结是大事，康熙在解决外蒙与西藏归附问题上作出的贡献，还是得强调一下，一定要大大肯定的。

　　尼布楚？平等吗？后代子孙的窝囊，签了一大堆丧权辱国的条约，反而冲淡了它的丧它的辱，再加上近代以后被洋人打弱了的心态，回过头再看，尼布楚条约很不错了，割让点荒地算什么，总体还是维护了大清的颜面嘛。

　　其实他们忘记了，当时的大清可不是以后的大清，当时的俄罗斯也不是以后的俄罗斯，不能等量齐观，更不能自己看轻了自己！

　　好了，咱们还是把康大帝的伟业，一件一件再详细瞧瞧吧，真切感受一下他的好运，也可深入看清他到底有几斤重量。

［鳌拜篇］独断本性初展露

大凡讲述康大帝的一生伟业，基本都是从擒鳌拜起头的。乍一看，小年轻一个，却能谈笑间搞定大权臣，第一仗就打得如此漂亮，也难怪是千年一帝了。

可仔细一看，不对呀？分明就是通过一个近似儿戏般的极不严肃极不正当的手段，拿下了一个为大清赤胆忠心保江山的四朝元老，这功从何来？业又从何讲？

以后平三藩、收台湾、抗沙俄、败噶尔丹等，不管怎么样，毕竟都是实实在在的大事，看结果多多少少也能讲个功业的一二三来，可这擒忠臣的事儿，如果硬要扯到功业上去，那历史上这么多帝王，有功有业的岂不太多了点？

擒鳌拜之事根本就不是大是大非的问题，不是江山社稷的问题，不是忠奸对立的问题，不是权臣欺君的问题，更不是逆臣贼子的问题，而是康大帝专断独尊本性的第一次爆发，是他走向集权专制帝王路上迈出的第一大步，与功业没有丝毫的联系。

先帝托孤四辅臣

且说顺治帝英年早逝前，有感于当年摄政王多尔衮凌驾于皇权之上的朝纲专断，而他小小年纪（五岁即位）无奈忍辱的悲凉处境，哪能放心只有七岁的继承人呢。为避免宗室再度结党专权欺凌幼主，一改过去由皇家直系血亲诸王贝勒辅佐的传统，临终托孤索尼、苏克萨哈、遏必隆与鳌拜等四位勋旧重臣。这一改一托不打紧，在大清皇位继承乃至政权组织建设上，却迈出了很具有转折性的一步。

满洲人从蒙昧中走来，和其他大部分民族一样，实行君主专制前，都会经历一个原始贵族民主制阶段（详见《大帝卷·杂谈篇》）。无论努尔哈赤晚年所定八和硕贝勒共治国政制度，还是皇太极时议政王大臣会议（1637 年始），尽管很初级也很粗放，领袖作用已然不可撼动，但那种包括皇位继承在内的国家重大事项集体决定的架式，都还是有一点初级民主因素在里面的。

皇太极逝世后，新皇帝的诞生虽说是多尔衮与豪格权力斗争下平衡的产物（见《摄政卷》），形式上倒也是由议政王大臣会议推选产生的，多少能讲话的人不是一两个，而是好几个吧。后再经多尔衮到顺治时，皇权进一步强化，连形式上都把议政王大臣会议抛在一边了，决定继承人，根本就不顾诸王贝勒大臣们的意见，直接任命，并选拔亲信重臣来辅佐，不可谓不是一场革命，只是走向专制的革命罢了。

而这个革命最终就是由康大帝来彻底完成的，紧跟着的一大步也很快就要来到，欲知详情，则需进入历时八年的四辅臣时代瞅瞅了。

首席辅政大臣索尼，满洲正黄旗人，来自于原海西四部中哈达部的赫舍里氏，努尔哈赤时便已在帐下听用，名副其实的四朝元老，精通满、蒙、汉三种文字，在刚起步的满洲人中，绝对是顶尖级学问家了。而且，拼杀疆场他也同样不怵，曾在清军第一次攻打北京城时（己巳之变），冒着炮火箭矢，奋不顾身救出了困于城下危在旦夕的皇太极大儿子豪格。当时满洲贵族一片武夫之中，文武双全的索尼真有点卓尔不群也。

难能可贵的是，他还有无尽的忠勇与坚贞。大清入关前皇位争夺战那会儿，坚决拥立皇太极的儿子，毫不妥协，以后面对多尔衮的拉拢，也丝毫不为所动，结果被安了个罪名，抄了家，撵回沈阳，看守

皇太极陵墓去也。这样的忠贞之士，顺治亲政后立马重用就很自然啦，后累进一等伯世袭，擢内大臣兼议政大臣，总管内务府，成为大清皇家事务的大总管，足见皇帝对他多么信任了，首席之位可不是随便就能坐的。

次席苏克萨哈，满洲正白旗人，来自于叶赫那拉氏，与慈禧可是同一个直系祖上呢。其父苏纳乃深得努尔哈赤宠信的创业之臣，后被招为第六驸马。凭着开国之主外孙子的关系，加上能力也确实不错，苏克萨哈仕途一帆风顺。明清松锦大决战中的优异表现，更让他崭露头角，后随多尔衮入主中原，又深得信任，干上了议政大臣，进一等，加拖沙喇哈番（一等公）。这时他应该比其他三辅臣要风光多了。

没曾想，多尔衮病逝后，他却卖主求荣，率先揭发多尔衮所谓阴谋篡逆，凭此又得到了顺治的赏识，被提升为镶白旗护军统领，头脑可真是活呀，与索尼完全不是一路人。后因围剿湖广大顺军余部屡立战功，再获提拔领侍卫内大臣，加太子太保衔。虽然干上内大臣比遏必隆、鳌拜要晚，又是从多尔衮那里反水过来的，可谁让人家是驸马之子，本人看来也相当会混事呢，结果反连超二人，日后成了仅次于索尼的第二辅政大臣。

遏必隆是满洲镶黄旗人，钮祜禄氏，努尔哈赤开国五大臣之一额亦都的第十六子，也是老努的外孙子，人生颇有点奇特。本来官做得顺风顺水的，皇太极天聪八年（1634），便承袭一等昂邦章京（一等总兵，子爵），授侍卫管牛录事，却未料到横生两个变故。先是一侄女嫁人后不生育，弄了个仆人的女儿以假乱真，被人告发了，遏必隆知情不报犯了包庇罪，世职被夺不讲，脸上也无光呀，你说这事咋整的。

还有呢，好事成双，霉事也成对呀。等他好不容易凭军功再次熬出头，竟又来一个亲侄子，诬告他当年皇位争夺战时对抗过两白旗，结果被多尔衮革除官爵，籍没一半家产，真是霉到家了。可没想到人生竟是如此无常，遏必隆却因祸得福，日后凭此得到了顺治的信任，被提拔为议政大臣，擢领侍卫内大臣，累加太傅兼太子太傅，四辅臣中名列第三。

终于讲到鳌拜了，这个被丑化歪曲为康熙朝的第一大反角奸角，满洲镶黄旗人，瓜尔佳氏，四辅臣中位列老末，努尔哈赤开国五大臣之一神箭手费英东的侄子，和前三位一样，都是根红苗正的主儿，早

年拼杀疆场，大小数十战，骁勇无比。早年对大清有肘腋之患的明属皮岛，就是他作为先锋主将，冲杀在前一举拿下的，且凭此役的神武表现，被清廷赐为"巴图鲁"这一勇士称号。其后随清军入关剿杀农民军，进封一等昂邦章京。就这样凭借战功不断累积，鳌拜功成名就。不过有称他为满洲第一勇士，倒是不够格，他还没有这等实力与业绩。

鳌拜与索尼一样，最坚定的拥护两黄旗者，也即皇太极这一支最忠实的臣下，所以多尔衮当权时，连续三次受到惩处，最后一次还被夺取世职，免死赎身，但他绝不低头，是条汉子。古往今来，像他与索尼这样的人太少了，也太值得称颂了。顺治亲政后，即予以重用，授议政大臣，累进二等公，予世袭，擢领侍卫内大臣，累加太傅兼太子太傅。

这四人有一共同特点，都曾反对过多尔衮，足见顺治对他这个皇父摄政王有多么深恶痛绝了。也难怪，权臣权到等于是皇帝了，完全傀儡的顺治内心岂能不愤？再加上老妈又和他搞在一起！不管真相如何，为了甜美的爱情，还是儿子的前程，对身为一国之主的顺治，又怎能不感到羞恼与耻辱？

辅臣政绩客观看

四辅臣被先皇高看重用时，刚开始也是很诚惶诚恐的。顺治一反常规，不与诸王贝勒大臣们商量，便自行决定让异姓四大臣辅政，有违祖上的训令，开了一大先河。诸王贝勒们会怎么想？有不满怎么办？要再使啥绊子，更没法接招了，他们怎能不担心忧虑啊。

后来诸王贝勒们做了一番拥护遗诏的表态："大行皇帝知汝四大臣之心，故委以国家重务，诏旨甚明，谁敢干预，四大臣其勿让。"接着四辅臣又与王以下文武大臣先后分别在顺治灵前和大光殿立誓，同心协力共助幼主，索尼等这才稍微放宽点心。其实明眼人都能看出，不得不为之嘛，谁敢说不同意？但心里咋想就不好讲了，所以紧箍咒终还是去不掉的。

另外，议政王大臣会议还在呀，与四大臣辅佐并存，成员都是满洲贵族，大多还是直系宗室亲王贝勒，以前军国大政皆由此定也，现在虽不如前，地位仍不能低估，制衡作用还是有的。辅臣们谁想来个

大专权，真不那么容易呢，起码前期都不会有那个胆量与能力。

辅臣们都是前朝重臣，风吹雨打过来的，治国经验当然有，也应该不会比其他人差，文治武功中规中矩倒也不是难事。只是最后一出康熙计擒鳌拜，先前的一切跟着都变了味，极端乖张了起来。从此四辅臣时代成了反面典型的时代，极少有赞扬，却大量是批判，尤成了猛揭严批集历代权臣奸臣甚至贰臣大全之鳌拜的大舞台。什么如何擅权啦，如何压制小皇帝啦，又如何紊乱朝纲啦，反正帝国已被搞得不像样了，甚至皇家爱新觉罗氏还有被他鳌拜篡权的可能。这可如何了得，在如今已被捧为最神奇最伟大的孝庄皇太后（见《摄政卷》）的坚定支持下，咱们的千年一帝力挽狂澜，英明神武地解决了这一祸害，大清终向伟大盛世迈进。

其实，诸多真真假假中，仔细瞅瞅，还是能看出些端倪来的。四辅臣当政时期，一般认为是顺治十八年（1661）至康熙八年（1669），前后共八年也。这段时间，恰恰是大清告别战乱、走向和平的时候。顺康之交，逃亡缅甸的永明帝朱由榔被吴三桂索回绞杀，西南抗清之擎天柱李定国也忧愤而死，南明基本已亡。康熙三年（1664），接过父亲衣钵的郑经在大清与荷兰联军的打击下，丢失了所有东南沿海岛屿，退入台澎；李来亨等领导的夔东十三家反清武装也败亡，至此整个大陆抗清之火已全被扑灭。入主中原二十年后，大清终于迎来了"三藩之乱"前九年的大体和平期，而四辅臣时代便占了五年。

治政方面，史上极有名的《明史》案是必须要提的。浙东乌程（今吴兴）庄廷鑨，目盲家富，欲学左丘明盲目写《左传》的精神，搞一部《明史》出来。他购得前明大学士朱国桢的《明史》遗稿，又请了些饱学鸿儒做枪手，大大润色一番后，便署上自己的大名，逝世后由他父亲刊行。没曾想，有小人出来举报，说书中以明朝为正朔，写到崇祯时，评价大清多有贬义。结果可想而知，官府一追查，又是一场大劫。所有相关人等，包括未及时查报的地方官，共二千余人被捕，八十余人被处死，其中十七人被凌迟，家属全部被发配黑龙江为奴，就连死人庄廷鑨也被抛棺焚尸。

如此残暴，天理难容，但有清一代哪朝没有？要说混蛋，都一块儿带上，如若不说，那就都不要说，没必要相同的事，还分个三六九等。这是他干的，可以拿出来讲，骂骂也行；那是他干的，还是该放哪放哪吧，两个字"闭嘴"；不要破坏人家的好形象。不公道啊！况

144

且这都在四辅臣刚当政那会儿，即使有人以后会专权，那时也不可能吧，他们干的事，实际就是整个当政集团的思想，以及前朝施政之延续也。

至于其他方面，翻遍史书也没啥波澜起伏的。一个已然掌控天下的帝国，该干吗干吗就是了，大伟业没有，大乖张也无，中规中矩吧。政治机器在正常运转，百废待兴后，国家应该会有一个向前发展的空间，民众起码也能比以前多过些安稳日子了，可惜这一切很快就被康大帝激发的"三藩之乱"给打破了（见《大帝卷·三藩篇》）。当然，权斗就不同了，八年时间没有一点腥风血雨，历史上应该也不多吧。

这样一个时代，如果全都归功于鳌拜一人身上，还真抬举了他，他可没那么大功劳，也没那么大本事。四辅臣时代，索尼直到康熙六年（1667）六月病逝前，都是担当首席之职的，鳌拜不过是排名第四罢了，就是之后，他也没当上过首辅。

权争并非欺康熙

一般不管什么事，捧康者们都会找出无数理由，证明康熙是对的，而他的对立面肯定是错的，且早就错了。比如这次，他们又出来说话了，索尼虽是首辅，但垂垂老矣，不复当年之勇，人更是变得圆滑，凡事不出头了；遏必隆也是在官场摸爬滚打几番沉浮，历练得快赶上索尼了。

很奇怪，这种观点从何而来，什么时候、什么事件、什么行为，可以证明他们二人变成了这样？空口说白话可不行，凡事要有据为证。就说这索尼，大半生都意志坚定，遭受重大打击也绝不放弃自己的信念，加之威望资历都在其余三人之上，说话自然也是最有分量的，怎会让鳌拜专权，甚至危及皇家利益呢？这可是他一生为之孜孜奋斗的目标！也许他确实老了，很多事情没精力过问了，但在大是大非面前，袖手旁观应该不是他的风格。

这不，促请皇帝亲政，可是他一再建议的。要是真不想问事，或者不敢得罪鳌拜的话，他建议这干吗，不是引火烧身吗？当然还有一种可能，就是这段时期，没有哪一个人专权的问题，朝政该到哪就讲到哪，既然到了皇上亲政的时间，首席大臣主动提出来，也是正常的，根本就没有其他想法。

还有一位辅臣苏克萨哈，相反被评价为更有责任心，更有与强权斗争的意志。极具讽刺意味的是，这四位辅臣也恰恰就是他，过去倒是表现出了老于世故、圆滑无边的派头。曾经的主子对其恩重如山，他却率先一棍子把人家打倒，为了能投靠一个新的主子甚至还狠踩上一脚。这样的人，怎么现在就彻底变过来了呢？

其实不是他变了，而是后人太能侃了。就因为他和鳌拜干上了，不能再说他圆滑了吧，否则，极有可能也与索、遏二人同样的命运，但是他的斗争绝不是与强权斗争，而是与他的亲家鳌拜极不相能。

很有意思，两个人儿女亲家好多年，却总是合不到一起，见面就吵架，什么事都要争个高低，于是四辅臣中就见他二人斗得最欢，基本上你说的我就反对，矛盾越演越烈，如果再来一个掺和的，这问题可就更大喽。

不过，两黄旗与两白旗的矛盾斗争，大清之初就没停止过。虽然正白旗后来也入了皇帝手中，与两黄旗并成为上三旗，但黄、白之争根深蒂固。索尼、遏必隆与鳌拜都是两黄旗的，本就视苏克萨哈为异己，对他没什么好感，而在册封索尼孙女为皇后的问题上，苏克萨哈又曾经掣肘。由此可知，前二人实际上还是支持鳌拜与他斗的。

苏鳌之争终于到了一发不可收拾的地步，就像历史上所有的权力斗争一样，往往不是一方流血就是双方流血，极少有都全身而退的。不过这一仗，不论干到什么程度，都与欺压小皇帝无关，与谁擅权无关。退一步讲，也只有打败了对方，自己才有擅权的可能吧。

一桩陈年旧事，成了导火索。原来大清入关后，曾在京畿五百里内圈地（看看是什么样的征服），分配给同来的诸王勋臣兵丁人等，各旗都是按照左右翼的次序来分的，可摄政王多尔衮却起了私心，把原该分给镶黄旗的好地与正白旗相对较差的地互调了一下。镶黄旗的人当然不满了，身为其中一员的鳌拜本就疾恶如仇，面对如此不公，哪能咽下这口气，这可不仅仅是与苏克萨哈的问题了。

鳌拜遂决意将黄、白两旗之地再予以调换，索尼与遏必隆坚决支持，正白旗苏克萨哈自然站在反对一方。四辅臣三打一，不是一打一，更重要的是，这个事件的高层次问题是黄、白两旗相争。

正白旗的大学士兼户部尚书苏纳海与镶白旗的直隶总督朱昌祚，及直隶巡抚王登联上书皇上不同意这样做，结果竟都被处死了。苏克

萨哈肯定要保，其他三辅臣意见一致，都反对。据说康熙不同意，是真是假，不好说了，反正没有行动证明。话说回来，若皇上坚决不同意，索尼与遏必隆会帮着鳌拜跟他对着干吗？于情于理也讲不通啊。还有那孝庄太皇太后（见《摄政卷》），怎么也没出来讲句话？照人们的高捧，完全可以改变决策的人嘛。

康熙六年（1667）七月，也就是索尼逝世后的一个月，康熙正式亲政了，这本是一个了不得的大日子，但因为要证明鳌拜专权，又变得不足为重了。相反两年后擒鳌拜的那一年通常才被认为是康熙真正亲政的开始。真是这样吗？看来问题在于鳌拜是否专权了。

看到皇上亲政了，于是三人联名上疏，请求归政于皇帝。未曾想，太皇太后没答应，说是皇帝年龄还小，经验不足，三位辅臣还是再坚持一两年吧。可笑的是，这不仅未能成为鳌拜不专权的证据，反而成了歌颂孝庄太皇太后政治韬略的东西了，真不知这韬略在哪？

之前说鳌拜专权很是有点牵强，那以后这两年又怎讲？还是那句话，以事实为据。先是鳌拜终于抓住机会，和遏必隆干掉了夙敌苏克萨哈。起因倒还在苏克萨哈自己身上，还有那幼年康熙，让鳌拜乘机得了手。

原来康熙亲政不过六天，苏克萨哈便以健康为由上疏乞退，愿为先帝守陵。也许他深感与鳌拜结怨太深想自保，也许他确感官场险恶年龄又大想激流勇退。不过，不管啥原因，让他没想到的是，这竟然得罪了小皇帝。

怎么？俺才刚上路，前方还不知啥情景，正需要你们这些重臣扶一把，带一下，何况太皇太后不也说了不许退吗？可你苏克萨哈却偏偏在这个时候提出来要去为先帝守陵，莫非有意和俺唱对台戏，不满俺亲政不成？来呀，著议政王大臣会议具奏，口气相当不高兴、不客气。鳌拜于是与遏必隆等会商，罗列出苏克萨哈二十四条罪状，连其子孙兄弟无论到岁数还是未到岁数的，全部干掉！

据《圣祖实录》这样的大清官方史书记载，苏克萨哈是鳌拜密谋杀害的，康熙起初不同意，后因架不住鳌拜在朝堂之上大呼小叫，整整一天的折腾，才被迫同意的。一般牵涉康大帝的是非问题，这样的书能有几句真话？很难说得清。

从杀害苏克萨哈的时间程序上看，就有很大蹊跷。康熙七月七日

147

举行亲政大典，十三日苏克萨哈上疏乞退守先帝陵，当日，小皇帝即派侍卫米斯翰前往责问（不是鳌拜派的），十五日决定逮捕，十七日公布罪状，随后便是被迫同意对一个当朝重臣全家下毒手。这个被迫，于情于理都讲不通。

再说了，除了官方刀笔吏三番五次讲之外，没有任何具体事件可以证明鳌拜在已经专权的情况下，刚亲政的小皇帝不同意，他鳌拜敢明目张胆地搞出这么大的动作来吗？还有太皇太后，怎么一句话也没有？她的聪明才智，她的无上之尊都到哪儿去了？实在有很多让人不理解的地方。四辅臣时代的历史，真是一个充满疑问的历史。不过有一点还是可以讲清楚的，那就是，鳌拜绝不是冲着康熙来的，不仅这一次，四辅臣的八年，都没有一个真正的事件可以证明他曾经与小皇帝对着干过。这才是真相！

擒住鳌拜为哪般

不过，康熙亲政后的前两年，鳌拜之权肯定要比以前大很多，倒是事实。索尼逝去，苏克萨哈被干掉，遏必隆即使不是同盟者（杀苏时是），也不是相抗的对手，鳌拜已成实际上的首席辅臣。高处不胜寒，一人之下万人之上的位置，可不是每个人都能做得的。如果上面那一个还是喜欢惟我独尊的话，稍有闪失，人头落地都是小事，满门抄斩也非稀罕事了。

偏偏鳌拜又不是一个谨小慎微的人，政治上也是刚猛有余、谋略不足。苏克萨哈事件，特别是其中两旗圈地的事，他之所以从两黄旗的角度看，不能说不对，兴许皇帝也是支持的，毕竟皇家的最嫡系遭受了不公平待遇，但太猛了一点，也过狠了一点。另有一个费扬古事件，也是被他搞得人头落地的。鳌拜与出身正白旗的内大臣费扬古（可能还有黄白旗相争的因素）素有积怨，便寻机将人家父子全干了，还把籍没的财产全赐给了自己的亲弟弟都统穆里玛。权争流血杀人，史上皆如此也，也不必专苛责于鳌拜一人，但他此做派，也确实够烈的。

鳌拜究竟是个什么样的人？史上对他歪曲太多，已很难看清真相，是否就是蛮横粗暴，好勇斗狠，乃至飞扬跋扈呢？还真不好说。大清前期满洲贵族中基本都是万刀丛中滚过来的，非独他鳌拜一人，

似也不能仅从打过多少仗来判断他的性格，政治斗争的狠辣当然也不能与蛮横粗暴画等号，不过多少还是能从这些事件中，看出他应是一个刚猛凶悍，且不达目的不罢休的人。

应该还是性格问题，让他在与圣上相处时，不是一个乖巧温顺的人。加上自己的声望和年龄，面对一个小毛孩，虽是皇上，多少还是有一点不把他放在眼里的；又兼实际首辅之位，有国之重任心系在肩之责，一来二去，与康熙的矛盾自然就出来了。

康大帝在这方面可不像他的老爸，即便多尔衮逝世，也未能完全摆脱勋旧重臣的羁绊。康熙不会，性格决定命运，只有高高在上、乾纲独断才符合他的秉性。不要说权臣，就是像魏征这样的，擒鳌拜后的五十多年里出现过吗？NO！他的手下从此只有奴才！决策时的表现更是如此，几年后盲目独断引发三藩之乱，便是很好的例证（见《大帝卷·三藩篇》）。鳌拜的命运已然注定，除非他自己激流勇退，否则被干倒是迟早的事，可他没有，也许以他的思维，这一层根本就没有想到过。

康熙已经暗中准备拿下他了，很多记载绘声绘色地讲了这一点，极为高超，也极富戏剧性。康大帝年少便露伟帝王之才具，面对掌控帝国的权臣种种谋叛迹象，泰然自若，纹丝不乱，暗中周密部署，巧妙安排，来了一场智斗。

他精心挑选出一批年轻力壮的侍卫，都是满洲贵族子弟（其他人也没资格当）出身，天天相聚玩满人的摔跤游戏布库。据说既强健了体魄，做好了准备，又让对手感到皇帝的不学无术，只知贪玩，受到麻痹，放松了警惕，以至经常在宫中进出，却不再有丝毫的戒心。

就这样，到了康熙八年（1669）的五月十六日，时机终于成熟啦，待鳌拜进宫时，康熙一个眼神，众侍卫们一拥而上，迅速擒住了他，来个五花大绑，关入监狱，他的一帮亲信随后也全被拿下，还有与他穿一条裤子的遏必隆。

照官方记载，鳌拜都想谋反了，还不是万恶滔天，理应处死，但其认罪态度较好，皇上亲审他时，又打了感情牌，突然揭开衣服，露出带有累累伤痕的身体，这是为大清事业多少次拼杀疆场留下的呀，有些还是当年救皇上祖父皇太极时的历史见证。充满仁爱的康大帝萌生怜悯之心，放了他一马，由死刑改为终身监禁，最后死在狱中。据说是他死党的九人可没那么好运了，全被处死，遏必隆倒是很幸运，

149

保住了性命，很快又以公爵的身份宿卫内廷。

有意思的是，鳌拜，这个历史上从此被定性为十恶不赦的乱臣贼子，又在康熙五十二年，早已一命归天时，运道再次转过来，被追赐了名号，由子孙世袭，跟平反也差不多了。有点搞不懂，是康大帝仁义为怀？也不完全能讲得通。历朝历代对想起义的人，一般可没那么心慈手软过，难道其中掩藏着什么大秘密？没有新的证据出来，谁也不能乱说啊，但疑问还是抹不去的，不仅如此，还有太多太多。

就说鳌拜被擒，真如真相记载的那样，党羽遍朝堂、又掌控军队的虎视眈眈的大权臣，就被看似高明实则儿戏的方式拿下了？事后还没有一丝动静，他的人呢？史上权臣被干倒的不少，能有这么轻松的，恐怕没有吧？康熙又创造了一个记录，问题是可信度有多少？有的记载里还说，康熙为确保大事成功，派亲信控制了京师的卫戍权，就更加可笑了，既然军队你想控制就控制了，还谈什么人家专权呢？

其实以上所用布库方式，就连极尽捧康之能事的《圣祖实录》，几千里之外干的事，甚至包括其中的细节，只要是好的，都能将它安到康大帝头上，怎么就这一次，小小年纪便能制、编、导、演齐把抓的一场漂亮大戏，却被疏忽，只记载了短短十三字的一句话呢？"命议政王等鞫问辅臣公鳌拜等"，这里面有布库少年的事吗？好像明明说的是议政王等拿问吧？想来上面那种充满戏剧性的版本，能有多少真实性了。《清史稿》，民国时一帮大清的遗老遗少在那缅怀大清盛世时写的东西，对这一点所述，不知依据的是什么，难道是一些私人的笔记杂谈？这方面的书有清一代倒是很多。

当然，怎么拿下的并不重要，关键是对擒鳌拜一事的定性问题。反正看来看去，也没看到鳌拜有什么专权甚至谋反的证据，倒是看到康熙亲政才两年，便杀了一帮大臣，比鳌拜辅政八年都多。当然人家康大帝是平定谋反，而鳌拜则是擅权滥杀。历史上杀人的事就是这样，也是要分三六九等的，高等的便不叫杀人了。好比萨达姆那叫杀人，美国人打伊拉克造成民众大量伤亡就不是了。

说白了，鳌拜有啥子问题嘛，哪想过和你皇帝较个劲，甚至篡个党夺个权，分明是你自己无上的权力欲在作祟，一旦长大了，你的惟我独尊、专断固执的个性尽现，岂能再容忍有一点权力外泄？鳌拜不

是不忠，而是分割了你的权力，对你产生了制衡，这还得了，拿下算了。问题就是这么简单。

不妨再看一看，从此以后，康熙身边就再未出现过一个能对皇权稍有一点点制衡的人物，都是奴才了，大清完全进入了中国历史上惟一的最高度集权的帝王专制时代，直到鸦片战争和太平天国起义后，局势才有所改观。其间，众里寻它千百度，不要想再找到一点点哪怕所谓的民主的影子，而这在汉唐宋明都是能看到的。

［三藩篇］差点丢了那江山

　　且说康熙亲政后，少年英发，雄心勃勃，一心想干一番大事业。这不，他的矛头首先指向了三藩（本四藩，孔有德死后变成三藩），那些跟随大清征服中原、战绩彪炳封疆裂土的汉人们——云贵的吴三桂、广东的尚可喜、福建的耿精忠（耿仲明孙子）。

　　他们绝不是一群有大出息的人，更不是民族主义者，原本就安于现状，非常享受那种富贵荣华尽在手的藩王生活。要不然顺康之交，康熙小小年纪，他们又是镇压南方抗清大胜、意气风发的时候，乘势干他一场岂不更易成功？

　　狡兔死，走狗烹，历来颠扑不破的道理，何况他们还是汉人。康熙一心想撤掉三藩，永除后患，换个角度想，也是情理中的事。

　　关键是怎么撤的问题。拼死拼活换来的利益，又有强劲的武力保障，岂能拱手就让你拿了去？这时就要看当朝，特别是最高领袖的手腕如何了。

　　遗憾的是，咱们的千年一帝表现得可不怎么样啊，甚至说是愚蠢都不为过。前前后后性格的乖张固执、决断的草率轻浮、为人的意气用事，颇有当年崇祯（见《亡国卷》）的"风采"，也几乎遭遇与崇祯同样的命运。

要不是吴三桂太"厚道"了，大礼送了一大包，康熙差一点就把祖宗三代浴血沙场拼下的中原大好江山又给丢了去。唉，不得不再啰嗦一句，好命之人啊。

惟一不同的是中国历史上高度皇权专制下出来的什么帝王实录，极尽掩饰吹捧之能事，后人们又无聊渲染，结果同类的人，却强弱反差千万里。

不多评说了，还是让咱们来看看康熙实际上是咋做的吧。

先把三藩逐个看

要说康大帝一生中的真正对手，道一个人出来，也许有看官们会吃惊不解，他就是吴三桂！

怎么讲？不论准噶尔的噶尔丹叔侄、台湾的郑经，还是俄罗斯的托尔布津（雅克萨之战俄军头目）之流，皆未对康熙手上的大清帝国产生过真正的威胁，充其量只能算是骚扰或隐患，只是程度大小不同罢了。就算噶尔丹厉害些，不也是每战即溃？

可他吴三桂就不一样啦。以他领衔发动（不是挑起）的三藩之乱，才是在康熙六十一年帝王生涯中遭遇过的惟一差点致命的打击，大清不见得会亡，但逃回关外老巢辽东的可能还是存在的。

真可谓世事难料！想当初，若不是后来成为三藩的吴三桂们，赤胆忠心拼死拼活帮着打江山，大清哪能在二十年间（1644—1664）就消灭了大顺、大西和南明，掌控了华夏？现如今倒好，又成了不共戴天的死对头了。

说到吴三桂，不再多讲两句还真不行。要说康熙是那千年一帝，实难苟同，可是说他老吴千古一诡人，绝对信哉。试问五千年华夏青史留名的主儿，有谁比他的人生更诡谲奇特？

出身于明末关外将门豪族的吴三桂（见《摄政卷》），人生第一阶段凭借豪门背景，更靠自己英武不凡，功立疆场，少年得志，三十刚出头便成为大明镇守辽东之参天树，平西伯、总兵官是也，不由得不让人赞叹啊！

如果吴三桂的人生自此戛然而止，绝对会以明清交替之际一个大英雄的形象留名青史，为后人景仰。乍一看，他也是这么做的，对大明的赤胆忠心更是无话可说。后来李自成由西安"百万雄师"过黄河

东进北京，崇祯号令天下勤王时，除了一个唐通先应召很快投降外，只有他吴三桂带着所有兵马与民众，从抗清最前沿宁远撤回，走在了勤王的路上。

但物换星移，世事变迁，个人居其间，又是何等微不足道，几人能真正掌控自己的命运？此时的吴三桂，本可以由辽东一跃而为整个大明的参天树，却因崇祯的一再失误，特别是耽搁了他勤王的时间，结果使两百七十六年的大明帝国，在吴三桂还没赶回来之前，便在李自成的撞击下，失去了它的北方之柱（南方还在）。

从事后追剿李自成的表现看，吴三桂的关宁铁骑绝对可以成为崇祯倚重的一支狂悍劲旅。可叹可惜呀，他吴三桂的人生却在此时发生了根本性的转折，进入了瞬间即逝的第二个阶段。

崇祯十七年（1644）初，华夏那场山河倒转、天崩地裂巨变的前传，崇祯亡了，李自成胜了，大明倒了，大顺立了，吴三桂的问题也来了，下一步怎么办？自己还不具备独立一方的实力，要么降顺要么投清，没有第三条路可走。

虽然都是投降，性质截然不同也。此时的吴三桂还是一个具有民族血性的汉子，投降昔日"流寇"虽非心甘情愿，但他还是毅然选择了大顺，把山海关上交后，踏上了朝拜新主李自成之路。

哪曾想，中途又横生枝节。大顺犯下的严重失误（见《摄政卷》），让本就不甘的吴三桂"怒从心头起，恶向胆边生"，掉转头又降大清了！从此进入了人生的第三个阶段，给他带来一生功名富贵巅峰的一阶，也是把他钉在历史耻辱柱上的一段。

真是有意思，降清后的吴三桂立马换了一副嘴脸，简直判若两人，过去的民族大义、道德准则，瞬间都没了，全力跟着清军征讨起了李自成。当时还有理由解释一二，可南明政权成立后积极联系笼络他，又是赐封蓟国公，又是送银子送粮食的，他不仅不回头是岸，随后一二十年，竟还死心塌地做那大清的平西王，竭尽全力剿杀南明，其凶、狠、坚、硬，皆令人叹服也。唉，原来一个人是可以变化这么大的，难怪有人说，这世上最摸不透的就是人心了。

如果说清人入关靠的是当时东亚军事界的"梦之队"——满洲铁骑（确切说是满蒙铁骑）的话，那后来镇压华夏大地抗清之火的中流砥柱，就是先后降附的汉军了，而吴三桂便是那柱中柱。

不管追剿李自成，还是张献忠，以及其他抗清武装，西北、西南、陕西、四川、贵州、云南，辽阔大地上，无处不见平西王吴三桂那立马横刀的伟岸雄姿，特别是攻灭南明最后一个永历政权时，他更是居功至伟，首功一件呢。

最后逃入缅甸的永历帝朱由榔，就是被吴三桂索回并绞杀的，南明抗清擎天柱李定国跟着也忧愤而死，华夏大地抗清之火至此(1662)基本熄灭；待到两年后残存的夔东十三家败亡，全灭也。

征战终于结束，立此大功，怎能不受主子的奖赏？康熙元年(1662)六月，清廷正式晋封吴三桂为亲王。

大清最高的爵位，按规定，只有宗室积大功者方才能得，可他吴三桂，一个汉人竟破天荒享受这等崇高的荣誉，实在令人仰慕！要知道，有清三百年（包括后金），总共也才两个汉人有过此殊荣，另一个还在他后面。

还有实的呢。云贵大地尽在其脚下，军事财政皆归其所有，不仅是朝廷的亲王，更是货真价实的云贵王。这才是至关重要的，也是再一次改变其命运的根本之所在。

有关吴三桂奇诡人生的最后一段，咱们先放一放，卖个关子，先来说说那其余的二藩吧。

话说有清三百年，汉人被封为王的只有五人，吴三桂便是其中之一，孙可望（见《摄政卷》）也算一个，其他三人则是大名鼎鼎的"三顺王"了，前文已多次提及，这里再次隆重推介一下："恭顺王"孔有德、"怀顺王"耿仲明与"智顺王"尚可喜。后者就是老吴之外那个仅有的汉人亲王了。

要说他们仨投靠新主子后，功绩比不上吴三桂，但也卓著得很呢，特别是坚决贯彻执行了清廷"以汉制汉"政策，为镇压南方"乱党"作出了极其重大的贡献。

顺治六年（1649），"三顺王"们改了封号。孔有德做了定南王，出征广西，顺治九年（1652）被李定国围困于桂林，自焚而亡，因无子承袭，爵除，后女婿孙延龄据广西加入了三藩之乱。

尚可喜作了平南王，随大军再征两广，后镇守广东二十余载；耿仲明作了靖南王，南下途中因部下隐匿逃人畏罪自杀，其子耿继茂袭爵镇守福建，病死后孙子耿精忠再袭了爵位。这两支加上吴三桂，便被时人合称为清初"三藩"。

且说这孔有德三人，投清后忠贞度绝对高于吴三桂，死心塌地得

很。孔有德战败自杀，耿仲明因部下犯法畏罪自尽，都是喜欢自行了断的主；后尚可喜也是坚决抵抗吴三桂起义的，只是最后被儿子软禁，古稀之年忧愤而死。三人一个字，"忠"。

虽然他们的民族气节令人唾弃，但他们能够甘心为异族而死，却不愿忠于本民族之举，也由不得不让人深思呀。大明之亡需要检讨的东西多矣。

走狗迟早要被烹

南方抗清之火扑灭后，三藩们征战沙场二三十年，终于可以安定下来了。汗马功劳在手，又封疆裂土一方，朝廷倚为镇守南方的基石，荣华富贵哪能不滚滚而来，享用不尽呢？

他们是为数极少的真正能与满洲贵族比肩的汉人，尤其吴三桂，都是最高级别的亲王了（尚可喜大乱爆发后才是），实力又最强，权势俨然已进入帝国最高阶层，够令人叹为观止的了，还有什么不满足的呢？

人呀，毕竟不是机器，大半生连轴转下来，也该停一停休整休整了。孔有德、耿仲明没赶上，吴三桂、尚可喜身体还倍儿棒，之后尽情享受他们开国王爷、封疆大吏的幸福生活去了。耿精忠？第三代的小字辈了，三十岁左右，年轻得很，生活之状况，就更不用多说了。

一切看起来都是那么美好，是不是就应该这样美好下去呢？有人想，有人却不愿意，当政的满洲贵族岂能放心得下？

历代开国之初，立威疆场手握兵权的功臣们，都是帝王严防死守的重点，为什么？枪杆子里出政权嘛，自己都是这么过来的，当然害怕他们也照葫芦画瓢学了去。于是，"狡兔死，走狗烹"的悲剧周而复始、川流不息地上演着。除了刘秀、赵匡胤等少数手腕高明之主，君臣之间无不是两个字，"杀"与"血"。

何况这些兵权在握的功臣，又是他族分子呢？作为被征服且需要最严加防范民族的一员，朝廷要不常惦记惦记他们，倒还怪了，不正常了。

所以康熙拿下鳌拜亲了政后，便把处理三藩问题作为第一要务，从维护满洲贵族统治、大清安定团结的角度看，一点都没有错。不管三藩们有没有谋反之心，是否蠢蠢欲动，隐患总是有一点的吧，还是

妥善解决为好。

毕竟他们要地盘有地盘，南方云、贵、两广、福建数省呢；要兵马有兵马，还是经历过无数次风雨考验的呢；要反心好像也有，他们可是才统治不久的、内心还有点不甘心的、又比主体民族人数多了好多倍的汉人中的一员呢（其实完全不然）。

关键是何时解决、怎么解决的问题，不同的时间、不同的方法，会有完全不一样的结果。这就需要考验当政者特别是最高领袖康熙的水平了。是"雄"还是"熊"，拉出来，真刀真枪下见高低，光吹牛皮可不行。

可咱们的康大帝又是怎么做的呢？唉，简直就是崇祯的翻版，无论性格上还是手腕上都是如出一辙，只是幸运指数不同罢了。

虽然即位之初同样面临权臣问题，解决后又有更大问题在那儿等着，但崇祯的形势要更严峻，任务要更繁重，也就更加棘手难搞一些。

不像康熙，崇祯接手的是一个衰落的帝国，要处理的矛盾和问题实在太多。当务之急，外有满洲虎视眈眈，内有民众起来起义，他一个都怠慢不得；再看康大帝，面临的只是个需要解决却又可以从长计议的事儿。不过结果都一样，一心想把事干好，到头来却是一笔糊涂账。

不要说具体事宜的处理了，大方向先就搞错了，你说这事还能办得漂亮吗？崇祯他老人家始终未能把攘外与安内孰先孰后的问题搞清楚，终被两线作战的泥潭淹没，而咱们的康大帝，却忘记了历史上已用无数经验教训浇灌筑就的"戒争用忍"的人生警示，急吼吼地上路，每一步又那么轻率浮躁，怎能不把事情搞得一团糟？

事后还文过饰非。什么《圣祖实录》之类，出于对伟大圣君的爱和对乱臣贼子的恨，把那所有的脏水都往老吴的身上泼，所有的屎盆子都向老吴的头上扣，反正他已经脏过了，也不怕脏得更厉害些。

封疆之内专擅大权、惟我独尊；广殖货财、崇奢纵欲；一己之私、边疆构衅；轻财好士、广收人心；蓄养甲兵、整军经武；等等，不一而足。总之，他吴三桂早已包藏祸心，谋反在即了。

多亏圣祖英武，明察秋毫，雄健威猛，果敢凌厉，早发现早准备早部署早行动，运筹于帷幄之中，决胜于千里之外，不仅及时揭露吴三桂们谋反的真相，还坚决将其一网打尽，不留后患，为大清王朝的

和谐稳定作出了巨大的贡献，为黎民百姓的安居乐业创造了更佳的环境，功在千秋，泽被后世啊。

再加上有些后人出于这样那样的目的，不仅随声附和，还添点油加点醋，于是一个很简单很明了的事就这样被搅和得面目全非，真假难辨了。

啥时想过要叛乱

看那三藩，尤其吴三桂，哪是什么有大志向大出息的人，更非胸怀国家民族、有高尚情操者。能够拥有现在的一切，再理想不过了，充其量也就想同明代镇守云南的沐英家族一样，在自己辛辛苦苦打下的地盘中，受着中央王朝管，却把子孙代代继。

没有熬到做三藩之一的定南王孔有德，顺治时就已两次上疏，请求北归安享余生了；只是南方镇压抗清斗争依然艰巨，朝廷没有同意，结果就在最后一次上疏的那年，被李定国败困于桂林，城破自焚而亡。

平南王尚可喜，顺治时也两次申请北归而不得，以后不要说大乱前，就是乱中也坚决不反，对大清一直忠贞有加，赤诚一片。反的是他儿子尚之信，且根子还在康熙身上（以后再讲）。

靖南王耿仲明与儿子耿继茂早已逝去，孙子耿精忠乱前两年（1671）才承袭爵位，要是早看到反相不是扯淡，还能扯什么呢？

再看吴三桂，以后大乱的核心人物，如果就指认其谋反的一件又一件被润色得看起来很冠冕堂皇的理由，一个接一个加以反驳，不累死才怪，且也没这个必要。事实面前，只要不带有色眼镜，大体看一下便知。

老吴真要反，当年扑灭南明绞杀永历帝时（1662），才是最佳时机。功业辉煌到了极点，人气极端高涨，声望攀至巅峰；手下都是跟着他西讨南征、百战锤炼过的主儿，兵精将勇；更难得的是，战争的尘迹还未洗尽，锋芒还未有丝毫销蚀，仍保持着骁勇威猛的惯性。

就老吴个人来说，年龄刚届五十，身体健康，精力仍然充沛，领袖水平无论政治还是军事皆处巅峰期，远非十一年后垂垂老矣时可比。综合一看，帅、将、兵，皆处顶峰也。

相反，大清这一头，正值新老君主交替之际，咱们的康大帝也才

八岁，四大臣帮着辅政，虽说朝政稳健，根基牢固，但总比国家历经战后九年（从夔东十三家败亡算起）休养整顿，根基进一步打牢，且康熙已经亲政、正值年富力强时差些吧。这样此消彼长，形势变化就大了。

可他老吴哪有什么反心，一心只想舒舒服服做他的亲王兼云贵王呢。问题是你想，别人不干。反过来，你还得经常把心提着点，生怕做错了什么。

于是，吴三桂与朝廷之间便处在了一个很有趣的相持平衡阶段。表面上，君臣和睦，俨如一家，彼此毫无芥蒂；私下里，又各怀心事，互相猜忌，暗中较着劲。

朝廷严防吴三桂势大甚至谋反，威胁大清统治，处心积虑想削弱乃至剪除他；而吴三桂却如履薄冰，小心翼翼，用尽一切办法想打消朝廷的疑虑，同时欲世代守着云贵，担心朝廷不履行诺言，撤其藩地。

双方你来我往，明和睦、暗斗法，不知有多少回合。大体上乱前可以分为两个时期，朝廷举措也可分为两个阶段。

康熙亲政前的四辅臣时代（1661—1669），采取拉与打、放与制相辅相成的稳健之策。一方面，对整个三藩，不仅对吴三桂，百般笼络，依赖他们镇守南疆广袤之地，严防大陆抗清之火死灰复燃，以及对付海上台湾郑氏及叛服无常的少数民族土司。

另一方面，时不时用一下杀威棒，敲打敲打他们，尤其对吴三桂，从而逐渐削夺其权力。比如把吴三桂的心腹爱将们调离云贵，异地任用；对其精心建置的忠勇、义勇两营来个釜底抽薪；等等。当然，做得肯定会柔和一些，总得让老吴有台阶下吧。

你还别说，这一招还真不错，效果很显著，朝廷越来越占据了上风。毕竟位置不一样，只要你措施不过激，不把三藩特别是吴三桂逼反，后者终归是臣下，还是只能被动接招的。

再来看看老吴又是怎么接招的。你不是担心俺有兵马吗，好吧，俺就裁个五千来人给你看看；你不是害怕俺权力过大吗，好吧，俺就辞去总管云贵两省事务，并交出用人权。

有人认为吴三桂是欲擒故纵，不足为信。太高看老吴了吧？不错，他的基础仍在，不然以后也造不成反，但年复一年下去总有枝不繁叶不茂、触及根本的时候，他老吴不会不知道这个理吧？但这么多

159

年依然老办法照旧，也能从一个侧面看出他吴三桂到底有多少无奈与反心了。

如果朝廷就这样稳健下去，和平解决三藩应该不是问题。也许吴三桂这一代不行，毕竟是他自己打的"江山"，根深叶茂，坐得当然更稳当些，但人总在老去，你看后来的结果，就是不反，吴三桂又能活几年？

待下一代上来，威望、实力、根基什么的，可就差多了，解决也更方便些；要是还有下下代，那就更不用说了。

但事物的发展哪有想得那么好？康熙时代正式开始（1669）后，当朝政策便迅速改变了。告别了稳健，迎来了冒进，三藩之局很快动荡起来，和平解决之路渐行渐远，铁血之决马上来到，短短四年，战争便爆发了。

从大顺军余部李来享等夔东十三家于 1664 年败没起，安定不到十年的国家与民众，再一次卷入血与火的狂暴之中，其规模之大、破坏之巨、国难之重、民创之深，比起大清入关后的战争与杀戮，又差了几许？

而这，人们往往把责任推给了吴三桂们，实则康熙才是真正的罪魁祸首！因为是他的意气用事，草率轻狂，才挑起了战争。吴三桂即使处于最佳时机亦无反心，十一年（1662—1673）下来，就是到了康熙一再放出手段时，起初也还是没有谋反之意的；只是后来被逼得实在无路可退了，底线被完全突破，才反戈一击，发动了所谓的"三藩之乱"。

比如康熙十一年（1672），也就是大乱前一年，当吴三桂举办六十大寿庆典时，朝廷准许他在京实为人质的儿子吴应熊偕妻与子世璠一同来昆明祝寿。不算多了不起的事吧，却引得老吴高兴至极，对心腹们说："可见朝廷不疑我，你们平时一定要更加谨慎些。"（孙旭《平吴录》）唉，个中滋味，颇值得玩味！

需要声明的是，这样讲绝不是同情吴三桂，更不是为其奇诡背叛史翻案，只是觉得历史就是历史，绝不能为了某种目的，任意揉捏把玩，甚至曲意篡改之。怎么，难道他康大帝真有化腐朽为神奇的本领？再愚蠢的事到了他头上，都变得伟大了？

一石激起千层浪

康熙亲政后，起初继续与三藩，确切地说是与吴三桂明和暗斗，有波澜，无浪涛。比如提拔老吴的爱将，笼络他们，分离他们；再派些亲信去云贵任职，分化他们、瓦解他们等。这些东西长期积累下来是有效果的，却非快刀斩乱麻的凌厉办法。

这可不符咱康大帝的意。他的轻率、冒进性格，怎容得了如此温吞水？但又能怎么做呢？伤脑筋啊。

突然间，郁闷的心终于豁然开朗了。康熙十二年（1673）三月，六十九岁的平南王尚可喜（1604—1676）提请撤藩归老，并希望大儿子尚之信袭爵。

康熙偷着乐了，正不知咋办呢，你却自动送上门来。这样吧，也别一个走一个留了，你们父子一齐回老家吧。

尚可喜愣了，这可是他没有想到的事，但他不是吴三桂，赤胆忠心惯了，除了服从也没其他办法。唉，那就与极不相能的大儿子一起走吧。

这下可炸了锅喽，吴三桂与耿精忠如遇霹雳，怎么也没想到会发生这样的事，自己也从未打算过撤藩，但皇上这么痛快就恩准了老尚与儿子一起回老家，难道对他们也是一个暗示？

怎么样，该考虑是否撤藩了吧？是主动学习先进，还是朝廷下令让你们跟着模范做，自己掂量去吧，但转过来想想，又觉得不太可能。唉，真是伤脑筋的事，是置若罔闻，还是迅速跟上？矛盾啊！

老吴、小耿自非老尚，对现有的一切，留恋着呢，想让他们主动撤，门都没有，可人家尚可喜开了口子，打了头阵，表了忠心，咱们总得有点表示不是？于是二人各自关上门，自家人在一起密议一番，最终决定先主动提出撤藩，探个行情，摸个准信，再做打算。

两人的小算盘其实打得都很精，特别是吴三桂。俺在南疆重地坐镇这么多年，又是亲王重臣，牵一发而动全身，一系列问题呢，哪能说撤就撤？虽然朝廷对俺疑虑颇深，可这些年俺扪心自问，是努力尽了臣子之节的，不过是有点私心，不忍丢下拼死拼活才拥有的这一切，并想让子孙们代代相继罢了，也不是无理要求啊！

皇上圣明，体察下情，对这撤藩之事，应该不会这么轻易就同

意。若真是这样，俺如此一来，岂不一箭双雕？既表明了自己的忠心，再一次打消了朝廷疑虑，又能继续当俺的藩王，荣华富贵一个不丢，岂不美哉？

其实，老吴、小耿的想法也并非没有道理，当二人撤藩的奏疏上达后，朝臣们也是议论纷纷，莫衷一是的，总体是反对撤藩的占了多数。

风险大，不好惹，弄不好要出乱子的。藩当然要撤，问题是怎么撤；现在撤，不如以后慢慢来。等到历经血与火洗礼的老一代如吴三桂（当时六十一岁）撒手而去，未经风雨、威望又不足的新一代全面接班后再动手，岂不更容易、更方便、更能和平解决？

退一步讲，就是立马撤，也不能一齐来，还是要分个轻重缓急，区别对待吧。分期撤藩，这样也好分化瓦解他们，防止他们拧成一股绳，形成大合力。

尚可喜主动求撤，诚实可信，不如先撤。耿精忠，第三代了，年轻根浅威薄，实力也不强，再撤他，没有领头的，谅他也不敢造次。

如果把这两藩撤了，再及时跟进向广东、福建两省派驻八旗精锐，等于剪除了朝廷最忌惮的三藩最强者吴三桂的羽翼，使他们孤立。受到震慑后，即使他们想反，力量也小得多，心里也要再掂量掂量了。

至于吴三桂，实力声望功业权势，尚可喜不能比，耿精忠更不能比，则要从长计议，暂不动他为宜。云南苗蛮杂处，形势复杂，吴三桂长居此地，情况熟，底子厚，继续治理也不是坏事。另外，用八旗换防，路途遥远，复杂艰险得很。况且所有对吴三桂忠诚度的怀疑均系猜测，并无真凭实据，贸然强行撤藩，恐不能令人心服。

讲得很有道理！可以说，绝大多数朝臣对马上撤吴，都是投了反对票的，包括大学士索额图、图海等重臣显臣，只有刑部尚书莫洛、兵部尚书明珠等少数人主撤，但那时的大事件并非议会制多数表决通过即可，反对者多也没用。

康熙力排众议，大手一挥，撤藩之奏一律恩准，三藩同撤，马上行动！众臣愕然，这可是他们认为的下下策啊！吴三桂们更是愕然，绝没想到，当初的如意算盘，结果竟是搬起石头砸了自己的脚。皇上怎么能这样？圣明何在？

谁让你们认识不到狡兔死的道理呢？这么多年了，还执迷不悟。

就说你老吴，历来同类者，要么再占个自家独立山头，要么交出一切安当钓鱼公，有几个两头摆、走中间路线能成功的？明代沐家？毕竟是少数，何况条件还不一样，人家和皇上啥关系！

还想打小算盘？一般的皇上也就算了，可现在你们面对的可是那千年一帝，能不与众不同吗？

什么轻率冒进、意气用事、褊狭固执、独断专行，一样不少，都端出来让你们瞧瞧，不要以为咱康大帝只想做个高大全平面的人，他也渴望多层面、多棱角、有立体感的，这样更有魅力嘛。

只是这次，康大帝另一面表现得不是时候。军国大事岂能儿戏？他想得太单纯、太幼稚了，纯稚得让人不可理解，简直匪夷所思。

他对实际情况根本就没有认真考虑过，更未静下心来设身处地感受一下三藩们的真实想法，迫切、冒进、固执、专断，完全占据了他的大脑，竟天真地以为，只要他的圣旨一到，他们马上会卷着铺盖回老家，困扰朝廷十几年的问题立刻就解决了。

也许有人会诘责，这分明是对康大帝的诬蔑之词，圣明之君岂会如此？史书上明确记载，康大帝曾经说过："三桂等蓄谋已久，不早除之，将养痈成患。今日撤亦反，不撤亦反，不若先发。"（《清史稿》卷二六九一《索额图传》）。

怎么讲呢，这清史类的东西，一旦针对帝王，向来都是极尽文过饰非、颠倒黑白之能事，圣祖尤甚。就说上面这一段，明眼人一观便知，睁着眼睛说瞎话呢，胡扯八道。

人家尚可喜，明明率先提出撤藩在前，大乱中至死未叛在后，对大清那个忠诚，日月可鉴也，怎能说蓄谋已久？再说吴三桂，前面分析了，哪有的事，就是狂贬他的清史书上，其实也找不到任何真凭实据的。

咱们还是继续往下看，一切更加豁然也。

逼上梁山咋不反

耿精忠暂且不提，且说吴三桂，接到皇上恩准撤藩的圣旨，简直当头挨了一棒，可想而知那是啥滋味。热血疆场上的出生入死、云贵高原上的苦心经营、荣华在手的富贵人生、权势在握的叱咤风云、昔日君主的皇恩浩荡、今日圣上的恩断义绝，等等，犹如过电一样，在

他脑海中闪现，内心翻江倒海、痛苦不解、委屈愤怒、犹豫彷徨。

手下那帮随着他西讨南征的铁杆文臣武将们，更是震惊愤慨！既然皇上如此绝情，干脆反了得了，咱兵精将勇，怕他啥？老吴本还在徘徊犹豫，今见部属们拥戴，反复衡量后，也下定了起义的决心。

其实不这样又能怎么办呢？别看朝廷现在话说得好，对撤藩工作也抓得紧，事无巨细，周密安排，力求给吴三桂们一个最温暖最舒适最可靠的安乐窝，可一旦真撤后，地盘没有了，兵权也无了，像吴三桂这等风云人物，等待他的又会是什么呢？古往今来，政治上过河拆桥的事情太多了。

老吴有否此种想法，不得而知，反正决心已定时，他是自信满满的。比较一下，他以为自己文韬武略天下已无双，将士们又是百战之锐、忠心之辈，要是起兵无不从命；所据云南也是经营多年，地险财富（有天下富吗）；另有一批过去的老部下如现任陕西提督王辅臣等虽已调走，却可作为外应。

简说老吴的文武之才：四个女婿胡国柱、夏相国、郭壮图和卫朴，都是一时才具，或文或武或文武双全；另外武有吴国贵、吴应期、马宝、王屏藩、张国柱、高得捷等，文有方光琛、刘茂遐（字玄初）等，个个顶呱呱。

再看朝廷，皇上年方二十，乳臭未干，不堪大任，过去平定中原的名将大都凋零，剩下的及新起的一代岂是他的对手？其实老吴主观了点，事后也证实，康熙是没啥大本事，可清军新一代统帅有厉害的角儿，八旗依然很强，绿营同样不弱（都是汉兵，感叹）。另外，他也忘了，时间如果让人家凋零，自己与老部下们十一年来不也要走同样的路吗？

还有一点，绝对不能忽视，那就是满汉之争。明亡清兴至今不过三十年，大陆抗清之火被扑灭也只在九年前（1664），汉人的故国之思岂能说忘就忘？就连做汉奸已很久的吴三桂，手下不也有胸怀反清复明之士？他的女婿、臂膀之一胡国柱就是。

何况满洲贵族对汉人的统治，必须正视，三十年来残暴多于仁慈，贱视多于平等，不客气地说，占据帝国人口百分之九十好几的汉人只是二、三等的公民，地位不要说远不及主体满民族，就连蒙藏都不如，这是不争的事实。

如此环境，要说广大汉人在短时间内，都能心悦诚服地接受满洲

贵族统治，那也太虚假了，即使有清三百年好像也没有吧。这次撤三藩，恰恰撤的也都是汉人，且不是一两个，而是牵涉几个大大小小的集团，足足六七万人呢，无形中触发了民族之感情，引发了民族之对立。

而正是这种客观存在的民族之争，不仅让三藩内部凝聚力更强，也是日后大乱爆发初期，虽然发动者是为人所不齿的昔日背叛者，大江南北的汉人响应者仍众的原因之所在。当然，跟着当朝的汉人也不少，尤其是那些既得利益者们；另外，坐山观虎斗的汉人同样不少。个中原因不想多说了，十七世纪汉民族的不断失败，根子就在于此。

切入正题。这边吴三桂们真的开始磨刀霍霍了，而康熙那边却还浑然不知，全力做着撤藩的前期准备工作，好几万人呢，漫漫长路，线路怎么走，沿途怎么接待，到目的地后又怎么安置，浩大的工程啊。

比起三峡移民恐也不简单吧。三百多年前的事了，没飞机、火车、汽车、轮船什么的，综合条件更是差之千里，尤其他们并非一般民众，而是三个强大的军民结合体，稍有不慎，后果不堪设想。

康熙忙得不亦乐乎，其间有很多专门御批，足以体现他对撤藩之事的重视与对被撤之众的关切，但从他的着眼点来看，倒能明确一个真相。

原来他忙了半天，没有一件触及假如吴三桂们有啥异常如何防范的问题，虽然《圣祖实录》之类书上有不少事后弥补这方面不足的大帝语录及其他相关言辞，但根本找不到能够证明当时朝廷哪怕有一点实际举措的证据。

这也侧证了康熙当初决定三藩同撤时，想的就是那么简单，认为圣旨一到，一切 OK，大臣们想这想那，还分几步走，纯粹多虑。什么"撤亦反，不撤亦反"，事后遁词也。

吴三桂们谋反之箭已在弦上，岂能不发？经过一番精心谋划，康熙十二年（1673）十一月二十一日，吴三桂终于正式反了！

老吴也从此进入了人生第四个也是最后一个阶段，他前不见古人后不知是否有来者的奇诡人生也至此奠定。

打你个措手不及

就在起事的第一天，吴三桂宣布自称"天下都招讨兵马大元帅"，建国号"周"，以第二年为周元年。

接着选择良辰吉日，脱去满装，改穿汉服，蓄发复宗，率领众将士哭拜永历陵，动情之至，恸哭不止。虽然有点讽刺，这永历帝当年可是他从缅甸要回绞杀的（1662），但那都是过去的事了，谁还会再去计较呢？

就这样，吴三桂以哭陵为契机，以民族大义为号召，开了一个极为成功的誓师大会，做了一个尤其生动的思想动员，成效非常显著，全军上下民族情绪高涨，凝聚力得到了进一步增强。

老吴为了师出有名，还搞了一个讨清檄文，气贯长虹得很，不失为名家精心之作。这宣传工作从来都少不了，把握舆论导向很是关键啊！

这文本是很有讲头的，能看出很多东西，真的假的，虚的实的，一应俱全。老吴的讨清檄文（附录1），及随后康大帝的讨吴谕旨（附录2），相互对照起来看，有意思得很。这里仅说一件。

那就是檄文触及了当年吴三桂与多尔衮订盟等事，三十年后重提，文中述及，脉络清楚，悲愤交加，虽不排除有作秀之嫌，但清廷一再回避之，讨吴谕旨及其他官方文件都不曾提起，就有点蹊跷了。按理说，如是老吴蓄意捏造，不正好有个机会严词鞭挞一下吗？又为何如此做派？想来老吴与清方达成的共讨闯"贼"、明清以黄河为界的盟约应该是确实存在的吧。

再说云南，那可是老吴的大本营，起事后自然兵不血刃轻松搞定。十二月初一，吴三桂从云南北伐，由康熙挑起、老吴发动的一场惊天动地的大规模内战，正式拉开了序幕。

此时，康熙还蒙在鼓里呢，一点不知情。也难怪，当时的通讯事业哪有现在这么发达？直到十二月二十一日，吴三桂起义的消息才传来。这下该轮到康大帝震惊愕然了，可又有什么用呢？就像吴三桂得知皇上恩准撤藩时一样，木已成舟，不可挽回了。他惟有找差补缺，将功补过，抓紧把抵御工作放到最重要的议事日程上来，精心部署，迎击来犯之敌。

　　具体说来，军事、政治两手抓，而且两手都要硬。政治方面，调整策略，停撤平南王、靖南王两藩，意图孤立吴三桂；无论原来老吴手下，还是有父子兄弟现在云南的官员，概不株连治罪；逮捕三桂驻京为质之子吴应熊，防止内外沟通；多方安抚各重要军镇将领，鼓励他们守御地方，奋勇杀敌；对应老吴的讨清檄文，也搞了个讨吴谕旨，同样义正词严，对人家大张挞伐和声讨。

　　军事上，立足防御，视中原重镇荆州为最关键的战略要地，派遣满蒙八旗领衔的帝国最精锐也是最铁杆的部队驻防，抵抗吴军正面主力进攻；侧翼川陕也不能忽视，严防吴军经此线威胁京师，再辅以兖州、太原分做南北东西的中继站；笼络广西孙延龄，以牵制吴军北进；安抚福建耿精忠等，防止胁从，跟着吴三桂一块"闹革命"。

　　综观之，这套战略防御体系仅是正常之举，没有值得特别赞扬的地方，且预防性过重，收缩性过大。等于把长江南岸送给了吴三桂，要不然，帝国精锐越过长江，进驻湖南，与北上吴军针锋相对，压迫威胁性岂不更大？以后吴三桂不见得能迅速占领全楚，这样形势岂不更好？对民众的不利影响岂不更小？恐怕也不会导致后来华夏大地风起云涌，群起响应，让清廷陷入完全被动的局面吧。

　　何况以吴军的进军时间推算，如果部署得当，满蒙八旗驻防湖南北部的军事重镇，是完全来得及的，但结果是不仅没有，就是驻防荆州也未见行动有多么迅速。

　　由此多少可以看出，康熙和朝臣们大战之初，措手不及已在先，估计不足又在后，虽然做了部署，骨子里还是认为，吴三桂再厉害，毕竟局促一隅，怎能与天下相抗？灭他易如反掌不一定，想来困难也不会很大，哪里料到战争竟会蔓延到大半个帝国，并打了好几年时间，标标准准一场大战。

　　想想也是，人家吴三桂从决断、准备到正式起兵，很长时间你都不知情，没有任何防范，临时抱佛脚，便能轻松搞定，你也太牛了，战争也太好玩了，老吴也太不经踹了。

　　可那战争岂是好玩的东西？真刀真枪的，弄不好要国破家亡的，何况老吴又怎是吃素的人？六十岁的人了，什么大浪没经过？什么大战没历过？战前又有精心谋划部署，准备翔实充分得很呢，就你康大帝手一挥 OK 啦？岂不说笑。

　　结果，仗一开打，吴军便气贯长虹，一路所向披靡，勇不可当，

很快饮马长江，遥指北京了。而康大帝的英明决策，看起来很美，仓促接招下基本无用。大清帝国被打得灰头土脸，一败涂地，甚至中原统治也有了崩盘迹象。

这是康熙六十一年帝王生涯中面临的惟一生死存亡的斗争，也是大清（后金）至太平天国起义前，二百三十余年遭遇的仅有的一场差点灭顶之灾。

吴三桂，康熙一生最大的对手也。

大清危已在旦夕

吴三桂云南起兵后，康熙十二年（1673）十二月底轻松搞定曾总管云贵时的老地盘贵州，先遣部队紧跟着攻入湖南，迅速拿下由黔入楚的要地沅州。

第二年伊始，吴三桂正式称"周王"，废弃康熙年号，称周王元年，改元"利用"，废康熙制钱，自铸货币"利用通宝"。这下完全与康熙分庭抗礼了，华夏大地自此上演了一场"二龙相争"的好戏。

起初，吴三桂表现完美，完全压制住了康熙阵营。吴三桂称王改元后，未作丝毫停留，旋即亲率主力北上，一路高歌猛进，势如破竹，湖南常德、辰州、长沙、岳州、衡州等战略重镇纷纷被拿下，三月份全境皆归。前锋更是直抵长江南岸湖北境内的松滋（今松滋北），与清军大本营荆州隔江相望。

这时的老吴饮马长江，遥看北京，过江与否，尽在掌控，看起来北定中原指日可待了。这般轻松快捷便取得了如此骄人战绩，也许吴三桂自己都未曾想到过。

而清军如此不堪一击，康大帝更是绝对没有想到，他还以为纵是自己举措失当，仓促应战，以天下之物力，击败局促于云贵之一隅的吴三桂，简直不在话下。这也是他和他的朝臣们实施初期战略部署时，预防性过重，缺乏积极进取精神的一个重要原因。要不然，湖南也不会这么轻易丢失。这对整个战局、对民心，产生了至为深远的影响。

康熙毕竟不是神，作为最高领袖带着国家走上如此危途，心中若没有一点惊惧与懊恼，那是绝对不可能的，但他又有什么办法呢。除了被动接招还是被动接招，形势已完全不是他所能掌控的了。

吴三桂要真的过了长江，向京师杀奔而来，说不定大清就彻底败了，祖宗三代拼死拼活打下的中原大好河山，就要丢在他的手上了，本族人也只能跟着他卷着铺盖，再越过长城，当然不是南下而是北返辽东老家去了。到那时，他还能当得了这千年一帝？本民族最大的罪人就是他了。

就算暂不提吴三桂这档子事，看看其他地方，又有多少是按照他的战前部署、他的心之所想去进行得呢？

吴三桂刹那间取得的辉煌胜利，以雷霆万钧之势震撼了华夏大地，巨大惊人的连锁效应向四周极速传递，各方人等纷纷乘时而起，群起响应，不仅仅是汉人，但肯定没有满人。

四川巡抚罗森、提督郑蛟麟及总兵官谭弘、吴之茂等纷纷投向了吴三桂的怀抱，由朝廷的文臣武将，转瞬间变成了大周的臣与将了，天府之国已尽在老吴的掌控之中。

广西将军、孔有德女婿孙延龄，原本是受康熙倚重牵制吴军北进的，现在也反了。不过后来，他有点首鼠两端，老吴便派人刺杀了他，直接控制了广西全境。后顾之忧顿解，老吴得以在湖南与清军全力展开大决战。

三藩之一的耿精忠，也完全出乎康熙意料，举起了起义的大旗。并很快控制了福建全境，随即向浙江、江西进军，与在湖南的老吴遥相呼应。台湾郑经也应耿精忠之邀，派军渡海而来，起初尚不被康熙看重的东南，形势大变矣，成了又一个反清的大战场。

两藩都反了，可咱们的尚可喜老人家，有点特别，万绿丛中一点红啊，对大清仍是一个字——"忠"，生愿做大清的臣，死愿做大清的鬼。起先听皇上的话，准备携家带口领兵撤藩，后形势突变，又受命留在广东，并迅速投入到平吴剿耿的伟大斗争中去。为此，清廷还给了他至高荣誉，晋爵亲王，吴三桂虽获得在先，但因叛被除，于是尚可喜便成了汉人中的惟一。

直到大乱两年多后（1676），老尚因其大儿子尚之信反了，才被裹胁其中，但至死未降。背叛本族投降异族的人能做到像他这样的，也算是极致了！再说尚之信，是否真反是存有争议的。姑且不论，反正他以后在广东，既没给清廷添啥乱，也未给吴三桂添麻烦，非利也无害。不过，从尚氏这一块应能看出，把这场大乱称为"三藩之乱"，似乎有点不确切。

再来说说西北。陕西提督王辅臣，原吴三桂手下极其骁勇剽悍的心腹爱将，康熙也曾极力笼络之，开始并无反心，还拒绝了吴三桂的邀约，并把来人与书信一起呈送给了朝廷，没想到却因康熙新派的陕西总督满人莫洛（前面提到主张撤藩的那一位）的歧视与偏见，激变了辅臣将士，让他身不由己地走向了反清的道路，可以说又一次在康熙意料之外。

西北陕甘之乱，根子在于朝廷用人不当，客观地讲也有民族矛盾在内。本不会发生的大叛乱，让老吴已经不再抱希望的西北战场，竟因他对手的失误，"哗"地一下开辟了。而其中至为关键的莫洛，正是康大帝自己钦定的人选。

西北乱起来了，康熙的眼眶湿润了，老吴却在偷着乐了。

不仅如此，星星之火更是在华夏大地遍燃！湖北有襄阳总兵杨来嘉、郧阳副将洪福之反，河北有总兵蔡禄密谋之叛，就连京师也发生了号称"朱三太子"的杨起隆谋乱。虽然都是速生速灭，震撼力同样不凡，尤其皇城根脚下这件事，肯定把康大帝吓出了一身冷汗。幸亏没乱起来，否则后果不堪设想。

还有那林丹汗后裔蒙古察哈尔部布尔尼，也兴兵起义了。自从四十年前林丹汗被皇太极击败病亡后，漠南蒙古向来对大清忠心耿耿，要马给马，要兵给兵，王公们也大都是各朝的驸马爷。看来被宗教与分裂越来越束缚身心的东蒙古人中间，还是有血性男儿的，可惜太少，力量薄弱，迅即便败没了。

真是不得了啦，大清好难得安定九年，一下子又热火朝天起来了。除了关外辽东及山东、河南等少数地区，哪里再能找得到一块静土？

至于外邦，也都睁大眼睛往这瞅呢。朝鲜承大明再造之功，又自号小中华，对所谓大清蛮虏一直看不上眼，虽屈服于武力暂低下头，内心竟也是想着反清复明的。越南更不用说了，都陈兵于边境了，据他们自己说，是保境安民，害怕叛乱波及。

一句话，反清大势看起来是多么美好、多么壮观。以老吴为支点，居中湖南处主导地位，西北王辅臣、东南耿精忠为左膀右臂，后有云贵大本营，并有直辖四川、广西全部及江西一部为纵深，其他各地闪亮星星之火为映衬，整个反清体系，就这样构建起来了。

而不久前还是东亚最雄伟壮阔的大清帝国，真的在摇摇欲坠了，

康大帝距戴上本民族有史以来首席罪人的桂冠，也就一步之遥矣，道光、咸丰、慈禧等，你们就靠边站吧！

胜机怎么又没啦

形势如此之妙，主动权完全掌握在吴三桂手上了，只要他扬鞭一指，挥师过江，中原指日可得也，就是一鼓作气北克京师，把大清再赶回辽东老家去，又有谁能说不行呢？他的将士们个个摩拳擦掌，就待主上一声令下，一鼓作气，直捣"黄龙"了。

不管老吴曾经有多少污点，起义究竟意欲何为，是崇高还是卑鄙，这些都已不是主要问题。只要他真的夺取了大清江山，即便不是复明，而是建立了自家的大周王朝，之前的一切一切也许都将成为过去。胜者王侯败者寇，何况这胜又带有民族的复兴在里头呢？

历史从此就要彻底改写了，中国历史上最后一个王朝很可能就是大周了；吴三桂也是那杰出的开国之君，兼一个民族的伟大复兴者了，其声威、其功名，或许能和杨坚、朱元璋们比一比呢！

那背叛帮凶的事怎么办？没关系，成大事者不拘小节也，只要结果完美就行。何况生花妙笔者多矣，找几个来，也编个圣祖实录类的东西，一切还不搞定？想当年，努尔哈赤何等人物，仅对辽东民众的屠杀一项就令人发指，现在还不是被歌颂为非凡大英雄？

这等千载难逢的机遇，老吴岂能不奋力抓住？打一个有史以来最了不得的翻身仗，为自己的奇诡人生再掀开另一页绚烂篇章，顺带也把中国历史上即将出现的最大一个假大空扼杀在成长之初，岂不一举两得？

怎么？打到长江口都三个月了，你还迟迟不过江？形势一片大好，你还犹豫什么？对岸的湖北开始响应了，甚至京城里也有人（杨起隆）打算做呢！好多人可都在看你的行动呢。

确实，清军依然厉害，北方驻扎的多是精锐，骁勇忠诚度绝非南方可比，但毕竟你打了人家一个措手不及在先，估计不足在中，南方一路溃败在后，此时还没准备好迎接你的到来，还没完全从初期速败的惊惧慌乱中醒过来呢。只要老吴你马不停蹄，兵贵神速，乘着这难得的一股势儿，赶紧渡江打将过去，谁又能阻挡得了你？

想稳健、观望？不能呀，老吴！机会转瞬即逝，你戎马生涯大半

辈子，还能不知这个理？虽然你旗开得胜，兵精将勇，但毕竟是从云贵一隅而来，地险财富又怎样？跟整个天下相抗衡，人力物力财力还差得远呢！

康大帝一开始仓促接招，举措有失，丢盔弃甲，失地连连，但那盔可是绿营汉军之盔，那地大都也是你叛军原来管辖之地，北方大好河山仍在，江浙财富之地犹存（浙江部分还在争夺中），特别是满蒙八旗精锐在手。一旦他缓过劲来，放眼全国，挖掘潜力，严阵以待，全力迎击，与你形成讲究实力的持久战，那时你还打什么？必败无疑！

南方、西北应者云集，当然是好事，但各自为战，有多少能真正听你调遣，任你安排，在你的大战略指引下坚定不移地去干？有的还可能成事不足，败事有余，像耿精忠与郑经不就闹起来了？无数历史经验教训告诉咱们，人多有啥用，拧不成一股绳，还不如不多呢！

对这些力量，老吴，你要重视，尽量团结，引以为援，但重心还是要放在自己身上，毕竟你才是这次起事的真正主心骨；如果你的主战场不能取得胜利，甚至失利堪危，那其他一切都是空，纷作鸟兽散都不一定，但也别想能指望上。这点小儿科，老吴你是高手，焉能不知？

可你到底在想些什么？为何如此犹豫？连你的手下们都不理解了，都在劝你了，你为何不听？就算不过江，像有的将士说的，那咱向东打下南京，占了江淮，断了清廷的南北运道，绝了它的主要财赋来源，也成！六朝古都，虎踞龙盘之地，据此还能不比停留在湖南强？即使想与康熙南北分治，这里也是更好的地方呀？可你仍然不听，就在湖南窝着。

战事最为关键的时刻，犯下如此大错，致命啊！从此万劫不复，咱们的康大帝就要守得云开见天日啦。

吴三桂究竟为何不愿过江，这方面缺乏明确史料佐证，难有定论。可能他真的老了，六十来岁的人了，不复当年勇了，更老成持重了，谨小慎微了，缺乏出奇制胜的胆略和破釜沉舟的勇气了。

也许经营云贵十几年，视为根本，不愿轻易放弃，也有点不敢放弃，觉得有此就踏实了；一旦过江北上，等于要抛弃这一切，开辟新天地了，成倒好，若不成，岂不两头空，进退失据？

何况俺已占了半壁江山，又兵强马壮，刚打得你康熙一败涂地，

凭此好好压压你，干脆放俺儿子应熊从京城回来，再与俺谈和算了，双方划江而治，南北二分，你做你的北皇，俺做俺的南帝，好得很嘛。要不然，俺可就过江了！

这种可能性是很大。因为老吴让先前被他扣留的礼部侍郎折尔肯和翰林院学士傅达礼，给康熙捎过一封信，里面咋说，不知道，但从康熙极端愤怒，并指斥其"词语乖戾，妄行乞请"来看，肯定不是康大帝希望的来降了，但也不会是要求清廷投降，逻辑上讲不通，如此，应该还是与和有关，并且提出了康熙绝不能接受的条件。

后来，吴三桂又通过西藏达赖喇嘛，为他向朝廷带过一次话，加上康熙的反应，大致能看出，老吴确实主动提出过裂土罢兵的和谈条件；以当时双方实际分界线来看，不是划江而治是什么呢？另外还应包括放回儿子吴应熊，亲骨肉嘛。

但康大帝岂能听你摆布？俺才是名正言顺的一国之君，天下本来就都是俺的，是俺列祖列宗流血牺牲打下来的，你一个吴三桂乱臣贼子也，还想和俺较劲，甚至搞个什么南北共称帝，荒谬之至！是可忍，孰不可忍也！

来呀，把吴逆的儿孙（吴应熊父子）一块儿斩了，再把其关外祖坟也给毁了。吴三桂，朕与你势不两立！唉，老吴的梦想破灭了，儿孙也跟着完蛋了，胜机也稍纵即逝了。

有一点必须说明一下，吴三桂主动求和，时间是在康熙十三年（1674）四月份，也就是吴军一路势如破竹，拿下湖南，刚到长江下游饮马时！而且就是在和谈无望，儿孙也被康熙砍了头后，老吴也没啥过江的意图，还抱着个湖南宝贝疙瘩不放呢。

足见其雄心有多大了！也许起兵时他就根本没想过要与清廷拼个你死我活，见好就收的心态早已扎根了，不管康熙答应不答应，能实际上划江而治，很满足了，什么民族大义，恢复华夏，幌子而已。

只是机会错过，永不再来，何况又是这等大机会，地位高，架子大，你吴三桂如此怠慢，它哪会再登门？自此，老吴迎来了人生中最关键的一个转折点，从顶峰开始坠落了。

而咱们的康大帝，又逃过了一劫，不能说一生的，也是六十一年帝王生涯中最大的一个劫。从此，在那千年一帝的人生旅途上，一马平川，康庄大道任他行了。

大帝开始大反击

且说吴三桂只在长江南岸饮马，不过江，给了康大帝弥补不足、再准备再动员的绝佳良机，一条仍是以荆州为中心、长江中下游地区为重点的严密细致的军事攻防线，很快部署完成。其他战场或重点防范地区，由八旗领衔、绿营主演的各军也分别到岗到位。

这边吴军虽错过了战略上的决胜之机，但毕竟大胜之下，余勇尚在，气势仍存。起先还保持着进攻的态势，待清军顽强抵住后，不可避免进入了相持阶段，且迅速转为清攻吴守的局面，主动权也随之从老吴手里转入康大帝那里去了。这也难怪，清吴 PK，前者本就处于强势地位，加之老吴在长江南岸又弃攻为守呢。

当时，清军要同时在三个战场作战。老吴占据的湖南，不用多说，肯定是决定战争胜负的主战场。此外，左翼东南福建、浙江与江西，有耿精忠相抗；右翼四川、陕西与甘肃，有王辅臣与老吴派去的大将王屏藩为敌。

双方兵力到底有多少，清官方只统计了对方，自家的却讳言，但又给人一个感觉，好像清军远少于吴军。这就有点扯淡了，老吴大本营不过云贵一隅，岂能与清廷掌控天下相比，清军应该远多才是。后来仅在甘肃平凉围攻王辅臣的清军就有十万余众，这还不是主战场呢，想想看整个战场，清军该有多少人？

不过也正常，历代史书对战争统计都喜欢干这事，记录者牵涉到自己时，总喜欢搞些敌众我寡的东西，仿佛不这样做，就透不出自己的伟来。其实远没必要，人数多少从来不是决定战争胜败的主要因素，大清入关那会儿才多少人，不照样征服了比它多几十倍甚至上百倍的对手？

不管吴军是否像清官方统计的那样，有近二十万人，有一点可以确信，清军肯定比它多，而且要多得多，不然就难以理解什么叫天下大势了。

这时的吴三桂也是铁了心做长守湖南的打算。与清军大本营荆州隔江相望的第一要冲岳州，他最为重视，特派手下第一等的猛将、侄儿吴应期，带七万精锐防守。清军经历初期短暂的防御后，自然也把岳州视为转入战略进攻的第一个也是最重要的目标。

174

　　后清军看一时攻岳州不下，不放弃的同时，又把重心转移到吴三桂的另一战略要地长沙，欲先克之再攻岳州。老吴哪能让其得手，大将马宝等守着呢。就这样，双方你来我往，好不热闹。

　　虽说清军早已转守为攻，气势上略占优势，但在长岳争夺战中，直至吴三桂去世（1678），四五年间并未占得啥便宜。

　　江山易改，本性难移。早说了，康熙是个急躁冒进之人，做什么事情都沉不住气，就想一口吃个胖子，根本不仔细思量后果。先前因此逼得吴三桂起来起义，以致酿成这等大祸，还没能吸取教训呢。

　　这不，长岳争夺战，也称长岳大会战中，康大帝的老毛病又犯了。他也不考虑实际情况，便任着性子来，一开始就要清军马上渡江，与吴军展开大决战，速取岳州、长沙。这怎么可能？

　　人家老吴整体实力确实不如你，但也绝不是吃素的，单说精兵勇将，不见得比你八旗精锐逊多少，一开始不也打得你落花流水？这次又是全力以赴守湖南，对长沙、岳州这等军事大重镇，岂能让你说拿就拿了去？

　　何况一开始，清军刚溃败不久，气势还没有完全恢复过来，增援、粮饷等问题也未得到妥善解决；相反，吴军一路高歌猛进而来，声势正旺，要真打一场速决战，说不定就一举而胜了。

　　可康熙哪管这些，他恨不得立即就把叛军灭了，把吴三桂擒了，处以极刑，以解心头之恨！于是，他要求清军进攻、进攻，再进攻，稍有不顺，便心急火燎地对统帅们不断斥责加催促。结果如何？还不是要靠一步步去解决？

　　不错，现在的清军统帅们确实不如从前了。就说这荆州的顺承郡王勒尔锦、"安远靖逆大将军"多罗贝勒尚善，皆非真正帅才，却能干上一方统帅，还不是靠着皇亲贵胄的身份。一个是礼亲王代善的孙子勒克德浑之子，另一个是郑亲王济尔哈朗之弟贝勒费扬武之子。

　　大清历来有一个传统，军队统帅都是皇亲贵胄当的，其他人特别是汉人，靠边站，最多当个副职。至于雍正时的汉人年羹尧，有点特殊，但人家可是皇亲国戚，雍正的舅腿子，且是汉军旗，估计现在其后人都属于满族人了吧。

　　且说康熙这次派兵，也未打破常规，不仅荆州，别处的清军统帅基本上也都是血统纯正高贵的主儿。像后来长沙大战时，与吴三桂对垒的安亲王岳乐，就是努尔哈赤第七子阿巴泰的四儿子。

这些贵胄们除了岳乐等少数年龄较长者，大都是在荣华富贵、锦衣玉食的环境里长大的，以前哪经历过什么战争，一旦上战场，表现自然也就平常了。但清军整体实力还在，实际作战时他们虽不出类拔萃，也算中规中矩，没啥异常表现。何况这些人好也罢坏也罢，还不都是你康熙任命的，而且长期受到重用。

吴氏只有溃亡路

回头再看吴三桂，面对清军越来越猛烈的进攻，他也在积极想着应对之策。湖南自然要全力守着，严阵以待荆州清军主力，严防其渡江南下；同时，兵入江西，设法与福建耿精忠会合；积极打通西北之路，与陕西王辅臣联络后，再逼京师。

如能成功，三方联合，威力无穷，抗清大局又将改观也。前景很美好，形势很喜人，只是不切实际啊。

此时的大清，已完全从战争初期的惊慌无备中走出来了，帝国的整体优势一览无余，不仅每一个战场的抗清武装，都面临强大清军的围攻，就是吴三桂三方联合之举，也同样遭到了清军的有效堵截。

战争就这样持续着，康熙很急。实际上他不必急，因为胜利迟早属于他。吴三桂，也急了，并痛了，战局越发不利，防守日益艰难，云贵大后方也逐渐窘迫，后勤保障开始难以为继。

更让老吴急的是，危难之际，整个抗清大局也迅速崩溃了，左膀右臂先后被斩断。康熙十五年（1676）六月，西北陕甘王辅臣于平凉（今甘肃平凉）降清，与之呼应的四川也奄奄一息，被清军切断了与老吴的联系；同年十月，东南福建耿精忠也战败降清了。

其他如广东尚之信，本就首鼠两端，不足道也。康熙十五年二月才起义响应吴三桂，见耿精忠投降，十二月又迅即跟着人家降了清，所以说称这次大乱为"三藩之乱"，实在不合适。随后，进入广东的清军又打败了来攻的吴军，悉定粤境。

康熙十六年（1677）十一月，吴三桂派其从孙吴世琮诱杀欲降清的孙延龄，占领桂林，意图控制广西，稳固后方。清军当然不会容他得逞，一番征战，康熙十八年尽复广西全境。此时，吴三桂已撒手归天。

最后，四川及陕西汉中、兴安王屏藩（吴三桂派往四川西北的忠

贞大将）等点点星火，也于康熙十九年熄灭。这已是后话。

伴随着外围战场的不断胜利，清军对吴三桂的战略大包围也迅速形成，尤其对湖南主战场的挤压越来越猛烈，基本已形成东南北三面环攻之势，岳州、长沙两大重镇，仍是进攻重点。

急性子的康熙，见大好形势，自然也对清军狂念紧箍咒：同志们，不能再有丝毫懈怠了，抓紧干吧，"宜将剩勇追穷寇"！清军攻势一浪接着一浪，非排山倒海，却也惊涛拍岸。

康熙十三年湖南归吴以来，自始至终都是清吴激战最酣之地。在吴三桂的坚强领导下，吴军一开始打得有声有色的，也曾让康熙躁怒了很多次，而今已面目全非，老吴也日渐到了穷途末路。

曾经同心协力的吴军，如今也非铁板一块。镇守江西重镇吉安的大将韩大任降清了，先后共达五六万人呢；水师大将林兴珠也降了，老吴的水上优势尽失。其他，也就不再一一道之了。

为安抚人心，鼓舞士气，康熙十七年三月一日，吴三桂正式即帝位，国号大周，建元昭武，以衡州为都城，改名"定天府"。但又有多大用呢，战场上还是要凭实力说话！纵使他不顾老迈之躯，奔波于各战略要地，并亲自领兵打了几个胜仗，仿佛有了点小小转机，可惜他自己先顶不住，丢下一个烂摊子，撒手而去了。

康熙十七年八月十八日，吴三桂病逝，享年六十六周岁，堪称中国历史上最奇诡的人生正式宣告结束。他本想给子孙留下一片世代相守的天空——这也是促使他起兵的一个重要原因，但最后给子孙带来的却是灭族之灾！

想必此时世上最幸福的人应该是咱们的康大帝了，他一生最痛恨也是最大的对手，就这样惨淡地走了，留下他在东亚这片辽阔大地上，独孤求败。

吴三桂之死，对刚成立的大周政权，绝对是最沉重的打击，精神偶像的作用不是谁说担就能担起来的。

老吴逝后，孙子吴世璠继承了帝位，局势越发江河日下。就在老吴死后的第二载，康熙十八年正月，清军经过五年搏杀，终于攻下岳州，正式敲响了吴周政权的丧钟，从此一路势如破竹，湖南、贵州、云南，最终于康熙二十年（1681）十月二十九日，占领昆明。

吴周政权彻底覆亡，吴氏满门灭绝！吴三桂的铁杆子们也都人头落地，一家老小或斩或籍没。当然，结局的惨状远不止于此。

历来政治斗争的输家，特别是吴氏这样的叛乱者，都不会有好果子吃，史书所载多如牛毛，随手一抓一大把；但赢家如康熙这样，前后的言行不一、手段的狠辣残忍，依然让人惊叹。

大乱之中，为尽可能孤立吴三桂，康熙表现出极大的宽广胸怀，千方百计招抚叛军，许下种种诺言，不管你是谁，只要投诚归来，过去一切都既往不咎，还给你加官晋爵，并极尽嘘寒问暖、关怀体贴之能事。如今大乱方定，康熙立马撕下假面具，狠酷真相彻底暴露。

他对吴三桂所有的部下将官兵丁旧人等三四万人（还不包括各自家眷亲属），简单区分一下所谓从逆的轻重，先砍了一大批，其余一律罚没，充往东北苦寒之地，当永世不得翻身的贱民，代代受苦役，辈辈受奴役。子孙们不能入仕为官，不能当兵，也不能干其他任何稍算体面的职业，甚至婚姻都是自行解决，不准与外部联姻，比起印度等级制度中最下等的那一层，所受待遇也有过之而无不及。

至于附逆又投诚者，战时的赦免基本作废，除前文提及的林兴珠等极少数人，也是尽杀之，全家老小自然都跟着遭殃。耿精忠呢？降后立再大功也没用，再表忠心也白搭，随便给安个罪名，凌迟处死。尚之信则有点冤，并未真正附逆过，且一年不到便归正了，康熙实际也清楚，但最后还是难逃一死，全家罚没。王辅臣算是个明白人，康熙未及动手，先假装病死提前了断啦。

当然，为首耿精忠等，杀之以儆效尤，且永除后患也属正常，但不分青红皂白，连小角色及亲属这样的无辜者都不放过，未免失之于太狠太毒了，再怎么说人家最后也是把立场站稳了。

历代政治搏杀中，狠毒如康熙者不在少数，本不必为此专门苛责于他，只是《圣祖实录》类及有些后人们，通过他在战争期间的圣旨、讲话，刻意把他打扮得多么仁义慈悲，一副完美的圣君模样，就不免有点可笑了。

战后简要来回顾（上）

历时八年的三藩之乱终于在腥风血雨和国痛民苦中告别了历史舞台，康熙成功逃脱了他六十一年帝王生涯中最大的一场劫难，吴三桂却没能实现他最奇诡华丽的一次人生跨越。

双方孰是孰非？胜王败寇的定律，三百年世事的变迁，吴三桂人

生的诡谲，康大帝被过度的神化等，舆论上自然把鲜花掌声给了后者。因为他才是正义的化身，而吴三桂，三姓家奴也。

这还属于正常范畴，更有甚者还把二者的较量，上升为一场国家统一与分裂相争的层面上来，就未免有点滑稽可笑、霸王硬上弓了。

先说大乱缘起，康熙才是真正的肇事者，是他先挑的事，跟着吴三桂也不是善茬，结果二人一拍即合，前者拟了初稿，后者润色修订，最后大乱倡议书正式出炉，所以要打起板来也应各打五十呀。

再说性质，也很难讲谁就一定代表正义。不可否认的是，满洲人作为异族，入关夺了天下，不过才三十年，大陆抗清之火熄灭更是早在九年之前，何况郑氏家族至今还孤悬海外，着华夏衣冠，不忘反清复明呢。

这种大背景下，吴三桂高举民族复兴大旗，动机肯定不纯，但若真的获胜，结果还不是一样？要不然，华夏大地群起响应的，为啥大都是汉人？

如果非要说康熙是对的，不等于说南明抗清是分裂行为，李定国、郑成功也是分裂主义者了吗？想来这价值观应该不会变化得这么快，九年就天翻地覆了？

所以还是不要给他们定性为好，双方谁都不代表正义，这样也许更合情理些。至于随着时间的流逝，大清越来越融入进来，名正言顺成为大中华的代表，则是以后的事了。

历史就是历史，每个阶段都有其特定的属性，如果一味地用现在的眼光来看待它，岂不大乱，搞得不知所以然？比如欧洲逐渐朝着一个国家的方向迈进，真到实现的那一天，法国的圣女贞德就不是民族英雄了？

这里没有贬康抬吴的意思，因为抛开民族大义不谈，在这场大乱中，仅就一般民众生存来说，两人都是一样的，都是造成他们又一次陷入痛苦灾难的罪魁祸首。唉，他们过上安稳的日子没多久呀，心里怎能没有一肚子怨言？

三桂？你捣什么乱呀？干吗要用咱老百姓的痛苦与灾难，去换取你一己之私？真是三姓家奴？也罢也罢，反正你也败了，结局也够惨了，骂名也够大了，咱就不和你多计较了。

康熙？到要多说道说道你，身为一国之领袖，说话做事哪能任着性子来，这下可好，挑起了这么一场大灾难！咱老百姓命苦，受点罪

也就算了，反正也没处申冤，可你差点让你的民族丢了天下，这罪过可就大了，还把好不容易走上稳定发展道路的国家，又重新拉回到你老爸那个时候，甚至还不如。你说，你这二十年是不是白干了？

好多好多帝王，一生坐这位子还没你浪费的时间多。唉，你也就是长命，再凭个年龄小当政，干了六十一年，得以机会收了一箩筐，否则，以头二十年来算，平庸者甚至罪人者都将与你为伍了，这后世的声名肯定好不了哪去！

只是这千年一帝，怎会如此惨淡地告别历史舞台？单说这次大乱，如此危亡之际，他都能挺过来，去迎接后四十年的繁华似锦，着实非同凡响，不愧大帝名号啊。

至于如何打赢了这场艰苦卓绝的战争，原因当然是多方面的，论起功劳来，作为最高领袖，康熙自应算上一份，这是不容置疑的，关键是作用究竟有多大？

有人说他神武盖世，《圣祖实录》之类更是极尽阿谀吹捧之能事。大到整个战略部署，小到每一场战役，甚至战役的细微处，无不是在康大帝的运筹帷幄下搞定的，虽然他没有亲临过前线，参加过一场战斗！

战后简要来回顾 （下）

康熙能够制服三藩，归根结底还是实力使然。满洲人入关夺取天下，至今不过三十年，大清消灭南明基本完成雄伟帝国的构建，也才短短十年光景。常理上讲，那股勃兴之气不可能这么快消失的，且会进入一个走向成熟发展的大阶段。大乱之前的康熙时代，帝国就是按这个路子走来的。

这样的发展态势，加之已占据天下的优势，巨大的人力、物力、财力、军力等集合在一起形成的综合实力至为惊人也，更是三藩尤其是吴三桂的云贵，远远不能相比的。

帝国统治稳固，政权基础牢靠，尤其在北方，三十年前就已占领。后来大乱初起时，北方虽有零星谋叛，但很快便趋于稳定，总体是经得住考验的，河南、山东竟还一点事都没有呢。当然，这也与吴三桂没有北进有关。

其实民众就是民众，大道理只能讲讲，一般人还是愿意在家里老

老实实呆着的，揭竿而起哪有那么容易？干不好是要杀头的！而对那些既得利益者，已成为大清帝国统治阶层成员的文臣武将们，更是如此。

也许内心有点不甘心，但毕竟生活在这种看起来已具备完整稳固体系的统治下，谁敢打破之？尤其领头者，那可是需要极大勇气与胆量的！所以说要乘势而起，如果没有很好的氛围烘托，谁敢先带这个头？除非你吴三桂打过来了。

再看军队，昔日的东亚巨无霸满洲铁骑虽已无复当年之勇，但告别战争时间也不长，再退化再腐朽，实力依然强劲，仍是帝国的基石。广大绿营虽说分化瓦解了一批，可担当帝国保卫者的依然众多（谁让咱汉人多呢），而且战争后期表现得还不错。

单说西北，打败王辅臣的中坚力量就是被称为"河西三汉将"的张勇、王进宝和赵良栋，个个顶呱呱，并全面贯彻落实了康大帝"以汉攻汉"的方针。

面对这样一个大帝国，吴三桂实力不可谓不强，有经营十几年的云贵为依托，强大战斗力的军队为保障。人才不可谓不多，一班文臣武将，皆是一时之选，且自己也是疆场上立马横刀几十年的人，武功应比真实的康熙强多了。人心也不可谓不齐，一帮铁杆成员，就是后来局势江河日下了，对吴家也是赤胆忠心的。

不过这一切与人家一 PK，还是小巫见大巫了。吴三桂要想取胜，很明显惟有趁着康熙不备，帝国的综合优势还未来得及展现时，赶紧打他个措手不及，并不给他任何喘息的机会，凭着兵精将勇，一鼓作气才行。

可惜吴三桂却犯了一个致命的错误，他在长江边饮马后，竟停下了，不思进取了，想划江而治了，结果美好的愿望没实现，却让康熙缓过劲来，调整准备好后，掉转头来打。从此，吴三桂就再也没有机会了，只能向着败亡的道路，无可奈何地走下去也。

吴三桂为啥不过江？已不重要，重要的是他自己做的决定，自然要对以后的失败承担首责。能在相对劣势中，发挥自己最大优势，以弱胜强，领袖的作用至为关键。吴三桂恰于此时，也证明了他还差得太远，根本就不是一个成大事之人。

其实他当时不过江，乘势东进打下南京，占据江淮，再与耿精忠南北夹击，把江浙这一片天下最富庶的地方拿过来，作为日后的

依托，可比云贵强多了；同时也给清廷一个更加沉重的打击，毕竟帝国财政实有赖于此。此消彼长，再打相持战，康熙可就没那么多便宜可占喽。

还有一点，就是团结问题，也十分重要。虽说吴三桂是核心主力，战争胜败的关键在自家人的努力，但一个好汉三个帮，若响应者不仅众，而且还能拧成一股绳，力量岂不更强，岂不更有赢的希望？

可惜，各个战场的反清武装表面上团结在吴三桂的旗帜下，实际上却都是各自为战，只顾自家利益，没有全局观念，说是一盘散沙丝毫不为过。

吴三桂本人作为盟主，自然想有以他为核心的团结了，也在努力去做，但收效甚微。湖南主战场外的另两大战场，西北王辅臣与东南耿精忠，都在打着自己的小算盘，与其说是老吴的左膀右臂，不如说是独立的小王国。

王辅臣可能还有反心不坚在内，以致后来处境日益艰难，却宁愿守在平凉被清军包围，也不愿南下与吴军会合。

而耿精忠更是搞笑，明明是他邀请台湾郑经派军过来帮忙的，却因双方利益纠纷，很快又闹翻了脸，以至耿后来在与清军作战的同时，还要防着郑军的袭击。另外，他在福建俨然自成一体，如果反清胜了，吴三桂说不定还要与他来一场统一战呢。

至于尚之信、孙延龄之流，就更不用多提了，吴三桂真正可以依靠的还是他的老部下们。湖南战场不说了，四川的王屏藩一直忠诚有加，最后也是力竭自缢而死。所以三藩之乱，实则只是吴清大战也。

最后，就要提到反清举什么旗的问题了。吴三桂刚起兵时，并没有像很多时人希望的那样，高举复明大旗，而是扯了一个自家旗，自号周王，最后干脆再上一台阶，做了大周的皇帝。

不错，这确实让他流失了一帮支持者，汉人士大夫阶层中越发明显，其他如郑经，本来听到吴三桂反清复明，高兴得很，合作态度很是积极，后来得知不是那么回事，立马分道扬镳。

明朝毕竟是汉人最后一个王朝，时人有很多也是昔日大明的臣民，面对异族不是温和的统治，故国之思萦绕心间也属正常。即使以后，历经几代，故国已算不上了，反清复明的旗帜依然飘扬，并不是大明有多好，而是有民族的情感在里面。

如今，吴三桂不打这面旗帜，也非愚蠢地想不到这一点，不然也不会在讨清檄文中提到大明，出征前还要去拜永历帝陵了。他此举自然有他自己的考虑，这里不多做分析，反正初期不打复明旗，还是让他失分不少，但也绝非什么关键因素。

南明自己就是明，不照样失败？郑家父子一直打着这个旗号，还不是局促于海上？人家满洲人初入关时手段也是极端高压残酷，不一样征服了中原，征服了几十倍甚至上百倍多于自己的民族？

一句话，关键还是要靠实力（再加点运气）！就是吴三桂有一鼓作气直捣"黄龙"的机会，也要靠他有一支很能打的军队去实现才行。否则，即使成行，还不是和南宋北伐一个样，尽成笑料？

归根结底，吴三桂输了，康熙赢了，这才是最后不可更改的结果。老吴，就让他随着历史之风而逝吧，而康熙，这才刚开个头呢。

［台湾篇］彻底告别海上业

　　平定三藩，实乃康熙一生事业的最大转折点，从此锦绣前程为他铺，康庄大道任他行，偶有荆棘，最后也是锦上添花；更幸者，随着岁月的流逝、世事的变迁，这些花还绽放得越来越娇艳迷人，将那锦绣映衬得更加绚烂夺目、光彩照人。

　　这才是康熙亘古未有的人生最大幸事，也是他孙子乾隆，富贵至极点，却仍然与他相差万里的根本之所在。至于他老爸顺治，只能感叹命运不公，人生苦短了，否则一切的一切，说不定都是他的呢。

　　大乱方定（1681），咱康大帝顺手牵羊，不费吹灰之力，迅速搞定了遥据海上的郑氏集团（1683），拿下了台湾，也拿下了最后一块抗清基地。大清帝国终于实现了对华夏大地的完全统治。

　　胜利来得如此轻松便利。康熙平三藩时恐怕绝没想到，因自己的过失引发了这样一场大劫难，差点让他成为丢失华夏的民族罪人，本来恼恨都来不及，却没想到大难之后有后福，不仅彻底稳固了大清在陆上的统治，还意外得了个惊喜，顺手摘取了台湾这颗中华海上的明珠。

　　胜利又来得如此艰难曲折。自郑成功举起抗清大旗以来，东南海上的反抗斗争已持续了近四十年，就是从其赶走荷兰人收复台湾作抗

清基地以来，也已经有二十年光景了。清廷一心要铲除这一后患，却一直未能得逞。

胜利来得更是意义深远。不仅是国家的、民族的、后世的，郑氏的败亡同时也宣告了一段奇伟历史的终结。明嘉靖以来至清初，一百余年间活跃于东南沿海的堪称华夏史上绝无仅有的海上新势力，正式退出了历史大舞台。

康大帝的非常之处，就在于此，一个不及平三藩二十分之一的小战斗，却奠定了一个如今看来更具有广阔影响的大意义。高！实在是高！

不过空口无凭，还要有据为证，咱们不妨追一下本，溯一下源，也好看得更仔细些，看得更深入些。

海上奇伟新篇章

大海，多么令人心驰神往，让人无限遐想，所有的梦想与渴望，满腔的激情与澎湃，尽可让它载入，由它放飞。

这么好的东西，谁不想与它沾点边呢？咱巍巍中华自然也是。可奇怪得很，人们一般说到她与大海的关系，却总是不屑加遗憾。华夏之人，只知面朝黄土背朝天，偶尔抬起头，还要防备北方游牧民族的侵扰杀戮，哪有闲情逸致去看海，并在海上溜一圈。海洋文明，多好听多时尚的称呼，可那与咱无关，咱是土得掉渣的黄土地！要不，后来咋没落了呢？

真想知道这样的言论，究竟依据何在？华夏所居东亚之地发展航海的条件远逊地中海之区，太平洋过于浩瀚，咱的文明又高居巅峰，五千年来（近代以前）始终缺乏相应的国家、民族，在那隔海相望的不远处，彼此吸引着、诱导着、促进着（非常重要），你来我往共创海上大事业，就这样除了夏商周太过遥远难以详知，大清从康熙开始完全海禁，航海上一直都很发达呀？宋代更是达到了辉煌的顶点！

至于明代（包括明清之交），有海之禁不假，但也有海之腾呀？郑和下西洋就不提了，且说说嘉靖（1522—1566）伊始一个半世纪，东南海上发生的那些事儿和其中的那些人儿吧。

他们是海盗？走私贩？叛乱者？倭寇？还是正经商人？东西方交流者？甚至民族脊梁？难以说清，也许把这些搅和在一起，才能进行

185

更准确更完备的概括。他们确实很特别，扮演的角色比中国历史上其他任何时代海上人物都复杂，发挥的作用更大，产生的影响也更远。

先说嘉靖年间所谓的大倭乱，明代最厉害最知名的倭寇入侵，反抗战线上还涌现了戚继光、俞大猷、胡宗宪这样杰出的英雄。其实这倭中哪有多少真正的小日本，真正领衔的竟是他们，一群标标准准的中国人，而倭人连主演都算不上，充其量一帮打工仔。

他们绝非朝廷诬蔑的倭寇，更多还是商人。由于国家实行朝贡——勘合体制下的严厉海禁政策，他们只能聚众干点海上走私的活儿，渐成强大的海上走私集团，当然也兼做海盗等其他行当。

其中有名者，先有李光头、许栋，后有王直（也作汪直）、徐惟学、徐海等。尤其被称为倭寇王的王直，还曾在日本平户建都号"徽王"呢，叱咤于中日海上，有八年更是惟我独尊，独霸于浪涛间。

王直本质上是一个商人，骨子里也是帝国的臣民。他曾多次请求明廷开禁，允许海上正常贸易而不得，后也是传统观念作怪，以至听信了胡宗宪的话，欲投降朝廷不成，反被杀害了。

这帮人与也被称为倭寇的葡萄牙人一道，曾在浙江宁波附近的双屿岛（今普陀县六横岛）和福建漳州的月港，建立了当时东亚最大的海上贸易中心，后被明廷摧毁（1547）。

至于嘉靖大倭乱的最后逐渐平息，关键也并不在于戚继光、俞大猷们战场上的胜利，而是明穆宗时代的隆庆（1567—1572）开关，朝廷顺应时代潮流，取消了海禁。

从此东南沿海的民间海外贸易呈现出前所未有的大繁荣，而那些海上新人类们也走向了更加广阔的人生大舞台。

其后有林凤者，兼具走私商人与海盗双重身份，曾两次袭击吕宋（今菲律宾）马尼拉港，可惜被占据此地的西班牙人打败。否则，一旦成功，立国于此，不是开创了中国人在东南亚的新天地吗？

让人叹恨的是，大明可不像西方那样，鼓励你去闯，还给你搞个什么总督当当，打了地盘不就是朝廷的？相反，还设法与西班牙人联合共剿之。以后的大清这方面更是犹过之而无不及，中西方在海外拓展上的观念，差别真是大呀。

再说一个了不得的人物——李旦，西方人称为安德瑞·狄提士（Ardrrea Dittis），泉州海商，继林凤之后前往吕宋发展，一度成为马尼拉华人领袖，因财富巨大遭西班牙人垂涎而被关押，后逃脱转往

日本，与弟弟们构建了一个往来大明福建、澎湖与日本平户、长崎之间的最庞大最完整的贸易网，声威卓著。

天启五年（1625），李旦在日本平户逝世，有一个后起之秀巧妙地接收了他的庞大资产与船队，成为大明最后阶段横行于东南海上的霸主。他就是郑成功的老爸——郑芝龙。

郑芝龙（1604—1662）出生于晚明福建南安石井，小名一官，年轻时在澳门接受基督教洗礼，教名尼古拉，荷兰人称他为"Iquan"，或连同教名称作尼古拉·一官（Nicholas Iquan）。后前往日本平户，受雇于李旦，因精明狡诈，深受信任，作了义子，逐渐发迹。

他在平户时娶了一位日本妻子田川松，生下的儿子就是日后的抗清大英雄郑成功。郑芝龙多才多艺，精通日、荷、西、葡等多种外语，还能弹一手好吉他，如果生于当代，也属白马王子型的了。

明天启四年（1624），郑芝龙跟随另一位海上枭雄颜思齐，密谋推翻日本幕府统治未成，率众由日入台。第二年，颜病逝，郑成为首领，同年又接收了李旦的庞大势力，遂称霸于东南海上，富可敌国，西人也要让他三分。

崇祯元年（1628），郑芝龙接受了福建巡抚熊文灿的招抚，投降了朝廷，以厦门为据点，从此亦官亦商亦盗，堪称红顶商人与红顶盗人的结合体，独霸一方。福建及沿海一带名属天子，实在他的脚下。

不过郑芝龙对朝廷贡献还是很大的，领兵击退了荷兰的侵扰，继打赢澎湖遭遇战后，又取得了明荷金门料罗湾海战的大捷，之后又消灭原同党巨盗刘香，声势更盛，并被朝廷擢升为福建总兵官，署都督同知。需要另外提及的是，他和颜思齐等还是大规模组织大陆移民开拓台湾的先行者呢。

清军入关，山河巨变，南明弘光政权覆亡后，郑芝龙与弟郑鸿奎等拥戴唐王朱聿键称帝于福州（隆武政权）。他受封平虏侯，旋晋平国公，加太师，掌握军政大权，达到人生辉煌顶点，其成就已完全超越前辈王直、李旦等。本来，他还可以更进一步，不仅可成为日后南明抗清的擎天之柱，还能成为海上新势力的集大成者，可惜一步走错，满盘皆输。

郑芝龙这样的人，国家呀民族呀什么的，在他心中基本不存在，纯粹是有奶便是娘的主儿，只要能实现个人利益的最大化，投靠谁都成。他看明朝大势已去，又打起了自家小算盘，决定降清做他渴望的

187

新王朝的闽浙总督。

　　结果中了清人的圈套，大官没当上，还被带回了北京，加之后来儿子郑成功的坚决抗清，男人四五十岁最应体会成功快乐的黄金岁月，只能在京城软禁甚至拘押中度过了，并最终在郑成功复台那一年（1662）被杀。一生枭雄却以狗熊收场，而他未能达到的高度，则由儿子来完成了。

抗清已是雄伟业　（上）

　　郑成功（1624—1662），本名森，又名福松，字明俨，号大木，生于日本长崎平户，郑芝龙长子。南明隆武帝（1645—1646在位）赐他国姓朱，并封忠孝伯，"国姓爷"的称号由此而来，后又被永历帝封为延平郡王，故也有称他为郑延平的。

　　作为抗清复台的大英雄，郑成功如今可谓家喻户晓，人人皆知。至于他的另一种身份，也许很多人不一定知道。

　　如果说，王直们是嘉靖以来海上新势力的肇端者，李旦是直接奠定者，郑芝龙是巩固完善者，那郑成功就是集大成者了，他给这股力量注入了新鲜血液，激发了无穷活力，带领它攀向了顶峰，实现了最完美的跨越。其后，他的儿子郑经成了最终利益的收获者，而咱们的康大帝就是无可争议的终结者，施琅则是完成最后一击的具体实施者。

　　至此（1683），这股历时近一个半世纪的中国历史上独一无二的海上新力量，彻底告别了历史舞台，美也好，丑也罢，反正明代中后期以来以它为桥梁的中西方海上大贸易时代也随之宣告结束，华夏放眼看世界的窗口关闭了，大清也在闭关锁国的桎梏中越陷越深，以致不能自拔。

　　两者虽没有直接的因果关系，但时间上恰恰是吻合的，华夏东南之海，由晚明的热闹无比转为鸦片战争前一个半世纪的平静死寂，何也？世异时移，没有重生的条件了。

　　好了，咱们接着说郑成功。从上文可以看到，郑成功大事业的获得，得益于前代打下的坚实基础。他那畅游海上的无敌之师，最早的创建者比他老爸都早，因为上面起码还有个安德瑞·狄提士（李旦）呢。

　　当然说这些绝不是否认郑成功自己的努力，相反，这股海上新势力能够实现升华，完成质的腾飞，达至可能的最大高度，郑成功居功至伟。

　　因为郑成功让它成为南明抗清尤其是驱荷复台的基石，最后它和它的领袖留给后人的是饱含国家民族大义的一曲慷慨激昂之歌。

　　相比老爸的软骨头，郑成功是顽强不屈的，年仅二十二岁的他毅然举起了抗清大旗，在烈屿岛（小金门）正式起兵，以海上新势力最新版本郑氏集团为依托，以厦门、金门两岛为基地，以海上大贸易为保障，不断发展壮大，在东南沿海与清军进行了长达十五年（1647—1662）的艰苦战斗，成为与西南李定国齐名的南明抗清两大擎天柱。

　　他的军队鼎盛时，共有陆军七十二镇、水师二十镇，士兵近二十万人，大小船只五千余艘。凭此，其中号称东亚海上的无敌水师，让不善水战的陆上巨无霸清军束手无策，完全控制了长江以南、北部湾以北的广大海域。

　　郑成功与清军大小战斗无数，最著名也最需要提及的就是那场北上长江之役。此战的首要目标是南京，继而占领江南，拿下清廷最重要的财赋基地，如此不仅会让明清双方经济实力发生逆转，造成清廷统治区南北隔断，还能形成巨大的政治效应，反清之士必将远近来归，整个抗清大局还不发生根本性的转变？

　　清顺治十五年（1658）八月，郑成功以清军全力征讨西南（见《摄政卷》）为契机，亲率大军抵达长江口，准备发动一次大规模战役，未想天不遂人愿，突遇飓风，惊涛骇浪之中，部队损失重大，只好回军休整。

　　第二年，郑成功会同另一抗清英雄张煌言，带领十七万大军，三千余艘战船，再次进入长江，一路势如破竹，连克瓜州、镇江，南京指日可待，江苏拿下在望。

　　清廷震恐，顺治帝竟有逃回辽东的打算，足见惊惶到何种程度；后又决定御驾亲征，只是还没成行呢，战争已经结束了。

　　但就在这关键时刻，身经百战的郑成功却犯了不该犯的致命大错，先是行进缓慢，错过最佳时机，后又在南京城下围而不攻，希望通过强大的军事与政治压力，不战而屈人之兵。

　　驻守南京的清军，本来势单力薄，岌岌可危，见有此等喘息之机，便以诈降术稳住郑军，待援军集合完毕，迅速发动反攻，最终大

败郑军。

大战就这样遗憾地结束了，南明最好的也是最后一次复兴机会也从此擦肩而过，郑成功在伤心自责中回到大本营厦门。虽然第二年（1660），他又在福建海门港（今龙海东）大败乘机来攻的清军，搞得清将达素羞愤自杀，这一次胜仗，使军威复振，但东南抗清大势就像西南一样已江河日下，颓势难挽了。

诚然，南明与大清不在一个重量级上，当时想彻底打败后者，恢复中原，基本不可能完成的任务，但在西南与东南保持与清人的对峙局面，待机而发，还是完全有可能的。

就说东南抗清，郑成功要是真能取得长江之役的胜利，夺取南京，可想而知会是一个什么样的大好形势，而这本来是可以做到的，最后却毁在了自家手上！这让人遗憾之余，心痛，心痛，还是心痛！

回首郑成功十五年（1647—1662）抗清斗争，原来这还不是惟一呢，前前后后他曾多次因为自己的原因，错失了力挽狂澜的好机会。有对己，更有对整个南明的，这也是现在越来越多人诟病他的原因。

确实，郑成功身上有很多不足，性格的暴烈严酷就给他的事业带来不少麻烦，后面要说的施琅事件以及他的死，都与此有关。但更为严重的是他太多考虑小集团的利益，竟置大局于脑后，往往对南明抗清之势，甚至反过来对他个人的小势，也带来很不利的影响。

北伐的事便可略知一二，郑成功之所以不及时攻打南京，却采取围而待降的办法，除军事判断上的失误，也是想既要取得胜利，又要最大限度保持实力不受损。结果怎么样？还不是鸡飞蛋打，两头没捞着！

如果说起兵之初，郑成功挖同是抗清的鲁监国（曾与郑氏支持的隆武政权抗衡）的人马，兼并族人郑联、郑采的队伍，乘机剥夺叔叔郑鸿逵的权力，还能理解为要壮大力量之举，政治斗争的惯常狠辣使然，那潮州事件就有点说不过去了。

本来潮州守将郝尚久（原李成栋部下）与郑成功一样，当时都是站在永历帝（1646—1661在位）大旗下的，标标准准一家人，郑成功却因潮州富饶，可将其做一个后勤保障基地，不顾永历政权正处在风雨飘摇之际，带兵打将过去，结果逼得人家降了清不算，反过来还与清联合打得你丢盔弃甲而去。

远不止此呢！后来李定国欲拿下广东，使西南与东南两大抗清基

地连成一片，开创南明中兴之大业，希望郑成功能配合，对广东来个东西夹击。以当时的情况看，广东守卫之清军只有尚可喜与耿继茂（耿精忠之子）等的三万军队，李郑合作打败他们不成问题。

郑成功口头上也是满口答应，但当李定国先后发动肇庆特别是新会大战时，他除了派一支偏师出去晃一下，基本上是坐山观虎斗，任凭清增援部队赶去，重创击退李军。

原来他是害怕李定国一旦成功，两边连成一片了，自己在东南的独立性就会大打折扣，况且后者威望实力又远超过他，以后朝堂上岂不受制于人？说来说去，还是私心膨胀啊。

说到这里，要说郑成功没问题，真讲不过去了，但是否就该给他扣一顶什么大帽子呢？显然不合适。有一句话说得好，金无足赤，人无完人，这世上本就没有高大全者，又何必强求某一个人呢？做了英雄的不是说就一点错误都不能犯啊。

试问古往今来，有多少事能从头到尾一个色，不带一点杂质的？又有多少人能完全做到为大家舍小家，彻底把个人利益抛置脑后的？尤其是搞政治的！

就是李定国，这位看起来一心为复兴华夏而奋斗的顶天立地的大英雄，PK孙可望获胜后（见《摄政卷》），猜忌防范刘文秀仿若孙对他，也未能在孙的部属与自己老部下之间一碗水端平，导致大局利益受损。

至于郑成功，就更不会了，过去把他塑造成高大全，本来就是不符合实际的，应该重新客观地、立体地看待他。但不管怎么说，他仍是一位了不起的民族大英雄。

能在民族存亡之际，挺身而出保家卫国，已经够崇高了，太多太多的人不都在干低眉顺目的事吗？还有不少人做那可耻的民族背叛者，而他不仅昂起高贵的头颅，还在如此艰难困苦的斗争中，毅然肩肩起东南抗清的大业，并坚持到最后一刻呢。

抗清已是雄伟业（下）

也许有人会说，郑成功也不是什么意志坚定者，他与清廷还议过和呢，并且能找出一堆证明材料来，包括郑成功自己说过的话。

怎么讲呢？政治是复杂的，斗争是莫测的，如果非要去较个真，

每件事都究个底，可以讲历史上的政治人物，清白无瑕者寥寥，就是帝王的楷模唐太宗，当年为了确保起兵成功，不也和老爸向突厥称过臣吗？关键还是要看根本，看最大处啊。

议和往往是一种策略手段，这次郑成功与清廷议和同样如此，双方都各有打算，都在力求利益的最大化，不是招降与投降这么简单的。郑成功要真是像他老爸那样，有奶便是娘，答应清廷的条件，东南沿海他不照样可以独霸一方，构建他的实际小王国吗？

但郑成功拒绝了，而且从此以后，再也没有与清廷议过和。这里单说拒绝的直接原因，不愿剃发易服，不也更好地证明了人家的民族气节吗？太多背叛者，还求之不得地想要凭此换取荣华富贵呢。

不像现如今花个几块钱理个发 OK，那时剃不剃发，可是涉及民族尊严甚至兴亡的大事，郑成功能坚持这一点，就说明他虽在具体的斗争策略上，有着这样那样私心的考虑，但在最关键的大局上，他的服从是毫不犹豫、坚定不移的。这些还不够吗？还不能瑕不掩瑜吗？

可现在有一股明暗交汇之流，在狂捧某些人的同时，非要踩踩郑成功，尤其是他的儿子郑经，看看现在都被歪曲成什么样了！还是那句话，对事对人，关键看根本。以后讲到郑成功收复台湾时，会专门论及相关情况，这里暂不多叙。仅问一点，郑经和他父亲一样，可是一生只穿过华夏衣冠啊，试问原来大明子民有几人做到了？好了，施琅一事还在那等着呢，咱们赶紧过去看一看吧。

要说十七世纪与台湾有关的人当中，施琅现如今的人气可是越来越旺了，虽不及高高在上的康大帝，但隐隐已有超越郑成功的势头。

那施琅究竟是什么样的人呢？乍一讲，你可能还真有点不信。其实他这个人有点类似于郑芝龙，纯粹的实用主义者，作出人生重大抉择时，从来不会被国家民族这些东西所左右。一句话，一个单为自己奋斗不息的人。

他最早是郑芝龙的部下，当过副总兵，与当总兵的叔叔施福，在郑的部队中举足轻重，后随郑芝龙第一次投降了大清，成为李成栋的部下。待李反清复明后，他又成了明军将领，因受歧视，转而投奔了当时热心关怀过他的郑成功，继而又与后者决裂，再投清军。如果仅从投奔主子的多少和反复来看，施琅还在吴三桂之上呢。

至于施郑为何决裂，郑成功当然有责任，他过于暴烈严苛，激化了与施琅的矛盾，但若论首要责任，还是施琅自己，他的性格比起郑

成功来有过之而无不及。更严重的是他还相当恃才傲物，也爱摆老资格，平时根本不把郑成功放在眼里，你说这怎么能跟领导处理好关系？怪不得施琅早年投奔的主子虽多，却没一个喜欢他，就是最后降清，起初也是不受重用的。

所以施琅在郑军中，可想而知啥情况了，被郑成功暂放一边，自然心中忿忿不平，二人平时就摩擦不断，后因一个偶然事件彻底闹翻。

郑家有一旧将名曾德，在施琅麾下任职，后因事得罪施琅，逃入郑成功处，施琅竟把他从郑那儿抓了回来，还置郑一再要求放人于不顾，擅自斩了。你说哪一个领导能容忍自己的部下这样干？郑成功能不恼火吗？于是下令拘捕了施琅与他的父亲和弟弟。

后来施琅侥幸逃脱，再次投奔了清廷，时间为顺治九年（1652），郑成功闻之大怒，把他父亲和弟弟一并斩了，二人从此成了不共戴天的仇敌，施琅也死心塌地报效朝廷（不这样又能怎样呢），反过来与郑军进行殊死的搏斗。

施琅是一个精通水战的大将，他的投清，对郑成功的确是一个大损失，等于在郑、清水军 PK 间来了个此消彼长，并在三十一年后给了郑家致命一击。不过这是后话了。仅就为人来看，施琅确实没有什么可以称道的，起码比起郑成功来，他还远远算不上一个大英雄。

回头再看郑成功的抗清大业，北伐失败后，他面临的形势越来越严峻。从全局来看，他自南京败回的那一年（1659），西南就已陷入残局，清军拿下了云南，永历帝逃入缅甸，李定国撤往滇缅交界处作最后的坚持。

从自家来看，局促于金、厦几个沿海岛屿，终难有大的发展，军队的后勤供应也难以为继，加之清廷大规模迁海政策（1661 年起）的实行，沿海三十里又坚壁清野，局势变得更加严峻。另辟一块新的根据地，就越发迫切起来。

最后，郑成功把目光放在了台湾，也由此翻开了他人生中最辉煌的一页。恰于此时，原来在台湾荷兰人手下干通事的何斌，从台湾而来拜谒郑成功，也力劝他复台，并提供了第一手宝贵资料，这更加坚定了郑成功的决心。

再创更大非凡业

明天启四年（1624）以前的台湾，只说一句话：自古以来就是中国的领土。

这一年，荷兰人占据了台湾南部，十七年后（1641），他们赶走了北部的西班牙人，独霸全岛，并先后在台南建造了热兰遮（安平）与普罗文查（赤嵌）两个城堡。

就在康大帝登上皇位的那一年，也就是清顺治十八年三月二十三日（1661年4月21日），郑成功留世子郑纪守金夏，亲率大军两万五千人，分乘四百余艘船只从金门料罗湾出发，次日抵达澎湖，四月初二从鹿耳门港正式踏上宝岛台湾的土地。

当时，荷兰在台兵力一千余人，长官揆一率八百人驻于沙洲上建立的热兰遮，以赫克托号为主的四艘战舰停于其附近海面，隔湾相对的是位于台湾本岛的普罗文查，有四百人防守。此外，鸡笼（今基隆）、淡水还有一点兵力，后都集中于热兰遮。

荷军兵力虽少，但拥有当时世界上最先进的火器与战舰，郑军武器装备远不能与之相比，这也是荷军赖以进行抵抗的看家法宝，所以人数虽少，却绝不能轻视。日后中俄雅克萨之战，一两万清军PK装备略逊荷兰的几百俄军（见《大帝卷·沙俄篇》），就那也攻不下他们守卫的雅克萨城呢。由此观之，装备明显落后的郑军面对的是一个何等强劲的对手。

荷兰人起初对郑军登陆并未放在心上，狂妄地以为，中国人胆小如鼠，二十五个都抵不上一个荷兰兵，只要放一阵排枪，打中几人，他们便会吓得四处逃散。

于是荷军海陆同时发动进攻，企图一举击败立脚未稳的郑军，但随之而来的战斗，在荷兰人脸上狠狠抽了一耳光，给他们上了一堂极其生动的经验教训课。郑军在郑成功的率领下，凭借大无畏的精神和人数上的优势，很快取得了胜利。

海战以荷兰人惨败告终，在郑军六十艘战舰的攻击下，荷军主舰赫克托号被大炮击中，连同舰上一百余名士兵葬身海底，其余三艘仓皇逃离，郑军紧追其后，又重创斯格拉弗兰号，荷兰战舰从此再也不敢在海上露面了。陆战方面，荷军贝德尔上尉（拔鬼仔）所率二百四

十名精兵，连同他自己，被干掉了一百八十人，剩下八十人狼狈逃窜而去。

初战告捷，郑军立即包围了普罗文查，并切断了它与热兰遮城（安平）的联系，水师也很快控制了两城之间的海面，把荷军孤立围困在相互隔离的据点里。

完成对两座城堡的包围后，郑成功决定先攻普罗文查，四月初六，该城守将率荷军竖起白旗投降。初七，郑军全力围攻热兰遮城。

当时城内只有一千七百余人，其中有九百余名士兵，但荷兰人凭借先进的武器、坚固的城堡和充足的粮食，负隅顽抗，等待巴达维亚（今印度尼西亚首都雅加达）援军到来。郑军强攻不下，决定长期围困，迫其投降；同时分派部队至岛内各地屯田和征税，迈出了经营台湾的第一步。

七月中旬，雅科布·考乌率领十二艘战舰和七百余名增援部队从巴达维亚抵达台湾，即与热兰遮守军合击郑军，又遭惨败，两艘战舰被炸沉，三艘快艇被缴获，三百余名士兵丧生。

需要提及的是，考乌所率海军余部曾退至大陆，寻求清靖南王耿继茂支持，联合对付郑军，却因提议者后来没有配合，导致计划流产。

不过从中也能看到，台湾在清廷心中的地位究竟如何了。为对付郑成功，它宁愿帮助荷兰夺回台湾，也不愿看到郑成功收复台湾建立抗清基地。

当时康熙才七岁，估计还不懂台湾是个啥，确切说那是四辅臣时代的第一年，但清廷对台湾的态度始终如一的：重视你，那是因为你与郑氏父子拴在一起，无它。

再说热兰遮城的荷兰守军，面对强大郑军的包围，日益困顿，打也打不赢，跑也跑不掉，援军也不能再指望，无路可走，几近绝望，在郑军最后一轮大炮的猛轰下，终于决定投降了。

十二月十三日（1662年2月1日），荷兰殖民者在投降条约上签下字，揆一带着他的残余人马垂头丧气地离开，被荷兰人占据三十八年之久的台湾又重新回到了中国人的怀抱。这是一个激动人心的历史性时刻，五千年华夏从此又书写了一段光辉的篇章。郑成功，仅此便足以进入我中华伟大的民族英雄之列。

且说郑成功复台后，一心要把台湾及澎湖建成抗清的大后方，在

荷兰人最后投降前，便已按照明朝的模式，着手建立政权，但他并未正式建立一个国家，而是仍奉明"永历"年号，继续做他的延平郡王，以示对大明的忠贞。从这一点来说，郑氏的台湾可以作为南明的延续。

他改赤嵌（今台湾台南）地方为东都明京，并设承天府和万年（今台湾凤山）、天兴（今台湾嘉义）二县。随即设屯田，开荒地，定官制，布法律，建赋役，迁人口（从大陆），并注意处理好民族关系，让来台汉人与当地土著高山族同胞和睦相处，可以说为儿子郑经以后发展台湾开了个好头，起了个好步。

但遗憾的是，收复台湾不到半年的郑成功，年仅三十八岁竟英年早逝，个中原因非常复杂。就在他来台的那一年（1661），拘禁中的父亲郑芝龙及弟弟郑世恩、郑世荫等全家十一口，被清廷族诛。逃亡缅甸的永历帝又被吴三桂俘虏，西南抗清武装只有李定国等带着残部在中缅交界处勉强支持。

两大噩耗纷至沓来，丧失亲人之悲、复国无望之痛，郑成功何以承受！忧愤成疾，一病不起。突然间，家门又爆一丑闻，终给他以致命一击。

原来留守厦门的郑经，竟与其弟乳母私通生下一子，郑成功治家治军向来极严，又郁积国仇家恨于心，岂能容下这等有辱门风之事，竟下令将郑经及其子和乳母同斩，并派人前去执行。

震怒之情可以理解，手段未免太过极端。结果，郑经被逼无奈，联合金厦诸将拒不从命，郑成功得知后，更加愤怒，病情加重，终于在来台后的第二年（1662）五月，撒手而去。

一代英杰就这样走了，留下丰功伟业，还有一声叹息。对抗清大业、对台湾发展及对郑氏集团来说，所幸继承者，也是那个丑闻制造者郑经（比起大清皇室小巫见大巫了），却十分了得，很是有为，得以让郑成功的事业继续发扬光大。

以后台湾发生的事儿，特别是咱们的康大帝是如何又一次收复台湾的，这里暂且不提，还是再来说说郑成功及一些需要进一步看清的问题吧。

复台标杆应是他

郑成功的一生，是传奇而又非凡的一生，抗清复台，哪一样端出来都是了不起的大功业啊。

他复台前的抗清，前已述及，不再重复，且说来台之后的一年多时间。应该看到，南明大势已去了，整个大陆除了点点正在熄灭的抗清星火，已被清人牢牢掌控在手。

如此困顿危局之下，郑成功却能开辟新天地，收复台湾，东南海上高擎抗清大旗，再经郑经之手，前后长达二十一年，比大陆整个抗清时间还长。也许从今日角度看不算什么，当时绝对是惊天地泣鬼神的壮举。

发迹于白山黑水的满洲人，虽为大中华的一员，开国者努尔哈赤也曾是大明子民，但1644年那场山河巨变中，他们毕竟是作为异族征服者入关而来的，夺取中原后，初期对汉民族采取的也是极端高压政策。

一个拥有五千年悠久历史、灿烂文化的民族，此时此刻如果没有一点血性，没有一丝骨气，全部低下头任你奴役宰割，倒真是整个中华民族的悲哀了。何况当时明清之间的战争，还是冷兵器时代最后一场在文化上以文明抵抗野蛮的战争呢。

面对异族的残暴入侵，汉民族卑躬屈膝者有之，助纣为虐者有之，逆来顺受者有之，麻木不仁者有之，但更有一批热血男儿，弃小家顾大家，毅然拿起了刀枪，为民族的生存，与入侵者进行着英勇无畏的战斗，这些人才是一个民族最伟大也是最值得后世景仰歌颂的人。

不错，随着时间的流逝，大清越来越融入华夏之中，逐渐成为中国历史上一个正统大王朝，现如今满族更是咱中华民族大家庭中光荣的一员，但是不能因为后来的这些变化，便否定他们刚入关那会儿的残暴征服本性，更不能否定南明众多志士仁人奋起反抗的热血精神。否则历史上的特定阶段形成的特定价值观，全都要颠倒过来重写了，美与丑，正与恶，都要翻个个儿了。这样好吗？符合历史常态吗？有利于现在爱国主义精神的塑造吗？答案恐怕是一个字：不！

历史可以为现实服务，但要有个度，偏离了反而适得其反，只会

造成思想上的混乱，甚至精神的沦丧。

一句话，郑成功父子和他们的郑家军，是大明千千万万子民中最后一批抗清之士，也是最后一批终身未除华夏衣冠的好男儿，凭此足矣！

更可贵的是，如果他们真是完全以小集团利益为上的话，收复台湾后，根本不必这样做的。南明实际已亡，大陆也被清人牢牢占据，再提什么反清复明，能有多少号召力？又能增添多少新力量？事实证明，郑氏在台湾靠得还不是他们自己那帮人？

而以他们当时的实力，要枪有枪，要人有人，要地盘有地盘，更是天王老子都管不了，完全具备了一切割断与大陆的联系、独立于海外自成一家的条件，如果真这样做的话，对他们的生存说不定还更加有利呢。何况大清之所以眼睛盯着台湾不放，必欲置郑氏于死地而后快，不就因为那里是汉人们最后一块抗清基地，而他们是最后一批抗清人士吗？

既然这样，郑氏不为了民族大义，干吗要与你大清，已是雄霸东亚的超级帝国对着干呢，不是鸡蛋碰石头吗？干脆明哲保身得了，不和你闹了，主动撤离沿海岛屿，以海峡为屏障，远离大清，告别大陆，到台湾一亩三分地，过自己的小家家去，不就行啦！

如此，两者的关系，不能说会好转，肯定会保持相对平和稳定，郑氏在台湾也会待得更久，然而他们没有这么做！对与大陆紧密相连的沿海岛屿从未主动放弃过，反清复明的大旗也一直在东南海上高高飘扬！

雄伟壮志能否实现，那是另外一回事，关键是旗举着，不放弃，就证明了他们还没有忘记自己的身份，百分百的华夏之人！

至于他们举的旗有多少复明的成分，已并不重要了，抗清才是最根本的东西。由此，他郑成功是否打算建自家王朝，郑经时台湾是否事实上的东宁王国，又有啥关系呢？

根本的东西把住了，可都是华夏的国、华夏的民啊，尤其重要的是，当时还是最正统的呢？距郑成功复台，大清入主中原不过十八年，和后来真正融入华夏不一样，异族征服者的形象还没有完全消退呢，相比之，郑家王朝或王国不是更地道吗？

就算不分个三六九等，也不至于反过来，郑成功不太好说，就把他儿子郑经说成是分裂分子，破坏国家统一的罪人，影视剧中甚至都成跳梁小丑了，真是可笑之极。儿子继承老爸遗志，老爸又承接着南

明的事业，如此一来，全都是闹分裂了，再往上推，老岳、老文们都是了，这不是把历史上特定存在的价值观都给搞乱了吗？

好了，回头再看复明问题。争来争去，一个根本的问题是，人家郑氏高举的抗清大旗中，可从来都是有复明的，年号用的也一直是"永历"，没有一刻停止过呢。

你可以说这很虚，并找出种种证据说道，他们心里想的根本不是那么回事。惟心的东西咱们不予多论，但就这行动上看起来很虚的，不也是只有人家公开做吗？原来的大明可是有千千万万遗民的。

还用再多说吗？郑成功和郑经，都是令人景仰的大英雄啊！那收复台湾的事，也能一目了然了吧？

不错，郑成功决定收台时，考虑的不仅仅是国家、民族、尊严这些神圣而又不可侵犯的东西，但又有什么关系呢？结果才是最重要的。事实上他让台湾又回到了中华的怀抱，并成为抗清大业的基地，这已经足够了，可以证明一切，说明一切了。

而正因为有这一点，他才是十七世纪台湾回归的最权威标杆，与其相比，二十一年后康熙与施琅那一次又算得了什么？

其实康熙收台既不能与郑成功相比，更不能拿来与现在相较，把三者等同观之，这恰恰是捧康者们惯用的高招。

今昔情况完全不同也。只讲一点，郑清之争实则是抗清与反抗清之争也，台湾不过是一个平台，重心不在于后者，而是前者，因此又涉及民族之争的问题。这个争，过去来看很简单，只是现在中华一词外延扩大了，又变得复杂起来。

既然这样，最好的办法就是一碗水端平，就事论事，只说康熙怎么收台的，而不赋予他太多崇高的荣誉及伟大的意义，大清拿下它，等同于以前拿下河北、山东、河南、贵州、云南、福建等华夏各地，除了汉人最后一块抗清基地终于丧失外，不再有任何什么硬加上去的特殊了。

否则，不顾事实地拔高康熙收台的意义，反而无端在本来很和睦的民族关系上，制造了一点小阴影，这可与中华民族大团结的基本点不一致啊。还有前已说过的，从此开始，晚明以来，东南海上波澜壮阔的海外大贸易时代也正式宣告终结，彻底退出了历史舞台，接下来就是咱们所熟知的闭关锁国了。

所以康熙收台不能算是一项大功业，更不能去高度吹捧了，真正

伟大且应该大大颂扬的是郑成功的那一次。至于施琅，实用主义性格、与郑家不共戴天及最坚定鼓吹康熙拿下台湾的汉人将军也，要不然康熙都不会攻台呢。

当然，简要评说可不能尽兴儿，关于郑氏收复台湾及康熙如何收台，咱们还需要细瞅瞅，把头绪理得更顺些，事儿观得更清些，理儿看得更明些，真正感受一下一段历史、一些人物，特别是咱们的头号主人公康大帝，究竟是个啥子情况。也许不知道真相还好，一知道吓一跳呢。

清荷携手败明郑

康熙元年（1662）五月，郑成功病逝后，其弟郑世袭在一些人的拥护下，继承了延平郡王之位，尚在厦门的郑经当然不服了，立即发丧嗣位，郑氏内部随即展开了一场叔侄内斗，政权一度陷入分裂混乱状态。

清廷见有机可乘，随即派员赴厦门与郑经和谈，欲招降之。郑经虚以应对，稳住对方，迅速入台平灭叔叔，掌控政权再返厦后，即拒绝。

其间，荷兰东印度公司不甘心台湾的失败，继考乌后，又派巴尔塔沙·波特（Baltasar Bort）率领十二艘战舰、一千余名士兵，于八月抵达闽江口五虎门。各舰上均挂有上书"支持大清国"的旗帜，表示愿与清廷合作，联手围攻金厦郑军，企图下一步再夺回台湾，并取得在中国的自由贸易权。

清廷得到靖南王耿继茂与福建总督李率泰的上报后，心想郑经就要来降了，还打什么仗，算了吧，于是拒绝了人家的"好意"，后来一看竟是这结果，被年轻的郑经（1642—1681）耍了，恼羞成怒，气不打一处来，决定改招抚为武力进攻。

恰好波特（郑经称他为荷兰出海王）又率一支更大规模的荷兰远征舰队，共十六艘战舰、四百四十门大炮和两千六百余士兵，附带价值一千三百七十万荷盾的货物，于八月二十九日劈波斩浪而来，再次表示与清廷共击郑军的愿望。准备开战但海军又不行的清廷，这一次当然是求之不得喽。

清廷热情接待了抵达闽江口的荷军，拨给房屋，供其卸存货物，

并相邀在泉州会合。十月十五日，耿继茂在泉州郊外隆重欢迎波特一行，双方就军事合作、自由贸易等达成协议，有两条是这样规定的：

（一）克服金厦两岛后，荷人必要时，得在两者之间，择其一或其他地域，以驻舰队，以防海贼攻击。

（二）克服金厦两岛后，联军应驰往台湾，攻取此岛后，清军应将该岛以及一切城堡物件交与荷人，以供荷人居住。

十月十九日，清荷联军吹响了进攻的号角，连克厦门、金门，郑军寡不敌众，被迫退守铜山（今广东东山）。此战中，清荷海军表现迥异也，前者被郑军打得晕头转向，只能寻求荷兰大炮的庇护，而后者则是打败郑军的主力。

荷军拥有当时世界上最现代化的战舰与火器，军队规模也远比当年驻台时大，厉害非凡。据史料记载，其"所恃惟巨舟大炮。舟长三十丈，广六丈，厚二尺。余树五桅，后为三层楼，旁设小窗，置铜炮。桅下置二丈巨铁炮，发之可洞石城，震数十里，世所称'红夷炮'，即其制也。舵后置照海镜，径大数尺，能照数百里，其所役使，名'乌鬼'，入水不沉，走海面如平地"（《皇朝文献通考》卷二百九十八）。这等巨舰劲炮，中国的战船，无论郑清，都难敌啊。

且说金厦，那可是明郑十多年的大本营，而今一战克之，清廷怎能不狂喜？对友邦自然也要厚厚赏赐一下喽。于是"赐银千两，大蟒段、粧段、锦段各四，采段表里各二十四。又赐国王银二千两，大蟒段、粧段、倭段、锦段、闪段、片金段各五，采段表里各三十五，遣礼部笔帖式赍往，同该督给付国人带回"（《皇朝通典》卷六十）。

荷兰人即要求清方履行约定，联手攻打台湾，但清方对铜山更感兴趣，欲一鼓作气铲尽沿海郑军势力，遂以战船欠缺帆、索具等相关设备，暂时无法作远程航行为由，加以婉拒（协议都签了，有点对不起人啊）。

双方分歧难以弥合，荷军统帅波特只好转过头来，致函正驻守铜山的郑经，提出建立双方"永久和平"的条件：归还台湾岛及原来驻台荷军的武器弹药，赔偿折合黄金六十吨的经济损失，偿还东印度公司债务人的欠款，释放荷兰俘虏等。

面对清荷的强大同盟，已失去金厦两岛的郑经，为拆散两个强敌，不得不略作变通，表示出与荷兰人和好的姿态，但对他们提出的无理要求仍予以拒绝。

康熙三年（1664）元月，波特决定出征台湾，清方象征性地派出两艘载有两百名士兵的战船随行。同时，靖南王耿继茂还给驻台郑军写了一封劝降信，让荷军带去。

荷军途中拿下澎湖，后在离台湾安平（热兰遮）东北三公里处下锚，与郑军交涉未果，又自忖难以取胜，结果一仗未打，便于二月下旬返回巴达维亚去也。

再看清军，武力攻郑的同时，也在积极招降郑军官兵，以图分化瓦解之。还别说，这招真灵，郑军降清者先后达十余万、舰船九百余艘，占其沿海兵力的十之六七。

然郑经毅然坚守铜山，继续出击附近云霄、陆鳌（今福建漳浦县东南）等地。康熙三年四月，清军攻铜山，郑经力不能支，弹尽粮绝，只好放弃东南沿海的最后一个据点，率数十舟撤往台湾。

郑经与清荷的沿海岛屿争夺战，最终以前者的惨败而告终，想来也是意料中事，本来清的实力就远强于郑，水师的不足又由海上"马车夫"来填补，怎能不大胜？但郑经的抵抗是顽强的，从中也可看出，初期郑经的指导思想并非退往台湾自守，而是仍以沿海诸岛为抗清的前沿阵地，并亲自坐镇指挥，只是后来被清军借洋师以助剿，打败了，不得不远离大陆。这应该能成为一个证据，回击捧康贬郑者们说郑经是"台独分子"的荒诞言论了吧？

同年七月，波特第三次来华。清廷任命施琅为靖海将军，三次欲与荷兰人联合攻台而未果，但后者却占据了台湾北部基隆与淡水一带。此后，荷兰东印度公司因耗费繁巨却一再徒劳无功，停止了在中国东南沿海的大规模军事行动，波特也结束了作为"荷兰出海王"的使命。

不过台湾北部那一小撮荷兰人，仍与清廷暗中勾结，伺机反扑，妄图夺回台湾。康熙六年（1667），在郑军水陆官兵的夹击下，他们只能收拾破碎的美梦，仓皇逃离了。清荷携手战郑至此宣告完结，可清、郑是战是和还将拭目以待。

小岛上的大时代

康熙三年三月，郑经从铜山退往台湾后，才把重心由沿海转移过来，真正开始了他的台湾时代。如果说老爸郑成功是第一个在台湾建

立政权的汉人，那他就是名副其实系统开发台湾的第一人，真正的台湾发展之父。郑成功复台后，不到半年便英年早逝了，他的一系列举措仅仅开了一个头，而把它落实并不断发展完善的就是他的儿子郑经。

政权巩固了。郑成功收台时，其有效管辖范围实际上局限于台南部分地区，直至郑经时，特别是他赶走了台北地区残留的荷兰人后，才真正把整个台湾纳入统治之中。他完全按照中国的传统模式，狠抓了政权建设，把根基夯实打牢。他改东都为东宁，天兴、万年二县升为州，新设南路、北路和澎湖三个安抚司。同时，加强了基层组织建设（任何时代都需要呀），将东宁城区分为四坊，各设签首；岛内汉人集聚区分为二十四里，下辖诸社，分设总理、乡长；再往下细化，则十户为牌，十牌为甲，十甲为保，分设牌首、甲首、保长，分层掌理民事，开台湾建立乡里保甲制度先河。

教育加强了。郑经采纳咨议参军陈永华的建议，在台湾各地建孔庙、办学校，逐渐形成一套从学院、府学、州学到县学、社学的完善教育体系，聘"中土之儒"为师，儿童凡年满八岁者即入学。另外，对土著民族教育还采取行倾斜措施，规定凡高山族居民有子弟读书者，可减免一定赋税，看来现在对少数民族上大学加分的优惠政策，也是有先例可循的。学校办起来了，自然要开科取士了，两者一结合，不仅促进了台湾文化的发展，也为大陆文化在台湾地区的传播起到了极为深广的推动作用。

经济发展了。郑家父子来台前，台湾人烟稀少，大多还是未开垦的荒芜之地，郑成功组织福建、广东等大陆移民来台开垦建设（颜思齐、郑芝龙为先行者），郑经更是持续不断地予以推动，成效显著。郑氏统治时期，台湾汉族与土著人口由原来的几万人增加为近三十万人；农田面积扩大至两万多甲（一甲约合十四亩），所产粮食足够军民所需。移民的来台、人口的增加、土地的开垦，为台湾的发展不断注入活力，带来生机，再伴随着郑经一系列稳健的经济建设与民族和睦政策，台湾由此大治。可以说，郑氏时代主要是郑经时代，开始了台湾第一次大规模的开发，称郑经为台湾发展之父，一点也不为过。

海外联系密切了。郑氏集团本就源于海上新势力，郑芝龙时已是东亚海上的贸易霸主了，他们绝对是当时最具海洋意识的中国人乃至东亚人了，自然不会像醉心于闭关锁国的清廷那样心胸狭隘与目光短

浅，始终把海外交流与贸易看作重中之重。郑成功起兵抗清，后来郑经败于清荷联军退守台湾，与大陆的接触基本中断，海外贸易更成了郑氏立台抗清的生命线。

恰巧荷兰人的势力被赶走了，日本因闭关锁国也退出了海上竞争，清廷则在搞史上绝无仅有的沿海迁界（以后细表），这等于把东南，不，东亚浩瀚之洋完全交给了郑氏，他们不独享都不行了。

主客观原因让郑氏台湾（明郑）时代，成为中国历史上最立足海洋、放眼世界的时代。他们的海外贸易深远宏大，全盛时每年六十余艘海船，以台岛为支点，向四周（自然不包括清廷了）极尽拓展延伸，日本及东南亚暹罗（今泰国）、越南、菲律宾、柬埔寨、马来亚、印度尼西亚等皆纳入其海上一条条贸易线编织的纵横交错的网络内，甚至遥远西方英国等也在其中。

大陆传统之丝织品、瓷器及台湾地区的土特产鹿皮、鹿脯、樟脑、硫磺、蔗糖等经由这里销往国外，换回武器和生活日用品等。海外大贸易不仅活跃了商品经济，增加了明郑财政收入，推动了台湾经济迅猛发展，也给中国一隅率先走向世界、走向日后的近代化提供了无限可能，自明中后期以来的海上新势力看来真有希望再实现一个质的跨越了。假如台湾回归二十年后，不是明郑灭亡，而是他们反清复明成功，想想看，以后的中国会是什么样子？至为宏大之规模，辅之以两百年大开放，十九世纪的中国难道不是世界一大强国？唉！

明郑海上事儿远不止贸易呀，保护海外华人权益与向南洋拓展空间，都曾列入重要议事日程，如真能实施的话，东南亚海上史可能真的要改写了。

原来西班牙殖民者于 1565 年侵占吕宋（菲律宾）后，十七世纪上半期先后两次对当地华人进行大屠杀，死亡人数达五万余人。

1603 年那一次，当时中国的明朝政府得知后非常愤怒，万历帝亲自批示中就有："吕宋（菲律宾）酋擅杀商民，抚按官议罪以闻"（《明史》），准备对西班牙人兴师问罪。可惜三次大征后，特别是与日本的朝鲜之役（1592—1598），国家损耗巨大，北方又受正在崛起的建州女真牵制，无力越洋过海进行大规模征讨，只得作罢。

1639 年再次大屠杀时，明朝内忧外患，正陷入与关外大清和内部农民军两线作战的泥潭之中不能自拔，更是心有余而力不足，顾及不上。1644 年大清入关后，镇压南明反抗乃是首要之务，加之清人

对海外华人向来漠不关心，任其自生自灭，西班牙人对吕宋华人的迫害，西方列强对海外华人的欺压，能不越发残酷与凶狠吗？

纵观清人入关至鸦片战争爆发的两百年历史，清廷从未给予海外华人任何帮助。1740 年乾隆在位时，昔日击郑时坚强的战斗同盟荷兰人，仅仅因为嫉妒华人在荷属东印度的商业成就与财富，就对华人进行大屠杀，鲜血染红了河水，史称"红河屠杀"。

之后，荷兰人也有点心虚，担心清廷震怒，影响双方通商，遂派使与清廷沟通，没曾想乾隆竟认为海外华人"内地违旨不听召回，甘心久住之辈，在天朝本应正法之人，其在外洋生事被害，孽由自取"。结果，荷兰人更加肆无忌惮，其他西方殖民者同样如此，海外华人的地位与处境就可想而知了。

至于咱们的主人公，爱民如子的一代圣主康熙，还不如乾隆呢，人家不管好坏，反正露过一次面，讲过一次话，他倒好，干了六十一年帝王，有一星半点这方面的记载吗？相比之下，明朝力不足，没干成实事，起码人家心底有啊，特别是明郑。大清，不，就说康熙，差得太远了。个中原因很复杂，有一点，对海洋的认识不同吧。

且看明郑的表现。郑成功入台前，就对吕宋（菲律宾）华人屡遭迫害很是关切，1657 年曾致函巴达维亚（今印度尼西亚首都雅加达）的一位华人甲必丹，希望他不要再与吕宋的西班牙人做贸易，并有了惩罚西班牙人的打算。

至于经常在海上劫夺郑氏和海外华人商船的荷兰人，郑成功更是两次以停止贸易相警告，并辅之以严厉打击，同时凭借强大的海上力量，发给华商郑府令牌和"国姓爷"旗号，以此为标志威慑殖民者，保护他们安全出海经商。

康熙元年（1662），郑成功收复台湾后，即遣罗马神父李科罗为使者赴吕宋与西班牙总督交涉，谴责西人残害华人的罪行，严令其改邪归正，俯首纳贡，没想到西班牙人却置若罔闻，变本加厉，竟在马尼拉对华人进行了第三次大屠杀，死者达数万人。

郑成功闻讯大怒，决定南下征讨，夺下吕宋，赶走西班牙殖民者。他妥善安置好逃到台湾的吕宋华人，积极筹备远征舰队，并暗中派人与在菲华人联络，约定届时里应外合，一战而成。无奈天不假人，还未来得及出兵，郑成功便英年早逝了！

随后的继承者郑经不失为出色的领袖，但拓展海外的雄心，似比

乃父略逊。康熙十一年（1672）正月，将领颜望忠、杨祥请伐吕宋，作为台湾的"外府"，最佳战略纵深之地。以当时的情况看，这不失为务实长远之策，但在亲信侍卫冯锡范的激烈反对下，郑经没有同意，第二年三藩之乱爆发后，他再无精力向海上进军了。直到施琅攻打台湾时，明郑才又重提这个想法，可惜又未实施，当然这是后话了。

其实郑经一直未下南洋（东南亚），应该还与他的战略指导思想有关。他始终不忘先父抗清遗志，刚继位时，即把重心放在大陆东南沿海岛屿上，只是在清荷联手打击下，没有办法了，才退守台湾，所以一旦有机会，他还是要西进西进再西进的，下南洋的事儿，非目标之所在也。

清郑和战大较量（上）

郑经在台十九年，依靠陈永华等辅助，治理是卓有成效的，即使老爸不英年早逝，也不见得就比他做得更好。这客观上对台湾民众，不论是大陆来台的汉人，还是当地的土著，都是个福分，但对清廷就不见得了。

如果你隔绝于大陆之外自成一家，管你好坏，都与俺无关，可你要是一个不忘反清的政权，那就让俺如鲠在喉，不吐不快了。这一思想可以说贯穿了清廷对台政策的始终。

纵观郑氏收台与清廷复台二十一年间的清郑较量，清廷毕竟已牢控华夏大陆，整体规模宏大，综合实力远强于局促一隅的对手，明显占据着主动权，但明郑也刚柔相济，与之周旋。至于清廷的手段，和战齐抓，再配一手更狠辣的沿海迁界也。

康熙三年（1664），清廷与荷兰人联合攻克了明郑的沿海最后一个岛屿铜山后，即决定挥师跨海东征，一鼓作气拿下台湾。十一月，受封为靖海将军的施琅，首次领兵出征，不料途中遭遇飓风，无法前行，对手的面还没见着，便只能掉头返回了。

第二年（1665）三月，最坚定地主张消灭明郑者施琅，自铜山启航，再次兵发台湾，前三日无风浪，以风帆为动力的船队进展不顺利，后又遇逆风无法前行，不折回又能咋办呢？五月，休整后的舰队第三次出发，已入澎湖口了，不幸再遇大风暴，结局可想而知，就连

施琅的指挥舰也被吹散，南入广东潮州界沿海折腾了一圈，再返回的。

大海实在是明郑抗御清人的最有力武器啊。就这样，三次征伐没打着一个人便惨淡收场了，清廷也很灰心丧气，直到三藩之乱结束，不再有武力攻台的打算，转而又拾起了招抚手段，与明郑先后十次议和，除了最后一次，都是它主动提出的，那结果又怎么样呢？

康熙六年（1667），清廷遣道员刘尔贡、知州马星、总兵孔元章等人为使，赴台与郑经谈判，允诺只要你归顺剃发，不再反清了，就封你个"八闽王"，东南沿海岛屿还可以重新交给你管辖呢。多优厚的条件啊，如果郑经只想割据称王、行一家之私，答应就是喽，干吗硬和人家过不去呢？打又打不过，这不叫不识趣吗？那么多大明子民无此待遇，也心甘情愿降了清嘛。

但郑经没有这样做，看他怎么回答的："和议之策不可久，先王之志不可坠"，"不佞亦何慕于爵号，何贪于疆土，而为此削发之举哉？"（《康熙统一台湾档案史料选辑》）明确拒绝了这次招抚。

施琅见此次和谈失败，即上了一道《边患宜靖疏》，指出："堂堂天朝，万国宾服，岂容此余灰以滋蔓患日"，次年又上了个《尽陈所见疏》，极尽所有理由，一心希望朝廷出兵，且由他带着，灭掉不共戴天之明郑，完成大清江山之一统，博取不世之功业。

归降之人能如此竭心尽力为国效忠，实乃清廷之福也，应该好好赞赏鼓励一番才是，但清廷并未领情，相反对原郑氏降将，有怀疑，不放心，害怕他们与郑氏串通，加之康熙君臣已经放弃了武力攻郑，此一时彼一时也，哪里还能听得进这种言论？

康熙七年（1668），清廷下令裁撤福建水师，将所有原郑氏降兵降将拆开，分调至京师归旗或各省屯垦，战舰全部焚毁。至于施琅，则入京担任有名无实的内大臣，郁郁不得志，空有一身抱负难展，深仇大恨难消。

不过他倒也矢志不移，留京闲差一干十三年，却仍抱定青山不放松，专心研究如何渡海灭郑，给清廷留下了极为深刻的印象，也为他日后重挑重担建功业、流芳百世美名扬，打下了坚实的基础。俗话说，有志者事竟成，施琅施琅，楷模楷模！

讲到这里，有一点需要说明的是，为了不有损康熙伟大圣君形象，一般都把这段时间清廷放弃攻台的决策，归罪于鳌拜专权所致，

非康熙不想为之也。鳌拜此人，前也说过，远非多尔衮般有凌驾于皇帝之上的权势，实乃忠心之臣，有点跋扈粗蛮而已。康熙长大后，国家最高权力仍在自己手上，只是专擅独断之性格，让他追求的是高度集权式的统治，容不得半点掣肘，何况还是鳌拜这样倚老卖老的大嗓子呢，于是才发生了用儿戏般的手段，擒拿国家第一重臣这样的荒唐事来。

一句话，所谓鳌拜专权时期（实则不是），康熙绝不是一个傀儡皇帝。放弃武力攻郑，他起码是赞同者，就是从他所谓亲政后的表现来看，也能证明这一点。

康熙八年（1669），康熙帝亲下诏书，派刑部尚书明珠到福建主持和议，对明郑作出了更大让步，允许郑氏藩封，世守台湾。郑经提出："苟能照朝鲜事例，不薙（同剃）发，称臣纳贡，尊事大之意，则可矣。"（江日升《台湾外记》）康熙则认为"若郑经留恋台湾，不思抛弃，亦可任从其便。至于比朝鲜不剃发，愿进贡投诚之说，不便允从。朝鲜系从未所有之外国，郑经乃中国之人"（《明清史料丁编》第三本）。

这两段话极为有名，也被经常拿来作为郑搞分裂、康主统一的有力证据。真相究竟如何，还需略作探讨。历来政治上的较量复杂莫测，如从当事人的某一两句话，甚至其中一个词就给谁定性，实在有失偏颇。无论明郑，还是清廷，和谈都是一种政治手段，双方都想在一个特定阶段，凭此为我所用，最大限度实现自己的特定目的。有些话说出来，并非就是己之心愿，也许是斗争的方法策略或情势所迫暂且如此，所以关键还是要看具体的行动与结果，他们最后到底是怎么做的，而不是光看谁说了些什么。

先观以康熙为代表的清廷，和谈时既说过上面看起来很义正词严的话，也说过："自海上用兵以来，朝廷屡下招抚之令，而议终不成。皆由封疆诸臣执泥削发登岸，彼此龃龉。……愿贵君臣同于箕子，毋蹈田横之故辙。则何不罢兵休士，全车甲而归台湾，自处于海外宾臣之列。其受封爵惟愿，不受封爵亦惟愿。我朝廷亦何惜以穷海远适之区，为尔君臣完全名节之地。……执事如感朝廷之恩，则以岁时通贡如朝鲜故事，通商贸易，永无猜嫌，岂不美哉？"

"台湾本非中国版籍，而足下父子，自辟荆榛，且眷怀胜国，未尝如吴三桂之僭妄，本朝亦何惜海外一弹丸地，不听田横壮士逍遥其

间乎？近三藩殄灭，中外一家，豪杰识时，必不复思嘘已灰之焰，毒疮痍之民。若能保境息兵，则从此不必登岸，不必剃发，不必易衣冠。称臣入贡可也，不称臣不入贡亦可也。以台湾为箕子之朝鲜，为徐福之日本，与世无争，与人无患，沿海生灵，永息涂炭。惟足下图之！"（清贝子赖塔秉康熙之旨予郑经书中所言）

相反明郑也留下过许多壮语，郑经发布的文告曾说："我先王忘家为国，抗夷于方张之际，……因退屯东宁，生聚教诲者十一余年，庶几勾践之图，无堕先王之志。"还写过这样的诗歌："西郭楼台近水滨，青山白云相与邻。试问阁中谁隐者，昔日先朝一汉臣。"（《题东壁楼景自叙》）"王气中原尽，衣冠海外留。雄图终未已，日夕整戈矛。"（《满酋使来有不登岸不易服之说愤而赋之》）"胡虏腥尘遍九州，忠臣义士怀悲愁。既无博浪子房击，须效中流祖逖舟。故国山河尽变色，旧京宫阙化成丘。复仇雪耻知何日，不斩楼兰誓不休。"（《悲中原未复》）

开本文之先例，引用这么多，不是要证明孰好孰坏，孰优孰劣，而是觉得对一个人、一件事的评价，不要为了某种目的，先设定好一个框架，然后对摆在面前的一大堆证据，只选能为己所用的，其他的一概视而不见，实在有违客观真实性啊。

清郑和战大较量（下）

对清廷与明郑，康熙与郑经，既然都能找到完全相反的观点，那就要赞一齐赞，骂一齐骂，何必一个高捧，一个痛贬呢？一个民族在其历史的岔路口上，本就有多条路可走，也并非这样走就好，那样走就差。

单论统一，在明清交替的非常时期，以现在的眼光来看，大清统一是正义的，可以呀，都是中华民族嘛，但也没必要就此走向另一个极端，反而把过去认为最正统的说成是分裂吧。康熙拿下台湾，客观上实现了华夏的统一，这当然是正义的，但如果郑经反过来抗清成功，恢复中原，就是现在来看，也不能说就是恶行呀？

还有一点，就是单看郑经与康熙那两段名言，后人的理解可能也有误。因为对照清廷已经答应的条件，郑经如果答应，明郑实际上已是自成一家了，又何必再与朝鲜比个什么劲呢？因此细观话中含意，

特别是康熙答复之言，应能清楚地看到，"照朝鲜事例"及"中国之人"这些话语，重在剃不剃发，而与是否分离中国无关。

双方都把它看作一个根本问题，郑经从长远发展着眼，什么都可以谈，惟独发坚决不能剃，当年郑成功也是这样。而康熙也秉承了先辈们的一贯主张，对汉人无论如何要把发剃掉，这是归顺大清最显著的标志，否则就是十恶不赦的叛逆。这下好了，根本点谈不拢，其他说得再好都是白搭，历来清郑谈判大都因此半途而废。

其实说到底，根本的根本还是郑经不愿和谈，民族气节仍在，恢复中原之志不灭啊，否则千千万万汉人都已剃发了，他干吗非要坚持呢，太多太多的人要是能凭此换来这等荣华富贵，求之不得呢，以后的事实也验证了这一点。

康熙八年（1669）的谈判失败后，清郑各守其界，不战不和，相安无事，进入了双方最平和的一段时光，但仅仅过了四五年，三藩之乱爆发，一石激起千层浪，两岸之间静谧的海面上，顿时又暴风骤雨，狂涛汹涌了。

康熙十三年（1674）三月，靖南王耿精忠（耿继茂长子）响应吴三桂反清，遣使台湾，约郑经出兵大陆，许以福建南部沿海郡邑。矢志中原的郑经毫不迟疑地派兵西征，先后占领福建广东沿海不少地方，昔日繁盛局面再现也。

然郑经与耿精忠及吴三桂的关系很快破裂，其中一因便是复明问题，比起耿、吴各有"异志"来，他对大明要更为忠诚，对抗清也更加坚定。同时，郑军也很英勇顽强，在东南，不，整个反清队伍中，除了吴周政权，他们是坚持最久的。

康熙十五年（1676），福建耿精忠与广东尚之信先后降清，明郑独守东南沿海之地，要抵抗清军与耿、尚的联合进攻，势单力薄，颓势难挽了，至康熙十六年（1677）初，郑军接连失利，只能退守厦门与金门了，不过清军没有水师（都烧掉了），无法展开进一步打击，只好再施招抚。

当年四月、七月，清康亲王杰书（代善孙）先后两次遣使至厦门，与郑经谈判，提出只要其从沿海诸岛撤出，完全退回台湾，关起门过自家小日子，双方以澎湖为界，即可"照依朝鲜事例"。哇，条件进一步放宽了，显然是得到康熙指示，不然康亲王有几个脑袋敢如此行事？这下郑经该满意了吧？

一再说了，郑经的志向是恢复中原，岂愿僻处于台湾一隅？这次也不例外，纵然你清廷给再多的优惠条件，纵然明郑抗清犹如鸡蛋碰石头，郑经也绝不会主动割断与大陆联系的，所以他要求继续驻守沿海已占岛屿，并有意提出粮饷还要由清廷来供给。这简直"欺人太甚"了！清廷当然不会接受，和谈遂告终止。

康熙十七年（1678）六月，郑经命第一大帅刘国轩以金厦为基地发动反攻，一度占领闽南不少州县，旋即又被清军收复，但他矢志不渝，顽强战斗不退缩。十月至第二年（1679）五月，康亲王与新任总督姚启圣又先后四次遣使招抚郑经，劝其接受前议"照依朝鲜事例"，回台湾算了，但郑经仍然坚持保留厦门附近的海澄为双方往来公所，和谈再度失败。

期间，清廷也采取和战"两手抓"，康熙十六年（1677）恢复了福建水师建制，十八年（1679），命骁勇善战又熟悉海疆的岳州水师总兵万正色（还不是施琅呢）为福建水师提督，年底便初步训练出一支拥有战船二百四十艘、官兵近三万名的精锐海上之师。同时，辅以惨烈的"沿海迁界"，严封死锁郑军，再对其官兵开展大规模招降活动，瓦解其军心，削弱其实力，为下一步攻坚战做好了准备。

和谈失败后，康熙十九年（1680）正月，清廷终于不再依赖荷兰人了，完全靠自己的海军，携手陆军齐头并进，大败郑军，再次尽收东南沿海诸岛，郑经无奈率残部一千余人渡海东退台湾去了。

三藩之乱可以说是郑经一生事业的转折点，也是清郑三十余年相争的转折点。之前，明郑虽然实力不如对手，败多胜少，但始终保持着勃勃生机与活力，清廷虽占优势，却也奈何不得，可之后，整个形势彻底改变了。

乘乱而进，沿海争锋，数载奋斗，几番拼搏，为实现老爸遗志，郑经不可谓不尽心竭力，到头来寸土未得，却损兵折将，败退回来时，全台兵力不过万人，又因连年征战，拖垮经济，过去积累的财富也一扫而空，困难重重，几陷绝境。

遭此重击，郑经一蹶不振，雄姿英发不复有，理想破灭志消沉，完全像换了一个人，整日"怠于政事，溺于酒色"，于次年（1681）正月暴卒，年仅三十九岁，只比老爸长命一岁。虽然史书未有记载，想必回台后的短暂岁月，应是他人生最痛苦的一段时光了。

确实，作为一个曾经雄心万丈的政治人物，打击还有比此更沉重

的吗？但他忘了一点，有句俗话说得好，"留得青山在，不怕没柴烧"，自己还不到四十，只要挨过这一关，谁说不会迎来一片更广阔的蓝天呢？这一点，他倒真不如施琅了，人家可是在京城里，冷板凳一坐十三年呀。

且说郑经死后，明郑又是一番激烈权争。他的亲信冯锡范竟联手他的弟弟们，阴谋杀害了他时年十七岁的长子、年轻有为的监国郑克臧，拥立年仅十一岁的次子、冯的女婿郑克塽（1670—1707）即位，自此，郑氏内政听命于冯锡范，军事取决于刘国轩。虽然二人也颇有才具，但新败之后、领袖刚亡之际，又来个内部权斗杀戮，民众之心岂能安定？

真是屋漏偏逢连降雨，天灾人祸往往都是孪生兄弟，无法分开呀，从郑经亡故那一年（1681）起，台湾气候反常，旱灾水灾一起来，竟造成连续三年的大饥荒，民众苦不堪言，不满日益加剧，明郑败象已显了。

反观大清，平定三藩之乱后，政权更加巩固，社会更趋安定，又开始向着和谐发展之路阔步迈进，雄壮帝国更为雄壮喽。就是以前薄弱的海军，如今也是兵强船壮，不靠"友邦"，自力更生，把郑经再次赶回老家去，足以证明实际战斗力已超过郑家那支昔日东亚海上的无敌舰队了。此消彼长，郑清差距已在千里，如今摆在康大帝面前的，不是能不能打下台湾，而是愿不愿意去打的问题了。

最后一战定乾坤

施琅三攻台湾无功而返，康熙和他的清廷已不打算再用武力解决问题了，甚至采用相当极端的做法，裁撤福建水师，焚毁全部战舰，改以招抚，只是一直未见成效，后见三藩之乱中郑经的表现，及随后郑经速亡与明郑局势的恶变，特别是施琅、姚启圣、李光地等一批汉大臣的力谏，才逐渐下定武力灭郑的决心。其中施琅更是居功至伟呀。

不过他能被康熙看中并赋予重任，可是经历了一个比较漫长艰辛的过程。康熙七年（1668），清廷裁撤福建水师，提督施琅被调入京师担任内大臣后，整整十三年不受康大帝待见。想想也是，一个翻来覆去的降将，连长子在内（两次被郑经俘虏，授予官职），又有几十

号亲属尚处在敌方阵营，仅此一条就够打入冷宫了，何况其人脾气还相当不好呢！

康熙十七年（1678），清廷重建福建水师，康熙先后调京口将军王之鼎、湖广岳州水师总兵万正色为提督，就是不用施琅，福建总督姚启圣十几次保荐他，也都石沉大海。一个优秀的海军将领，遭受如此待遇，足见康大帝对他的成见是何等之深了。

康熙二十年（1681），得知明郑大变故后，康熙终于有了动武之念，起初仍未想到启用施琅。这时担任福建水师提督的万正色，一个勇不可当的骁将，思想却没跟上主子的意思，坚决反对攻台，这咋行呢？打明郑靠的就是这支水师呀，换人吧，但换谁呢？

康熙亲信福建人李光地（1642—1718）站出来了，向皇上大力举荐施琅，姚启圣也乘势拿出其在敌阵营子侄七十余口已被郑氏杀害的证据，康大帝终于首肯了，新的福建水师提督就是施琅了，并加太子少保衔。万正色呢？改任陆路提督。

有意思的是，走马上任没多久的施琅便和大恩人姚启圣弄僵了，主要是他想撇开作为福建总督的姚启圣与巡抚吴兴祚，专征台湾，独揽不世之功，其性格为人可见也。姚、吴岂能让他得逞，遂转而支持与明郑和谈，而后者眼见力量悬殊，难以对抗，对此也是非常主动。

这样一来，前方清军内部都难达成一致，出兵也只能一拖再拖了，清廷人数众多的主和派，乘机上疏，反对出兵台湾。对征台本就意志不坚的康熙，开始动摇了，并下诏暂停出征。

这边厢，和谈也在积极进行，但结果不理想，明郑仍然坚持不剃发易服这一环节不放，和谈最终破裂。而整个大清朝，攻台意志最坚者施琅这时也坐不住了，焦急万分，康熙二十一年（1682），两次上疏康大帝，力陈出兵的可行性，条理明晰，言词恳切，加之和谈破裂，终于打动了一代圣主。康熙不仅坚定地予以支持，还委其独任专征的大权。施琅得偿所愿，下一步就要看他能否对得起英明的皇上了。

康熙二十二年（1683）六月十一日，施琅终于率领海军两万一千余人，各型战舰二百三十六艘，誓师铜山，东向台湾出发了。十六日，大军在澎湖与明郑刘国轩军进行了第一次大战。

双方兵力、战舰都旗鼓相当（郑军刚惨败，有那么多吗？疑），一时间打得难解难分，枪炮齐鸣，杀声震天。清军稍有不利，先锋官

蓝理腹破肠流，施琅自己也挂了彩，急忙撤退，停泊于八罩岛（今望安岛）。刘国轩因军中缺粮，担心部属溃散，也未敢穷追猛打，给了施琅喘息之机。

通常六月时节，澎湖难有五日和风，当时海潮骤涨，几与岛平，一场狂飙飓风看起来即将来袭，清军停泊之处又属险地（好的都在郑军手上呢），真有点危在旦夕了，施琅也是心惊胆战，不知如何是好。可突然间老天愤怒还未爆发出来，又心平气和了，施琅连呼"天佑我师也"，遂整军再战。

这上天嘛，有时也是公平的，当年施琅三攻台湾时，都因为海上恶劣气候无功而返，而今，仿佛补偿似的，从施琅出征至八罩岛整军，前后十日有余，天公却一直作美，并无暴风海啸，否则清军后果不堪设想啊。

二十一日傍晚，休整五日的清军再一次向澎湖主岛挺进。郑军统帅刘国轩，也是不输于施琅的顶尖级海军将领，又占主场之利。对澎湖海上的事儿，他自然更是了如指掌。

他见清军泊于八罩岛时，便冷笑道，这还需要咱们动手吗？狂涛就将他们碾碎了。结果天未遂人愿（只能遂一家呀），而今看到清军再来时，乌云蔽日，不禁又是一阵大笑，这还要排什么兵，但摆酒设宴，边喝边看他们葬身海底吧。突然间，一声闷雷从天边传来，刘国轩又复大惊失色，仰天长叹"此天也，非人也"，何哉？原来这澎湖的天气通常是乌云合飓风起，雷声响风云散啊。

从来有人哭就有人笑，这边厢，施琅也是转瞬间由惊转喜，既然上天如此垂青，弟兄们，还不努力往前冲！有上天保佑，清军将士们更加精神百倍、斗志昂扬了。二十二日清晨，清军兵分三路，向郑军发起了总攻，一场更为惨烈的海战打响了。

当机遇不再，就凭实力时，清郑短兵相接，结局可想而知了，战斗持续了八九个小时，最后以郑军完败告终，官兵阵亡一万两千三百余人，投降五千余人，战舰损失一百九十四艘，澎湖外围三十六岛兵民全部投降，刘国轩只带着三十一艘小船逃回台湾。而清军官兵总共只亡三百二十九人，伤一千八百余人。真有点不可思议，胜利者的记录不知有多少真实性啊。

澎湖大决战的失败，其实已为明郑敲响了丧钟。获胜的施琅并未直捣"龙庭"，而是整军于澎湖，以强大的武力为后盾，展开和平攻

势，台岛人心惶惶，大势已去矣。冯锡范准备带郑克塽南下吕宋，开拓新天地，这也不失为良策，但被决意降清的刘国轩劝阻，明郑最后一次拓展南洋的计划，就这样戛然而止了。

结果明郑决定投降，八月十三日，施琅抵台受降，十八日明郑上下全部剃发归顺，从此台湾正式纳入大清版图，大明也算是彻彻底底结束了。九月初十，康熙晋升施琅为靖海将军，官秩京外武职最高军阶从一品，并封之为靖海侯，准许世袭罔替，还破格赐其享戴花翎殊荣，位极人臣了。施琅，屡遭顿挫，终于功成名就也。

战后台湾略介绍

大清的眼中钉明郑灭亡了，但还有一个台湾怎么办？康熙一直认为，台湾不过是个"弹丸之地，得之无所加，不得无所损"，如此，消灭明郑后，还守不守台湾，就无关大局了。朝堂之上，官员大都持这种观点。台湾，放弃又如何？顶多守守澎湖就行啦。

此时，一些眼光深远的汉臣们站出来了（大清定天下的每一步皆如此），上疏力陈守台的重要性，为大清统一的多民族国家的建立，作出了巨大贡献。这里还是要特别说说施琅，他不仅是最坚定的攻台者，也是最坚定的守台者。于当年底，他进呈了《陈台湾弃留利害疏》，详述台湾与东南海防的关系，对放弃台湾的观点逐一进行驳斥，深刻阐明了守台的重大意义。

康熙看到施琅等人的奏折后，幡然醒悟，改变初衷，决定守台。康熙二十三年（1684）四月，清廷设置台湾一府（原明郑时承天府），下辖台湾、凤山、诸罗三县，归福建省台湾厦门道管辖；同时，设台湾镇总兵一员，驻兵八千，隶属福建水师提督，并设澎湖副将一员，驻兵三千。有两个人的名字需要提一下，首任台湾知府蒋毓英和首任台湾总兵官杨文魁。

清廷在台一府三县的行政机构，康熙一朝基本未再变动，仅于康熙六十一年（1722），设置了巡视台湾观察御史，其后根据形势需要，又加以改进完善，至嘉庆十七年（1812），已增至一府四县三厅了，再至光绪十一年（1885），方在台湾建省，第一任巡抚就是那大名鼎鼎的刘铭传。

康熙与施琅的收台，客观上维护了中华的统一，当然算得上一个

功业，但是就像前面多次提起的，不应拔高，更不能上线上纲。为何？就是从现在的角度讲，它也不过是中华民族内部的一场互为争雄，谈不上谁正义、谁邪恶。

仅举三国之例，你不能因为刘备所谓的正统，就说曹操是分裂分子吧，也不能因为曹操最有实力最有可能一统天下，反过来又说刘备是阻碍国家统一的罪魁吧。

至于康熙在收台中的表现，前面已说得够多了，不再重复。简言之，就像平定三藩一样，没看出他有啥非凡的本事，就是最后一战而胜，也是大势所趋，水到渠成罢了。非要问谁功劳最大，毫无疑问是施琅。

打台湾是人家具体干的，而且要不是他的力荐，按着康熙原来的意思，台湾刚进入大清怀抱，就又可能成为化外之邦喽。虽然施琅的目的并不见得高尚，但结果已经足够了，完全是一件泽被后世的大功业。康熙也值得表扬，毕竟他听从了劝告，没有干糊涂事。

还有呢，施琅攻下台湾后，做了不少有利于台湾稳定的事儿，比如以他和郑家的深仇大恨，人们都以为公报私仇的事要发生了，但他没有，反而往祭郑成功之庙，不管真心与否，客观上安定了台湾人心。但话说回来，他让人诟病的地方也不少。

台南已开垦土地，有一半之多从此成了"施侯租田园"，所收租子叫"施侯大租"，具体情况啥样呢？乾隆二年（1737），清廷自己发布上谕说："闽省澎湖地方，系海中孤岛，并无田地可耕。附岛居民，咸置小艇捕鱼，以糊其口。昔年提臣施琅倚势霸占，立为独行，每年得规礼一千二百两；及许良彬到任后，遂将此项奏请归公，以为提督衙门公事之用，每年交纳，率以为常。行家任意苛求，鱼人多受剥削，颇为沿海穷民之苦累。著总督郝玉麟，宣朕谕旨，永行禁革。"

尤甚者，施琅，不，清廷收台前期，是严厉禁止大陆民众移往台湾的，只有给施琅这样在台有土地的"地主阶级"打工，才可以随着农作物耕种的周期，像候鸟一样往来于两岸之间。

当然民众为了生存，自发的移民想挡也是挡不了的，福建、广东沿海人民主要采取偷渡的方式来台，人数还不少呢。从康熙二十二年（1683）至嘉庆十六年（1811），台湾人口由近三十万猛增至两百万，这里面大陆移民居功至伟啊，他们为台湾的进一步开发建设作出了巨大的贡献。

沿海迁界罪难救（上）

康熙收复台湾，明郑三十余年抗清终告结束，随之而来的，清廷一些专门针对沿海抗清分子的举措也寿终正寝了，最有名、最惨无人道也是亘古未有极尽乖张之能事的那一项，自然就是沿海迁界。

其源头始于顺康之交，但正式启动至结束二十余年间，皆在康熙时代。虽说康大帝即位之初，尚有四辅臣主政，但也只短短几年，大部分时间还是在康熙亲政时，因此这沿海迁界好也罢、坏也罢，最大的责任人都是咱们的千年一帝呀。

不过这迁界究竟咋回事呢？原来大清入主中原后，东南沿海由郑成功领衔的抗清斗争，声势浩大，影响深远，尤其是长江之役，攻南京虽败，却犹如一个晴空霹雳！清廷被震得惊惊然惶惶然，竟拿出空前绝后之大手段，在不准片帆下海的基础上，于顺治十八年（1661）再来一次质的跨越，搞起大规模的沿海迁界了，在中国万里海岸线上立马建起一条巨大的真空带，妄图割断立足于海岛的抗清义军们和大陆民众间的一切联系，把前者困死，也防后者响应"附逆"。

当时顺治已过世，康熙正月就接班，只是年号未改罢了，不过还是要客观地说一句，即位时才七岁的小皇帝，哪懂得什么迁界不迁界，决策肯定是当政的四辅臣主导的。但也不能全怪他们，因为此恶行能够实施，乃是清人入关后，面对广大被征服者一贯凶狠残暴的必然结果也。

且说沿海迁界，正式启动于当年九月，朝廷的钦差大臣分赴沿海各省巡视督察，地方官们哪敢怠慢，搞不好可是要掉脑袋的，自然全力以赴，雷厉风行地开展了这场堪称史上最具规模的"大移民运动"。上至现河北下至今广西，包括海南的中国沿海一带，濒海三十里地界上的民众，三天之内全部转移出去！由于福建是郑成功抗清的主要根据地，因此与邻近的广东、浙江，是迁界中的重中之重，是政策执行最为严格的三省。

清廷的大气魄，真让人叹服啊！此等繁巨之务，不要说三百多年前了，就是现如今世界惟一超级大国美国，恐怕想干都不见得能干起来吧，但人家就干了，且在极短的时间内落实了，行政效率非常高，大清领袖绝对是有史以来最伟大的CEO。

217

不过可别以为，此移民如同咱今天的三峡移民一样，政府尽了最大的努力，做了最好的保障，竭尽所能把迁移安置工作开展得细致入微，妥善到位，力求让老百姓满意放心。其残暴与毒辣可是无所不用其极的。

苛！

清廷画地为牢确定所谓的"边界"后，即严令界外民众，三天之内全部迁往内地。看看，多不顾人死活呀，就是现在交通发达，运载工具齐备，也不能说在这么短时间内就能让如此庞大且分居于辽阔土地上的民众，在事先没有任何征兆准备的情况下，立马就都走人呀！除非单身汉，了无牵挂。边界三民结局之凄苦悲惨可想而知。

时人记载如下："朝命甫下，奉者过于严峻，勒期仅三日，远者未及知，近者知而未信。逾二日，逐骑即至，一时跄踉，富人尽弃其赀，贫人夫荷釜，妻襁儿，携斗米，挟束稿，望门依栖。起江浙，抵闽粤，数千里沃壤捐作蓬蒿，土著尽流移。"（本节引用皆来自顾诚《南明史》，以下略）

毒！

生于此长于此的民众，怎能没有念乡之情？大多数都舍不得走，怎么办？清廷就派军在后驱赶，并纵骑驰射，焚其房屋，断其后路，如再不走，三个字——杀无赦；走后还想再返回的，只要一越界，还是三个字——杀无赦！

沿海民众，死伤累累，迁时便倒了一半，一路上艰难险阻不用说，官府也不给予任何照顾，累病饿死者不绝于途，能到达目的地的还能有多少？到达者又怎么生存？几番折磨，生还者十不存一二，仅广东死者就达数十万！

毫不夸张地说，中国沿海一带，历史上任何一场战争的破坏，民众所受的灾难，与此相比都相形见绌。只有一个丝毫不把民众放在眼里的统治者，才会作出这等惨绝人寰的恶行来。

且看时人记载："稍后，军骑驰射，火箭焚其庐室，民皇皇鸟兽散，火累月不熄。而水军之战舰数千艘亦同时焚，曰：'无资寇用！'""令下即日，挈妻负子载道路，处其居室，放火焚烧，片石不留。民死过半，枕藉道涂。即一二能至内地者，俱无儋石之粮，饿殍已在目前……火焚二个月，惨不可言。兴（化）、泉（州）、漳（州）三府尤甚"；"先画一界，

而以绳直之。其间有一宅而半弃者，有一室而中断者。浚以深沟，别为内外。稍逾跬步，死即随之"，"着附海居民搬入离城二十里内居住，二十里外筑土墙为界，寸板不许下海，界外不许闲行，出界以违旨立杀。武兵不时巡界。间有越界，一遇巡兵，登时斩首"。

绝！

清廷不仅烧房杀人，就连树木青草也不放过！为的是怕郑成功们利用，真是无所不用其极，不得不令人仰天叹啊叹！竖起大拇指，实在高啊高！试问古今中外，还有哪一个政权能比它"更炫更酷"？有据为证："当播迁之后，大起民夫，以将官统之出界，毁屋撤墙，民有压死者。至是一望荒芜矣。又下砍树之令，致多年轮囷豫章、数千株成林果树、无数合抱松柏荡然以尽。……三月间，令巡界兵割青，使寸草不留于地上。"

更甚者，还有河流呢！人家郑成功们可是水中蛟龙呀，不断其根本咋行？于是对入海之河一律发兵把断，在河中钉立木桩，严防舟船越过，如福建省，"其入海之水曰潘渡河、曰铜镜河、曰廉村河、曰洋尾河、曰大梅河、曰赤头河、曰云霄河、曰开溪河，皆断而守之"。苏北兴化白驹场原有水利工程闸口四座，虽"离海甚远，并非沿边地方"，清廷照样下令堵塞，"以致水无所出，淹没田亩"。唉，只可惜人还是不能胜天呀，要是技术过关，把大海也给守上，岂不更妙？

隔！

对驱赶的民众，光烧杀还不够呀，总有"胆大妄为"者，还是想回家，咋办？也搞"柏林墙"呗。对划定的那条地界，清廷起初以插旗、木栅、篱笆为界，后越来越严格，开始挖个大深沟，或筑个土墙什么的，再后来对这些觉得还是不放心，干脆一步到位，征发民夫，大兴土木，建造宏伟界墙了，且沿界建寨设墩，驻军把守。

怪不得康熙不修长城呢，原来劲都往这使了，钱都向这砸了，所有的聪明才智也都奉献给沿海迁界了。是啊，北方长城再修也是炒冷饭，功劳你能大得过了秦始皇？就是被骂，也是人家独占鳌头呀，咱不如另搞一个，好歹也是开创者、奠基人呢。

想想真是悲痛并可笑，痛的是受难的民众们，可笑的是那些无原则的捧康者们。康熙不修长城的三言两语："秦筑长城以来，汉、唐、宋亦常修理，其时岂无边患？明末我太祖统士兵长驱直入，诸路瓦

解，皆莫能当。可见守国之道，惟在修德安民。民心悦则邦本得，而边境自固，所谓'众志成城'者是也。"这句话倒被他们奉若神明，证明出圣主的伟大、大清的伟大来。无须做什么辩驳了，沿海迁界便是给他们的一记最响亮的耳光！

关于沿海迁界，当时人记载实在太多了，不胜枚举，就以当时人卢若腾的《虏迁沿海居民诗》，作以上诸多引用的结尾吧：

天寒日又西，男妇相扶携。去去将安适？掩面道旁啼。胡骑严驱遣，克日不容稽。务使濒海土，鞠为茂草萋。富者忽焉贫，贫者谁提撕？欲渔无深渊，欲耕无广畦。内地忧人满，妇姑应勃溪。聚众易生乱，矧为饥所挤。闻将凿长堑，置戍列鼓鼙。防海如防边，劳苦及旄倪。既丧乐生心，溃决谁能堤。

沿海迁界罪难救（下）

好了，康熙与他的清廷二十余年努力奋斗，工夫岂能白费？史上最伟大的防"逆"也是防民工程（又是一最），以最快的速度雄伟而起了，华夏万里的海岸线上，有了一条宽度约为三十里的无人区，有的地方还是无生物区。

结果，拥有世界上海岸线最长国家之一的中国，竟一夜之间变成了一个标标准准的内陆国家，这又是一个世界之最了，不，世界惟一了，而它所带来的破坏更是毁灭性的，被迁民众的苦难已经说了，但又何止于此？清廷也是搬起石头砸了自己的脚，多方面阻碍制约了自己的发展，中华民族前进的脚步也因此放缓放慢甚至走错了方向。

中国沿海特别是东南沿海，经过历朝历代的开发，唐宋以后渐成繁盛之地，晚明时更是处在东西方海外大贸易的前沿，比起内陆大部分地区，民众生活是走在前面的，经济也是蓬勃发展、欣欣向荣。

那里有进行海外贸易的诸多优良港口，它们不仅是通向世界的桥头堡，还是国家海上财富的聚拢地。咱不讲啥大道理，不说海洋文明什么，搞好了，就是给朝廷带来的银子，也是哗哗的。想那郑芝龙，就靠这海，富可敌国呢，国家搞好了，岂不美哉？唉，都是空谈了。

不错，有明郑这样的对抗势力把持着海上，尽管你不想着和他竞

争，但起码不能自我破坏吧。一样东西搁那搁着，陈旧点没关系，拿出来擦擦还能用，可你要是把它打碎了，再想粘起来就难了，而且以后也不经碰呀。

何况，迁界耗费繁巨，仅修建新的"长城"，想想看那么大的工程，要花多少人力物力财力呀，加上国家因此所受的惊人损失（下面会讲），两相一合，能造多少船，能发展多少水师呀！

如果康熙思路对头，清廷策略正确，不要说有一个雄阔的帝国做后盾了，就凭这也能建设一支足以与郑家舰队一争雄长的强大海军了，哪里还要等到二十年后大势所趋之际，才灭了明郑，拿下台湾？看看，把咱们施琅辛苦的，受了多少挫折呀，繁华京城里十三年冷板凳可不好坐呢。

港口说了，咱们再来谈谈这迁界之地，良田沃土，城乡交错，还有可资富国的渔业和盐业，没有毁在反抗者手里，却因清廷的迁海令，在官兵们的尽情纵掠下，一夜之间化成了废墟。时人载："以予所睹，界外所弃，若县若卫所，城郭故址，断垣遗础，髑髅枯骨，隐现草间。粤俗乡村曰墟，惟存瓦砾；盐场曰漏，化为沮洳。水绝桥梁，深厉浅揭，行者病之。其山皆丛莽黑菁，豺虎伏焉。田多膏腴，沟塍久废，一望汗莱，良可惜也。"

仅广东、福建两省，荒芜之地就达近五百八十万亩，而沿海各地渔盐业，也几乎完全停顿！迁界迁界，不仅老百姓受苦受难，朝廷也损失了一大笔赋税。再以闽粤为例，一年仅田赋这一块就是五十余万两呢，如果把整个沿海迁界之地，所有赋税如商业呀渔业呀盐业呀等的税都算进去，数字该是何等惊人！

国家正值多事之秋，财政本就入不敷出，又加这等损失，怎么办？有啊，再从老百姓手里拿呗。昔日大明被批得一塌糊涂的剿饷也恢复了，更厉害的手腕是摊派，界外损失界内民众帮着给补上，尤其苏松富饶之地，越发跑不了喽。

当然最严重的还是闭关锁国政策的强硬实施，海外贸易的大停顿。明中后期以来逐渐发展起来的海外大贸易，崇祯时已是热闹非凡，一派繁华景象了。不能假设如果继续下去会怎么怎么样，但是有一点，它不是坏事吧，于国于民都有利也。

但清廷不这样想，海禁特别是搞沿海迁界后，海外贸易私人的弄不成了，官方的市舶贸易也一度完全停顿，从康熙元年始，整整二十

221

年！如果说，这还有理由可讲，是为了对付海上抗清武装，那明郑投降了，台湾也收复了，总该开禁了吧？不可理喻的是，迁海倒是不搞了，海禁却在继续，直到一个半世纪后，被人家用枪炮打开了大门，其间只是偶尔放宽一点出海的限制罢了。

这等极其愚蠢的严重阻碍社会经济发展的闭关锁国政策，才是造成中国近代落后挨打的直接原因。不要动不动就扯到明朝身上，人家亡时留下的可是一个海上大贸易的宏伟事业，只是到你接手时，才丢掉不要了，怪谁呢？明郑之前还能讲点客观理由，之后就令人匪夷所思了，而这正是从康熙时最终敲定下来，海禁成为清廷日后坚定不移贯彻执行的一项基本国策。

由此及彼，反过来再看明郑立国于海洋，那是多么令人憧憬向往的大事业呀！它的灭亡，不仅终结了明中后期以来海上新势力及海外大贸易时代，更是宣告了史上中国走向海洋、迈向世界的最后一次希望的破灭，从此以后，华夏终被西方凌辱注定而不可改变了，惟一不确定的是具体在何时？

其实康熙灭了明郑，一切都还来得及，他本可以带着大清实现一个质的跨越，但他没有这样做，而是放弃了看起来很正常也不是难以理解的海上大事业。他的时代，大清还可以凭着庞大的身躯及西方对它的不了解，与世界上任何一个强权抗衡抗衡，可他所定大政方针的错误，导致了中西差距的日益拉大，以至大到不可挽回，而人家又已看穿你时，大清的命运还需要再多说吗？

因此导致近代中国落后的直接源头，应该是千年一帝康熙也。人们吹捧得无以复加的盛世中，其实已经撒下了落后乃至败亡的种子。不信？下面要说的另一个大事件，可以让咱们看得更清晰些。

［沙俄篇］"盛世"败象初体现

康熙平三藩收台湾后，大清根基历经无数血的代价，终于彻底打牢夯实，坚如磐石也。大陆一片祥和了，被征服者们不认命还能怎么办？台湾虽有反清复明的天地会发动了一些起义，如影响较大的朱一贵之变等，实力上不足道哉，迅速便被平息，无关大局啦。现在起，帝国才算真正告别了乱世，走向了治世，康熙终于可以安安稳稳坐他的江山了。

国内的发展？更没关系，像大清这样的庞大帝国，入关一统不久，又处在百废待兴之际，只要是安定团结的，脚踏实地的，总会有一个阶段，各项事业会雄赳赳、气昂昂阔步向前迈进，小则能成帝国的盛世，大则整个华夏历史中的盛世，大体如此，一般趋势也。

恰逢其时的帝王，第一当家人，不是才华横溢也没关系，你就老老实实，不搞什么"歪门邪道"，哪怕无为而治，国家还不照样发展？除非你就是隋炀帝，那谁也没办法。康熙就正好处于这样一个阶段，这是他的幸，当然如果不是自己小年轻时不懂事，过于心急冒进，他本可以早个一二十年踏上这个转折点。

算了，不多说了，过去的事情都过去了，咱们还是多看看将来吧，他自己当时不知道，后人清楚呀，康大帝尚存四十年大展拳脚的

时间呢。历史上这么多帝王，除了他孙子乾隆，没人能比得了他，浪费了二十年，还有这等悠悠好时光。

而咱们的康大帝，虽没啥非凡的本领，中等之资还是有的，做个守成之君，绰绰有余也。可问题是，他把历史给予他的机遇都抓住了吗？他能把大清带到本可以达到的高度吗？这就要看本事的大小了，不是正常发展那么简单，本事不一样，结果自然不一样。

严格说起来，此时国内的事儿还好办些，外来的突然撞击，特别是面临新问题新考验时，那就要看你到底是"雄"还是"熊"了。这不，说曹操，曹操就到，两件大事儿跟着就来了，对康熙，对大清，对华夏，皆影响深远。看咱大帝如何应对吧。

一是噶尔丹东侵。雄居天山南北的准噶尔，虽属中华大家庭，当时可是与大清并行的呀，其一代雄主噶尔丹一心想在长城外的蒙古大草原上，与康熙争个高下，雄心很大，实力不足，失败是必然的，这方面以后会详述。简单说还属于传统范畴，历朝历代周而复始上演的中原大王朝（清现在是了）与北方游牧民族之间的侵扰与反侵扰，打不打得赢，还是汉唐那些事儿。

另一件就完全不同了，相比之，属于如何应对世界领先者西方的大课题，更应重视，更需了解，更要探讨，它就是沙俄入侵黑龙江。

其时沙俄并非真正意义上的西方国家，什么制度啦、民主啦、文化啦等等，与西欧差距甚远，还是当时欧洲的"野蛮人"。但作为一个东欧国家，地理上的靠近利于接触学习西欧，尤其在火器方面，沙俄的配备并不逊色。至于这次来犯，也是很小儿科，最多也就千把人吧，比起郑荷交战时的荷兰人，兵也不强马亦不壮，却祸害中国黑龙江流域近半个世纪，而影响则更为深远矣。

大清对俄国人的反击，是其历史上第一次与西方人的战斗，荷兰人那次不算，清荷是盟友嘛；同时，也是明清之际华夏与西方人的第一次陆上战斗，更是鸦片战争前最后一次与西方人的战斗。

当一个国家关起了大门，不与外界交流的时候，血与火的较量虽然残酷，恐怕还是惟一看清对手优劣的平台吧，严控下的海陆贸易是绝对不可能做到的。所以这一次，也是大清最后一次可以带着尊严去进行的中西交锋，康熙与他的清廷从中能看到什么，感受如何，将会直接关系到近一个半世纪后，那场决定大清更是华夏命运的一战，因

为其间这样的机会再也没有啦。

康熙，根据史书的记载及现在的吹捧，可是一个酷爱科学、钻研科学（其实无所不通）的帝王。据说，当时对科技知识的掌握并运用，华人世界要是摆个擂台，他恐怕叹无对手呢，难得难得！欣慰欣慰！十七世纪的中国正是一个需要大变革的时代，而不是仅仅明清这样的交替，能有这样一位科学领头人带着向前迈进个几十年，还不一片大好？美哉美哉！

就说这次黑龙江边上的清俄交锋，想必以千年一帝之才之识，还有一个雄壮帝国作坚强后盾，又在自己的老家那片乡情浓浓、知根知底的热土上，搞定一小撮俄罗斯强盗，扬我中华龙威，还不是小菜一碟？

再从科技尤其火器上认识到咱与人家的差距，招集一个专门班子，开个会研究研究，给点缴获的样品，宏观上再提几点具体要求，立马搞个武器发展再创新辉煌的大活动，也不是非分之求吧？

就是亡国之君朱由检，不也支持过徐光启、孙元化等研制新式火器吗？咱们的康大帝，科学巨子呢，思想该有多先进，多能跟上时代潮流呀，能不想到这一点？且手下又是人才济济，南怀仁等传教士们不说，还有土生土长的一代火器大家戴梓呢，世界上也是顶尖级的人物了。

好了，想想都感到很兴奋，事不宜迟，就让咱们赶紧去瞅瞅到底是怎么回事儿。

曾经遥远北极熊

沙皇俄国原本是一个欧洲国家，在那好遥远好遥远的西方，中间隔着千山万水，还有三个游牧汗国挡着道，和咱中国搭什么界、接什么壤呀？可人家就是这么热情，北极熊的身躯虽显得笨重些，倒也粗壮结实，步伐有力，认定与咱相连的目标，一个劲地往东奔。这不时间也不长，它就来了，成了咱整个大北方万里疆线上的邻居了。

可谁又能想到，热情之下竟包藏多少的祸心！咱黑龙江边的民众可是称它为罗刹的。罗刹，梵语中吃人的恶魔也，竟以此代俄，足见对其观感如何了。也难怪，不仅烧杀抢掠，连人都吃，它不够格谁够格哟。

225

想想咱老百姓，真是了不起，直观地感触认知，比起朝廷识文断字的老爷们要深刻得多了。从世界近代史的历程看，那个时候曾经叱咤风云的帝国们，葡呀西呀荷呀英呀法呀美呀，都不是好鸟，手上嘴里谁都沾满着鲜血，但从实力、做派、气质等各方面综合考量，好像最够格称罗刹的，还是沙皇俄国吧？

另外还有一个词也是与它紧密相连的——"征服者"，前加一缀，"咄咄逼人的征服者"，再加一缀，"永不停息的咄咄逼人的征服者"。好像抢人家的田地，夺人家的庄园，霸人家的妻女，都是它干的事，反正不停地抢呀夺呀霸呀，绝不会由于自己的原因放慢脚步，结果创建了一个世界上疆域最辽阔的国家，就是现在分裂了，独立出去太多的加盟共和国，照样还是最大的那一个，牛！要说有谁曾比它更牛？恐怕只有十三世纪的蒙古人了。

不过，这俄国其实也曾窝囊过、耻辱过、惨痛过，只不过较近的岁月大体是辉煌的，占据了人们更多的视线，就像英格兰、法兰西、德意志。想当初，你看看它那个熊样，不仅历史比我们短，就是发展的过程比起华夏来也差远了。

其实世界上任何一个民族、一个国家，你把它单独拿出来，仔细瞅瞅后，再与华夏民族、与中国，比一比，较一较，都逊得很呢。真不明白，现在竟有那么多人，一提到现在大中华的主体民族，经常以极端自虐的方式辱骂它贬低它，好像不把它搞得声名狼藉，不能泄心头之恨似的，这是干吗呀！

且看北极熊的早期发展史，照某些人的观点，实乃奇耻大辱也。俄罗斯属于东斯拉夫人，这一点地球人都知道，可他们始建于九世纪中期的第一个王朝，留里克王朝（基辅罗斯公国），却不是自己人建的，而是来自于北欧诺曼人（英国也被诺曼征服）的一支瓦里亚基人，王统前后存在了七百余年，只不过渐渐斯拉夫化了。现在世界史上可都把这段历史算做俄国历史了，如此看来，大清毫无争议是咱中华王朝了，因为开创者努尔哈赤本来还是大明子民呢。

罗贯中说得好，天下大势合久必分，分久必合也。到了十二世纪，基辅罗斯公国分裂为十几个小国，互相混战，打击了自己，便宜了别人（世界上都一样啊），结果进入十三四世纪，分别遭到蒙古、立陶宛、波兰的入侵，看看后面两个名字，真让人感慨，这风水原来就是轮流转的。

当然最著名的征服者还是蒙古人。拔都（成吉思汗长子术赤的次子）西征，1240 年占领了基辅，随后建立金帐汗国（又名钦察汗国），把整个东北罗斯纳入统治之下。自此，基辅罗斯彻底解体，渐被莫斯科公国取代。

莫斯科公国完全是凭借蒙古人崛起的，讲白了就是奴才做到家了。十四世纪上半叶，尤里·达尼洛维奇与弟弟伊凡·卡里达两位大公，两把利器在手——炉火纯青的媚上本领及本民族利益靠边站的不择一切的手段，终于当了蒙古人在俄罗斯的奴才头，好处自然滚滚来呀，俄罗斯的国家疆界也都初步形成了。原来北极熊就是这样发家的，与后来不可一世的样子大不同噢。

伊凡三世（1462—1505 在位）时代，俄国终于结束了蒙古人长达两百四十年（1240—1480）的统治，彻底独立了。有"恐怖的伊万"之称的伊凡雷帝（1533—1584），开始自称沙皇，统一了俄罗斯，并进行了更大规模的向外扩张。1598 年，伊凡雷帝年仅九岁的幼子季米特里据说是误伤身死，留里克王朝彻底绝嗣，搞了半天，原来伊凡们仍是诺曼人的后代啊。

其后，波兰人两次入侵，都进了莫斯科城，但也很快失败。1613年，近代史上著名的沙俄罗曼诺夫王朝（1613—1917）正式拉开了帷幕，直到三百年后被推翻。

进军西伯利亚了

十六世纪后半叶，沙俄自伊凡雷帝起，发动了对东方的大扩张，先消灭了鞑靼人（不能等同于蒙古人）的喀山汗国、阿斯特拉罕汗国，征服了伏尔加河中下游和乌拉尔山以西广大地区，随后只用了少得可怜的一点兵力，不到六十年的时间，便横穿西伯利亚，一片令人惊叹的广袤极寒大地，直到太平洋了。

看似有点史诗的味道，其实除了那种不管艰险艰险多艰险，还是要征服征服再征服的劲头，让人钦佩之外，其他还有什么？俄国人要面临的对手力量太弱了，就像被西班牙人征服的美洲印第安人一样，不是不英勇，但在最先进的枪炮面前，不堪一击也。

沙俄对西伯利亚的征服，最初授权于大地主兼盐商斯特罗干诺夫家族。他们招募了以强盗叶尔马克为首的只有八百四十人的远征军

（以后略有增加），其中五百四十名哥萨克人，1581 年翻过乌拉尔山，开始进攻又一个属于鞑靼人的西伯利亚汗国（失必儿汗国），经过所谓八次决战（规模可想而知），攻克首都伊斯堪城。

接着，顽强不屈的汗国民众打起了游击战，还取得过一些胜利。那个后来被俄国人称为伟大民族英雄的叶尔马克，也在一次落荒而逃时落水淹死了，但敌太强我太弱的格局终难改变，汗国最后于 1598 年彻底灭亡。

其后就简单得不能再简单了，当时东西伯利亚人尚处在氏族社会阶段，也没有啥国家组织，松散地点缀在广袤的大地上，没有任何力量可以阻止俄国人阔步前进也。十七世纪初，沙俄的一些所谓"探险队"、"航海者"等，又以"大无畏"的精神向东地理大发现去了，顺带把所到之处划为俄国的神圣不可侵犯的领土。

这个速度是极端惊人的，也着实令人羡慕。自 1581 年叶尔马克东征始，五十八年的时间，俄国人就飞快地越过鄂毕河、叶尼塞河、勒拿河，来到北太平洋上的鄂霍次克海滨，基本上将西伯利亚都纳入囊中了。

不过俄国人能够轻易成功，还有一点不可忽视，就是周围没有强劲的对手与之争锋，让它捡了个大便宜。大中华很多次有这个能力，但却一直没有把目光放在这片辽阔极寒之地上，有点遗憾，否则，以后也可以作为遏制俄国人东进之隔离带吧。再说了，现在这可是一片资源大大丰富的宝地啊，尤其是最具战略性的石油。

元以前的中原王朝势力根本就达不到那里，不用多讲了。极具征服性格的蒙古人呢？毗邻这块地呀？可就是十三世纪创建那么大帝国的时候，也是不包括西伯利亚的，可能他们也认为这么荒寒之地要它干吗，有那精力不如南进东征西讨呢，那都是比自己发达的地方，锦帛子女多多也。

明朝时东北疆域最远也就在外兴安岭以北至库页岛一带，说实话，让它再北进，也没这个力量了。至于大清，前期倒有这个能力，恰也在俄国人进入东北亚时，如果有想法倒还真可一搏，可它从未想过，也难怪，入关多好呀，十足的花花世界。另外，比起蒙古人来，满洲人的征服欲望并不强烈，这一点以后会详说，现在再回到主题上来。

为了有效地进行殖民统治，俄国人一路上还修建了不少城堡，建

立行政和军事机构，并分兵把守。以托博尔斯克、托木斯克、雅库次克和叶尼塞斯克等为主要据点，作为四个督军辖区首府所在地。1632年在勒拿河畔建立的雅库次克城，更是他们作为向东北亚继续远征的指挥中心。

不过西伯利亚这样的极寒地带，虽然资源丰富，更盛产毛皮，却不产粮食，这对征服者来说可是一个大麻烦。毛皮虽然值钱，十七世纪时，帝国收入的百分之七至百分之三十来源于它，但不能填饱肚子呀。人是铁，饭是钢，一天不吃饿得慌呢，何况是壮硕的"北极熊"！

欧洲的谷仓对他们来说何等遥远啊，仿佛在另一个星球上，怎么办？恰于此时，他们听土著人说，外兴安岭以南有一条黑龙江，流经之处，土地肥沃得不得了，粮食也多得不得了，比西伯利亚富庶多了。

啊！有这等好去处！那还不赶紧走！不仅可以解决温饱问题，咱们可是要为帝国拿下更多更好的锦绣河山的！

清廷其实很失策

俄国人马上就要来了，有件事必须首先声明一下，黑龙江流域自古以来就是咱大中华的领土，太远的就不说了，辽金元时可都是啊，证据最足者大明也。

明太祖洪武四年（1371），明廷于辽东设置定辽卫都卫，洪武八年（1375）改为辽东都指挥使司，管辖辽东二十五卫、一百三十八所、二州、一盟，其后又铲除了故元残余势力，进一步加强对东北的统治，势力拓展至松花江、牡丹江及牙兰河一带。

明成祖永乐七年（1409），又设奴儿干都指挥使司，简称"奴儿干都司"，治所在今俄罗斯境内黑龙江下游东岸特林，管辖地区"东濒海，西接兀良哈，南邻朝鲜，北至奴儿干北海"（《大明一统志》卷八十九），真是幅员辽阔啊。相当于今西起鄂嫩河，东至库页岛，北达外兴安岭，南濒日本海和图们江上游，包括黑龙江流域和乌苏里江流域至库页岛的广大地区。

此外，明廷还在辖区内广置卫所，至万历时已有卫三百八十四、所二十四、站七、地面七、寨一，通称三百八十四卫，有效地统治黑龙江、乌苏里江领域近两百年，直到万历三十二年（1604）十月，位

于黑龙江下游右岸、忒河口的右帖卫还向朝廷贡马三百五十二匹呢。

随着岁月的无情冲击，如今这些卫所早已废弃，但仍有鲜明的物证保存下来。永乐十一年（1413），明廷于奴儿干都司治所，修建永宁寺所刻《永宁寺记》石碑，及宣德八年（1433）的《重建永宁寺记》石碑，详细记载了奴儿干都司和卫所的情况。另外，留存的《昭勇将军崔源墓志》与《明威将军宋国忠墓志铭》两块墓志，与永宁寺石碑记载完全一致，有力地证明了黑龙江流域这块辽阔大地，不仅包括日后被清廷割给沙俄的，而且更远至外兴安岭以北很多地方，皆我中华之土。现在人们常说，中国东北疆域奠定于清朝，实为不妥也。

晚明对东北统治渐趋衰弱，特别是女真崛起后，其在东北有效控制区只能退缩于辽东，当然最后整个天下都是人家的了。十六世纪晚期后，建州女真所建的大清（后金），逐渐取代了大明对东北的统治。

开国之主努尔哈赤，着力经营原属大明的黑龙江下游与东部滨海地区，同时也把目光转向黑龙江中游地区。大清最杰出的帝王皇太极，继承了老爸的遗志，战抚并举，又取得了对黑龙江中上游的统治。

天聪八年（1634）十二月，大清（后金）第一次用兵于黑龙江上游，皇太极命霸奇兰领兵征讨呼尔哈部，大胜而归，比俄国人第一次来到这里早了九年（1643）呢。

但是应该看到，东北虽是大清的龙兴之地，清初治理上却失误多多，也称不上重视。尤其是最北的黑龙江流域，朝廷既没有派兵驻守，也未像明朝的卫所那样，专门设置过啥机构，完全放任式地依赖当地还处于氏族社会的各族民众，只有一套简单松散原始的统治方式。

清廷于东北设置的三将军，盛京将军府在今辽宁沈阳，不用说了，黑龙江将军是在江边上，但在康熙二十二年（1683）才设立，而作为大清统治东北的重镇宁古塔，顺治十年（1653）始设昂邦章京（意为总管）镇守，康熙四年（1665）改设为将军，府治在今黑龙江省海宁县，后转至今黑龙江省宁安县。虽然黑龙江、乌苏里江广大地区都归其管辖，但距离过远，以当时军队的机动性，一旦两江地区发生意外，支援很难得力也，这在以后清俄冲突中就有充分体现。

因此当俄国人最初来到黑龙江流域烧杀抢掠时，起来抵抗的都是当地部族，并没有遭遇到大清正规军的阻击，他们兵力所及最北处还

在宁古塔附近呢。

可你说清廷不重视吧，某些方面它又极端看重。原来清廷视东北为"祖宗肇迹兴王之所"，借口保护"参山珠河之利"，长期对其实行封禁政策。刚入关那会儿，摄政王多尔衮就曾下"禁关令"，严禁汉人进入满洲"龙兴之地"垦殖。

为确保禁关工作的顺利开展，顺治朝起，清廷还不惜代价于东北境内分段修筑了一千多公里名为"柳条边"的篱笆墙，也称柳条边墙、柳墙、柳城、条子边，至康熙中期才完成。从山海关经开原、新宾至凤城南的柳条边为"老边"；自开原东北至今吉林市北的为"新边"。边墙以东严禁越界垦殖，边墙以西则作为大清同盟者蒙古贵族的驻牧地。联想到清廷南方搞的沿海迁界，颇多感慨啊，也更为康熙那句不修长城的豪迈之语感到可笑了。

再说禁关政策，问题那是大大的，东北人口本就少，大清入关后，满洲人可以说倾族相随，那里的人口更少了。黑龙江地带就更不必提了，十足蛮荒极寒之地，以至荒寒到清廷向东北流放犯人，最远也基本就在宁古塔附近，如此，更为俄国人入侵黑龙江提供了方便。

俄军原来小儿科

十七世纪中期，沙俄以叶尼塞斯克和雅库次克为中心，开始了对中国的侵扰。

猛一看，来的可是只"北极熊"，个高身强体壮，不好惹，厉害厉害，清廷特别是康熙的反侵略成功，打胜了雅克萨之战，签订了平等的尼布楚条约，多么来之不易，大清了不起，康熙更了不起呀。现在的很多叙述也是把笔墨更多地投入在俄国人的凶狠强大与大清的英勇顽强及康熙的英武绝伦上，当然还有韦小宝之类的插科打诨了。

其实远不是这么回事，康熙一生所经历的战斗和面临的对手，惟这次最弱也，称其为小儿科也丝毫不为过。俄国人虽有最先进的枪炮，威力也确实了得，守个城堡一等一，但毕竟来得太少啦。一般每次来扰的就百把人，与清最大规模的雅克萨之战，也不到九百人，郑家父子对抗的荷军都比他们力量强呀。清荷联手战郑经时，荷军有装备最先进的三千人马呢，这才是西人明清之际第一轮侵华规模最大、力量最强的一支武装。

当时的大清可不是鸦片战争那会，军事科技虽然逊色，但中西差距也远非以后那么大，完全可以凭借宏大规模与综合实力，与人家较一较的，何况俄国人当时也就武器厉害些，人高马大些，占有的荒地多些，其他与大清完全不能相比。

更为重要的是，人家重心哪放到你这？他们正集中精力与波兰、瑞典、土耳其们干仗呢，这次万里之遥打到你家门口，来的只是极小极小的一部分，对他们来说微不足道啊，所用之兵都不比打西伯利亚汗国时多。咱雄壮大清，还有千年一帝领导着，应该轻松搞定才是呀，但结果又怎样呢？

1638—1642年，沙俄侵略的急先锋哥萨克人又出动了，莫斯克维金、佩尔菲耶夫及巴赫捷亚罗夫等人先后对黑龙江流域进行了入侵的试探。明崇祯十六年（1643）七月，俄国雅库次克督军戈洛文遣其文书波雅科夫率军，对黑龙江进行了第一次武装侵略。

波雅科夫仅领兵一百三十二人，沿勒拿河南下，越过外兴安岭，十一月到达黑龙江支流精奇里江（今俄罗斯境内结雅河）中游达斡尔人的辖地，烧杀抢掠，无恶不作，甚至以人肉为食，被黑龙江当地民众称为"吃人恶魔"。第二年（1644）夏初，这伙强盗又闯入当时完全属于中国的内河黑龙江，继续为非作歹，我沿途各族民众奋起抗击，给其以极大杀伤。

清顺治三年（1646），带着百把人入侵三年的波雅科夫率领残部返回雅库次克，张狂地扬言，只要派三百人马，修上三个城堡，就能征服黑龙江啦。人家可是实战而回，耳闻目睹，掌握着第一手资料的，自然引起沙俄当局的高度重视。

顺治六年（1649），所谓的探险家哈巴罗夫又率兵七十人（百人都不到啊）从雅库次克出发了，年底侵入黑龙江。他带着沙皇发下的"远征令"和转交清朝皇帝"博克达汗"的信件，扬言要把拒绝臣服的男女老幼斩尽杀绝，够狠。

遭到当地达斡尔民众顽强抵抗后，哈巴罗夫被迫回雅库次克再搬救兵。第二年（1650）夏末，他率领士兵一百三十八人，携三门火炮，再次侵入黑龙江，很快强占了达斡尔人的雅克萨城（今俄罗斯阿尔巴金）。顺治八年（1651）六月，俄匪们攻占达斡尔人的伊古达尔城时，一次就屠杀男子六百六十一人，掠夺妇女二百四十三人，儿童一百十八人，并把老弱之人投入火中烧死。

　　同年九月，哈巴罗夫又率侵略军两百余人，侵入黑龙江下游乌扎拉河口（今宏加里河）赫哲人的乌扎拉村。接到民众的报告后，顺治九年（1652）二月，清廷宁古塔章京海色率所部进击，打响了中俄历史上的第一战——乌扎拉村战役，歼敌十人，打伤七十八人，可惜先胜后败，事后海色也被清廷处死。俄军呢？不知从哪儿听闻的小道消息，说是清军大部队要来，惊慌而逃了。

　　顺治十一年（1654）后，斯捷潘诺夫等所率的沙俄侵略军，继续窜犯黑龙江，甚至深入到了松花江与牡丹江会流处，清军毫不示弱，迎头痛击，相继在呼玛尔、尚坚乌黑、松花江、古法坛村等地连创俄军。可以说这一阶段，是最后雅克萨大战前，清俄战斗最激烈的时候，也有力地证明了，只要清廷以牙还牙，俄军岂是对手？

　　十五年（1658）六月，宁古塔昂帮章京沙尔呼达指挥的松牡两江之战，击毙斯捷潘诺夫，歼敌二百七十人，创造了前期抗俄最大捷。十六年（1659），清军收复雅克萨城。十七年（1660），新任宁古塔昂帮章京巴海（沙尔呼达子）又在著名的古法坛村一战中，斩敌六十余人，加上溺水死的要更多一些。

　　至此，清军基本廓清了黑龙江中下游一带，但俄国人仍然盘踞贝加尔湖以东，以尼布楚城堡（今俄罗斯涅尔琴斯克）为基地，时刻窥视着黑龙江流域，待清军退走后，马上又伸出了魔爪。

　　康熙四年（1665），俄国人新的侵华行动开始了。他们两路并进，南下之军侵占了喀尔喀蒙古管辖的楚库柏兴（今俄罗斯色楞格斯克），东进之军再次占领雅克萨城，并一改过去流窜骚扰之策，转而采取建立据点层层推进之略。

　　除尼布楚、雅克萨、楚库柏兴这三个主要侵华据点外，俄军还在黑龙江中下游地区相继建立了一些小的据点，凭此到处抢掠我索伦、赫哲、达斡尔、费雅喀、奇勒尔等各族民众，野蛮之性有增无减。

清廷前期啥策略

　　面对这样一帮只知道征服征服再征服的罗刹，隐忍退让解决不了任何问题，惟有让他们付出血的代价。清廷虽然也进行过反击，和北极熊过了几次招，手腕上还是软了一点，力度小了一些，没有真正打到痛处。

　　二十年过去了，清廷的被动局面一直未能摆脱，军队最北仍然驻扎在宁古塔附近，黑龙江流域始终没有设立一个把守的要塞，安置过哪怕一个长驻军人，任凭"迷你型"俄军轮番来袭，即使闻讯北进抗击，速度自然也慢了好几拍，当地民众都损失过了。更不利的是，没有军队常驻点，出一次兵，打一次仗后，清军往往又退回去了，到头来给了人家卷土重来的机会，雅克萨的朝得夕失就是最好的例证。

　　还有一个奇怪之处，俄国人的凶狠残暴一再显露，清廷却表现得温和有余、刚劲不足，打了几仗虽然还不错，但与人家和平协商还是上策。第一波反击取胜后，清人根本没想过乘胜追击，或就地固守之类，而是一方面将黑龙江流域的各族民众尽量南迁，以求安全；另一方面积极与俄国人谈判，希望和平解决争端。这无疑对牛弹琴，事实也证明，对付北极熊，除了以牙还牙，别无他法。

　　其实清廷真要下决心一战，以当时大清的国力，黑龙江问题还不立马解决？人家俄罗斯正忙着东欧争霸的事儿，哪有精力顾得上万里之外的黑龙江哟，这里的俄军只不过是其偏师中的偏师，一小撮而已。

　　武器先进些，综合实力却远逊清军。干不过清军的郑成功收复台湾，都能打败装备只高不低的近两千荷兰兵，当时的东亚巨无霸，还能打不过这一小撮俄国佬？何况整个东西伯利亚各个据点的人马都算上，俄军能有三千人吗？而黑龙江一带更是从没超过一千人！只要清军真打算甩开膀子大干一番，也许伤亡人数会多一些，但取胜不容置疑。可问题是，清军驻防东北边疆地区的，顺治末也只有宁古塔满洲八旗十八佐领，考虑双方武器装备的优劣，即使想决战也不行呀。

　　不要说什么中原多战事，清廷顾不过来什么的，这可不是崇祯那时候的两线作战，俄军差得远了，当然如果他们举国而来（不可能），大清应该不是对手。关键还是思想上不重视，清廷的重心在中原，对龙兴之地尤其黑龙江，没有放到重要的议事日程上来，否则三藩大乱前的九年，大清可是没有内战的，派一支大部队去解决不就得了，还用等到再过二十年？

　　如此说绝无贬低大清之意，抗击俄国侵略者本身就很了不起啦，只是觉得本来并不难的事儿，后来解决得也不算理想（以后细表），苛求不对，但也不能无原则地高捧呀。不要说郑成功收复台湾了，就是晚明崇祯时东南沿海打击荷兰人的战斗，也比这事儿复杂难办呢。

还是那句话，顺治时代也好，康熙时代也罢，清廷只要下了决心，彻底搞定北极熊不成问题，但他们并未这样做，还是想通过和谈来了结，时间就这样耽误了。

说到和谈，顺带提一下中俄早期的交往。俄使第一次来华是在明穆宗隆庆年间，万历时也来过一次。明亡清兴后，这俄罗斯人还真搞笑，顺治年间，一边骚扰黑龙江，一边还两次遣使赴京交涉通商建交事宜。顺治不予接见，但并非因为边防问题，而是因其国书用语太过傲慢，双方语言又不通、国情也不同等，便不了了之了。

康熙前期积极探求和平解决两国边界争端的途径。其间虽有康熙三年（1664）黑喇苏密之战，已是宁古塔将军（1662 年设立）的巴海"治师东伐"，破沙俄侵略者于黑龙江，但清廷的对俄总方针还是求和。

康熙五年（1666），清廷主动遣使往尼布楚，但俄国人粗暴无礼得很（你跟他谈什么呀），双方交涉自然不会成功。

康熙六年（1667），一起叛逃事件又影响到了两国关系。原游牧于石勒喀河和音果达河一带的达斡尔头人根特木尔，清廷的四品官，也曾参加过抗俄斗争，没想到在俄人引诱下，这一年竟背叛祖国，投靠了俄国人。康熙极为震怒，据此展开了与俄国人的又一轮和谈。

康熙八年（1669），俄国商队来华，面对两国紧张的关系，康熙依然释放诚意，亲自予以接见，并赏赐了诸多礼品（中原王朝尽干这事），允许他们进行正常贸易。同年冬，康熙遣使往尼布楚，与俄国人谈判交还叛逃者、停止边衅等一系列问题，未果。

康熙九年（1670），在清廷积极倡议下，中俄又在北京会谈。俄国人的要求一大堆，其中竟有制止中国民众反抗等。康熙态度也十分明确，两国友好发展的前提是俄方归还逃人、勿起边衅。这在他给沙皇的书信中也充分体现出来："如今，若按尔所奏，愿求永远和好，则应归还叛逃之根特木尔。此后勿起边衅，以求安宁。"

应该能看到，康熙和他的清廷抱有多么大的诚意，让人都有点理解不了，这是那个刚夺取天下仍处于勃兴之际的帝国吗？那个拥有无敌之师的东亚超级帝国吗？那个征服中原镇压反抗凶猛无比的帝国吗？怎么第一次面对欧洲人的入侵——咱们仗打得不错呀，事实证明完全可以击败他们的——却为何如此温和谦谨、彬彬有礼呢？

对一个礼仪之邦，这样做未尝不可，但沙皇俄国是个什么样的角

色？侵略成性，野蛮成性，只看实力，不讲道理，跟它和谈，结果可
想而知。康熙的信由大清索伦总管孟格德交给俄国驻尼布楚总管阿尔
申斯基，火速译成俄文送往莫斯科，不知沙皇看了没有，反正一去六
年，没有得到俄方的任何答复，北京会谈实则空谈也。

但康大帝还是痴心未改，仁义之心不失。当康熙十四年（1675）
俄国使团再来中国，并于次年到达北京时，又得到了清廷的隆重接
待。圣主先后在太和殿与保和殿两次接见了他们，至诚至信了。

可人家哪吃你这一套哟，他们来的目的就是通商挣银子，根本不
和你提什么两国边界争端及归还逃人的事。而且使团来华途中，团长
尼果赖·加夫利洛维奇·米列斯库还接见了根特木尔，并让他的侄子
托库斯泰随行！

对清方的质问和要求，尼果赖抵赖说自己根本不知道根特木儿这
个人，本国政府看不懂书信内容，不知贵国政府要求，等等，简直把
和谈视同儿戏，康熙的满腔热忱换来的竟是这些！残酷现实面前，圣
主应该有更深刻的认识了吧？同俄国人是要靠武力说话的！

不打真是不行了

康熙开始做战争准备，不过随后的几年，并没有什么大的动作，
一则三藩之乱还没有平定，精力确实被牵扯，二则他还没有下定最后
的决心。现在一种趋势，当时只要康熙对东北做过什么事情，说过什
么话，不是坏的，都能扯到抗俄上来，有的动机不见得是，但结果有
作用，可以算，有的就扯得远了。

能算得上的，康熙十五年（1676）春，清廷将宁古塔将军移驻于
水陆要冲吉林，加强建设，扩充军力，共设四十六佐领，另外在宁古
塔设副都统驻防，设十二佐领，两相一加共五十八个，比顺治末年增
加将近三倍。

还有编组新满洲（伊彻满洲）和布特哈八旗，将黑龙江、松花江
和乌苏里江流域等地民族，按满洲军事制度编组军兵，设置佐领，其
中有四十佐领驻防吉林和宁古塔。应该讲这只是清廷对东北部分少数
民族的简单管理方式，非始于康熙，也并非就是为抗俄，所组军队更
多起到为清军补充新鲜血液的作用，不少还是去驻防辽东甚至北京。

而且把黑龙江流域的民众南迁编入其中，却不是就地组织管理，

反而削弱了当地抗击俄国侵略的力量。不过客观上也让各族从渔猎逐渐转入定居的农业生活，促进了社会经济的发展，也加强了东北边防前沿宁古塔等的军事力量，为以后的抗俄反击战打下了一定的基础。

这边清廷在行动，那边俄国人也时刻没有放弃侵略，康熙最终下定了大反击的决心。

就在尼果赖使团至京和谈的那一年，康熙十五年（1676），俄国人又要开始准备新一轮的攻势了（足见和意有多小）。他们加强了东西伯利亚各城堡的军事装备，紧接着便以尼布楚和雅克萨为基地，两路齐发，倾巢而出，南指额尔古纳河，东南精奇里江。

康熙得知后，首先给予了严正警告，时间在二十年（1681）。你们赶快撤回去，如若不然，休怪俺大清不客气，天兵一到，悔之晚矣。但光说不练，等于不说，入侵的俄国人哪吃你这一套，他们从来都是不见棺材不掉泪的主儿，置若罔闻，熊步不停，这河那江在手后，又迅速向新的目标挺进了。

康熙二十一年（1682），俄军越过牛满河（布列亚河）、恒滚河（阿姆贡河），直入黑龙江下游赫哲、飞牙喀猎人居住区，年底，军事城堡已遍设整个黑龙江流域，事实上已把这片中华大好河山强行纳入了自己的怀中。谁让你清廷不去做呢？这么多年了，即使打败了侵略者，也不派军驻扎做长远打算，人家当然要再来了，再占了。

就像这雅克萨，顺治十六年（1659）失而复得后，清廷又主动放弃了，结果六年后，一个波兰逃犯切尔尼戈夫占据了该城，被沙俄当局任命为长官，与尼布楚互为犄角，逐渐发展成为侵略中国的桥头堡。唉，如果清军到来后，不离不弃，据以为守，俄国人咋能轻易就扫荡黑龙江呢？二十多年后的大战也不需要再发生了。

雅克萨，满语意为河湾，位于黑龙江上游与讷穆尔河交汇处，东可直入黑龙江下游，西连尼布楚并可远至贝加尔湖以南的色楞格斯克，南通额尔古纳河与嫩江，北越外兴安岭直通雅库次克，真是四通八达的咽喉要塞。

所以康大帝早就高瞻远瞩地指出，沙俄"恃雅克萨城为巢穴，于其四近，耕种渔猎，数扰索伦、赫其、斐雅喀、奇勒尔居民，掠夺人口，俾不得宁外"（《平定罗刹方略》）。问题是这地方如此重要，你为啥不要呢？初期可以找借口是因为四辅臣当政，自己还小呢，但日后呢？就是第一次雅克萨大战胜利后，还决定毁弃退守，结果又给了沙

俄回头再占的机会，以致不得不再来个第二战，这是何苦呢，简单的事硬给搞复杂了。

相反再看俄国人，一直都是那么咄咄逼人，永不停息地进攻进攻再进攻，夺取夺取再夺取，失去了，没关系，下次再来，再不行，就再来，也许这就是民族的性格吧。侵略不可取，当然要痛斥，但你不得不承认，在那个弱肉强食的年代，只有像他们那样，才不会被欺负。

一个雅克萨的小点，足以窥其全貌啊。相较清廷优势下的一再忍让退守，俄国人却是乘势而上，不断强化对占领地的统治。继三年前将尼布楚提格为东西伯利亚的新督军区后，1683年他们又在雅克萨成立督军区，招募哥萨克，加固大工事，屯田以自给。

在别人的土地上，竟如此胡来，简直不把大清放在眼里了。对外国人脾气再好，也难忍呀，何况这还牵涉到国家领土神圣不可侵犯的大事呢。北极熊，你以为是在晚清呀，想怎么来就怎么来，也没人管得了你！

现在的大清是何等雄壮的帝国啊！就凭你那点少得可怜还不是完全正规军的人马，岂能搞不过你？只是咱天朝上国，一向仁义，恩施万邦，不想和你一般计较，才给你改过自新的机会，可你却不知天高地厚，非要在太岁头上一再动土，是可忍，孰不可忍！好，那就出个手亮个招让你瞧瞧，东亚惟一超级大国可不是乱封的。康熙终于下定了最后一战的决心。

康熙东巡为哪般

其时，三藩之乱已经平定（1681），台湾问题福建足矣，再也没有后顾之忧可讲了，以俄军在黑龙江边从未超过千人的实力，日后雅克萨第一战也很好地证明了，康熙只要出动一支几千人的队伍，如果不放心，就来个上万乃至几万的，猛准狠地迅速一击，打败他、赶走他，有任何问题吗？然后再分兵守住要塞，黑龙江还能让谁再抢了去？

不过康熙倒没有这样做，他采取的是稳扎稳打、步步推进的策略。如果不考虑敌人的强弱，仅从战略上要重视敌人来讲，康熙确实成熟多了，经历八年三藩之乱血与火的洗礼，他已不再是急躁冒进的

小青年了。

只是此一时彼一时也，过去吴三桂刚起兵时，打了你个措手不及，一路风卷残云，势不可挡，你非要让手下那些还未从惊慌溃败中醒过神来的部队，与人家迅速来个大决战（见《大帝卷·三藩篇》），当然不现实了。可现在呢？对手实力、所处环境完全不同啦，仗打得越早，胜利果实也能摘得越早，祖国领土也能回归得越早。

实际上长距离突袭战，历代战争中屡见不鲜。著名者西汉陈汤那一次，万里击匈奴，阵斩单于，多么英雄，多么豪迈，所处条件远不如现在的大清呀。再说了，人家俄国入侵咱黑龙江，地利人和条件状况有咱好吗？还不照样经常来袭扰！

当然康熙这样做也未尝不可，这毕竟是一个崭新的对手，又从遥远的地方过来，人种、肤色、语言、文化皆不同，想了解清楚不容易，除非四十年前刚接触时就做个有心人。因而求稳不求快，先在黑龙江建一两个根据地，打牢夯实后再伺机而动，揍那北极熊，也不失为稳健之举。反正不管怎么打，快也好慢也好，稳也好袭也好，只要康熙真下决心了，当个事做，都是能搞定的，因为对手实在一般般。

康熙二十一年（1682），也就是平定三藩之乱后的第一年，继十一年前回来一趟，康熙带着胜利之荣再次回盛京（今沈阳）告祭祖陵，顺带巡视吉林乌喇（今吉林市永吉）等地，三月底泛舟于松花江上，心情好极了，诗兴大发，挥毫题了一首《松花江放船歌》。

反正一向以来康熙都被捧为最伟大的天才，上知天文，下知地理，儒家的，西方的，不管琴棋书画，还是科技文化，无一不晓，无一不精，偶寄情怀，写个小诗，更是小菜一碟，不足道哉。尤其这首放船歌，还被好多好多人，包括一些大家们认定为康熙表达抗俄决心之作，不妨全登出来，也好看个究竟：

> 松花江，江水清，夜来雨过春涛声，浪花叠锦绣毂明。
> 采帆画袅随风轻，箫韶小奏中流鸣，苍岩翠壁两岸横。
> 浮云耀日何晶晶？乘流直下蛟龙惊，连樯接舰屯江城。
> 貔貅健甲皆锐精，旌旄映水翻朱缨，我来问俗非观兵。
> 松花江，江水清，浩浩瀚瀚冲波行，云霞万里开澄泓。

咋样？文才且不说，好像没啥抗俄之类的东西吧，难道有隐喻？打击侵略者又不是丢人的事，堂堂一国之君有必要这么做吗？直抒胸

臆不是能更好地展露昂扬斗志，鼓舞人心吗？至于康熙能到乌喇，这一宁古塔将军（后改吉林将军）府所在地，当时可以说东北边疆最前沿阵地来视察，说是跟抗俄有关，倒也能讲得过去。这一点，与性格同他有点类似的崇祯相比（《大帝卷·三藩篇》略有提及），还是高出一头的，但后者从没有这样做过。

杀鸡也要用牛刀

同年（1682）九月，康熙真正迈出了反击俄侵实质性的第一步。他命副都统郎坦、公彭春率人以捕鹿为名，深入雅克萨刺探敌情，并对沿路山川地形水陆交通做了细致调查，为下一步征战做准备。

康熙二十二年（1683）一月，侦察兵回来了，奏报说，那罗刹占据的雅克萨，就靠个木城防着，没啥大不了的，只要俺大清发兵三千，带着二十门红夷大炮，春天冰解时，水陆齐发，拿下它不成问题。从日后雅克萨第一战来看（以后细表），还别说，侦察得倒还真不错。

但康熙并不认同，千年一帝嘛，考虑得自然与常人不同。你们忠勇可嘉，建议却急躁冒进，这兵贵在相机而动，现在反击的时机很不成熟，哪能操之过急，还是要从长计议，朕以为，应该派兵永戍黑龙江，于爱辉（又名黑龙江城，今爱辉南）、呼马尔（后改为额苏里）建立两个木城，与敌对峙，相机攻取雅克萨才是上策。

皇上的意见，当然是最圣明的了，谁还敢说半个不字？前面也说了，两军对垒，关键还是看实力，双方差距如此之大，只要不是极其乖张之策，清军打赢有任何问题吗？所以康大帝这样搞也行，稳健嘛，顶多也就是把收复故土的时间推迟了而已。

这里有一个人需要提及，宁古塔将军巴海，二十年前的抗俄英雄，如今不受康熙见了。是老了吗？缺乏敢斗的精神吗？好像也不是。且看他的主张，倒与侦察兵回来的意见大体一致，认为乘敌积储未备，速行征剿，待船建造完毕，七月上旬即亲率大军直抵雅克萨城下。

这不是很好的建议吗？实为抗俄最佳之策也，如康熙恩准，当年即可拿下雅克萨，而不必等到两年后。人家待的时间越长，准备越充分，对黑龙江的侵扰也更多，你反击也就越困难了。

至于永戍的问题，不矛盾呀，赶走俄国人留兵据守更快呢，还

能把人家的城堡拿过来为己所用。顺治末年的抗俄斗争，取得了胜利，却未有啥实质效果，根本就在于打了就回，没有永戍，让人家钻了空子，跑了又来，这一次如此这般，也算是吸取教训，采取的确保黑龙江长治久安之策吧。

康熙当然不会采纳了，他的主意已定。二十二年（1683）四月，他以将军巴海与副都统官兵不合为由，令其留守乌喇，有点打入冷宫的味道，而改令萨布素、瓦礼祜以副都统领兵前往黑龙江，实行他的永戍政策去了。

萨布素等率乌喇、宁古塔兵一千五百名到达目的地后，即刻在爱辉筑城，预设炮具船舰，并设瞭望所斥堠于呼马尔（今呼玛县湖通镇），自此爱辉成为抗俄的桥头堡，与俄国人占据的雅克萨遥相对峙。另在额苏里（今俄国谢尔盖耶夫卡南）建木城，城村之间再设四个驿站，令赴索伦理藩院大臣董其事，后又增调五百达斡尔兵赴援，瑷、额两城各驻一千人。

十月二十六日，清廷正式设置黑龙江将军，萨布素为首任将军，礼部侍郎溢岱、工科给事中雅齐纳为副都统。这是一个大事件，不仅促进了抗俄斗争深入开展，更重要的是巩固了大清对黑龙江流域的有效统治，也为以后边疆开发奠定了组织保证。黑龙江将军与盛京将军、宁古塔将军（后改称吉林将军），便是以后东三省建制的源头。

这还远远不够呢，康熙抗俄的准备工作是广泛而又充分的。俗话说，兵马未动，粮草先行，自古以来，莫不如此。为了把粮食、军火和其他军需物资运往黑龙江，同年（1683）三月起，清廷组建了一条纵贯东北的水陆联合运输交通线，把南部粮食生产基地辽河流域至黑龙江抗俄最前沿爱辉城紧密相连起来，全长四五千里，为此仅运输船就造了近三百艘，投入繁巨。

同时，在爱辉与乌喇（宁古塔将军府所在地）一千三百四十里之间，设置了十九个驿站，由汉族流人充当站丁，基本上都是原吴三桂的手下，确保军需供应的畅通。又组织了爱辉、额苏里驻军屯田，自力更生，艰苦奋斗嘛，光凭外援也不行呀。为此清廷先后派遣侍郎萨海和马喇前往督理农务。

康熙的招数还真不少，又搞了个官民物物交换，即令理藩院官员支银四千两，购买各种物资，换取前线民众的牛羊粮食。再令内蒙科尔沁十旗将原来进贡的牛、羊诸物直接送往黑龙江军前，仍照进贡例

奖赏。反过来，还要求蒙古车臣汗断绝与俄人的贸易，派兵割掉侵略者在雅克萨附近种植的庄稼，以封锁困毙之，两边一升一降，这差距不就更大了吗？

后勤工作上去了，关键还要有人打仗呀，于是调兵遣将肯定又是一番大运作。二十三年（1684）九月，康熙考虑进攻雅克萨非同小可（当时敌军实际不到五百人），下令八旗都统瓦山等人前往黑龙江，会同萨布素议定攻取大计，后又派八旗都统彭春担任前线清军统帅，副都统班达尔善、护军统领佟宝等参赞军务。

同时，多方征调部队赴援，从直隶、山东、山西、河南四省各调熟练火器兵二百五十共一千人，连同火器送京师以备协攻雅克萨城；调杜尔伯特、扎赖特蒙古兵五百人维护墨尔根（今黑龙江嫩江）至雅克萨之间的驿站交通；甚至还从福建抽调了善于水战的藤牌兵五百人呢。

如此大规模的战前准备，可见康熙对这场即将到来的决斗，重视程度何其高了，简直就是摆开了和一个强国对垒倾力一搏的架式。俄国那时算不算强国呢？应该算吧，虽然还没经历彼得大帝革命性的改造，未上一个更高的层次，就在它老家这块地界上，也非一枝独秀，瑞典、波兰、土耳其皆不逊也，但从武力上来说，仍算是东欧一强国了，尤其与武器差距甚大的东方世界相比，军事上的优势更加明显。

俄罗斯此时如果倾力与大清一战，后者是极端危险的，但这样的事绝对不可能发生。为啥？待以后说到尼布楚条约时再详议，这里暂且不提，单讲能够参加黑龙江侵夺战的俄军，前已多次提及，实力差得太远了，第一次雅克萨大战，他们参战的才四百五十人。这样一看，就觉得康熙实有点太谨慎，过于兴师动众了，要浪费多少人力物力财力呀，完全不必如此的。

退一步讲，既然已经全力出击了，那就索性干个大的，不仅收复黑龙江流域，雅克萨什么的，还把俄国人从东西伯利亚赶走，起码让雅库次克这些城堡成为大清的屏障，而不是人家以后窥探你谋划你侵占你的据点。

大清完全能做到的，仅靠以后出动的实际兵力也 OK。东西伯利亚荒寒之地，居大不易也，毛皮多对驻守有啥用，吃的难题就够解决的了，不要说整个大清，就是黑龙江一隅也胜之千里。那里的俄国人又远离故土，不像现在有铁路有飞机，想从大后方得到及时接济，比

登天还难。

从日后雅克萨最后的决战看，俄军包括增援部队也不到九百人，想想看东西伯利亚根本没有多少对手的地方，他们又能驻扎多少兵？两千来人上天了。火器配备最多用于战场的，大炮才十二门，其他总人数都在那呢，能有多少？守守还行，想作为决胜清军的资本，还差得远喽。吾堂堂大清也是有火器营的，大炮也是不错的，总体质量差了点，却也没有决定战场胜负的根本性差距，辅之以超级规模的军队，还能怕了你们不成？

多好的机会呀，但康熙怎么做了呢？东西伯利亚就不说了，他根本不会想到，当然也能理解，好战如蒙古人，毗邻几百年，都未曾染指过呢。现在地图把西伯利亚都划入当年蒙古大帝国的范围内，其实并不合适。可雅克萨这样连康大帝自己都曾提过的战略要地，绝不让俄国人占了去，百分之百正确，但自己却准备弃守，就让人大吃一惊，难以理解了，这大动员大出兵还划算什么呢？

很奇怪，千年一帝的雄心壮志到哪去了？领导军民抗击沙俄入侵，功勋卓著，值得歌颂，大书特书都不为过，但其中的经验与教训还是要认真吸取的，尤其后来的遗憾之处更多，更要好好总结。

大战前的小热身

清廷在做好各方战备的同时，也与俄国人打了几场热身仗，效果很不错。康熙二十二年（1683）七月，也就是清军永戍黑龙江之初，格里高里·梅尔尼克率领六艘船六十七名哥萨克的迷你型俄国水军，增援恒滚河（今俄罗斯阿姆贡河）上的哥萨克匪帮。索伦总管博克率清军将其包围，降俘三十一人，击毙十五人，船只尽收。

清军再由精奇里江上溯，捣毁俄军城堡多隆斯克和塞林宾斯克（为我所用不更好吗）。次年正月，清将鄂罗舜又进军黑龙江下游，降俄军二十一人，获鸟枪二十杆，收复了图古尔斯克和乌第斯克，俄军残余狼狈逃回老巢雅库次克。

与此同时，黑龙江各族民众也纷纷响应，积极配合清军行动，奋勇抗击沙俄侵略者。军民同心协力威力大啊，康熙二十三年（1684）初，整个黑龙江中下游及其各支流上的沙俄侵略据点全被拔除，大好疆土复为吾中华所有。下一步，清军得以倾力指向黑龙江上游的雅克

萨与尼布楚了。

万事俱备，只欠最后一击。有意思的是，全力准备开战时，康熙仍不忘和谈（其实这是他永恒的追求）。二十二年（1683）九月，康熙谕令理藩院行文俄国外交机构，其中写道："若改前过，将根特木尔等逃人送来，急回本地，则两相无事，于彼为益不浅。倘犹执迷不悟，留我边疆彼时必致天讨，难免诛罚。"早说了，搞这个等于对牛弹琴，俄国人不会理你的，反而会警醒，噢，清人要打了，那就抓紧做好雅克萨增援防务工作吧。幸亏他们力量不足，想援也没多少人可援，否则后果不堪设想。

二十四年正月二十三日，康熙终于下达了武力收复雅克萨的命令。他指出："兵非善事，不得已而用之。向者罗刹无故犯边，收我逋逃，后渐越界而来，扰害索伦、赫哲、飞牙喀、奇勒尔诸地，不遑宁边；剿劫人口，抢掳村庄，攘夺貂皮，肆恶多端。是以屡遣人宣谕，复移文来使，罗刹竟不报命，反深入赫哲、飞牙喀一带，扰害益甚。爰发兵黑龙江扼其往来之路，罗刹又窃据如故，不送还逋逃，应即剪灭。"

其后奉命前往雅克萨侦察敌情的达斡尔副头领倍勒尔，生擒了一个俄俘，讯问之下得知雅城防御详情，原来守城俄军不满千人。三月初，康熙得知后，更加坚定了武力收复雅克萨的决心。看来清军侦察工作开展得并不理想，到现在才知人家大致有多少兵力，康熙如此兴师动众，做大规模的战争动员，也许是不知敌情所致？可问题又来了，二十一年（1682）不也有过一次以猎鹿为名的侦察吗？事实证明情报还很准确呢，只是康熙没有采纳。

康大帝一心追求国与国之间和平友爱的精神，真是令人钦佩，就在大军即将出发之际，二十四年（1685）三月十七日，康熙再次致书俄国沙皇，交俄俘带回，希望俄军撤出雅克萨，以雅库地方为界，放还逃人，和睦相处，否则出兵征讨雅克萨。但结局如何，还需要再说吗？

中俄初战雅克萨

四月二十八日，三千清军终于向着雅克萨的方向进军了。继康熙四年（1865），俄国人重占被清廷弃置的雅克萨（瞧这仗打得），二十

三年来这个黑龙江上游最重要的战略基地，就要第一次看到祖国的军队了。

兴奋，但也有疑问，这上前线的清军究竟有多少人？现在各种资料中，基本都说两三千人，可过去却讲一两万人呀？二十年前中学历史教科书中不就明确写着一万五千人吗？这总不会故意造假吧，那可是官方权威的青少年教育读本？前后反差为何如此之大，以至大得过于离谱？

如果从清廷的战前动员看，也许能略知一二。康熙坚决否定速战速决论、轻师出击论，小心翼翼，稳扎稳打，弄了那么长时间，搞了那么大动静，可以说从各个方面做足了来一场大决战的准备，到头来最后关键一击时，却只派三千人马而去，于情于理都有点讲不通吧。

难道最后时刻改变主张，杀鸡不必用牛刀了？也让人难以信服。康熙对俄军可是自始至终都高度重视的，又是千年一帝的水准，岂会干这种半吊子的事？战前黑龙江将军萨布素没有遵照旨意，派军前往雅克萨尽割田禾以困俄军，康熙都担心他会贻误军机，立马临阵换将，改派彭春领兵出征。如此做派，咱们的康大帝会只派遣那么点兵力？

还有，宁古塔将军下属的部队呢？康熙十五年（1676）时已有五十八个佐领了，就按最低的换算标准，也有七八千人吧，后来萨布素永成黑龙江，前后只带去两千人马，也就是此次远征雅克萨的基干部队，那其余的呢？都在那看热闹？眼瞅着人家黑龙江小部队去打仗，还有从京城里甚至远至福建抽来的更小的迷你型军队，风雨兼程，万里跋涉后跟着去，自己却没啥事，这能讲得通吗？至于后勤工作，康熙可没安排他们去干。

再说了，从各地征调的军队可远不止这两支小部队，直隶、山西、山东与河南四省的火器兵呢？到京城不走了？保卫京师吗？不至于吧！又折回去了？那你折腾人家干吗？劳神费心的。

粗略一看，三千人马的说法，漏洞还真是很大呢，兴许教科书上说得更准确些，当然也只是猜测，未有更确切的证据出来前，姑且就说小些吧。人家俄军几百号人，把咱们自己说大了，搞个一两万人出来，面子上也挂不住，胜之不武呀。

至此，有一个人倒是应该专门书写两笔，他就是远征军统帅彭春，与郎坦深入雅克萨侦察敌情的那位。彭春，一作朋春，满洲正红

245

旗人，东阿氏，为人忠勇，器识弘通，向为康熙倚重，称之为国家"干城之选"，雅克萨战前专门从京城调往前线统领全军。

其曾祖父何和礼早年随努尔哈赤创业有功，娶长公主东果格格，为后金五大臣之一，死后追封为一等公。顺治九年（1652），彭春袭封，成年后戎马倥偬，参加过平三藩、噶尔丹等大战，最辉煌的自然便是这雅克萨之战了，从此被称为中华民族的英雄不为过也。

彭春重任在肩，全力而为，率领远征军水陆并进，五月二十二日抵达雅克萨城郊。战前，彭春又向俄方重复了之前清廷多次提起的和解方案，做最后一次和平努力。无用是自然的了，当然也不错，先礼后兵充分体现出吾天朝大国的风范嘛。

沙俄雅克萨督军托尔布津，自恃城防坚固，欲顽抗到底，坚守不撤。打仗讲究知己知彼，方能百战百胜，这一次可好，双方皆不知彼。清军还好，战前总是有所了解，可俄国人呢？对清军几乎不知，也就凭着一股野蛮征服之气了。瞧瞧城中军力，士兵只有四百五十人，大炮三门，鸟枪三百支，跟谁打？

俄军东西伯利亚兵力确实有限，想做得多好也不现实，但从日后还有六百援军而来（没赶上）观之，这一次不仅不了解"敌"情，准备更是严重不足，人少武器更少，寥寥三炮，枪还不够人手一支。相反，清军其他火器不行，红夷大炮还是很不错的，比起欧洲来也差不了太多，何况咱大清人多，综合实力那时也相当威猛。大战的结局已然注定。

五月二十四日，清军截击了一支乘木筏前来的沙俄援军，歼敌三十余人，俘虏十余人，初战小胜，迎来开门红。二十五日黎明，清军水陆并进，四面合围，将士英勇，炮火怒吼，向雅克萨城发起了总攻。

彭春亲率陆军主攻城南，战船集于城东南，红夷大炮置于城北夹攻。一番激战，俄军损失惨重，一百余人丧命，城中也是硝烟弥漫，烈焰熊熊，一片混乱。清军又在城下三面堆起木柴，准备再来个火攻。托尔布津走投无路，只好投降。

这时要再来说说康熙大帝了，一代仁君，战前便早已传谕，破城后不要杀人，让俄国人返回故土。这一点确实令人称道，相比俄国人在咱们境内的烧杀抢掠，无恶不作，真是义盖云天了。只是康熙前后很不一致，对国内反抗武装可就完全不同了。平三藩后在昆明的狠辣

表现、对吴三桂部属的残酷手段，以及清郑交锋时搞的沿海迁界，与上述一较，相差十万八千里也。

再看战后事宜。彭春严格遵照圣上的旨意办，对降敌宽大为怀，受降仪式上，在托尔布津发誓不再来犯后，释放了全部战俘，允许他们带走武器和财产，甚至还把包括妇女儿童在内的七百余俄国人，送到了额尔古纳河口，让其返回尼布楚；另有四十五名俄兵连同家属愿意留在中国的，也都妥善安置于盛京（今辽宁沈阳）。此外，清军还从城中解救出被俄国人所掳的索伦、达斡尔等族同胞一百六十余人。

清军这一战大获全胜。如果发兵三千属实的话，三年前那次敌情侦察便是极为准确的。巴海更是意见正确，速行征剿完全可得也，可惜未被采纳，反而碰了一鼻子灰。相反，康熙所定下的方针不能说错，却过于谨慎、过于动众、过于迟缓了；不过结果是最重要的，赶走了侵略者，他和所有参与战斗的人们都是令人称颂的中华英雄。

至此，总体很圆满很成功。下一步，清军留下一支人马镇守战略要地雅克萨，一切都更 OK 了。后既能当镇江之宝，确保黑龙江中下游的安全；前又能做咽喉之塞，扼制沙俄以后可能的再侵犯。

但好事多磨！这边清军收复雅克萨后，竟然再犯过去（1659）同样的错误，赶走了侵略者，自己也不愿留下来，将城内房屋一把火烧了，全部走人！

那边俄军残部撤回尼布楚时，正好拜顿率领六百援军也赶来了。托尔布津虽在受降仪式上誓都发过了，绝不再回雅克萨，但那管个啥用，讲道理的话，一开始就不会来侵你扰你了。得知清军全部撤离雅克萨后，他又立即率领俄军于七、八月间重返了，并全力构筑防御工事，做了长期固守的准备，此时距其上回投降撤离不过两月有余。日后证明，雅克萨更加难以攻取了，清军也要付出更大代价，你说这事咋整的？

多次说过，捧康者向来采取的手段是，康大帝那个时代发生的所有事儿，包括一件事的细枝末节，只要是好的，都是大帝所为，或是在他的英明领导下、具体指导中亦步亦趋做成的，反之，则都与大帝无关，或是没有按照他的要求去做。这绝不是凭空胡说，有据为证的，不论是《圣祖实录》这样的旧东西，还是今人诸多新东西，随便翻翻，俯拾皆是也。

这不弃城的事，又有人出来说话了，康大帝可没有此意，谕旨中

讲得很明白嘛，"至雅克萨城，虽已攻克，防御决不可疏，应于何处永驻官兵弹压，此时即当定议"。仔细一看，有说要在雅克萨城驻守吗？没有吧？起码没有肯定的话语。

再说了，既然雅克萨一战前前后后，都是在康熙的英明领导下，且破城后不准杀人这样的细节，都能指示到位，像雅克萨城是否留守的大事，康熙岂能事先没有一点安排？下面的人又岂敢擅自做主？

康熙可是专制欲极强的君主啊。像雅克萨战前，仅仅因为黑龙江将军萨布素没有按照他的要求，进兵雅克萨割尽俄军田禾，便担心他会贻误军机，从而改派彭春统领出征队伍，并将黑龙江将军印移交给他掌管使用。

就这点事，康熙都要管得那么细且严，雅克萨城守不守的问题，彭春们谁敢擅作主张？退一步讲，若真有人做了胆大包天的事，以康熙的性格，即便不雷霆震怒，不杀一儆百，也要狠狠敲打敲打他才是，可事后并没有这样的事发生。彭春们凯旋归来都是受到嘉奖的，就连犯了小过失的萨布素，也一概从宽免了。

由此观之，康熙发起这场大战，本来雄心就不大，只要把俄国人从雅克萨这个最前沿的侵略基地赶走就行了，他的永戍黑龙江计划中，驻城的地界是内敛的、保守的，并无向黑龙江上游更深处拓展之意。

且看康熙随后的部署，当时还不知道俄国人又重占雅克萨呢。同年（1685）九月，他下令筑黑尔根城（今黑龙江嫩江），萨布素及副都统一员领兵驻守，并决定由此至爱辉一千七百一十一里之间，新设二十五个驿站。这条交通线的设置还有一个好处，因为经过茂兴，如有紧急军情，可从此转向西南，由蒙古驿马从喜峰口送往京城，快捷多了，客观上也在日后第二次雅克萨战役中起到了很大作用。

应该说，康熙的永戍计划虽然保守了些，没有能够向外做更大的拓展，不包括雅克萨也让人有点不可理解，但总体来讲，对巩固东北边疆是作了巨大贡献的，这一点不容置疑。只是在没有强敌的情况下，竟然拘泥于现状，自我束缚，没有啥开拓之心，还真不像一个雄壮帝国中所谓盛世帝王该干的事儿。从大王朝建立时算起，明代大致与他同时的永乐大帝，就显得更为雄浑大气、英勇豪迈了，他甚至把地方军政机关奴儿干都司，设在了更远的黑龙江下游东岸的特林（今俄罗斯境内），而且是在没有任何外来压迫的情况下主动进取的，真

是一比方知高低呀。

中俄再战雅克萨

康熙二十五年（1686）二月十三日，五个多月后，康熙才得知雅克萨又被俄军占领。所以这么迟，可能有两个原因：一是应该想到却没有想到，俄国人会言而无信；二是收复该城后就立马回来了，思想上未予重视，没有做及时侦察了解。事已至此，无法更改了，康大帝肯定怒火万丈，但又不是自己的臣民，可任己拿捏，惟有重整兵马，再往征讨。

这时《圣祖实录》上，康熙的高瞻远瞩又复体现，比照实际做派，不知可信度有多少？他说道："今罗刹复回雅克萨，筑城盘踞，若不速行扑剿，势必积粮坚守，图之不易。"结果又是大帝一番运筹帷幄，调兵遣将，清军做好了第二次大战前的各项准备。早在《三藩篇》中，就已说了，如果根据《圣祖实录》这样的史书记载，以及后人们的歌功颂德，康熙绝对是有史以来全人类最伟大最具天才性的军事家。

清军部署如下（按通常所说）：黑龙江将军萨布素领衔出征，率所部乌喇、宁古塔兵两千余为远征军主打，辅以建义侯林兴珠（原吴三桂降将）所率四百福建藤牌兵。副都统博定率领精挑之两百筑城、屯田兵，驻扎墨尔根待援。免去索伦、达斡尔今年贡赋，让其全力做好饲养马匹、整修器械等各项后勤保障工作。再派参加过第一次战斗的副都统郎坦、班达尔善随征参赞军务。鉴于上次复而又失的教训，康熙帝又英明指示："若得雅克萨城，即往尼布楚。事毕，还兵驻于雅克萨过冬，勿毁其城，亦勿损其田禾，俟禾熟收为我饷。"（《平定罗刹方略》）

五月上旬，萨布素率军两千余人从爱辉出发，月底逼近雅克萨，还是要先礼后兵一下，致信俄军，投降吧，缴枪不杀。人家照旧不睬，凭啥？咱这次可比上回兵强马壮多了，八百二十六名军人，多了近一倍，十二门大炮，有四倍呢；城池也更坚固了，粮仓、火药库、军需仓库，一应俱全，可谓粮食充足、弹药齐备、物资丰富，还怕你不成？

确实，俄军经过上一次的惨重打击后，认识更深刻了，防御更积

极了，兵员也更充足了，实力今非昔比也。相反，清军实力却有所下降，如果兵员记载属实的话。问题是真的属实吗？就像初战时的清军人数一样，现在的数字与过去的大不相同了，相差好多倍呢。孰对孰错很难确认，但按照清廷的准备程度来看，具体数字不好说，两千来人肯定不止，就是以后的战局发展，也能证明远不止这个数。反正不管清军有多少，人家俄国人的实力可是上去了，要打难度更大了，萨布素比彭春运气实在差了些，上次因稍有触逆皇上，没能赶上第一趟快捷之船，紧跟着上的可就慢多喽。

六月四日夜，清军南北夹击，向雅克萨发起了猛攻，俄军也在城外固守，双方激战不已，炮声隆隆，杀声震天。八日夜，清军攻取城南土阜，占领制高点，十日、十二日俄军连续反攻，均被击退，战事呈胶着之态。清军一合计，决定断敌水道，让其无以为继，遂奋勇冲入城下，掘长堑，筑土垒，俄军又拼死反扑，双方连战四昼夜，惨烈至极。身为沙俄雅克萨督军的托尔布津就被击毙于此时，拜顿代其指挥俄军，难以招架，只得退回城内。

最终，清军初步完成了环城掘堑筑垒任务，对城中俄军来了个大合围。七月八日，俄军出城争夺城北炮台，被清军击退，从此困守城内，已成瓮中之鳖了。这时，沙俄尼布楚督军弗拉索夫派了七十名（也没更多人可派了）俄军小分队前来增援，一见这阵势，没辙，又回去了。

不过俄军的抵抗也是英勇顽强的，清军在雅克萨城下久攻不下。这时，英明领袖康熙又以他的远见卓识和军事天才，在遥远的北京对攻城的将士们进行了抚慰与指导，具体就不说了，作用肯定是大大的喽。

清军一时也没有什么攻城的好办法，惟有把壕掘得更深一些，把垒筑得更高一些，作长期围困的打算。具体于城周三面掘壕筑垒，壕外置木桩鹿角，分兵把守；城西对江，另设一军，四面皆在清军包围之下，插翅难逃也。同时，距城六七里黑龙江上游河湾内，可存放船只，派一军守护之，兼防可能从尼布楚而来的敌援军。至于军马，可发回黑龙江和墨尔根饲养。

康大帝对前方部队的关怀无微不至啊，恐其兵力不足，又命副都统博定率两百名清军增援（事先安排的）。这倒真有点让人糊涂了，既然军队长期围城不下，想彻底改变之，需要的增援部队应该不在少

数，就派这点兵力哪会够呢？大清又不是东西伯利亚少得可怜的俄国人，兵员那么多，就是派个上万人也是小菜一碟嘛。

不知康熙与清廷咋想的，这点人就不说了，接着也再没派过援军。即便想通过其他什么方式解决问题（他想和谈），总要保持强大围城之态，占据主动吧，如果再把城攻下，岂不更好更有利？要不干脆撤兵算了，两千来人在那耗着干吗！

更奇怪的是，俄军可是拥有先进枪炮的八百多人的部队呀，又据坚固城池以自守，咱大清仅仅凭着武器相对落后的两千来人就把人家围了个水泄不通，长达五个月，还歼灭敌人几乎达六分之五，真是创造世界战争史奇迹了。试问古今中外还有其他围城战可与之相比吗？

只能有一个解释是最合适的，就像初战雅克萨一样，参加战斗的清军远不止两千来人！仅从武器装备来看，能把敌军赶进城里，并长围之，至少没有万把人是不行的。郑成功两万来人在热兰遮城下围攻荷兰人而不下，道理相仿也。围城战本就艰巨，攻者远多于守者很正常，何况守者装备精良，战斗力更是不逊呢。

其实雅克萨之战清军参战人数，过去讲的一两万人还是比较合理的，可如今各种资料书籍提供的数据大多变成了两三千人，反差如此之大，不知依据何来？难道是看俄军人数太少，把自己报多了，面子上过不去？完全没必要嘛！

十七世纪时中国火器确实落后于西方，也许火炮还好些，整体相差就较大了，这也不是哪一个的错，晚明清初皆是也，但迎头赶上还来得及呀，就从康熙开始，找准差距，狠抓一下火器建设，怎么不可以？

康大帝幸运的是，当时的大清帝国还可以凭借综合实力弥补火器上的差距，尤其对于正在侵华的俄军，两相一较，优势太过巨大，两次雅克萨之战便可看得一清二楚。上次迅速获胜，这次虽然久攻不下，却仍占据着制高点，牢牢掌控着大局，最终取胜是必然的，只是时间长短而已。

至于俄方，眼看着雅克萨俄军被围困那么久，根本没啥解救办法。偶尔派一点援军，也是杯水车薪，基本没有用处，只能任其自生自灭了，至于派出一支有实力的大部队与清军决战一下，更是想都不用想了。康熙不了解沙俄在老家的真实情况（讲到尼布楚时再详谈），可以理解，但在黑龙江上与东西伯利亚俄国人的战斗中，看看他们的

实际表现，也应该能知道个中一二了。若真能和你面对面强强对抗一下，他干吗不去做呢？干吗要你退我进、你进我退呢？只有实力较弱的一方，才会主动去打游击的。

这不，雅克萨围城战中，外面的俄国人自从来过七十号人不管用又回去后，只能站在远处，焦急地遥望着他们的同胞一点点坐以待毙了。在清军的长期围困下，九月底（1686），城内八百多俄军仅剩一百五十来人，减员速度很快，且粮食弹药已严重匮乏，日渐艰难了。此时，康熙要是能调点火器营，再带着些红夷大炮过去，雅克萨指日可待也。

大优之下竟求和

就在这关键时刻，康熙又改变主张了，不对，应该说是他内心一直都未曾放弃的——打不算事儿，还是和平解决为上啊。真让人有点无语了。俄国人虽然肤色不同，不也长着一个鼻子两个眼，干吗对他老是另眼相看呢？和平友爱是不错，国际主义精神也要讲，但你总得分个子丑寅卯，看是对谁了。

像沙俄这样的，你软弱你温和，他只会更来劲欺负你，绝不会有丝毫怜悯同情之心，相反占了你的便宜，还会报以狂笑呢。康熙呀康熙，你到底缺了哪根弦？少了哪根筋？当初打吴三桂的狠劲呢？沿海迁界的辣劲呢？不过是几年前的事，难道不影响你康大帝的位子和那大清的江山，就什么都 OK 了？

看看你优势之下却急于求和的心理吧，考虑战局之余，竟还设身处地为人家着想！俄军为什么要死守雅克萨？是不是受了啥阻挡，朕给沙皇的书信未能送到？或许雅克萨的俄国人都是有罪之徒，不敢回国转达？如果真是这样，那朕就应该再试试其他办法，邻邦之间和为上嘛。

恰好荷兰使臣在中国，康熙决定再次致书沙皇，请荷兰使臣转交。里面的内容还是老一套，希望俄军从雅克萨撤走啦，遣返中国逃人啦，两国划定边界永修和好啦，等等。

想想真是好笑，俄国人侵扰黑龙江四十余年，只要与清人交战基本都是败，明显是劣势一方，却一直牛得很，对康熙屡次伸出的橄榄枝，总是不屑一顾。这次，可以说东西伯利亚上的家底子都要拿出来

了，雅克萨第二战依然逃不出城破人亡在即的命运，但首先提出和谈的还是人家，那个完全能够再给他致命一击的强者。历史往往就是这么刁诡。

其实俄国人的牛，看穿了很可笑，简直不自量力。你打也打不过人家，增援又援不上来，只能在那干着急远看着，你说你凭什么？西伯利亚各城堡肯定没多少兵了，不然雅克萨好几个月被围，就连上百人的援军都未来过。

欧洲本土这个大本营呢？更是不行也不会了。遥远的东方给了他们最广阔的土地和无穷的资源，却只能永远做个被冷落一旁丝毫不起眼的小陪衬。欧洲，惟有欧洲，才是他们心中当之无愧光彩照人的主角，魂牵梦绕之所在呀。沙俄的重心从来不在东方，如果再无暇顾及，结果不言自明了。

回头再看沙俄对西伯利亚的东征吧，前后才派了几个人？就那还不全是皇家正规军，强盗、逃犯等皆处其中，比如 1665 年占领雅克萨的切尔尼戈夫斯基，标准波兰逃犯一个，整体纯粹是偏师中的偏师嘛；而真正的帝国大军正在东欧战场上，忙着与波兰、瑞典和土耳其拼杀呢。

俄波是夙敌了，战争不断。因为争夺乌克兰，又于 1653 年开战，打了十三年，才以波兰的失败及其乌克兰的一半被俄瓜分告终。其间俄军还与北欧强国瑞典拼过两年刺刀，虽然最终算个胜利者，也不过是惨胜。

就那也不算完，沙俄与土耳其又干起来了。1676—1681 年，五年激战，俄国人取得了胜利，但也只是打赢了双方的第一次大战；没几年，也就是中俄雅克萨再次打响的那一年，1686 年，第二次俄土战争又爆发了。

看看，俄国人即使想，又能有多少精力去支援遥远的东方？不要说几万、十几万了，就是万把人也拿不出来，一两千也许还行，可那管用吗？前期大清可不是鸦片战争那会儿，几千个西方强盗就能轻易打败的，康熙真要狠下心刺刀见红，来了还不是多添点炮灰？仅仅二十年前，敌不过清军的郑成功，热兰遮城下都能打败同样装备甚至更好的近两千荷军的前后夹击呢（见《大帝卷·台湾篇》）。何况，以后的事实证明，他们就连这一两千也未想过；是派了一次，可那是跟着俄使与清廷谈判的，干的活也就要个威风、壮个胆什么的。

总之，康熙所面对的沙俄侵略军，基本也就是前线雅克萨的那些人，再来也不会有几个了。纵然萨布素们还需要再围困些时日，伤亡也可能会更多，但是有一点可以确信，雅克萨重回大清怀抱是迟早的事。如果康熙雄心再大一些（事实证明没有），接着拿下尼布楚也没问题，就是要拿下雅库次克又有何难？

无奈，可惜呀，强大者康熙却一心想求和，其他什么也不顾了。而这一次，俄国人再牛也需要认真考虑了，现实放那摆着嘛，与土耳其人又开始新的较量，不可能兼顾两头派兵去增援遥远的东方。雅克萨危亡在即，与其被人家硬夺回去，还不如接受停战和谈，雅城也能松口气，兴许还有意想不到的收获呢，何乐而不为？

弱者勉强来谈和

此时，俄国沙皇正是大名鼎鼎的彼得大帝（1672—1725），不过当时还是小帝，仅仅十四岁，与哥哥伊凡五世共立，由姐姐索菲亚摄政，直到1689年才亲政。1696年哥哥病逝后（可能被他干掉），彼得大帝才成为俄罗斯至高无上的惟一沙皇。因而，这次谈判，沙俄的最高决策者并不是他。

康熙二十五年（1686）九月底，沙俄信使文纽科夫和法沃罗夫星驰赴京，递交国书，表示俄国政府已派费多尔·阿列克谢耶维奇·戈洛文为大使，来华进行边界谈判，并请求清军停止围攻雅克萨。康熙爽快地答应了，下令解除雅克萨之围，收集一处，近战舰立营，并晓谕城内俄国人，可以自由出入，但不得妄行掠夺。真是无语了，康大帝不是伟大的军事家嘛，怎么连常识也搞不懂了，以战促和，不放松对雅克萨的围困，不是能更好地推动和谈？

同年冬，萨布素接令撤围，城内已经弹尽粮绝、束手待毙的俄军又获得了重生。不仅如此，康熙还命前方清军给俄军送去饮食、医药！并派正在前线的太医为俄军治病！好伟大的康熙！已打通九脉，直入最高境界了，只是内外有别得太大了吧，怪不得两百年后的慈禧能说出这样的话来："宁赠友邦，不予家奴"、"量中华之物力，结与国之欢心"，原来是家传嫡学！

可这些换来的是什么？俄国人得知清政府停战撤军后，竟又开始增兵雅克萨了！到康熙二十七年（1688）秋，城内俄军由残存的百来

人增至三百来人！两年才调来这点兵？也可见沙俄在西伯利亚的实力究竟如何了。

更有甚者，沙俄边界谈判全权大使勃良斯克总督戈洛文（1650—1706），康熙二十五年（1686）正月，与副使尼布楚督军弗拉索夫带着庞大使团和一千九百三十八人的军队（途中招募哥萨克一千四百余人），从莫斯科出发，浩浩荡荡而来。次年春，闻知清军解围而去，不急着走了，七月到达贝加尔湖东岸乌的柏兴（今俄罗斯乌兰乌德）后，停留近两年，完全把和谈置之脑后，忙着镇压蒙古人抗俄斗争去了。俄国人的表现，真是令人叹为观止，不知道的还以为他们才是战场上的胜利者呢。

再说康熙，二十六年（1687）七月，从喀尔喀土谢图汗奏报中得知，俄使已到外蒙境内，一面命萨布素率军撤回国内黑龙江城、墨尔根城，一面屡次派人敦促俄使速来谈判。俄国人又是一番扯皮折腾，直到二十八年（1689）四月，中俄双方才最终敲定会谈地点在尼布楚。唉，搞到最后还在俄方境内，就是刚开始定的色棱额也在人家境内，倒不是什么根本性的问题，却在心理上先输了一阵。

同年四月二十六日，大清谈判使团出发了。首席代表领侍卫内大臣索额图，副代表都统公舅舅佟国纲，随行人员有郎坦、班达尔善、萨布素、马喇、温达等，传教士徐日升、张诚任译员。

恰巧，就在中俄准备谈判之际，准噶尔一代雄主噶尔丹（见《大帝卷·蒙藏篇》），于康熙二十八年亲率三万大军，发动了征服喀尔喀的战争。据说康熙预见到将会与噶尔丹一战，为避免两线作战，决定对俄作出重大领土让步。也就是说，后来尼布楚条约签订时，割给沙俄的领土，是因噶尔丹侵喀尔喀造成的，真要论罪人，那只有一个——噶尔丹！

脏水别泼他人身

前文多次讲了，以俄国人在黑龙江乃至东西伯利亚的军力，在大清帝国面前，何足道哉？倘以现在通行的说法，两次雅克萨之战，清军都不超过三千，初次轻松搞定，再次又长期围困，真要再同时与噶尔丹决战，俄国人能独当一面吗？能做两线中的一线吗？何况大清百万之师，仅被俄国人牵制这点兵力，即使同开另一战场与噶尔丹斗，

又有啥困难？

即使按过去的讲法，清军有一两万人——先问一下捧康者们愿不愿承认，人家俄国还不到千人，很丢康大帝面子的。当然了，如今也顾不得了，领土问题可是最大的面子问题，更是根本问题，弄不好是要遗臭万年的。

那就看吧。一两万人对大清也算不了什么，只要能制住俄国人，事实上也完全做到了，就是第二战曲折些，也能看出只要战争继续下去，胜利者一定是清军。如此，帝国还有那么多军队，再派点去打噶尔丹就是了。

何况噶尔丹实力也不强，最多也只有三万人马，历代中原王朝前期所面对的最弱游牧敌手也，只能讲比黑龙江上的俄国人强，但也根本不是清军的对手；以后康熙亲征时，可是带有一二十万大军的，更有优势火器在手。再看整个帝国的部队，说有百万不足为奇吧，平三藩那会儿，参战清军起码就有五十万人，规模如此宏大，打噶尔丹的同时，放个一两万军队在雅克萨又有何不可？会影响清军大局吗？

其实，这种假设没有必要。签订尼布楚条约前后，噶尔丹根本就没有在打喀尔喀，正处于前两次东征之间的休战期，最大精力也是在应付内部的分裂呢（见《大帝卷·蒙藏篇》），康大帝卸责给人家从何说起？况且中俄也已停战，围城的清军都回国了，双方已经着手谈判，除非俄方又想乘机和噶尔丹联个手，重开战端，否则上面所述就是多余的。

再来看俄国人，从噶尔丹兴兵到中俄签订新条约前，一年时间，他们要是想干，还不动手？再说了，动又拿什么动？雅克萨撤围后两年时间才能增加一两百人，总共才三百来人，凭这吗？不错，戈洛文是从欧洲带来了近两千人的部队，但以清前期综合实力看，这点远非对手。还有，俄使带兵而来主要还是为谈判造声势，不是为了与清打仗的，中途又去欺压过喀尔喀蒙古人（当时并非大清所有），否则一路上磨磨蹭蹭干吗？赶紧快速行进至雅克萨，与可能再来的清军进行殊死搏斗不就得了？当然，就算他们有这想法，一句话，大清也能完全搞定，也许武器装备不行，部队伤亡要大些。

还有康熙本人，前后种种表现更能看出些端倪来。既然人家俄使戈洛文一路消停慢意，根本不急于谈判，你康大帝如果害怕谈不拢，弄成两线作战，索性就拖一拖，以静制动，待观一下时变再说，干吗谈都没谈，就先把自己搞到一个被动吃亏的位置上呢？再说了，还不

是因为你康熙一再错过好时光，三年以前基本就能搞定的事，硬是拖到现在，结果新老问题撞到一起了。当断不断，必有后患！

更重要的是，康熙一直主和。就是雅克萨大战时，他也时刻不忘求和，甚至为此隐忍受辱也在所不惜，给人一种印象就是，只要能谈和就行了，这才是最关键的，其他什么都比不了。如此心态，愿意吃点小亏也属正常。

雅克萨之战便是最好的例子，康熙铺天盖地做动员筹备，一副要决一雌雄的样子，结果呢？仅仅只想把俄罗斯人从雅克萨赶走，然后弃置它，说白了，不给你是怕对俺造成危险，但俺也不准备要（只说城堡不说土地）。更不要说尼布楚了，虽然都是中华之地，可他根本就没打算收复。这可不是凭空捏造，过往康熙的大帝语录中，你能找到有关收复此城的证据吗？答案肯定是"无"。就连第一次雅克萨之战，清军迅速获胜后都未想过要乘胜追击拿下尼布楚。这样看，以后康熙稍遇麻烦，便放弃尼布楚等广大领土，就有思想与心理基础了。

最后再看康熙对即将出使的索额图咋交代的：朕考虑清楚了，如果非以尼布楚为界，这俄罗斯以后到咱这来遣使贸易什么的，不是少一个栖托之所了吗？恐怕他们是不会同意的。所以呀，老索，派你去是对你的信任，一定要好好把握，刚开始，可以坚持以尼布楚为界，如果他们恳切要求，干脆给他们得了，两国就以额尔古纳河为界，免得再横生枝节。

瞧！咱康大帝对俄国人多关心多体贴，处处为人家着想，简直无微不至到了极点，可对领土呢？又是那么随意，说不要就不要，好轻松！真是连他的晚清后人们都不如，当时还是因为打不过人家才割地屈辱求和的，这次可好，明明战场上胜券在握，谈判又未正式开始，国家最高领袖心里事先便已有割土之准备了，实乃史上少有也。

再说了，您愿割是你的事，千年一帝，不是随便封的，该有样儿，干吗要把责任推给别人？做人可要厚道！从你对索额图的那番话里，根本看不出有丝毫噶尔丹的因素在内，完全是你自己的原因嘛，和谈与领土之间，认定了前者更重要。

委曲求全终成和

且说大清使团索额图一行共两千五百官兵，分两路跋山涉水，历

时四十九天，行一千五百公里，于六月初十和十五日先后到达尼布楚。戈洛文竟然还没到，还在乌的柏兴忙着镇压喀尔喀蒙古的反抗，经过索额图一再催促，十八天后的七月初四，才总算抵达尼布楚！

七月八日，在俄军尼布楚城上炮火射程之内，戈洛文亲自选定的会谈场所——两顶相连的帐篷里，康熙期盼已久的中俄谈判终于拉开了帷幕。双方针锋相对，激烈较量，展开了为期两天的第一轮谈判。

俄方要求很明确，最高以黑龙江为界，其次以牛满河、精奇里江为界，最低也要以雅克萨为界。真是贪得无厌到了极点，最低都已经抢占中华大量领土了，竟然上面还有两个层次。如此还有什么亏可吃？当然，也不奇怪，北极熊一向如此。

戈洛文完全秉承了俄国人的一贯作风，嚣张蛮横，经常节外生枝，不断设置障碍，力求俄国利益的最大化，索额图自然也据理力争。双方你来我往，各不相让，几个回合后，戈洛文表示愿以牛满河为界，绝不再让，毫无经验的索额图，便立刻提出以尼布楚为界，并把尼布楚留给对方，自动让了一大步！可戈洛文不仅否决，还认为有机可乘，可从清人手里得到更大的便宜，于是态度更强硬，谈判几乎破裂。

接下来十三天，中俄正式会谈中止，只有双方译员往还磋商。康熙绝没想到，他派去的两个洋传教士，竟然充当了俄国人的间谍。法国人张诚和葡萄牙人徐日升是由著名的比利时传教士南怀仁推荐给康熙的，并一直深得大帝的信赖。尽管沙俄信奉的东正教与他们传播的天主教在基督教中相互对立，但这两人却幻想着俄国入侵中国，能够大力推动他们的传教事业，可能还有因为都是欧洲人，文化上情感上更相近的因素在里面。

有此想法的传教士肯定不止这两人，连南怀仁都在中俄商定谈判之际，暗通沙俄，建议其使用拉丁语作谈判语言，因为中国人谁也不会，岂不有利？且翻译人员只能由在华传教士担任，更 OK 了。

康熙对此却一无所知，他一直认为自己所用的西人都是忠贞可靠的，对派去的两位翻译实际上还赋予了某种顾问的角色，并要求索额图们给予充分的信任与尊重。结果两人的谍报工作有恃无恐，如鱼得水，刚到尼布楚就向戈洛文表示，要在一切力所能及的事务中，帮助基督教徒，并向俄方泄露了大量机密，包括中方的谈判底线！这下可好，清方的外交水平本就不行，再加上还有内奸，你说这和谈还谈

什么？

谈判举步维艰，清方很出乎意料，也极为想不通，咱们已经很好讲话了呀，做了很多让步了呀，怎么还是不行，这帮俄国人太不讲理了，索性不谈回去算了。本来回也就回了，反而更好，但就在这时，两位洋间谍又挺身而出了，再给戈洛文出谋划策，以让出雅克萨为诱饵，争取清方进一步退让。

戈洛文同意，仅提出喀尔喀蒙古地区不列入和约。索额图又中招，果然再次让步，为换取俄军撤出雅克萨，最终提出以格尔必齐河和额尔古纳河为界，等于把原属中华的尼布楚以西至贝加尔湖的二十多万平方公里领土割给了人家。这等好事，戈洛文岂有不干之理？立即表示同意，从而奠定了双方达成协议的基础。

十五日，俄方就此拟定一个七点条约草案，两天后清方也抛出一个六点条约草案。两者大方向一致，差异却不小。清方提出"以格尔必齐河及该河河源之高山绵延向东，至诺斯山为两国国界"，俄方对诺斯山的存在和位置提出疑问，不予承认；俄方同意拆毁雅克萨城，却又要求在此地渔猎不受干扰等。就这样，双方又是几经较量，终于在二十三日恢复正式会议，二十四日（1689 年 9 月 7 日）彼此同意签订中俄历史上的第一个条约《中俄尼布楚议界条约》。条约分拉丁文、满文与俄文三个版本（没有汉文），内容不尽相同。按正式签字的拉丁文本，主要有六条：

（一）以流入黑龙江之绰尔纳河，即鞑靼语所称乌伦穆河附近之格尔必齐河为两国之界。格尔必齐河发源处为外兴安岭，此岭直达于海，亦为两国之界——凡岭南一带土地及流入黑龙江大小诸川，应归中国管辖；其岭北一带土地及川流，应归俄国管辖。惟界于兴安岭与乌第河之间诸川流及土地应如何分划，今尚未决，此事须待两国使臣各归本国，详细查明之后，或遣专使，或用文牍，始能定之。又以流入黑龙江之额尔古纳河为两国之界——河以南诸地尽属中国，河以北诸地尽属俄国。凡在额尔古纳河南岸之墨勒克河口诸房舍，应悉迁移于北岸。

（二）俄人在雅克萨所建城障，应即尽行除毁。俄民之居此者，应悉带其物用，尽数迁入俄境。

两国猎户人等，不论因何事故，不得擅越已定边界。若

有一二下贱之人，或因捕猎，或因盗窃，擅自越界者，立即械系，遣送各该国境内官吏，审知案情，当即依法处罚。若十数人越境相聚，或持械捕猎，或杀人劫掠，并须报闻两国皇帝，依罪处以死刑。既不以少数人民犯禁而备战，更不以是而至流血。

（三）此约定定以前所有一切事情，永作罢论。自两国永好已定之日起，嗣后有逃亡者，各不收纳，并应械系遣还。

（四）现在俄民之在中国或华民之在俄国者，悉听如旧。

（五）自和约已定之日起，凡两国人民持有护照者，俱得过界往来，并许其贸易互市。

（六）和好已定，两国永敦睦谊，自来边境一切争执永予废除，倘各严守约章，争端无自而起。

大清首席谈判代表索额图签约后，即用满文向康大帝作了详细汇报，所述与满文本条约原文大致相同，而与俄文本出入多些。条约签订后，俄国撤出雅克萨及重属中华领土上的军队和据点。至于外兴安岭与乌第河之间的一块地方，暂行存放，待议定。

哪有什么平等约

中俄长达近半个世纪的第一次较量，看起来圆满解决了，双方好像皆大欢喜！其实，康熙是满意的，俄国人则非也。他们一直认为尼布楚条约是不平等的，两百年后的爱辉条约等才是平等的。明眼人一看便知，那是在为他们晚清时夺取中国一百五十余万平方公里的土地找借口呢，否则自己承认自己是侵略者？还真没有一个民族会愚蠢到这种程度的。

战场上的失败者，却能揩胜利者那么多"油"，甚至比失败前得到的更多！还有啥不满足的？你也不看看你现在的处境，东欧强国波兰被你打过后，有点不行了，不再是对手了，可北欧强国瑞典还在那虎视眈眈呢，随时都想吃你一口，直至十九世纪初你才最终解决问题。更严重的是，你和大清谈判时，横跨欧亚当时仍算强国的土耳其，正和你进行着第二次搏杀（1686—1700），可激烈了。

如果再把附近的喀尔喀蒙古抗俄斗争，以及东西伯利亚的单薄兵

力算进去，你也不看看你的形势有多危险，弄不好，后果很严重。如果康熙真撕破脸皮（可叹他不会），你可得吃不了兜着走了。噶尔丹会帮你？他对大清的威胁有土耳其、瑞典们对你的大吗？以后的事实也证明，大清虽斩不断根，但在战场上搞定他依然是小菜一碟。何况噶尔丹又不一定真会帮你，至少没有明确的证据可以证明。

康熙三十二年（1693），尼布楚条约签订后的第四年，俄国使节来华要求通商（这才是他们孜孜以求的最大目标），康大帝自然恩准了，准许俄国商队每隔三年来北京一次，每次不超过两百人，免税贸易八十天。这可是大清帝国在鸦片战争爆发前给予各国的最高待遇了，其他国家包括共击明郑的荷兰都没有享受过。

从此俄国对华贸易迅猛发展，大批商队带着西伯利亚皮毛等货物兴高而来，再换取中国的金、银、锦缎、棉布等采烈而去，获利相当之大。1691年以普洛特尼科夫为首的俄国商队来华，售出货物总值七千五百六十二卢布，带回去的中国货物总值达两万三千九百五十一卢布，利润足有三倍以上！

后来，沙俄政府见对华贸易有这么大利，干脆垄断算了，派官方商队进行贸易，获取了巨大利益。康熙三十六年（1697），俄国对华输出货物二十四万卢布，超过对中亚贸易的总值，而所得利润竟高达百分之四十八！

康熙的抗俄斗争就这样结束了，最后的条约是否平等暂不去说，起码他并没有很好地维护他的大清帝国的利益，也未真正解决问题。捧康者们说，多少多少年里，中俄没有再发生过战争，边疆之地是和平的，这应归功于尼布楚条约，完全本末倒置了。

条约真能起到这样的作用吗？答案一个字——"否"。那不过是一种把戏，当事者愿意遵守就管用，不愿意就是一张废纸，尤其在那个弱肉强食的年代，没听说哪个弱国因为和约在手不被欺负的。换句话说，历史上任何一场征服战争，对被征服者都是非正义的，该征服不还是照样征服，正义、合理能起到多大作用（仅指过去的年代）？

沙俄长时间没来侵犯，那是因为人家正一心忙着在东欧争霸，无暇顾及这边。况且，雅克萨之战，也让他们看到了中国的实力，随便抽个百把上千人，就想在人家边境上惹事，也太高看自己了，不得不收敛些。

[蒙藏篇] 总算有点真功业

前文写到沿海迁界时，曾提及康熙不修长城的一番著名言论，为其博取了很多生前身后名，无数康迷们为之倾倒。偶像就是偶像，历代帝王中谁能有他这番境界、这番卓识、这番体民、这番功业！秦皇汉武靠边站，唐宗宋祖一旁呆，一代天骄，成吉思汗，惭回大漠射大雕，俱往矣，数风流人物，还看康熙！

笑话，天大笑话！长城论及引发的轰动效应，简直就是那时今世极尽高捧神化康大帝无数场运动的精华版，凭此足可窥全貌也。怎讲？再把这段话端上来瞅瞅先："秦筑长城以来，汉、唐、宋亦常修理，其时岂无边患？明末我太祖统士兵长驱直入，诸路瓦解，皆莫能当。可见守国之道，惟在修德安民。民心悦则邦本得，而边境自固，所谓'众志成城'者是也。"

史上绝无仅有极其惨无人道之能事的沿海迁界（见《大帝卷·台湾篇》），已经在康熙更在高捧者脸上，"啪！"扇了一个响亮耳光。给沿海民众带来那么大摧残与伤害，爱民究竟爱在哪里了？修德、安民、自固，又都在何处？不错，是有成城，成的是民众的血与泪浇筑的东南防郑反清之城与东北防民入边之城呀。

凭这都能搞出个"长城"来，反过来也足见康熙境界有多高，见

识有多远，体民有多大，功业有多强了。长城能不修，边境能自固，纵然缘由一箩筐，也绝无康大帝自我吹捧的那样吧。

至于长城作用究竟有多大？又是一个大话题了，非本文所需承载也，但说一点，长城修不修不是根本问题，岂能拿来比较孰优孰劣，关键是中原王朝能否抵御北方强敌的侵犯。行，修长城自然不是坏事；不行，不修长城也不见得就好。长城，只是一个载体，一个桥梁，不是目的地，何况世异时移，时代不同环境不同对长城要求也不同了。

好了，还是回到主题上来。康熙一小段话，字数不多，且错误连连，宋时长城之地尽在别人手上，何谈修长城？汉唐又有多少时间在修长城呢？明代倒修了不少，作用也很大呀，尚存祖上成吉思汗雄武之风的蒙古，两百余年对明未构成真正威胁，有长城很大的功劳嘛，岂能轻易抹杀？

大清呢？蒙古已不是原来的蒙古了，所以长城也不是原来的长城了。就像现如今，如果你再像古时候搞个长城类的防御工事，岂不让人笑掉大牙？单说康熙时代，主要还是形势变了，面对的敌人不同了，而非啥修德安民也。

其实康熙时北方（包括西北）的对手，只是大蒙古人中一小部分，与清对决时参战兵力最多只有三万，既不能与成吉思汗时相比，也不能同明时相较，还要面临游牧先辈们从未遇到的新课题——热兵器的打击。但穷康大帝一生，却也未能解决困扰历朝历代的游牧侵扰问题，好在他的先辈们已经吞并了漠南蒙古，并令漠北蒙古臣服，以至敌人来扰时，不需要在长城脚下解决问题了。

真不知康熙有何自豪的。当东方世界也处在告别冷兵器时代的前夜时，当北方游牧民族衰退不可避免越来越无法凭着蛮力去征服时，当中原定居民族五千年的文明积淀即将迎来对抗游牧之扰的升华时，他所属的一个本处东北塞外游牧渔猎之族，竟先来了个华丽转身，一跃而为掌控中原的定居之族了，没有经历文明发展的沧海桑田，却收获了十七世纪人类最大也是最奇的硕果。不仅绝无仅有以一个落后小民族的身份征服了一个文明大民族，还迎来了定居民族军事上正全面超越游牧民族的大时代，恰又处于西方文明飞速领先但综合实力还未高高在上时，两方面都能泰然应对，赞叹赞叹！

而康熙更是幸运中的幸运儿，他的先辈们为他做好了一切，果实

摘下来，洗干净，送到他的嘴里，然后告诉他，孩子你一口一口吃就行了。可笑的是，就那他还经常呛着噎着，不能干脆利落搞定呢。尼布楚那会儿，已经发生过一次，如今面对游牧民族侵扰的老问题，不是啥难事了，又依然如此。在他六十一年的帝王生涯中，至少有四十年在干这事，但直到撒手而去，也没能彻底摆平，这就是千年一帝的水平吗？

你别说，真要感谢一个部族联盟——准噶尔人，在大蒙古（松散的部族共同体）一片衰败温顺中，还保留祖先最后一点血性及争霸的雄心，成了最后也是最好的一块试金石，来看看大清盛世的威力究竟有多大，千年一帝的水平到底有多高，更神奇的是，还能再次看到幸运之神是如何眷顾咱们的康大帝和大清帝国的。

平定噶尔丹并未搞定准噶尔问题，却取得了两件货真价实的大功业。正式收编漠北喀尔喀蒙古，多辽阔的一片土地呀，从此大清的疆域拓展到今日外蒙，不过面积要更大些。大清也是元亡以后，中央王朝军队第一次进入西藏，赶走了准噶尔的势力，巩固加强了对西藏的统治。

虽然这是意外之获，并非康熙远见卓识之下运筹帷幄而得，但结果是最重要的，康熙有大功于中华也。可以说康熙一生事业，在无数高捧的大功业中，只有这两样附带产品，才是真正经得起考验的，凭此，他被称为有作为的帝王不为过，丝毫不为过。但是有一点，唐高宗也要一块被称颂，厚此薄彼不公平呀。

至于噶尔丹和他的准噶尔帝国则更要好好瞧瞧了，康大帝与之的较量，激烈程度不如灭吴平郑，却远胜抗俄也。

雄霸中亚准噶尔

明末清初东蒙古没落了，清人吞并了漠南，并让漠北喀尔喀臣服。那西蒙古呢？准噶尔、杜尔伯特、土尔扈特与和硕特等卫拉特（厄鲁特）四部，确切说应该是原瓦剌各部在长期发展中，融合吸收了周围突厥语系及东蒙古诸族的成分而最后形成的，仍算是大蒙古系统，但也独立成支，其源流、文化、语言等皆有与东蒙古人不相同之处。

他们游牧于天山以北、阿尔泰山以南，互不统属，但有一个松散

的议事机构"丘尔干",即定期的领主代表会议,讨论一些彼此相关的重大事宜,为此还设置了"达尔加",即卫拉特联盟的盟主。明代中后期,和硕特部渐强,其首领兼任四部盟主,称卫拉特汗。

十七世纪初,准噶尔部哈喇忽刺时力量开始增长,其间卫拉特有一重大事件,就是西藏喇嘛教的传入,既带来了新的知识文化,又给他们注入了思想麻醉剂,所幸没有形成完整的活佛转世制度,喇嘛也没有东蒙古人那么多,否则十七世纪也一样衰落了。

哈喇忽刺逝世后,其子巴图尔珲台吉(1634—1653在位)即位,堪称一代雄主,准噶尔部日益强大,迫土尔扈特部首领和鄂尔勒克率部,以及和硕特、杜尔伯特的一部分,共五万帐,越过哈萨克草原,西迁至俄罗斯额济勒河(今伏尔加河)流域放牧,时为明崇祯二年(1629),直到清乾隆三十六年(1771),渥巴锡才率部回归。

崇祯十年(1637),和硕特部顾实汗图鲁拜琥率众向东南迁到青海一带,并兴兵入藏,占据青藏高原,日后终康熙一朝,青藏之地的风云变幻皆与这个部族有关。崇祯十三年(1640),和硕特部另一首领鄂齐尔图率众进入河套以西的阿拉善地区。

巴图尔珲台吉乘机扩张势力,将杜尔伯特部及和硕特与土尔扈特未迁走的部众,牢牢掌控于自己的统治之下。准噶尔在他手上,最盛时领地北及额尔齐斯河、鄂毕河中游,南至天山以北,东达巴尔喀什湖以东以南,辽阔得很啊,准噶尔游牧汗国已然成形。

其文治颇值得称道。著名的《1640年蒙古卫拉特法典》,就是他与喀尔喀扎萨克图汗联手召集卫拉特、喀尔喀各部制定完成的。他还牵头支持创制了以回鹘式蒙文为基础的托忒文("托忒",意为明确),在卫拉特各部包括西迁的土尔扈特部中广泛使用,为卫拉特文化发展和历史遗产保存作出了不可磨灭的贡献。

武功也显赫。有力地遏制了沙俄对准噶尔的入侵,没有让侵略者占得半点便宜。向西向南与哈萨克、柯尔克孜、诺盖等部族都发生过战争,尤其与哈萨克的争斗相当激烈,干了好几仗,最后迫其臣服,"在所有事情上都仰望着巴图尔珲台吉,并服从他"(巴德雷《俄国·蒙古·中国》第二卷)。

巴图尔珲台吉十九年的奋斗为后继者栽下了好大一棵树,但他的儿子僧格(1653—1670)上位后却未能在这棵树下安安静静乘几天凉,因为权力斗争一开始便上演了。他的同父异母兄车臣台吉和卓特

巴巴图尔起来争位，直到康熙三年，僧格才终于获胜，成为准噶尔货真价实的当家人，但斗争仍未结束，康熙九年（1670），他还是被两位兄长暗杀了。

权力斗争太残酷，任何地方皆如此，僧格成就上没有超越老爸，不过抗击沙俄入侵上却接过了老爸的衣钵，坚定果敢为人道也。为让沙俄归还扣留的捷列乌特贡民（吉尔吉斯），他曾亲率四千人马包围过侵略者的据点克拉斯诺亚尔斯克（位于东西伯利亚西部）。就在他被暗杀前，还准备攻打俄国人呢，可惜不能实现了。

英武大汗噶尔丹

僧格逝后，准噶尔又经历了一场争权夺位的激烈拼杀。他正在西藏当喇嘛的弟弟噶尔丹（1672—1697在位），迅速返回，击败政敌，夺取了准噶尔的统治权。然后采取"近攻计"，以先近后远、先弱后强为方针，发动了一系列扩张兼并战争。康熙十五年（1676），擒获叔父楚琥尔乌巴什，次年袭杀岳父和硕特部首领鄂齐尔图汗，声威大震。其实这两人都曾在他夺位时帮助过他，噶尔丹一开始便显出了枭雄本色。

康熙十八年（1679），噶尔丹又率兵三万占领了哈密、吐鲁番，乃请命达赖喇嘛授以博硕克图汗称号——无可争议的卫拉特霸主。准噶尔游牧汗国建设工作也算是大功告成了，该享受享受了吧？

"不！"噶尔丹是何等雄心万丈的人物，岂会就此打住？康熙十九年（1680），他派十二万铁骑（数字应该不对，但无其他证据，暂用）南下，占领喀什噶尔、叶尔羌，征服了南疆回部（天山南麓维吾尔族聚居区），一统天山南北。康熙二十年（1681）以后，噶尔丹又连续四年向西扩张，征伐哈萨克、诺盖、吉尔吉斯、费尔干等部族，兵锋直达黑海沿岸。

噶尔丹如今真是不得了啊，他的汗国够雄伟壮阔了，西抵巴尔喀什湖以南，东至叶尼塞河上游，北达阿尔泰山，南至南疆回部，势力直达中亚的撒玛尔罕、布哈拉、乌尔根齐地区，绝对是中亚超级无敌型的，这下总该心满意足了吧？回答还是"不！"这怎么够呢，祖上成吉思汗那样才叫伟业呢，他有更大的目标与追求。蒙古人最后的一点血性、最后的征服个性、最后的星光闪耀，都给了准噶尔，给了噶

尔丹们！

那下一步，噶尔丹的征服目标会指向哪呢？他又能实现多大的雄心呢？纵观史上每一个伟大的征服者，大功业的取得，个人非凡的能力与积极进取的精神肯定是基础，但机遇也极端重要。

就说成吉思汗和他的儿孙们，在十三世纪创造的惊天伟业，难道就没有一点幸运的成分在内？周边哪有真正的强手哟！否则，最多只有十来万部队的蒙古人能在那么短时间内差一点征服世界吗？没落的金都能抗击蒙古主力军二十多年，那要是金国早期呢？世人心中武功极端不堪的南宋也顽强抵御近半个世纪，那要是强汉盛唐呢？匈奴人与突厥人可都是顶尖角色啊。

再看中亚、西亚、欧洲之国之族，蒙古铁骑所到之处无不披靡，这绝非蒙古人强大到极点了，比过去任何一个游牧民族都厉害，而是他们当时太弱了，不然同时期并不强大的金国、南宋都能长期顽强坚守，他们却是一触即溃？

也许蒙古人把它的征服本色及天降机遇都给耗尽了，之后虽然出现了一些不逊色于前辈的人物，但再也不会创造过去的辉煌了。噶尔丹就是一位，历史已经注定他最大的功业就在中亚，再想四处拓展，迎接他的将是失败与挫折，不论东接之大清，还是西连之俄罗斯，实力都远超准噶尔大帝国，乃至西南伊朗的萨非、南方印度的莫卧儿，当时也都不弱，他还想往哪拓，向哪展？

噶尔丹拥有的实力及所处的环境，已经宣告了他哪怕比成吉思汗还要出色，今生也不可能再成为成吉思汗。世异时移，一切都不同了，可他自己并没有意识到这一点，甚至有点不自量力，一再往枪口上送，结果只能是悲剧——英雄末路的悲剧。像极了三百年前非要与征服者帖木儿抗衡的脱脱迷失，一位也曾叱咤风云的金帐汗国大汗。

目标指向喀尔喀

最终，噶尔丹把新的目标定在了东方，直指喀尔喀，但也指向了深渊。喀尔喀并不强大，早已衰落，内部又争斗不休，本不是对手，但它背后有一个巨人啊。且不论噶尔丹是否有接着进兵中原的打算，其实他自己从没讲过，也未真正做过。就说喀尔喀，不是漠南蒙古，与大清也是有"九白之贡"（即每岁贡白驼一匹、白马八匹）的，宗

267

藩关系总是有的吧，疆界又紧连，况你借着追击喀尔喀，都追到人家漠南地界内了，康大帝怎能无动于衷？再说了，因为你的攻击让喀尔喀像漠南一样，完全归属了大清，那地位和过去可就不一样了，你还仍然进攻进攻再进攻，不是和康熙过不去又是什么呢？

这可不是开玩笑的，前期的大清军事实力之强，亚洲地面谁是敌手？土耳其，不好说；准噶尔，鸡蛋碰石头！不要说时代变了，火器的运用更加不利于综合实力较弱的游牧民族，就是过去的中国，一个中原大王朝的前期，除了环境特殊的北宋，都是能击败游牧之敌的。噶尔丹的东征，结局可想而知了。

讲述征伐之前，有必要澄清几个问题。准噶尔虽属大中华系统，当时可并不归大清所管，噶尔丹也无非想建立更大的功业，创造更大的帝国，成为最闪亮的那颗星，与分裂无涉。

至于有人说他勾结沙俄，并引经据典证明之，还拿出来一封他致俄国沙皇的信，及这边那里都有很多相关记载什么的，乍一看，好像也是，可具体行动上一直未见呀？这不就得了。如果仅凭说了什么，写了什么，就是勾结，那太多人都是了，包括与荷兰、俄罗斯都打过交道的康熙。

虽然噶尔丹一改老爸、老哥的抗俄政策，转为友好协作了，但又何尝联俄打击过喀尔喀乃至大清？日后的战斗中并未见到俄国人支持嘛，否则也不会在关键时刻因火器不行加速了自己的失败。

也许捧康者会说，那是康大帝洞察秋毫，提前有效遏制了沙俄的援助计划。唉，反正都是大帝的英明，无意争论了，就算是，又怎么样呢？沙俄不也是康熙争取协作的对象吗？它所起的作用只是大家需要借助的外力，联之并不代表卖国叛国什么的，当然人家自有人家的企图，互为所用吧。否则，也是康熙年间，大清曾携手荷兰共击明郑，又怎么算呢？总不能相差二十年认识就不同了吧？

其实噶尔丹联俄从未干过有损尊严与主权的事。在他任期内，准噶尔让俄国人占过便宜吗？签订过啥不平等条约吗？丢失过一寸土地吗？相反却成为过去西域之地一个超级大国，纵使以后败给了大清，也是进攻遭到了遏制，声威于当地丝毫不减，而这都是噶尔丹最后奠定的基础。与之相比，康熙的抗俄却留下了太多遗憾，无论雅克萨还是尼布楚。

噶尔丹，准噶尔的英雄，大蒙古人的英雄，中华民族的英雄。个

人最终虽是一个失败者，事业却是成功的，是他为蒙古人迎来了最后的辉煌，从此光芒四射地持续了八十年。

作为领袖，比噶尔丹小十岁的康熙，惟一可引以为傲的是，他拥有一个更强大的帝国，历史上中原王朝的传统对手，随着时代的改变再也没有能力与之抗衡了，哪怕策略并不高明，出手并不快捷，也只是时间问题，最后胜利者必然是大清！

即使有俄罗斯这样的新对手，又有什么关系呢？它的重心不在此，力量也未发展到后来那么大，根本不可能倾力东进，与大清争个高下。一个最明显的事例，雄居西域的准噶尔帝国，远逊于大清，离它也更近，征伐更方便，但它又何尝派大军去征服过？最后还不是被大清乾隆乘乱干掉了。

此时的康大帝，真是登临绝顶上，一览众山小了。只要他处理得当，每次有对手来挑战，最终的结局都是锦上添花，而像尼布楚那样的只能怪自己了。如今又来了一个，看看康熙是咋处理的吧。

大帝怀柔没啥用

且说噶尔丹当政之初，与清廷关系还是正常的，每年都有贸易往来，清廷这样的中原王朝一向称人家来朝为纳贡，再赏给人家超倍之物为赐，其实是个赔本买卖，但也不错，咱要的是万国来朝的上国荣光，失点小钱小物算什么呀。

这里面确实有藩邦的上贡，不是的倒也不少，清廷可不管那么多，一概贡也，包括荷兰、俄罗斯这样的西方之国，也被纳入到贡的行列，足见官方史书所载贡的真面目了。准噶尔就属于后者，与清廷的贸易就是贸易，不是什么贡，当然大清官方记载就是两回事了，仅看这些东西，会以为准噶尔就是它标标准准的一个属国呢。

噶尔丹想挥师东进，占领喀尔喀，假如还想占领中原（没有任何确凿证据），最好的时机其实在三藩之乱时，如果他能带着三万人马杀将过去，和吴三桂们来个南北夹击，说不定大事就成了，起码清军不可能组织个一二十万大军前往迎战。

他不是没有这个机会，一统卫拉特后，三藩之乱还没结束，清军主力都在南方，吴军还在湖南殊死抵抗，此时不可谓不是良机，但噶尔丹没有行动，连想都没想过，而是把目标放在了南扩西征上，战果

很辉煌，最佳东征时机却错失，待回过头再来，大清早已平三藩收台湾，天下全定了。至于俄侵，就那点力量，即便和他一起干，都是白搭。

准噶尔与大清表面的平静，没有维持多久，原因在于前者。据清官方记载，康熙以圣主的胸怀，对噶尔丹抱以极大的宽容，力求双方能和睦相处，夸张了点，不过这一次倒也符合实际。康大帝的性格为人就是这样的，除了对付三藩、明郑这样危及大清统治的，极尽狠辣之手段，对外却是求和不求战，只要大家相安无事就行了，哪怕吃点亏也没啥，对沙俄不就是最好的例子吗？

康熙是没有雄心的，稍加留意便能注意到，他六十一年帝王生涯，对外从未主动打过仗，至于取得的成就像本篇以后要讲到的外蒙、西藏，也是接人家的招，顺势得来的，何时主动取过？当然也不是坏事，万事和为贵嘛，只是这边极力歌颂圣主的和平友好，那边又大肆吹捧大帝的武功赫赫，好事占尽怎么可能？对其他历史人物也不公平啊。

噶尔丹就不一样了，承继了先辈的精神，自当上准噶尔领袖时起，从未停止过征服喀尔喀、统一全蒙古的壮志，更不会因为康熙的百般笼络便放弃。

这不，康熙算做得不错了，就像对俄国人那样，一再向噶尔丹表示诚心，力图避免双方矛盾激化，当然，前期也有平三藩不想横生枝节的因素。就连噶尔丹被达赖喇嘛授予博硕克图汗之事，对清廷来讲本是擅称汗号，胆大妄为，绝对不可能接受的，但康熙也忍了下来，一反常规收纳了噶尔丹使者"奉贡入告"的献物，事实上给予了承认。平定三藩后，他还派内大臣前往准噶尔对噶尔丹大加赏赐呢。

不过据官方记载，噶尔丹可没有领情，当实力不断增强时，态度便发生了变化，逐渐抖了起来。他的商队在大清的地界内竟有点为所欲为、无法无天了，捆缚平民的事干了，抢掠财物的事做了，甚至都开始随意杀人了，康熙虽给了相关人员严厉处置，也未把事态扩大，还是以和解安抚为上。但对噶尔丹这样雄心万丈的人，和是没用的，做得再多也枉然，必须要在战场上击垮之，否则他不会停止征服的步伐。

挑衅原是喀尔喀

　　噶尔丹确立了中亚霸主地位后，从伊犁东迁帐至阿尔泰山科布多（今蒙古吉尔格朗图），立足于此，且耕且牧，备足粮饷，整装待发。依他的雄武个性，征服喀尔喀也许是迟早的事，不过猜测仅仅是猜测，从历史记载来看，挑起两家争端的竟是喀尔喀自己呢。

　　这漠北喀尔喀土谢图、车臣与札萨克图三部，皇太极崇德三年（1638）起对清有"九白之贡"。顺治十二年（1655），清廷又在喀尔喀设置左右翼八札萨克，但其仍与漠南蒙古不同，不能算作大清之属。不过这三部自成体系不假，却继承发扬了本民族窝里斗的传统，从没成为过统一强大的整体，彼此纷争不断，面对外部入侵时，一般也是抵抗不力，不论是沙俄，还是很早以前自家人的准噶尔，全然失去了先辈的昂扬斗志和血性精神。

　　至于说到喀尔喀自己导致噶尔丹来攻，应该从康熙十五年（1676）噶尔丹袭杀岳父和硕特部鄂齐尔图汗说起。当时喀尔喀土谢图汗察珲多尔济站在了后者一方，曾领兵前往救援，中途得知战争结束而折回。之后，土谢图汗还抢劫过噶尔丹派往北京的贸易使团，又把女儿嫁给了鄂齐尔图汗的孙子罗卜藏阿拉布坦，就这样和噶尔丹结下了梁子。

　　恰好喀尔喀札萨克图汗成衮多次要求察珲多尔济归还亡失到土谢图部的部众与牲畜，却遭到断然拒绝，引发激烈纷争。成衮深感无力与之相斗，乃求助于清廷主持公道，却逢三藩之乱，人家无暇顾及，后又找到西藏达赖喇嘛，也未解决问题，只好再寻强有力的支持者，那还能有谁呢？周边一瞧也就噶尔丹了，于是二人结成了盟友。

　　平定三藩后，康熙也把喀尔喀事放在了议事日程上，努力调和其内部矛盾。康熙二十五年（1686），喀尔喀左右翼会盟于库伦伯勒齐尔，搞了个永远和好的盟誓，互相侵占的人畜都要各归本主。清理藩院尚书阿尔尼前往主持，热心倒是热心，却为了抬高哲布尊丹巴呼图克图，不顾宗教礼仪，竟让达赖喇嘛（1682年圆寂，权臣第巴桑结嘉措匿丧弄权）派遣的大弟子，当时地位更尊贵的噶尔丹西勒图和其坐于一席。

　　哲布尊丹巴呼图克图，简称哲布尊丹巴，十七世纪初喀尔喀蒙古

271

形成的藏传佛教最大的活佛世系。1614年，西藏觉囊派高僧多罗那他应邀前往库伦一带传经约二十年，深得喀尔喀诸部信奉，渐成为当地宗教领袖，圆寂后，土谢图汗衮布多尔吉之子札那巴札尔被喀尔喀诸汗王认定为多罗那他转世，法号罗桑丹贝坚赞，后改宗格鲁派（下文详表），被五世达赖承认为第一世哲布尊丹巴，就是现在的这一位，名义上地位自然不及格鲁派最高领袖达赖的大弟子兼代表了。

噶尔丹很愤怒，认为这是对噶尔西勒图的侮辱，盟后分别致书质问清廷和哲布尊丹巴。这倒不是做作，他早年在西藏做过僧侣多年，对宗教很是虔诚，与桑结嘉措关系也很不错，政治上相互依傍。清廷对此未置可否，而哲布尊丹巴和其兄土谢图汗察珲多尔济却联名给噶尔丹写了一封轻蔑之信，彼此梁子结得更深了。

其后察珲多尔济不仅违背盟誓，没有归还所收全部逃众，还准备向札萨克图汗沙喇（成衮会盟前已逝，此乃其子）动武，势力较弱的沙喇惟有进一步加强与噶尔丹的联盟，做好准备，这边厢察珲多尔济也是磨刀霍霍，双方大战一触即发。

与现在通常看到的记载不一样，战争并不是噶尔丹挑起的。康熙二十七年（1688）正月，察珲多尔济率兵一万攻入札萨克图部，杀了沙喇，他的同盟者罗布藏衮布拉布坦深入准噶尔腹地抓走了部分卫拉特人。噶尔丹起初还不了解情况，派其弟多尔济扎卜率四百来人前往沙喇处，欲取得联系，结果自投罗网，被察珲多尔济杀害。

康熙得知情况后，力图平息争端，就像上次会盟，结果还是徒劳，箭已在弦上，岂能不发？况惟一能够影响噶尔丹的西藏方面还对康熙阳奉阴违，表面答应劝解，暗中却大力支持呢。

初次东征凯旋归

五月中旬，噶尔丹率兵三万自科布多西北，进攻喀尔喀，击败右翼后，再沿杭爱山，至左翼土谢图部，他老冤家的大本营。六月，击溃察珲多尔济长子噶尔丹多尔济所率的一万军队。随即兵分两路，其弟杜噶尔阿拉布坦、侄丹津鄂木布等带七千人往攻额尔德尼召，紧跟着追击南逃的哲布尊丹巴。而他本人亲率主力大军，向东挺进，攻掠克鲁伦河的车臣汗牧地，继而回师土拉河畔。

八月三日，噶尔丹终于同他的最大对手察珲多尔济大决战于鄂罗

会诺尔，三日搏杀，察军大败崩溃，自此喀尔喀再也无力抵抗了。

噶尔丹的卫拉特铁骑纵横驰骋，所向无敌，喀尔喀部众惊慌南逃，不顾大清的设卡防守，纷纷涌进漠南蒙古境内，清军驱之不出，其中就有哲布尊丹巴。

恰于此时，噶尔丹遇到中俄谈判代表索额图（见《大帝卷·沙俄篇》）部下海三代，通过他致书康熙："倘哲布尊丹巴往投皇上，或拒而不纳，或擒而畀我。"（温达《平定朔漠方略》卷四）

由于喀尔喀并非大清所属，如何处置逃难而来的部众，不仅是清喀之间的事，也关系到清准下一步如何面对的问题。康熙与大臣们进行了认真商讨，最后当然又是他力排众议，圣明地决定妥善予以安置，并收归大清所属，此乃喀尔喀正式归附的前奏，实际上也把噶尔丹放在了敌对的一方。

当然这样做是值得肯定的，清朝多了一块大疆域不说，噶尔丹要真能合准喀于一体，虽不见得有侵吞中原之志，但骚扰边境还是难免的，游牧民族之天性也，除非像东蒙古这等已然衰落又被宗教软化。

噶尔丹索仇敌未成，也未继续行动，没有丝毫证据可以证明他有南下企图，甚至有与清军一战之打算。十月十七日，打败喀尔喀的噶尔丹，主动返回大本营科布多，整顿休养，第一次东征以完胜结束，人生达至辉煌的巅峰。

很多事观其全貌方知真相，这里所以详细介绍噶尔丹东征，以后也是，目的就在此。喀尔喀之战前因无需再重复了，从中起码能看出噶尔丹也非无理取闹，察珲多尔济的责任还要更大一些，这场大战的最直接发动者其实是他，双方不存在谁正义、谁侵略，各为其利也。

再来看看噶尔丹是否联俄打击喀尔喀。与清廷进行最后尼布楚谈判的俄使戈洛文（见《大帝卷·沙俄篇》），1686 年元月从莫斯科出发，第二年抵达土谢图部的色楞格斯克，并从察珲多尔济手中夺取了它。喀尔喀中实力最强的察珲多尔济却干了什么呢？外有强敌，还在那搞窝里斗，不被打才怪！有些书把他塑造成抗俄英雄，不能说不算，但反过来丑化噶尔丹甚至斥之为民族背叛者，就有点牵强了。

噶尔丹要真是与沙俄谋划好的，1687 年就动手了，干吗非要再等一年，到人家先下手为强时才行动呢？时间相类似，仅仅是个巧合罢了，诱发战争的因素不断积累，正好在戈洛文到来不久质变，而且质变的最直接推动者还不是噶尔丹。至于沙俄侵略喀尔喀，更早以前

就发生了，非始于戈洛文。

不过这场战争，最需要关注的不是噶尔丹，也不是他与沙俄的关系，而是咱们的康大帝。签订《尼布楚条约》（1689），优势下作出重大让步，割土地给人家，一般都被说成是因噶尔丹的叛乱。沙俄篇中有过论述，如今详观他的第一次东征，更加清晰了。

噶尔丹当年（1688）十月就撤军了，没有一点要侵大清的迹象，而据官方记载，康熙也未有发兵之想，只是希望他能撤，准噶尔与喀尔喀能和睦相处，仅此而已。特别是噶尔丹撤回后，根本没有什么专项针对大清的行动呀，彼此暂时相安无事。直到二十八年（1689）八月末，他第二次东征，局势再趋混乱复杂也，但《尼布楚条约》签订的时间却在同年七月二十四日，早了一个月呢。

清准终于接上火

且说东征大胜而归的噶尔丹，意气风发没得说，马鞭所指之处无不拜倒在他的脚下，名副其实的游牧之王啊，但俗话说得好，物极必反，盛极必衰嘛。这不，他还没高兴几天呢，自家也闹起窝里反了，形势顿时大变。

原来他哥哥僧格的长子策妄阿拉布坦，长大成人后很是了得，与噶尔丹矛盾也很深。本来位子是咱老爸的，现在咱大了你也不让，心里够烦了，你还添油加醋，把咱未婚妻抢走了，又杀俺一个弟弟，是可忍，孰不可忍？结果，策妄阿拉布坦带着老爸的旧部五千人叛走科布多，还击败了噶尔丹亲率的二千追军，后控制了阿尔泰山以西的准噶尔地区，与噶尔丹分庭抗礼了。

噶尔丹实力严重受损，策妄阿拉布坦又切断了南疆与他的联系。经济支柱断了，大本营科布多的财政问题日益严峻起来。为摆脱经济危机，康熙二十八年（1689）八月末，噶尔丹亲领大军一万六千余人，兵分两路，长驱直入喀尔喀，发动了第二次东征。他收取了色楞格河右岸臣服于沙俄的喀尔喀部众，并向俄方发出了严正声明，后因策妄阿拉布坦乘虚攻掠科布多，不得不于十月返回大本营。

同年十二月初，噶尔丹又率两万铁骑第三次东征喀尔喀，纵横驰骋，如入无人之境，但是强大的对手就要现身，失败就要向他招手了。

起初，康熙是想和平解决准噶尔与喀尔喀争端的，注意不是大清与准噶尔的争端，因为噶尔丹之前根本就没有侵犯过大清的疆域，这也可间接证明尼布楚割让土地的真相了，康大帝再有和平友爱精神，也不会为了化人家的干戈为玉帛，而把自家最宝贵的财富土地送给别人吧。

噶尔丹的雄心是想征服喀尔喀，自然不会答应，最后康熙决定动用武力，胜败未打已定也。准噶尔与大清本就不在一个层次上，综合实力相差巨大。策妄阿拉布坦的叛离又削弱了噶尔丹的力量，这一次只有两万人马出征足见一二。道义上他也有点讲不过去，与第一次不同，现在大部分喀尔喀部众已归顺大清，你噶尔丹打它，就等于犯大清呀。还有康熙一直担心的沙俄可能援助噶尔丹，此时通过《尼布楚条约》的签订也解决了。

其实康大帝的担心很有点可笑，且不说俄国人是否会援助，就是援了又怎么样？自己的人马被清军围困在雅克萨五个月，不通过与清廷和谈都解不了围，他拿什么来给予噶尔丹坚强的援、有力的助呢？何况一纸和约能束缚谁？沙俄这样侵略成性的家伙，除非能力不够、条件不足，又有谁能阻挡他征服的步伐？他最终没有推波助澜，不是和约，不是康熙的义正词严，而是在东亚他还不具备与大清抗衡的实力，得罪了反而更吃亏，干吗做这蠢事呢？《尼布楚条约》只会束缚大清，不会制约俄罗斯，二十多万平方公里的疆土可惜了。

康熙二十九年（1690）三月，清军先头部队两路齐发，挺进土拉河、克鲁伦河，欲左右夹击噶尔丹。六月二十一日，理藩院尚书阿喇尼，率左路两万人马与噶尔丹战于乌儿会河边，惨败而归，清军初战失利，是为乌儿会之战。当然喽，这绝不是康大帝的错，是阿喇尼违令轻战造成的，如按大帝的指示办哪会发生这样的事？阿喇尼，你也太不像话了，革原职降四级调用！

七月，康熙征调十几万大军兵分两路出塞，和硕裕亲王福全为抚远大将军，出古北口；和硕恭亲王常宁为安北大将军，出喜峰口。他自己也决定亲自出征，后因病停驻于博洛河屯（今河北承德隆化县），节制诸军。后四字很重要，往后的胜利便都是在他的英明领导之下取得了。

八月一日，福全率大军与噶尔丹两万卫拉特军会战于离京城七百里的乌兰布通（今内蒙古克什克腾旗境内）。噶尔丹据山林，隔河以

"驼城"为障迎战，即用万峰骆驼布置一个环形营阵，士兵躲于驼峰后射击。清军隔河为阵，凭借火器优势，发动猛攻，击溃驼城，但卫拉特军兵少却勇，顽强抵抗，双方激战两日，清军也未能取胜，战事一时间处于胶着状态。

噶尔丹与随军达赖喇嘛使者济隆考虑长期被围，兵马粮草不济，不战自败也。遂由济隆携弟子七十余人，八月四日下山，会见福全，为噶尔丹说项求和，一席话很动听，福全被打动，答应放行。当天晚上，噶尔丹带着剩余人马全身而退，此战是为乌兰布通之战。

噶尔丹在力量极为悬殊的情况下，最后能安然退出，也算不胜中的胜利吧，而清军却错失全歼敌军的好机会，等到福全醒悟过来，悔之晚矣。至于损失，双方都很惨重，康熙的舅舅佟国纲也战死于疆场。真是很奇怪，清军并未胜呀，为何大多记载中都删繁就简，搞成噶尔丹大败溃逃了呢？

此战，康熙是花了心思的，组织了一个这么大的部队，却是这样一个结局，焉能不怒？福全、常宁因此被罢去议政并罚俸一年，福全还被撤去三佐领。但是噶尔丹北撤途中，军士穷困疲弊而亡者甚众，牲畜等尽失，加之战斗伤亡，以后回到科布多时只有几千人马了。回来之前，大本营又被侄子策妄阿拉布坦袭击过一次，这对噶尔丹真是雪上加霜，但他的血性没有丧失，拒不接受清廷的招降，实有英雄本色也。

纵观康熙一生的对手，吴三桂毫无疑问最为强劲，郑经可以说最难对付，而噶尔丹却最具英雄气质也最有点不自量力，明知山有虎偏向虎山行，精神可嘉，殊不知一般的概率都是被虎吃掉。

最后战败昭莫多

噶尔丹遇到了他发迹以来最艰难的时期，幸好西藏权臣第巴桑结嘉措，以达赖喇嘛（已经圆寂）的名义，多方给予支持。调解缓和其与策妄阿拉布坦的关系，这一点很重要，后者一直是康熙积极拉拢与噶尔丹作对的。又让青海和硕特部帮助噶尔丹，并拦杀清廷派往策妄阿拉布坦方面搞分化的使者。噶尔丹也积极发展农牧业生产，内外一结合，几年下来，他的大本营科布多又趋繁荣，恢复到乌兰布通战役前的水平，而他的雄心再次万丈了。

很奇怪，为何噶尔丹不先想办法搞定策妄阿拉布坦，再与清廷较量呢？这样有一个稳固的大后方，进可攻，退可守呀。以康熙的个性，是不会出师西域的，就是策妄阿拉布坦后来也跟他对着干，他也从没有这个打算嘛。据此看来，只要后方稳定了，其实噶尔丹再怎么打，都不会败得倾家荡产，按游牧民族的特性，很快又能卷土重来，就像明前期的蒙古各部。永乐大帝就被此困扰，一心想灭掉蒙古而不得，康熙雄心不大，机会却很好，遇到一个没有稳定后方的侵扰者，结果在被打击后，走投无路而亡，当然这都是后话了。

康熙三十四年（1695），噶尔丹亲率两万多卫拉特骑兵，第四次踏上东征喀尔喀的征程。这一次他吸取了乌兰布通战役的教训，采取与清持久作战的方针，也就是游击战与民心战相结合。敌少我战，敌众我退，敌退我袭；同时，切实做好群众工作，争取喀尔喀民心。

不过他忘了一点，再好的方针策略，最后还要以实力为后盾，你和人家差距这么大，又没有一个安稳的窝，搞什么都是白搭，运气好坚持长一点，反之，一战而亡。道理就这么简单。

康熙得知噶尔丹又卷土重来，决定御驾亲征，毕其功于一役，彻底歼灭之，绝不再犯乌兰布通的错误了。康熙三十五年（1696）二月，十几万清军三路并进，欲将噶尔丹夹击于土拉河一带。

西路军由抚远大将军费扬古率领出呼和浩特等地，直奔土拉（今蒙古乌兰巴托西南）；中路军由康熙亲统，出独石口北时，与费扬古约师于土拉；东路军则由黑龙江将军萨布素亲领开往克鲁伦河下游，严防卫拉特军东进。

据记载，行军途中，康熙事无巨细全部过问并指示到位，就像平三藩、战雅克萨一样，大事小事，没有一件不是在他的英明领导下完成的，如果非要寻一点特殊，恐怕只有收台湾那会儿。当时没有无线电通讯工具，派人坐船带去指示也不方便，施琅海上作战时，细节方面可能自己做的主，大策大略应该还是之前领受机宜的吧。反正不管怎么讲，史上再也没有一个军事统帅，能比咱康大帝厉害了。

这次清、准十比一的大决战，更是康熙第一次真正亲征，伟大之处自然体现得更明显了，噶尔丹的所思所想所为，哪怕他的每一步行动，尽在康大帝的意料之中。噶尔丹？一个行劫小寇，有啥子远识？以为俺天兵不能即至，才敢窜犯，如知天兵已到，尤其知道俺来了，他还不立马远逃？我军即行追杀就行了，如他向土拉退去，费扬古又

在那等着呢，必死无疑呀。

颇吃惊，这是清代官方过滤后康大帝对大臣们讲的话，噶尔丹一代雄主竟被他说成一个打家劫舍没出息的小贼了。这么说吧，除了他拥有的帝国更强大，让他有底气看轻并十拿九稳打败别人外，有哪一样说对了？

具看噶尔丹是怎么面对清军进攻的。一开始制订的战略方针就已说明他不是一个小寇了，接下来一一粉碎了康熙自以为是的高招，只是实力差距太大了，到头来还是输。

清军三路出发前，康熙先后派多人到噶尔丹处，为的是羁縻一下，防其远逃，顺带侦察敌情，都被噶尔丹一一看穿。其中搞笑的是，一个被派去假投降的，没摸到真情报，反把噶尔丹放的烟幕弹给带了回去，敌"有兵二万，又借俄罗斯火器兵六万"（温达《平定朔漠方略》卷二十二），弄得康熙手下大臣们惊恐万分，当然康熙肯定是泰然自若了。更搞笑的是，这句话日后竟被无数人拿来，作为噶尔丹就是卖国贼的一个有力证据。

其实噶尔丹早料到清军三路而来，就是想在土拉河一带夹击围歼他，于是决定撤离土拉河，沿克鲁伦河至达尔罕敖拉一带驻扎，走前一把火烧掉土拉河布尔察克以南十余站内的草原，以绝西路军。康熙料事没如神呀。

康熙亲率中路军紧跟，为在西路军到来前稳住噶尔丹，以便中西两路夹击，又施了一个"美人计"，把从京城专门带来的长史多禅公主，连同精美的礼品一起送给他。

噶尔丹岂会中计，美人是收了，人也照走了，往哪去呢？又返回土拉河，准备与费扬古所率西陆军决战。五月十三日，两军会战于昭莫多（今蒙古乌兰巴托南宗英德），当年永乐大帝破阿鲁台的旧战场，清军人多，火器更优，东亚最先进的大炮威力无穷，结局已然注定。一番激烈搏杀后，卫拉特军大溃，死伤两千余人，噶尔丹的妻子阿努也中炮身亡，另有包括妇女等三千余人被俘。

昭莫多之战，大清平定噶尔丹最著名也是最后一次决战，但是战果及作用被严重夸大了。看看上面的数字，主力何曾尽失？历史记载有时过于简略，前说噶尔丹二万多人东征，也没打什么仗，与费扬古决战时只有万把人了，其他人到哪里去了？分兵把守他处了？途中伤病散失了？未知！其实这场大战的规模远不能与乌兰布通之战相比，

噶尔丹投入的兵力薄弱了，与清军悬殊也太大啦，这场仗不该打。

游牧失败是必然

且说噶尔丹，在五十余骑拼死护卫下逃离战场后，沿途收拢失散部众，又达五千余人，并不比乌兰布通战后回到大后方时的力量小，上次几年后便东山再起，这次为何不可以呢？但现实是残酷的，他不仅未能再起，还一蹶不振，穷途末路了。昭莫多的影响还是很大的，军队伤亡不讲，败后部众的离心也随之产生，周边大环境肯定也更不利于失败者，不过最后败亡的根子倒并不在此。

自从策妄阿拉布坦叛离后，噶尔丹早已不是全准噶尔的大汗，甚至连战前的半个也算不上了。策妄阿拉布坦实际控制了准噶尔，前虽稍有缓和，毕竟还是对手，能不趁火打劫已算不错，他逃出了战场，却无大后方可回，这才是最根本的败亡因素啊。项羽无颜回江东，噶尔丹是想回却不敢回，生怕被侄子吞了去。其他地方呢？关系亲密的西藏路途太远不切实际，原臣属的哈密如今投靠了大清，与俄罗斯的盟邦关系也只是传言胡扯型的，噶尔丹从未想过去投靠。

因为讨论去处，大家意见不合，发生分歧，又有一帮人离去了，包括他的岳父察珲台吉和爱将丹津鄂木布（策妄阿拉布坦的弟弟，过去却站在叔叔一边）等。大败之后的众叛亲离，往往孪生兄弟也。噶尔丹带着剩下的三千人马继续着艰难困苦之行，部众不断丧失，前方一时半会也难见光亮，就在这种情况下，他仍坚拒康熙的招降，决心斗争到底，真乃难得之英雄好汉也。不过能屈能伸方为雄也，暂时低头，卧薪尝胆又有何不可？噶尔丹太过刚硬了，当然这个刚硬相比于软骨头，更应该受到称赞与歌颂。

为了铲除顽抗到底的噶尔丹，康熙决定发动第三次征讨。三十六年（1697）初，他亲赴宁夏指令费扬古、马思哈两路进兵，扼住噶尔丹可能逃亡青藏的必经要道。三月，积劳成疾的噶尔丹最后跋涉迁居于阿察阿穆塔台，病情日益恶化，终于十三日病逝，享年五十三岁（1644—1697）。

康熙又一次战胜了对手，而且胜的是历代中原王朝都要面对的游牧铁骑，这为他的武功加分更多，秦皇汉武不过如此嘛。实则大不一样也。前已多次论述，不再详述，简单说一下康熙击败噶尔丹的主要

因素。新时代新形势下，中原王朝对游牧民族的优势越发明显，包括军事上的。蒙古民族的分裂与衰落，只剩下窝里斗和东蒙古人血性的丧失了。历来中原王朝的前期，除北宋都能打败游牧民族的，大清也不例外。相比之下，噶尔丹实力较弱，最多也就两三万人，参加昭莫多大战时仅万把人，堪称历代最不济的游牧对手，汉唐宋明谁不面对十万之众甚至更多呢？

还有极其关键的一点，清军拥有更为先进的火器，特别是大炮的威力，对手远难相比。无论是乌兰布通还是昭莫多，都未出现大规模的骑兵冲杀，相反两军对垒打前阵的都是火器，战争方式已悄然改变也。游牧铁骑威力仍在，但早已不是明代以前那种叱咤光景了。

打了胜仗，作为大清无可争议的最高领袖，康熙有功劳呀，只是任何一个正正常常的人，处在他那个位置上，都能带领东亚超级帝国去赢得这场战争胜利的。当然他的三次亲征，比起许多只愿待在京城里安享太平的帝王，确实更令人钦佩，仅此而已。亲征并不能与杰出画等号，明武宗干过，打得也不错，没人赞扬过；明英宗也干过，土木堡之变，带来的却是耻辱；秦皇汉武从没干过，不失为一代伟大征服者。领袖就是领袖，看的不是细节，而是整体与结果，这才更能代表你的水平与成就。

至于康熙亲征的表现，只能说并没有出彩的地方，很是一般般，说是三次，实则带兵上前线只有一次，清军第二次征噶尔丹时，他亲领的中路军并没参加什么战斗，打垮噶尔丹的昭莫多之战也与他无关，那是人家费扬古带着西路军打赢的。

康熙二十七年（1688）秋，被噶尔丹击败的喀尔喀归附大清，乌兰布通大战后，清廷于康熙三十年（1691）夏，集合内外蒙诸部在多伦诺尔（今内蒙多伦）会盟，康熙亲临主持，规模宏大，盛况空前，这就是历史上著名的多伦会盟。主要内容：喀尔喀诸部行政体制依内蒙四十九旗例，实行札萨克（旗）制，并分左中右三路；保留诸部首领汗号，汗王以下赐以满洲贵族封号；并令土谢图汗察珲多尔济等具疏请罪，以结束喀尔喀内部纷争；鉴于西藏方面一直暗中支持噶尔丹，遂打破黄教惟一中心在拉萨的局面，特封哲布尊丹巴为大喇嘛，掌管漠北黄教事务。

宗教乃是清廷于联姻外，对内外蒙古进行统治的另一有效载体。噶尔丹败亡后，喀尔喀返回漠北，康熙又拨银十万两兴建库伦庆宁

寺，成为漠北宗教中心，后又捧起章嘉胡土克图掌管漠南教务，于是前藏、后藏、漠北和漠南教务，遂由达赖、班禅、哲布尊丹巴和章嘉分掌，削弱了达赖喇嘛对内外蒙古的影响，收到分而治之的效果。

漠北动荡之局终于结束，稳定之势却未持续多久，三十多年后，策妄阿拉布坦的儿子噶尔丹策零，又两次东征喀尔喀，没曾想还未享受到噶尔丹的待遇，与清军交个手打个仗呢，就出人意料地被喀尔喀三音诺颜汗策凌打败了。顺便交代一下，平定噶尔丹后，康熙在土谢图与札萨克图两部中，增设了三音诺颜部，喀尔喀也由三部增为四部。

困扰中原数千年的游牧问题，并未因康熙击败噶尔丹而终解，只要准噶尔还在，就会依然持续下去，只不过斗争的方向改变了，漠北渐渐退出第一线，大西北与青藏高原变成了再次 PK 的主战场。

元后西藏小小史

噶尔丹去世后，策妄阿拉布坦正式成为准噶尔的领袖，他同样是一位勇健之主。在西藏权臣第桑巴结嘉措以"达赖喇嘛"名义的暗助下，他一心要建立包括天山南北、青海、西藏、哈萨克、布鲁特及西迁土尔扈特等在内的雄伟大汗国。

起初，策妄阿拉布坦刚脱离噶尔丹时，出于合纵连横的需要，与清廷处得还不错，后来逐渐转淡，最终的理想追求不同嘛。康熙曾希望他攻打噶尔丹，遭拒绝；平定噶尔丹后，也规劝他降顺大清，得到的结果又是"不"。为达此目的，康熙还曾设法挑拨土尔扈特阿玉奇汗与策妄阿拉布坦的关系，通过彼此争斗，削弱后者的力量，但没能得逞。大帝还派人去打探哈萨克与准噶尔相争的原因，希望什么不必多说了吧。可以讲，策妄阿拉布坦逐渐成为康熙下一个对手，个人单挑有望胜，却和噶尔丹一样，起点较低，平台不足，注定了不会是胜者。

策妄阿拉布坦的大汗国自然要一步步来了，他先南征回疆，重并其于准噶尔，再两次出兵哈萨克，夺取了额尔齐斯河西岸及哈萨克草原的大片领土，势力扩张至锡尔河下游，同时极力寻求与土尔扈特的合并，准噶尔从此步入全盛时代。下一步，他的目光便投向了西藏与青海。看来与叔叔一样，终标目标还在东方，只是小方向上略有不

同。也难怪，蒙古人嘛，大中华的系统怎会脱离？

　　说到西藏与青海，噶尔丹时简略提及过，这次要略加详细地介绍一下了，因为它们将会是清廷与准噶尔争斗的主战场。

　　西藏从元朝开始正式纳入到中国版图，当时教派林立，势力最大者萨迦派（花教），噶举派（白教）几与之相当，另有宁玛（红教）、本布（黑教）等派。萨迦派被忽必烈封为"大宝法"的八思巴，创建了西藏第一个政教合一的萨迦地方政权，后噶举派推翻之，建立第司政权，也称帕竹政权。这时已到元末明初，第司政权从第二代法王开始，被明廷封为"灌顶国师"，当然其他教派凡赴京朝贡者也都授予了相应法号。

　　明初，宗喀巴新创格鲁派（黄教），弟子克主节即第一世班禅，根敦珠巴即第一世达赖。根敦珠巴逝后，黄教学习噶举派"转世"相承制度，认定根敦嘉措（二世达赖）为其转世"灵童"，此为黄教第一个大活佛转世系统。

　　嘉靖年间，蒙古右翼土默特部首领著名的俺答汗，邀请索南嘉措（三世达赖）到青海，赠其"圣识一切瓦齐尔达喇达赖喇嘛"尊号，"圣识一切"意"遍知一切"，"瓦齐尔达喇"梵文意"金刚持"，"达赖"蒙古语大海。"喇嘛"藏语上师。从此，便有了达赖喇嘛的称号，索南嘉措为三世达赖喇嘛，前两世为追认。万历十六年（1588），索南嘉措应邀赴京，不幸死于途中。

　　崇祯十年（1637）正月，卫拉特和硕特部顾实汗（固始汗）从新疆率部往占青海，后又攻占西康大部地区；崇祯十四年（1641），受五世达赖和四世班禅密诏，再入西藏，翌年，推翻噶玛政权，支持五世达赖罗桑嘉措建立噶丹颇章政权。达赖自任法王，集西藏政教大权于一身，下设第巴一人，总理政事，首府拉萨，不过实际控制政务的还是顾实汗。

　　西藏与大清最早联系是在皇太极时期，顺治九年（1652）十二月，达赖亲率班禅等至京谒见顺治帝。清廷对这位藏蒙普遍信奉的黄教最高领袖，自然高度重视，予以隆重接待，并册封其为"西天大善自在佛所领天下释教普通瓦赤喇怛喇达赖喇嘛"，开启达赖喇嘛由中央政府册封之制。康熙时自然也不例外，对达赖等重视有加也。

错综复杂青藏局

康熙二十一年（1682），五世达赖罗桑嘉措去世，第巴桑结嘉措秘不发丧，选择一相貌酷似者假扮之，企图借机掌控西藏统治大权，抵制顾实汗之孙达赖汗的控制。

原来顾实汗生前将青藏和硕特部分为左右两翼，封给他的十个儿子。其中长子达延长居藏地，协助顾实汗管理西藏事务，汗位也由他继承；其余诸子皆在青海，因九子无嗣，一般合称为和硕特八台吉。

时间一长，这青藏之域便俨然有三大矛盾也。以桑结为代表的西藏地方势力与和硕特汗王之间矛盾最突出，住藏和硕特汗与青海八台吉们在顾实汗去世后的矛盾也不小，另外青海诸台吉们也时有摩擦。

这些矛盾都影响了青藏政局，特别是首当其冲的那一个。到桑结嘉措欲掌权时，顾实汗与子达延汗都已先后去世，孙子达赖汗即位了。

桑结嘉措以达赖名义行事，外联噶尔丹，制衡达赖汗，并一再唆使前者与清廷对抗。康熙长时间也蒙在鼓里，不知真相，为了安抚西藏，还曾封他为土伯特王，与达赖分为政教领袖。

噶尔丹败亡后，桑结嘉措失去援手，声威大减。他暗助噶尔丹抗清和隐瞒达赖去世之举也真相大白，受到康熙责难，因表现得恭顺有加，康大帝又龙心大悦，对其宽大为怀了。

桑结嘉措在康熙三十六年（1697）终于公布了五世达赖死讯，并扶立年已十六岁的仓央嘉措为六世达赖，康熙予以承认，然其政敌不干了。和硕特部达赖汗子拉藏汗在位时，与桑结嘉措关系日益恶化，权争甚烈，终于兵戎相见。康熙四十四年（1705），桑结嘉措兵败被杀，西藏一代权臣就这样告别了历史舞台。

拉藏汗获胜后，占据拉萨，废掉了仓央嘉措，另立自己的一个私生子益西嘉措为六世达赖，结果成为引发日后青藏局势大乱的导火索。康熙对这一事件没作过多考虑，像上次一样也予以承认，但西藏的贵族、喇嘛与民众却不承认，视之为假达赖。青海诸台吉也不相信，另奉噶桑嘉措为六世达赖。

这些青海台吉们当初与桑结嘉措的关系，就比与同血脉的和硕特汗好。噶尔丹与清廷相斗时，他们还曾按桑结嘉措以达赖名义的要

求，暗中相助过呢。清廷获胜后，台吉们也有接受册封的，大体上与中央还是保持一致的，如今却因真假达赖问题（实为权力纷争），与和硕特汗（现为拉藏汗）的矛盾大爆发了。

康熙咋做的呢？出面调解，坚决支持拉藏汗，封益西嘉措为达赖喇嘛，并遣侍郎赫寿前往西藏，协助拉藏汗办理事务，五十二年（1713）正月，又封五世班禅罗桑益喜为"班禅额尔德尼"，提升班禅与达赖同等地位，共助拉藏汗，稳定西藏大局。班禅是梵文"班智达"（学者）和藏文"禅保"（大）的简称，意为大学者；"额尔德尼"是满语"珍宝"的意思。

遗憾的是，局势的发展并未遂康熙的心愿，真假达赖之争越演越烈。康熙也有点举措失当，心向拉藏汗，一味压制反对势力，未取得效果，反而激化了矛盾，因为站在拉藏汗对立面的甚至包括了青藏各个阶层，上至贵族、高层喇嘛，下至一般喇嘛与民众，联盟至为广泛，事态的发展也就可想而知了。

在拉萨三大寺上层喇嘛暗中鼓动下，以察汗丹津、罗卜藏丹津为首的台吉们也磨刀霍霍，准备武力护送噶桑嘉措，前往拉萨坐床（并不是反清）。康熙得知后，赶紧增兵西宁，严令西宁护军统领晏布、四川提督康泰、松潘总兵程正李等做好征讨准备，暂时武力威慑住了待发之青藏内战。继而又对青海左右翼首领进行了重新调整，每翼都增设了几个部长，互不统属，以达到彼此牵制的目的。这一招有利有弊，确实进一步分化了青海诸台吉，但他们的矛盾也因此更加激化，日后雍正朝罗卜藏丹津（顾实汗之孙）的叛乱与此也有很大关系。

其实，真假达赖之争，更多的是一场牵涉到宗教的各方权力纷争，而且主要矛盾还在顾实汗的子孙们中间，绝不是一场脱离清廷的叛乱。康熙完全不必强硬到底，坚决支持寡助的一方，什么结果？人心会失呀！暂时也许能起到作用，但解决不了根本问题。结果呢？由此引发的青藏大动荡，直到雍正年间才得到根治，康大帝给儿子丢了一个不小的包袱啊。

只是这以后的事哪有工夫去想，当务之急就够他烦的啦。青藏动荡迅猛间竟又上了一个更高层次，康熙原来担心的和硕特自家武斗，即使爆发也是小儿科，一场更大的战争却即将扑面而来。

最高海拔大远征

以桑结嘉措老部下及拉萨三大寺上层喇嘛为代表的西藏地方势力，看到联合青海武力迎回噶桑嘉措的计划落空，便把希望寄托在了策妄阿拉布坦身上，向他发出了出兵相助的求援书。雄心勃勃的策妄阿拉布坦求之不得呢，青藏咱早就想拿了，缺的正是时机与借口，好啊，这下全来啦！

策妄阿拉布坦和拉藏汗乃是亲上加亲的关系，本人娶了拉藏汗的姐姐，又把女儿博托洛克嫁给了拉藏汗长子噶尔丹丹衷，据说是为麻痹对方，使之放松警惕，仿佛也是，后来策妄阿拉布坦兵发西藏时也利用了这一点。

从准噶尔所在的新疆进兵青藏，哈密是一个咽喉之地，但此时已归属大清。早在康熙四十四年（1705），策妄阿拉布坦先派了二千人的部队，抵达哈密北境，来了个试探性进攻，连拔五寨，一看清廷迅速有大军增援，并增兵封锁了所有通往青海的要隘，只好放弃了由哈密、吐鲁番打进青藏的设想。

随之一个大胆的直入西藏的计划出台，并付诸实施。经过一年的筹备，康熙五十五年（1716）十一月，策妄阿拉布坦遣其最勇武统帅策凌敦多布，以护送丹衷小夫妻归藏省亲为由，带领六千精锐，从伊犁（今新疆伊宁）取道叶尔羌（今新疆莎车），绕过塔里木大沙漠，翻越和田以南昆仑山等三层大冰山，涉险冒瘴，昼伏夜行，终于在次年七月初四，经纳克产（今西藏奇林错东南、加林错东北）隘口突至藏北，再由腾格里海（今西藏纳木错）直趋达木（今西藏当雄）。此次远征堪称史上海拔最高的一次远征，所过之处很多更是悬崖绝壁，人迹罕至，其险其苦其壮其勇，非言语所能表述，汉尼拔翻越阿尔卑斯山的那一次与之比，相形见绌也。

起初，拉藏汗得知前方传来的零星消息，并不在意，与他的次子苏尔扎等在达木避暑游玩呢，也难怪如此高难度的远征，确实出人意料啊。待准噶尔军已向达木进发时，他才慌了神，赶忙调集卫藏军队在达木草原北部布防，引兵拒战不利，只得退守拉萨。

策凌敦多布即挥师直趋拉萨，康熙五十六年（1717）十月二十八夜破城，三十日攻入布达拉宫，拉藏汗逃亡途中被杀，其所立达赖益

西嘉措被拘。之后，策凌敦多布发兵攻占前藏等地，继而准备进攻青海，与诸台吉配合夺取被清廷安排居于塔尔寺的另一达赖噶桑嘉措，但青海的形势已然巨变。

清廷瓦解了青海诸台吉的力量，西安将军额伦特和侍卫色楞领兵驻扎西宁，基本控制了整个青海，察罕丹津也被康熙召入北京，当多罗郡王去了。青海此时的稳定，对清廷掌控大局并收复西藏，意义至关重要，否则准噶尔所据新疆、部分中亚与青藏连成一宏大整体，尽为策妄阿拉布坦所有，西北形势不堪设想啊。

康熙初闻准噶尔军队远征西藏时，还并不知策妄阿拉布坦真实意图，是攻取拉藏汗收取西边之地，还是帮其共侵青海？看来康熙与清廷虽对策妄阿拉布坦有所防备，并作为一个对手来看待，认识却严重不足，竟一点也未想到策妄阿拉布坦的雄心壮志，是要与他康熙争夺大西北的。

清军两次进西藏

直到五十七年（1718）初，康熙收到拉藏汗的奏疏，才决定由额伦特、色楞领兵征剿西藏，但对敌情严重估计不足，极端乐观轻敌了，认为准噶尔军长途跋涉而来，几千疲兵不足为惧，结果自家清军准备也不充分，兵员也不多，便仓促上阵了。

清军分两路而进，色楞带二千五百人向拜图岭出发，额伦特领四千五百人向库赛岭出发。策凌敦多布闻知后，迅速部署数万准藏联军在喀喇乌苏（今西藏那曲）严阵以待，再命前方之军屡屡佯败退却，诱清军深入，最后于八月初，清军进入了他精心设计的大包围圈。一场激烈搏杀，清军突围不成，相持月余，弹尽粮绝，至九月中旬，全军覆没，额伦特、色楞阵亡。另外，四川提督康泰率军一千，经打箭炉进入藏地，欲与额伦特会师而未能，在拉西附近被黑帽喇嘛诱杀，所剩之兵又被准噶尔军截获，也是尽没也。

清军首次进藏完败，胜利者准噶尔气势当然更盛，而清廷上下则一片震惊，结果每一次都会发生的事情再上演，又是在大臣们纷纷犹豫疑惑反对的情况下，康熙力排众议，英明地决定第二次发兵西藏。真是让人感慨，这康熙一朝六十一年，就是亲政也有五十多年，怎么竟干这样的事呢？

其实进兵西藏打到这种程度，继续下去很正常，远比准噶尔实力要强的大清，败一场就打住，倒真让人不可理解了，何况这一败还是自己过于轻敌所致，看似全军覆没，由于人数并不多，清军远未伤筋动骨，干吗不打呢？原属自己的地盘被人家拿去了，如果放弃还会影响青海甚至四川、云南等地，无论如何也要打下去的。

应该相信讨论出兵时，不少大臣是赞同的，不然就不可理解了，又不是多深奥的事。同样认为康熙作为最高领袖，决定出兵是令人称颂的事，保卫边疆不受侵犯嘛，只要不神化，OK！

既然决定再打了，怎么打？首战完败的教训一定要认真吸取，好好规划部署一下了。康熙与清廷考虑到青海、西藏与征服者准噶尔都承认在西宁的噶桑嘉措为真达赖喇嘛，便开始酝酿一个两路进兵护送达赖的作战方案。清廷嘴上没承认，实际心里也已认识到在真假达赖问题上，过去不问青红皂白，不问民意，一味支持拉藏汗的做法，是有一点点失误的。

紧接着，清廷又制订了详细的作战方案：诏封噶桑嘉措为六世达赖喇嘛（乾隆后称七世），并送往西藏坐床，青海王公护送，内外蒙古也要遣使会送；清军由青海、四川两路进兵西藏，并攻打准噶尔汗国边境，使策妄阿拉布坦首尾不能相顾，无暇增援策凌敦多布。

康熙命第十四子固山贝子胤禵为抚远大将军，坐镇青海木鲁乌苏指挥，统揽全局。正蓝旗满洲都统延信为平逆将军，具体指挥青海一路两万多进藏大军及护送人员，共护噶桑嘉措至西藏，由巴尔库尔（今新疆巴里坤）军前调来的巡抚噶什图负责。四川护军统领噶尔弼为定西将军、岳钟琪为副将军，带领四川和云南的一万人马，由川西巴尔喀木进藏，四川总督年羹尧负责办理粮饷事务。同时，继续加强阿尔泰与巴尔库尔的兵力，陈兵准噶尔边境，与进藏大军遥相配合，使策妄阿拉布坦首尾不能相顾，无暇增援策凌敦多布。

康熙五十九年（1720）四月，噶尔弼率军自成都出发，一路几未遇抵抗，策凌敦多布任命的第巴达克咱也不战而降，八月二十二日渡过噶尔招穆伦河，随后兵分三路，于二十三日轻松拿下拉萨。这边，延信一路大军由西宁出发，沿着额伦特曾走过的库赛岭进军拉萨，路途近但险，又连遭敌军袭击，行程略缓。

策凌敦多布将主力集中于达木和喀喇乌苏一带，欲与延信大军决一雌雄。无奈力量悬殊，又闻拉萨已失，供应线被切断，大势去矣，

无心恋战，率领部属经纳克产隘口，越克里野岭，逃回伊犁去了。九月十五日，延信大军抵达拉萨，并为达赖喇嘛噶桑嘉措在布达拉宫举行了隆重的坐床典礼，清军第二次进藏完胜也。

其后，大军返回，留下公策妄诺尔布和额驸阿宝率兵三千驻守，此为清廷驻兵西藏的开始。如果说顾实汗统治时，西藏与清廷的直接关系还不是很紧密的话，现在通过征讨准噶尔，清廷对西藏的管理得到进一步巩固与加强，作为帝国的最高领袖，康熙当然功不可没。如果说从执政能力看，康熙只能算一个平常之资的帝王，而有了西藏及外蒙的功业，他可以称得上是一个有作为的帝王了——但绝不是千年一帝！

清廷败准噶尔复西藏，实也在情理之中。准噶尔实力本就不行，且侵藏人马又少，英勇倒是英勇，但要抗衡清军大部队还是远远不够的，失败实早已注定。说大一点，纵观环宇，除热兵器领先之欧洲，倾力一战可能打不过外，还有谁能与大清争锋？不，能与中原王朝争锋？周边传统强敌皆已是明日黄花也，他们威猛的时代已经过去了，文明（不是指文化）在与落后的较量中逐渐占据了上风。这是历史发展的必然趋势，谁也改变不了的，就如晚清惨败于西方，你不得不承认，当世界已变成宋代那样便可天下无敌时，咱们却成了辽金！

终究未了准噶尔

西藏收复了，清廷与准噶尔的斗争远未结束呢，不过战场拉到了准噶尔的边境。自康熙四十四年（1705）策妄阿拉布坦试探性进攻哈密后，康大帝向阿尔泰和巴尔库尔派出两路大军，防其进攻青海和喀尔喀，并对其构成强大的军事压力。

当然了，康大帝一向爱好和平，一生从未主动打过仗，不要说秦皇汉武唐宗明成那样的"黩武"主义者，就是人家打到他门前来，一般不还手也行时，他也绝不会撕破脸皮的，虽然自己有更强大的武力作后盾，这一次也不例外。

康熙起初还是想让策妄阿拉布坦主动认罪了事，但遭拒绝，于是加大兵力投入，陈兵北路阿尔泰山两万三千余人，靖逆将军富宁安统率；西路巴尔库尔一万七千余人，振武将军傅尔丹领衔，并要求次年夏季两路并袭准噶尔边境，致其国内慌乱，迫使策妄阿拉布坦请罪

臣服。

真是没办法，陈集如此大军，增援部队还可源源不断而来，干脆一举打垮对手，一劳永逸不就得了？可他想的却是只要你认输，啥事都没有了。唉，你有好心肠，人家可没有呀，事实证明，直到他孙子乾隆时，准噶尔问题才算彻底解决掉呢。

康熙五十六年（1717）六、七月间，清军对准噶尔进行了几次规模不大的袭击，效果甚微，策妄阿拉布坦也未屈服。此时，策凌敦多布的远征军就要打到拉萨了，而康熙当时并不知道。

五十九年（1720）七月，为配合收复西藏，清军又发动了第二轮较大规模的袭击波，所向无敌，连战皆捷，还占领了乌鲁木齐、吐鲁番等城，可是八月份，又自动退回啦！这种打击力度，能有多大影响呢？

就在策妄阿拉布坦矛头直指青藏，与清廷发生对抗时，俄国人又向准噶尔逼近了。他们企图占领亚梅什湖以南的额尔齐斯河流域及宰桑泊地区，策妄阿拉布坦不得不抽出力量，放在抗俄上。还是远征西藏的那一年（1716），小策凌敦多布（攻藏的是大策凌）领兵近万，包围沙俄以考察为名的侵略军三千人，一年有余，主动解围放生时，俄军只剩七百来人了。

当准噶尔遭遇两路清军之压，西藏统治也岌岌可危时，仍在宰桑泊打退了俄军四百五十人的入侵，统帅就是策妄阿拉布坦的儿子噶尔丹策零，日后准噶尔的又一位雄主。

看准噶尔人的抗俄，更感沙俄在东方的不足为惧。十八世纪初，彼得大帝改革也差不多了，沙俄比起上个世纪来要强大得多，竟仍然搞不定一个比大清综合实力小得多的还以游牧为主的中亚国家，甚至还有一支三千人的部队（清军连千人俄军也未打过），被人家围困差一点全完，更感当年《尼布楚条约》之签订，殊为可惜也。

策妄阿拉布坦两面都有比他更为强大的对手，继续抗衡下去无疑不是好出路。他请喀尔喀哲布尊丹巴呼图克图代为向康熙说项，请求与清廷和解。同时，也与沙俄谈判，还巧妙地利用了俄国人，表面上与他们走得很热乎，一定程度上促使康熙在临终前同意和解。其实康大帝只是教训教训他，并无毁灭他的意思，虽然完全可以做到。

再以后就是雍正皇帝的事了，康熙六十一年十一月十三日（1722年12月20日），康大帝走完了他不失精彩却也被过度高捧的六十八

周年的人生路。太多人说他留下的是一个伟大的盛世，甚至中国历史上最黄金的岁月就是他打造的。是否如此，非三言两语所能道清。之所以把康熙最被称颂的几个大伟业一一详细讲来，就是想在具体事件中，初步看一看他和他的那段大历史，以后会在讲完乾隆时，再对整个所谓的康乾盛世来一个深入的剖析，那时也许才能彻底看出，笼罩在千年一帝光环下的康熙究竟是谁？

至于清廷与准噶尔的西北大 PK，康熙只是开了个头，并完成了前期的工作，主要的还在后面呢。说来很有意思，开创了大盛世的康大帝，很多方面却给子孙留下了一个烂摊子，就像大西北，他本来完全可以搞定的。

清军在准噶尔边境已经陈兵四万多人，袭击战无往不胜，进藏部队三万多人也可以拉过来用，这些都是现成的，不需要再动员再准备，马上便可以投入战场，另外帝国还有那么多部队可以增援，只要康熙一声令下，一举荡平准噶尔，难道不可以吗？没办法，康熙没有这样做，大帝境界与一般人不同嘛，就是苦了接班人雍正了，终其一朝也未能搞定。

且说策妄阿拉布坦的求和，康熙临终前表示同意，接班人雍正正式降下谕旨，认真贯彻落实了先皇遗言精神，准噶尔遂与清廷开始了一个短暂的蜜月期。策妄阿拉布坦与俄国的谈判也随即告吹，他坚决拒绝了沙俄要其臣服的无理要求及在准噶尔修筑要塞等建议。

但策妄阿拉布坦的儿子噶尔丹策零即位后，没几年又把与清廷的关系搞僵了，乃至兵戎相见。准噶尔既有大败清军之荣，也有惨败于清属喀尔喀三音诺颜部之辱，总体上是清、准打了个平手，雍正、乾隆之交，双方再度罢兵言和。

乾隆十年（1745），噶尔丹策零去世，诸子争位，国内大乱，走向衰落，乾隆乘机发兵，两度征伐，终于乾隆二十二年（1757）彻底荡平准噶尔，并派满兵驻守，设伊犁将军统领之，天山北路终归大清。二十四年（1759）秋，又平定天山南路回部。至此，清廷统一新疆天山南北的大业才告完成，而这已是康大帝去世三十七年后的事了。

［杂谈篇］大帝更要全面看

康熙最被称颂的几大伟业都讲完了，他的时代究竟咋样？个人水平如何？应有分晓也，关键时方现本色嘛。是"雄"还是"熊"，不是磨磨嘴皮或妙笔生花就行的，而是要凭行动干出来的，因此前面论康熙时，重在跟着大事件走，力图通过他的每一步决策，认识他看清他，还有他那个所谓的大盛世。

可现在问题来了，为啥？对其称颂之多、涵盖之广，毫不夸张地说，史上任何一个伟帝王都相形见绌、自惭形秽也。不要说汉武唐宗这些自家帝王了，就是至今仍被咱们高高在上捧着的深目高鼻白皮肤的西方人，又有哪个帝王得到的称颂比他全面比他深入呢？

领导才干，意志品质，军政经济，科教文卫，琴棋书画，诗词曲赋，天文地理，数理化学，无一不精，无一不晓也，敢情有史以来最博学最完美的帝王，原来是咱康大帝！

如此，几个大事件的讲述就有点粗线条了，与他也配不上呀，只好再开杂谈篇，看其究竟"雄"成啥样。

盛世究竟从何来

康乾时代如今已被捧为中国历史上的辉煌盛世，时间长、跨度大、成就高，就差没讲无与伦比了。作为开创者及重要建设者，康熙自然功不可没。这也是他能被捧为"千年一帝"的重要基础。可真相究竟如何，待讲到乾隆时，再一并做深入剖析，这里先着重于康熙简单讲两句。

首先，何为评价盛世的参照物？总不能自己和自己比吧？纵向的，跟前代或者后代哪个时期相较一下，捧康者、捧清者们一般都喜欢这样搞，有优势嘛。看看强汉盛唐时期才多大疆域、多少人口，和咱大清能比吗？且不说具体内容讲的对不对，就这种比法，稍加观之未尝不可，拿来说事未免可笑。

历史是发展前进的，完全把现在的东西和几百年前甚至一两千年前的时代比，有意思吗？好比晚清军队能轻松打败史上任何一个王朝的大军，包括十三世纪叱咤风云的蒙古铁骑，你能说它强大吗？所以合理的比法，应该是纵向与横向都能兼顾。瞧瞧你当时各个方面在世界上能排老几，算不算 OK，否则都跟世界先进的差老远了，还在那陶醉咱比先前阔多了，岂不夜郎自大让人笑？康乾时代假如有人这样认为，尚能理解，毕竟知东亚不知世界，可现今的人们，生活在一个五大洲都能掌握了解的环境里，若再有这样的思维，就殊为荒唐可笑了。

那具体的评比标准是什么呢？国力强大、武功显赫？经济科技文化思想制度进步？疆域人口和谐稳定？如今二十一世纪了，评比手段那么高超，国与国之间的这排名那排名都不能让人完全信服，就GDP 这样世界通用的指标，还不照样弊端横生，前面要强调个科学或者绿色什么的才显得更合理些？如此，仅凭史书上记载（很多还真假难辨）的东西，尤其是经济等方面的只言片语，想来判定哪个是盛世哪个不是，还真不容易。

和谐先 PASS 掉。历史上除文景之治、贞观之治等极短暂的时期还能往上靠一靠，其他的皆差之千里了。有清一代，不仅仅是康熙一朝，满洲贵族对帝国内一个人口占据绝大多数的民族，实施钳制思想、削弱政治权力等各种防范压制政策，有时还相当残酷，让其实际

处于二等民族之地位，直到太平天国起义失败后，才略有改观。仅此一项就不能称之为和谐了吧。

稳定。康熙平三藩后的四十年，帝国内部还是安定的，但几个大王朝中，哪个没有这一阶段？强汉盛唐不用说，明朝去头掐尾再除去嘉靖大倭乱，也有一百好几十年安定期呢；所谓积弱积贫之宋，更是各王朝中安稳时间最长的，连农民起义都是小打小闹型。像水泊梁山，其实规模极小，仅有百把人，《水浒传》所写的只是文学艺术创作而已。仅凭这条，中国历史上的盛世太多了，而春秋战国这样的黄金岁月却得完全靠边站了。有点不合理吧，起码它不是根本的因素。

疆域人口。这是捧康者，不，应该说是捧清者最喜欢拿来说事的。确实，一个地广人众的国家，猛一看就是豪迈大气些，显得分量十足，但也仅仅算是一个因素，否则，晚清、民国怎么办？再看当今世界，地盘人口很庞大的国家大都还是不发达者呢，比如印度便是个典型的例子。弱肉强食的时代，国大而不强反招更多垂涎，人多而不壮照样被人欺压，晚清民国不就是吗？况且康熙时疆域并不比明成祖永乐时大，而人口却不到那时的二分之一，据官方记载，康熙五十年才两千四百余万人！呜呼！康熙盛世，永乐为何不是盛世？

文明如经科文思制等。这应该是个基础性的东西，像匈奴、突厥这样的纯游牧帝国，再如何强大，也不会被称为盛世，根源皆在于此。十六世纪以前，中华文明是走在世界前面的，几度环球第一，这时期选定一个阶段，综合其他方面，看看它是否盛世还讲得过去。可之后？

十六世纪，欧洲科技尤其军事科技已经领先，优势却不算太大，明朝强大的综合实力尚能弥补不足，单挑葡、西、法、英、俄、瑞（典）等，甚至还更强呢。

当时世界，真正能与中国比肩的倒不是欧洲诸国，而是同属亚洲的三大帝国——奥斯曼土耳其、伊朗萨非和印度莫卧儿。航海先驱葡萄牙和西班牙，只能在那时的中心之外逞威逞强。真不明白，诸多论及那时大国崛起盛衰的篇章，为何不说亚洲，单说欧洲？这不是典型的以现在强弱格局的意识论历史吗？

不过到了十七世纪，欧洲尤其是西欧在所谓资本主义道路上迅猛发展，而中国大半时间却在经历明清交替的大巨变、大破坏、大阵痛，加之新王朝更加传统专制的统治方式，起码在康熙后期，也就是

十七世纪末至十八世纪初，中国较之欧洲已经远逊了，尤其在军事科技方面相差没有千里也有百里了。

至于经济，好事者拿 GDP 说事，什么清朝 GDP 也曾占过世界一半以上！还有手工业曾占了百分之三十二（保罗·肯尼迪《大国的兴衰》）。很莫名这些数字是怎么算出来的。

就算是真的，你的手工业是在什么层次上？科技含量有多少？有生产先进枪炮船舰的能力吗？真正向以后近代化靠拢的工业，实际等于零！那还比什么？就凭地大人众物丰，能够创造数量巨大却属初级水平的东西，去和人家当时高科技的比吗？不要说三分之一了，就是三分之二，也是大大落后的。

就像那个一亿条裤子与一架飞机之比一样，GDP 是等值的，可谁都知道两者科技含量相差有多大。如果光看数字，鸦片战争时中英还不只一亿比一呢，又有什么用？人家四千人的先头部队都能打得你无招架之力，这样的 GDP 越大耻辱越大，越能体现你的文明程度尤其科技方面的差距。康熙幸运的不是自己有多强大，而是鸦片战争没有在他那时发生，因而也就少了一个最直观的相较机会，否则，结局不见得会比道光强到哪去。所以，凭文明先进程度，康熙，乃至整个有清一代都是不够格称为盛世的。

那就把文明的标准暂放一边，用武功衡量一下如何？是不是更直观、更好比一些？康熙又收台湾又收喀尔喀的，还能不占分？似乎世人也是这样看的，要不然凭综合指标，北宋还不最够资格评盛世？除了打仗不行，其他什么不行？不仅是中国历史上发展的巅峰，就是当时世界上又有谁能和它一比？纵观历朝历代，就是汉，至少有个罗马帝国比肩吧；唐，也有个不分伯仲的阿拉伯帝国呢；综合实力独步全球的惟有北宋，可惜武功太不济！

既然这样，咱们就来观一观，瞧一瞧。先从自家看起，论武功，大清最强时显然在努皇多顺时代，由一个僻处塞外的蕞尔小邦迅速成长为一个宏大的东亚帝国。尤其是多尔衮、顺治时，不到二十年，便吞下了一个何等辽阔文明的帝国，大清疆域及文明层次极速扩张，说其为武功最辉煌时期应该不为过吧？其实相比之下，康熙时反而有些勉强了。昔日所向披靡的满洲铁骑迅速衰弱，加上一帮绿营兵，用吃奶的劲才镇压了三藩之乱，其他收台湾、战"北极熊"、打准噶尔，何曾遭遇强敌？又哪一次干脆利落过？最后还不是留下一个大大的尾

巴给儿孙们去解决？

再看康乾以后，就更莫名了，按照同样的参照物，把欧洲排除在外，日本崛起前，大清都是一样的东亚巨无霸呀。就算西方入侵的因素，划掉鸦片战争后的那一段，不还有嘉庆至道光前期？以武功为代表的综合国力，并不逊色于康乾，若再较真些，国家规模还比康乾时大呢？

假如纵横交错看一看，就更加不明白了。有清一代，实际以中国为代表的东亚已不再是世界前列，东亚巨无霸也算不上什么了。没用了，外面的世界更精彩，有比东亚更强大更先进的地方喽。但商周秦汉三国晋初、隋前唐（安史之乱前）、明前中期，那时中国的武功国力，不仅在东亚更在世界都是强大的。还有元朝，前期可一度有点世界帝国的架式呢！若康乾是盛世，那它们更应该算进去吧？

这里有必要更深入地讲两句，因为吹鼓手们又一个喜欢混淆的概念就在此。你看看过去中原王朝对付游牧民族如何吃力，可咱康大帝不就把噶尔丹打趴下了？连长城都不用再修呢。往往谎言说了百遍千遍，就成了真理，虽然《蒙藏篇》中曾探讨过这个话题，再以正视听仍不为多。

世异时移，不能等同相较也。冷兵器时代中原王朝面对的北方游牧民族，可不是正处于冷热兵器交替如康熙时的那样衰落了。它们遭逢的强敌堪称文明世界曾经遇过的最强大最恐怖最具侵略性的野蛮力量。匈奴、突厥、蒙古，哪一个不让世界为之颤抖！鲜卑、吐蕃、契丹、女真（金时）……除了没向西侵、威名不足外，又有哪一个逊色半分？它们环伺在华之北，时刻侵扰着中原，年复一年，从未停息。

如此艰难困苦的环境，文明定居之中原王朝能够在先天军事劣势下，长时间内守得住就已经不简单了，何况还能占据主动，并击而胜之？这个时候不是盛世，还有什么时候是呢？君不见两河流域、埃及、印度，还有被西方捧上神坛之希腊、罗马，以及后来也曾是梦幻般的阿拉伯，有谁能逃过被野蛮击垮的噩运？虽然它们更多时候面临的野蛮风暴比华夏要轻得多，由此也见证了中国历史上的武功有何等了不起！

暂且从甲骨文时代算起（更有说服力嘛），商朝中后期至西晋八王之乱前，一千五百余年，堪称中国历史上第一个武功赫赫的辉煌年

代。开启的武丁之商已同埃及、赫梯并列世界三强，西周更是世界最大的帝国（是否最强不好比）。东周虽已分裂，但武功仍然强大，征服未停息，扩张无中断，至秦扫六合，北败匈奴，南伐百越，兼西南夷，疆域两倍西周，东方超级帝国已然成形。然秦刹那而亡，汉随之而继，华夏极盛来临，世界最强，舍我其谁！两汉四百二十余年，帝国疆域再扩一倍。西跨甘肃新疆至中亚，南包岭南直至越南北部，西南尽收云贵川，东北囊括今日朝鲜。还有北方，强悍者匈奴，盛时控弦之士三十万，十倍于噶尔丹之准噶尔，成吉思汗之蒙古也只能仰望。大汉与之争斗，惊天地泣鬼神，三百年血战而胜之。南匈奴俯首称臣，拜倒在汉天子脚下；北匈奴远遁，后至欧洲，横扫盛时罗马也奈何不得的日耳曼诸族，直接导致西罗马帝国灭亡。汉后三国，帝国再分裂，雄风却依旧，魏蜀吴，皆保持对外作战之胜利。晋大一统初，声威依然，八王之乱，方致凋零。

两百七十余年五胡乱华，终归于华，隋朝得建，收北齐灭南陈，帝国再归大一统，华夏又临武功大盛世！直至 755 年唐安史之乱，一百七十余年世界最强也。隋是昙花，武功却盛。北败突厥，东北破契丹，西灭吐谷浑，南平林邑，东讨流求。四征高句丽，仅就战争而言，最后迫对手乞和称臣，不算败也。隋末之乱，也未阻挡华夏盛世之步伐。大唐应运而生，两汉武功再现。突厥乘隋乱再兴，大唐则迎头痛击，东西皆灭之，后虽又起，终云散。东北灭百济与高句丽，白江口一战，更大破倭寇。汉时西域，唐时再为华夏所有，然疆域更为广大，远至咸海，大清不能及也。新敌吐蕃，更胜突厥，唐与之战，安史乱前，已然占优。还有对印度的一次用兵，轻松得胜，前所未有。盛唐武功不输强汉也。

1368 年，明朝建立，一路北伐，逐蒙元于塞外老巢。华夏第三个强悍之世来临，直至十六世纪，皆为世界之强。尤其明前期八十余年，武功之盛，不逊汉唐。遗憾中亚帖木尔征明半途而止，否则华夏将被证明为世界最强。期间，十余次跨过漠北深入腹地征伐蒙古，大败之、臣服之，捕鱼儿海大捷，更是歼灭擒敌七万余人。东北远至库页岛，皆为明境，女真诸部，自此两百余年为明臣属。西北虽仅至哈密，未有汉唐之功，然影响深远，帖木尔也曾称臣，康熙之清未能超越。南征一度灭安南，有清一代连击败都未曾有。西服乌思藏（今西藏），延续元之统治。更伟业者，郑和七下西洋，海上威名远播，臣

服之国遍及东南亚，还有南亚狮子国（时称锡兰，即今之斯里兰卡）！亘古未有，近三百年大清又何尝有之？

呜呼！观此三世，时间长短不一，然武功之煊赫相似。试问，康熙之清能比得上谁？中国冷热兵器交替，虽略晚于西方，但到了康熙年间，尤其后期，野蛮已不再能战胜文明，强悍游牧也正在远去。中原王朝凭借更强之火器，军事优势已然显现，宗教的催眠软化作用又来辅助（见《大帝卷·蒙藏篇》），还有哪个游牧民族能再与之抗衡？东蒙古甚至连反抗斗志都没有了，西蒙古卫拉特人仅能称霸中亚，想入长城？且看能否与天比个高了。噶尔丹两三万人，火器又不行，怎是对手？就是冒顿、成吉思汗再世，也同样白搭！此非大清有多强，谁让人家赶上好时代呢？

但是，好时代也提出了新课题。打败老对手已不足称道，因为最强对手已经换成了欧洲。如今人们常喜欢拿康熙与彼得大帝相较，实不在一个层次上。人家彼得大帝给俄罗斯带来了一个质的飞跃，尤其军事科技上，坚定不移地向西欧看齐，国力迅速上升。假设一下，十八世纪初，如果没有万里征战的困扰，沙俄也不忙于在老家与周围对手干仗，清俄来个大对决，不要多，拥有接近当时最现代化武器装备（最好的在西欧）的俄军，派个几万人马，打败康熙手下虽有枪炮却仍以大刀长矛为主的清军有何问题？

这就是差距，清军已大大落后于西方，不再具备与世界上最强大力量抗衡的实力，康熙后期更是如此，大大落伍了。如此怎能跟前面所讲的三个大时代相比？又有什么资格称盛世？一个正在飞速落伍于当世的时代，却冠之以盛世的美称，殊为荒唐可笑。

所幸的是，康乾时期，欧洲不会也不可能派出一支大军万里跋涉远征中国。不像蒙古人的游牧骑兵，可以短时间在欧亚大陆上纵横驰骋，一支以热兵器为主的大军，远征中的运输、后勤等要复杂得多，它们的综合实力不见得能支撑得了。就是到了晚清，西方侵华军队一次最多也不过两万人，还是多国组合的。第一次鸦片战争爆发时，英军刚开始才四千人，其中大部分还是印度人，后来增加到一万多人，如果退回到百多年前，怎会出动更多的部队呢？当然晚清因素更复杂些，比如人家就这点人照样把你打得落花流水，干吗还要派那么多人？有一点可以相信，康大帝时，英军想用四千先锋队就来征服中国，痴心妄想也。

何况距离产生美，那时欧洲把中国看得可高了——充满神秘的理想化的国度，甚至一切都是那么美好，是它们需要学习的榜样。只是到了乾隆晚期西人来华，实地一看，原来如此！这才对中国渐有一个客观的了解。以此心态，它们又怎会与一个心目中完美高大的巨人拼个你死我活呢？也不敢呀。

其实它们没有想到，这个巨人是泥足的，根基极端不稳，即便不像晚清时一触即倒，三碰四撞下也肯定是站不稳的。康熙幸运至极（当然乾隆更是），正好赶上环宇两个大时代的缝隙处，冷兵器时代强大无比的游牧风暴渐已远去，而热兵器时代的西方强敌还未开始专注于遥远的东方巨龙，这才是康乾能达到百年稳定的关键所在。否则，可怜的道光就会变成乾隆、雍正，甚至康熙了。因为实在看不出，康乾与嘉庆及道光前期到底有啥不一样。

集权专制攀高峰

别看康熙大功业摆在面前，表现不咋地，一副欠考虑无远谋的样子：想摆平三藩，却激发了一场大乱，社会发展何止倒退十年；顺手牵羊拿下台湾，差点主动放弃，多亏了施琅等汉大臣的坚持；抗击沙俄入侵，大优之下签了一个事实上的不平等条约；打击噶尔丹兴师动众，以石击卵，却不打算一劳永逸，结果给子孙留下一个大难题，直到孙子乾隆时才解决掉。不过有一样，咱们的康大帝可谓高瞻远瞩，继往开来，实现了大清乃至中国历史上一个根本性的大跨越，"功在千秋"，着实应该好好宣扬一番。

回首中国往事，苦大仇深者一般都喜欢唠叨，比如两千年封建专制怎么怎么的，其实大谬也。人类文明史上，咱们是最自力更生发展了极具开放活跃并有现代民主火花的灿烂文明，宋代达至巅峰，独步世界也，其后虽有滑落甚至中断，也可看到明后期在政治社会等各方面依然保留着，某些方面甚至还有很大的拓展。

晚明那是一个思想大解放的时代，也是一个从政治经济多个角度看，都属于（咱们至今还认为属于）资本主义模式的大发展时代。江南更是开风气之先，确实看不出来与当时的西欧有啥本质性区别。想象力再丰富一下，假如没有因为入侵后再中断（元时已搞过一次），之后的中国将会是一个怎样的震撼场景？但历史是无情的，随着又一

巨变的到来，一切都落花流水东去也。

大清入关之初，也就是多尔衮、顺治时代，对被征服者实行了诸多残酷压迫的手段，剃发、圈地、投充等，奴役性质明显。历史已经开始倒退，但毕竟忙着再征服，扑灭那些反抗之火，还没来得及在思想制度等方面进行更多上规模的钳制，直至康大帝降临，才彻底发生了根本性的转变，从此走向了万马齐喑的集权大专制时代。

大凡一个民族刚从蒙昧走来时，政治上一般都会有一个比较原始初级的贵族民主制阶段，大事方针尚能做到在上层小圈子里群议群策，就是选谁当头也要大家来定夺。如果主要靠自己一点点发展走向文明的，一般这种民主制会维持一个较长时段，直到文明发展到一定程度为止。但是像满洲人这种因为旁边有一个先进文明在照耀着它，往往会迅速转变为君主专制。看起来好像是倒退，却是历史发展不可避免的趋势，辩证惟物主义哲学不是讲过螺旋式上升吗？人类各民族大抵如此，除非它们仍然处于蒙昧阶段。

满洲人前两代，无论努尔哈赤于天命七年（1622）实行的八和硕贝勒共治国政的制度，还是皇太极于崇德二年（1637）创建的议政王大臣会议，那种集体决定国家重大机密事务的方式，无不包含着贵族民主制的色彩，有点原始议会的架式，只是最高领袖已从部落联盟首长飞速向高高在上的集权君主跨越了。

皇太极即位没多久，即取消了与其他三大贝勒并坐的制度，大力强化了君权，到取消汗号，正式称帝后，俨然已具备中原王朝早就有的那种帝王架式了。不过议政王大臣会议的功能还是存在的，皇太极逝世后，新皇帝的诞生最后也是通过它产生的。当然，个人权威在其中比制度要来得更迅猛、更实际些，不然怎么说是初级原始的，不能和现在的相比呢？话说回来，那些搞议会民主一套玩意的国家，又有几个是货真价实的？形式民主容易，真正民主难呀！

其后多尔衮、顺治时代，大清皇权已越来越集权化了，顺治逝世前直接任命继承人，并选拔了四位自己亲信的异姓大臣来辅佐，彻底把诸王贝勒大臣们抛在了一边，议政王大臣会议弃置一旁，已到了根本性转变的临界点了。再经四辅臣时代的过渡，康大帝亲政后，小小年纪便煞是了得，短短两年便擒鳌拜，粉碎了朝中大臣最后一点制衡君权的力量。待到康熙十六年（1667），设置南书房为中枢，构建了完全属于自己的一套辅助决策班子，议政王大臣会议更加形同虚设，

皇帝真正惟我独尊了。雍正时期开始设立的军机处，可以说是南书房向着集权专制方面的延伸与拓展。

六十一年的大帝（擒鳌拜后算五十三年），让人啧啧称叹外，却也给大清集权统治提供了一个稳定充足的、成为参天大树的极佳机会。以后的雍正、乾隆不过是让它枝叶更茂而已。

这样说可能与康熙留给世人的形象不符，但真相就是如此。试问康熙亲政后那么长时间，有出现过一个诤臣吗？没有，大臣们全都是惟惟诺诺的，顶多也是就事论事，谈点看法，然后每次又都是康熙力排众议，作出最后的英明决断。虽然有点夸大，一个人怎么可能如此伟大，从中却也看出了康大帝有多么的独断专行。

当然专不仅是制度上的专，更有思想上的控，这才是最可怕的，民众的聪明才智、国家的生气活力，将会因此而消亡殆尽。想想看，没有了前进的推动力，还能再谈什么前论什么进？

有清一代思想控制之深之广之严，历代无出其右也。客观上讲，大清入关后，被征服者庞大到比征服者高出几百倍，文明程度毫不夸张地说又何止千倍，后者有极强的防范之心也属正常，但能像满洲贵族这样残酷打压的，恐怕人类史上也不多见。无情杀戮不讲，强迫被征服者剃发易服，直接从文化、心理等认同上进行摧残，手段之毒、规模之大、范围之广，可谓前不见古人后也不会有来者了吧。还有像圈地、投充等，更把被征服者当奴隶看待，某种程度上讲简直是奴隶制度的再现了。

诸如此类，对一个被征服民族从内到外已经层层加了紧箍咒，不是孙悟空头上的唐僧认为你做了坏事才念的咒，而是无端随意便可产生极大恐怖后果的那一类。可想而知，对民众的束缚压制有多大了。

到了康熙时代，如此直接且流于表面的手段开始慢慢消失，以前的所作所为，现在稍加改进不过是走向正常化而已。被征服者头上的金钱鼠尾不还在那儿顶着吗？传统服饰不仍在故纸堆里放着吗？帝国到了他那个时候，已经趋向缓和稳定了，调整一下过去残暴手段，给它披上一件温情的外衣，就值得歌颂了？

何况统治者们又有了一个新手段，看起来冠冕堂皇，却以血流成河为背景，以万马齐喑为代价，实则更狠更酷，那就是"文字狱"。这东西历朝历代都有，也非大清独创，但"全盛时代"大清也。

秦始皇杀了些儒生，焚了些书，便被痛骂两千年，成了集权专制

的代表，可这在清代算得了什么？十足小儿科！就是被捧康者称为相对缓和的康熙时代，找两个往那一放，他也根本上不了台面呀。

前文多次讲过，康熙不论做什么事，哪怕惨无人道到了极点，也总会有人出来替他打圆场。就像这文字狱，缺德事没少做呀？竟被解释成比起乾隆来要少多了，而且事发原因也非后来那样的不可理喻，甚至是汉人自己揭发，没满洲人啥事。

看看，什么思维！好比杀了一人，不愿认罪，凭啥吗？有的人杀好多呢，咱这算是轻的了，且咱杀人只是一刀结果性命，不像人家用五马分尸、磔刑啥的，痛苦要轻多啦！真是天下之大，啥人都有，这些人比起造恶者还要可恶。

康熙一朝文字狱大大小小一二十有吧，最有名者两个。庄延鑨《明史》案不能算到他头上，那会儿他还是个不到十岁的孩子，可另一个他不负首责谁也不够格担着喽。

戴名世，安徽桐城人，文学家，著名的桐城学派奠基人。少有亡明之痛，但绝无反清之志，前者原中原之士多少都有点吧，后者就非一般人能具备了，那是需要胆量、勇气和奉献精神的。戴名世为人颇有一点文人的傲骨，社会上人气指数也很高。要说与当朝作对，那是断然算不上的，他年方五十七岁还坚持考取大清的进士，搞了个翰林院编修干干呢。

恐怕连他自己都不会想到，好不容易入了当朝的仕，也算表明了人生态度，却因过去一个兴趣爱好，招来了杀身之祸，并引发了两起文字狱的大案。原来戴名世金榜题名前，曾有学生尤云鹗为他编辑了一本《南山集偶钞》，就是后来著名的《南山集》，记载南明史的，大散文家方苞等在书前也作了序，刊行后风靡江南，很是有名。

本来没啥，都是好多年前的事了，不曾想做了官以后，却出了问题。可能也与他的性格有关，书生意气了些，直爽坦诚了点，得罪了同僚吧，结果被小人参了一本。你戴名世竟敢私刻文集，多狂妄语，且用南明诸帝年号，而置本朝于何地？难道你想反清复明？罪该万死！

其实文集内没有丝毫攻击大清的字眼，仅仅有一段文字用了"永历"年号，绝非全部。康熙却不管那么多，得知后龙颜大怒，责令严纠细察，事情一下子搞大了，立马世上有了一个《南山集》大案要案，牵涉人员也越来越多。

还不止呢！就因书中一篇《与余生书》，谈到了方孝标的《黔滇纪闻》，载有南明桂王抗清事迹，结果又牵扯出另一大案——方孝标案。方也是桐城人，以文见著，方苞便是他侄子，顺治年间进士，做过当朝内弘文院侍读学士，曾在吴三桂那里干过，后根据在滇黔所见所闻的南明抗清事，写了《滇黔纪闻》一书。

具体写的什么并不重要，这已足够。结果两案合并处理，受株连者一百多人，就这还是康熙要过六十大寿从宽处理的呢。当然，肯定也有圣祖仁义慈悲为怀的因素了，这点是不能不说的。

戴名世免凌迟（恩典呀），即刻处斩。方孝标已逝，也不行，开棺扬灰！残忍之至呀！相关人员斩的斩，发配东北的发配，入旗为奴的为奴，妻子儿女自然也都跟着遭殃了。方苞也本该斩首的，后因康熙宠臣李光地相救才得以不死，但经此打击，彻底洗脑，今后人生十足良民文人一个了。

对于这个案子，以及以前的庄廷鑨案，康熙曾对李光地发表过伟大帝王的见解：“你们相倾相害，满洲谁害汝。”不仅把责任推得一干二净，到头来还怪你自己呢。

康熙时代的文字狱，远不止此。像徐骏案、鹿樵《纪闻》案、朱方旦案、王锡侯案、陈鹏年诗案、徐转造书词案，等等，包括很多方面，并不仅仅是因为防止汉人反清。比如朱方旦案，就有科学方面的压制在里面。总体来讲，有清一代文字狱，非始于康熙，也非全盛于康熙，顺治时便有，规模不大；真正搞大文字狱、杀人也多的，则是从康熙时代开始的，从此愈演愈烈，至乾隆时走向极致也。

这种东西对国家社会的危害极大，深入骨髓型，比战争的摧残还要厉害。民众害怕了，不敢去触摸现实问题，生怕啥地方犯了禁，那可是要杀头，甚至诛灭九族的。有清一代文人考据学盛行，就是这个道理，因为钻进故纸堆里，才是最安全的。长此以往，整个社会都凝固了，呆滞了，僵化了，晚明的那种思想大活跃大解放真是一去不复返了，而这才是阻碍发展的最根本的东西！思想的被禁锢，引发的是一连串的恶性效应，学术文化、科技制度等各个方面都将为之停滞，国家真是离全面衰落不远了。

更甚者，有清一代还在专制方面推波助澜。不可否认的是，作为一个文化极端落后者，满洲贵族入主中原，确切说，入据辽东后，不可避免会汉化，向大明全面学习。这是历史发展的必然趋势。在东

亚，汉化就是走向文明，文明就必须进行汉化，除非你再回到茹毛饮血的年代。至于汉化好不好，那是另外一回事了。

任何文明都有其精华与糟粕，汉文明同样如此。表现在国家统治方面，既有大开大合，也有抱残守缺，民主与专制、开放与封闭、惟物与惟心等皆在其中对立统一着，但如前所言，前者才是主流的，就是到了晚明的最后阶段，国家已经风雨飘摇之际，仍具有开放大气的一面。

可惜新来的征服者，学习时囫囵吞枣，什么都学了，又重点掌握了他们最想学的东西——最能长治久安的统治方式和最具防范功能的驾驭手段。这对他们来讲，比什么都重要。由此，大兴文字狱就能理解了，也能明白大清在统治方式上为何采取的是中国历史上最能禁锢人们思想的那一套了。

就说康熙，一向被捧为极其勤奋好学的帝王，究竟从汉文明中学到了什么呢？"民为贵，君为轻"？他肯定不会学。隋唐宋明？学了，但更多是符合他集权统治思想的东西，甚至是青出于蓝而胜于蓝。倒是晚明已基本弃之的程朱理学中的大量糟粕，康大帝却拿过来发扬光大了，甚至于捏在手中尽情把玩，最大限度地为己所用。

康熙曾自称"一生读书五十载，只认得朱子所做何事"。他下诏升朱熹配祀孔庙"十哲"之列，牌位也进入大成殿，并重新刊行《朱子全书》，组织编写《性理精义》等，颁行全国，并在亲手操刀的序言中，盛赞朱熹"集大成而续千百年绝传之学，开愚蒙而立亿万世一定之规"。轰轰烈烈的造神运动拉开了帷幕，朱熹被推上了实际仅次于孔子的地位，理学也步入了极盛时代，牢牢占据着帝国思想界的统治地位，对民众的束缚至深至远矣。

可以说，有清一代表面上把孔子作为中华文明的象征、笼络中原民族归心的招牌，实则其统治民众的极辣手段并非真正的孔孟学说，就连罢黜百家后的也不是，而是朱熹集大成的新儒学——理学。它更能维护专制统治，更能禁锢民众思想，更能产生广大顺民，与过去的儒学已有根本的不同。而这个不同才是大清统治者最为关注和需要的，才是康大帝极端高捧朱熹的根本之所在。

身为大清完成征服后的第一个治世帝王，又进行着长期稳定的统治，康熙的所作所为堪称帝国今后走向的基石，直接决定着未来发展的方向，地位至关重要！可惜他没能交出一份令人满意的答卷，中国

史上最集权专制的统治就是他奠定并发展的，到了乾隆时代，已是"日臻化境，完美无缺"了。

直接后果是什么？整个社会的顽固不化、因循守旧，民众的愚昧麻木、奴性十足，帝国的创造力、生命力、解放力降至最低点，只能在最基础、最传统的模子里打转徘徊，即使有前进，也只是重复着百年前、千年前的老路，可新时代的要求已经根本不同了。

社会发展纵深看

康熙的几项所谓大功业被拔得太高了，帝国内部建设同样如此，捧康者们丝毫不吝用世间最优美的辞藻来赞美，圣主的光芒万丈四射。

事实果真如此吗？就说康熙的宽仁爱民又能让人相信多少？不错，康熙没有乾隆那么狠辣，但也绝不是一个善角。沿海迁界（见《大帝卷·台湾篇》）给东南沿海带来的破坏，当地民众因此所受的灾难，都是无法想象的惊人惨重，也是亘古未有的极端暴行，虽说始于顺康之交，前期又是四辅臣主政，可康熙亲政了十来年，也未见废除呀？就是消灭了明郑，收复了台湾，没有任何理由了，不还是在施琅等人的力谏之下，才总算良心发现废除之！仅此一点，何谈康大帝的宽与仁？还有平三藩之乱时，清军沿途对平民的烧杀抢掠相当惨烈，也未见康熙有丝毫的制止？至于前文已说到的文字狱，就更是体现不出爱民的本色了。

基于此，即便不怀疑，也不能抱着啥崇敬的心情去看待康熙所谓的勤政善政了。他的六次南巡、四次巡北、五巡五台山，没有一次是微服私访的，怎么可能不扰民？什么关心天下民生啦，治河啦，等等，不否认确实有，也应该肯定，但也没必要拔高吧？最不可理喻的就是，不论什么事，一放在康大帝身上便能点石成金，完全与众不同。其实历代帝王出巡的太多了，但能博得康熙这样声名的几乎没有。因为只有做大帝的才是体察民情、访贫问苦的，其他皆为奢靡、扰民、游乐、祭神的，反正没啥好事。这本身就不能让人信服。

康熙四十二年（1703）大帝西巡时，山西巡抚噶礼驱使百姓一直跑到直隶望都界内恭迎圣驾，又花了三十多万两白银建行宫，还献了四个美女。康熙表面上很是批评了一番，私下里却受用得很呢。以后

对这位出了名的贪赃枉法之徒就更是宠爱信任了，谁敢弹劾？撤职！山西太穷？那就让爱卿去干两江总督吧！天下还有哪里富过江南的？

再说康熙治河的功绩。那黄河连带运河、淮河等水患，清初一大害，康熙时历经三十余年，终于对其进行了一次较大规模的治理，成效不错，利国利民，值得称颂，可物极必反，颂得太高就让人厌了。其实这治河历朝历代都有，只要正常朝廷正常帝王都会去做的事，就连历史上不少被人痛骂的帝王也做过呢。

略举两例。明万历时就大力治理过黄河，确保了五十年无大患，论功丝毫不逊于康熙这一次，好像也没人去赞扬他。元顺帝，有名的昏君吧，其实在他任内，就是因为治理黄河，成为一个直接诱因，导致了红巾军大起义，以致最后丢了中原，逃回了塞外。

还有那永不加赋，又是康大帝一个被广为称颂的德政。康熙五十一年（1712），清廷决定以康熙五十年征粮丁册定为常额，以后滋生人丁，永不加赋。应该承认，就事论事，康熙此举的出发点是利于民众的，至于具体操作中存在"丁倒累户，户倒累甲"、"在官谓之补，在民谓之累"等不好现象，不应该抹杀大方向的正确性，却也不宜评价过高，因为原来的赋税基础已经够"雄厚扎实"了。

大凡讲到赋税时，常会说明朝时太重，大清就相对轻多了，清代帝王也是不断自我歌颂一再减税的，真相究竟如何？按官方记载，明代中后期人口在六千万上下，而清直至康熙后期还不到三千万人，当然也有说两个时期人口分别是两亿和一亿的，不管哪个数字正确，也都是康熙时要少一半。至于田地数量，明万历时已有七百余万顷，而清顺治十八年（1661）为五百四十余万顷，康熙二十四年（1685）为六百余万顷，直至乾隆十八年（1753）达七百余万顷，才刚刚与明万历时持平，而康熙中期竟少了百万顷（梁方仲《中国历代户口、田地、田税统计》）。如此，再比较一下双方征收赋税的多寡便一目了然。

明万历初期两税收入实征白银两百六十六万七千六百八十两，若将本色米按照时价（米一石价银一两，麦一石价银五分之四两），则两税收入可达两千两百一十七万七千三百五十八两，商业税收入总额不过三百四十万两（林枫《万历矿监税使原因再探》）。据此，历经两百年的内部平稳发展后，明朝总赋税不过两千五百万两左右。

万历四十六年（1618）因抵抗满洲人（建州女真）侵略加派辽

饷，崇祯后期内忧外患加剧又被迫加派剿饷、练饷，合称"三饷"，最高时达两千一百万两，但剿饷仅征收了三年便停止了，练饷也是最后五年才存在的，顶多只有两年能够并算。

后世常把"三饷"加派作为明亡的一个主因，其实清人入关后明废实存。辽饷（九厘额银）、剿饷，终清一代再未蠲除；还有呢，像多尔衮边外筑城便又加派钱粮两百五十余万两，比明崇祯初期户部一年实收银都多。应该讲，清初国家战乱更甚、田地人口远逊的情况下，赋税仍不比晚明少。

据《清实录》记载，顺治八年（1551），清廷仅征银就达两千一百一十万零一百四十二两，另有米豆麦等五百七十三万九千四百二十四石，多么庞大的数字！而在又一场大规模的三藩之乱后，地丁银竟年收入两千六百至两千八百万两了，留存地方支用约八百三十万两，再加其他收入，一年税收近三千万两。（白寿彝等《中国通史》）

另外，大清江南诸省每年都要漕运田粮入京师，数千里运费皆出自纳粮户，谓之"浮收"，范围之广，几乎额征田粮无不纳入也。还有每年征收赋粮，往往折钱交纳，谓之"折色"。但无论漕粮折色或地丁银折钱交纳，折合之时，莫不高出当时当地银价很多，谓之"折勒"，自康熙年间便屡禁不绝，仅此一项，民众实际交纳赋额即达正额的二至四倍。由此观之，康大帝时民众负担是轻是重就不用多说了吧？而这还不算几次大战所带来的额外负担呢。

至于圈地（见《摄政卷》），康熙八年（1669）终于下令禁止，把京畿之地无偿分给无地农民。看起来是超级爱民之举，实则羊毛出在羊身上，这些地本就是苦难民众的。清人入关后，对被征服者采取了剃发、易服、圈地、投充等一系列残酷暴行，手段令人发指，也严重阻碍了社会经济的发展。就说圈地，满洲从皇帝到王公宗室乃至八旗官兵，仅在北京城四周便占地一十六万两千三百顷，圈地里的老百姓身份形同奴隶。可以毫不夸张地说，这在一定程度上是奴隶制度在华夏文明大地上的再度上演，堪称历史的大倒退。

康大帝的德政仁政太多，不能一一列举了。总体而言，同上面所讲差不多，没啥惊天动地的伟业，只是一个恰逢王朝百废待兴时应运而生的正常帝王，正常干的事，有作为有成绩之处，赞一下就行了，没必要捧上天。其实任何一个大王朝逢此阶段，在位的帝王只要不出格、不乖张，哪怕无为而治，国家都会有一个发展期，并能从中找到

一些善政的。此乃历史前进的必然规律，汉唐宋明皆如此。

也许康熙的优势在于他的起点更低、机会更多、空间更大，好比一张白纸上，更易勾画蓝图！如果自崇祯算起，明清交替期间近四十年的大战乱、大破坏，华夏已残破至极点。人口由晚明时的六千万，死亡三分之二，清顺治十八年（1661）时只有一千九百二十万了（孟森《明清史讲义》），耕地也大量荒芜。工商业严重倒退，明代繁华的景德镇几乎一片废墟；山西潞安丝绸业，明末有织机三千张，清顺治十七年（1660）仅剩二三百张了；著名的成都蜀锦，"锦坊尽毁，花样无存"；南京、苏州、杭州与广州佛山的手工业也都遭到严重破坏（黄仁宇《十六世纪明代中国之财政税收》）。至于思想制度方面的就不说了，反正都专制了，说了也没用。

晚明的繁华活跃一去不复返了，中国的经济又衰落至最低点，而这恰恰是抄底的最佳时机，不是每个人都能随便遇到的，你什么都不做，它也会翻上来，你要是稍加用心，那更是不得了。

康熙就逮住了这样一个机会。当他擒鳌拜后，广阔的发展前景一下子便在他的眼前展开，等待他去追求，只要不偏离预定轨道，一切OK。而从他以后的人生轨迹来看，半个多世纪居于金字塔尖，时间太充裕了，没什么不可以的，只要他好好干。

但意想不到的事情发生了，大清告别战乱还不到十年，却因康大帝的急躁冒进和专断固执（见《大帝卷·三藩篇》），紧跟着又引发了一场历时八年、波及十余省的三藩之乱。帝国所受创伤，民众所遭灾难，不比清人入关后天下大乱时轻分毫。加之东南沿海迁界的人为大浩劫，平三藩、收台湾时的大清，可想而知是个什么样的场景了，连二十年前康熙刚接手时都不如。

如果再加上大破坏后的恢复过程，起码一二十年吧。在社会发展方面，康熙头三四十年基本算是白过了！这是个什么概念？历史上绝大部分帝王皇位都坐不到三十年呢，而他一个失误就给浪费掉了，亏得还有二三十年，不然康大帝怎么着也享受不到所谓圣主的待遇了。

时人唐甄对康熙四十年时的帝国曾这样描述："清兴五十余年矣。四海之内，日益贫困：农空、工空、市空、仕空。谷贱而艰于食，布帛贱而艰于衣，舟转市集而货折赀，居官者去官而无以为家，是四空也。金钱，所以通有无也。中产之家，尝旬月不观一金，不见缗钱，无以通之。故农民冻馁，百货皆死，丰年如凶，良贾无筹。行于都

307

市，列肆琨耀，冠服华腆，入其家室，朝则熄无烟，寒则蜷体不申。
吴中之民，多鬻男女于远方，男之美为优，恶者为奴。女之美为妾，
恶者为婢，遍满海内矣。"个人之言当然不能尽信，但间隔很短的两
次大战乱后，真是这样也不足为奇也。

　　应该讲，康熙后二三十年的社会经济才算真正开始超越老爸向前
发展了，至于水平究竟如何，不妨拿捧清捧康者最喜说事之口谈谈
吧。就以被世人痛责鞭挞腐朽没落的晚明为基准，看看康熙时恢复到
啥程度了（前文已有提及，这里再略为详说之）。

　　据明清官方记载，明神宗万历六年（1578）全国人口为六千零六
十九万两千八百五十六人，经过万历三大征、后金侵略等系列战争
后，到光宗泰昌六年（1620）略降为五千一百六十五万五千四百五十
九人（《明熹宗实录》卷四）。后经明清交替的大战乱，中国人口迅速
减少，清顺治八年（1651）只有一千零六十三万三千三百二十六人了
（《清实录》世祖卷六十一），还不到晚明时的五分之一。破坏何等
严重！

　　顺治后期大局几定，南明抗清斗争局限于西南云贵川及东南沿海
一带，中国大部分地方趋向缓和稳定，人口也跟着略有增长，至顺治
十八年（1661），人口上升为一千九百二十万（孟森《明清史讲义》）。
本来随着帝国走向安定发展，人口肯定会继续增长的，结果没几年又
来了个三藩之乱，至康熙二十一年（1682），也就是平乱后的第一年，
全国人口只有一千九百四十三万两千七百五十三人，几乎与二十年前
持平。至于社会经济，应该连持平都没有，刚乱过怎么可能恢复得那
么快！

　　那么康熙晚年呢？所谓几十年的盛世已到后期了，社会要是大发
展也该有个交代了，人口总会大幅增长吧，其实不然。直到康熙五十
二年（1713），帝国人口竟只有两千三百五十八万七千两百二十四人
（《清实录》圣祖卷二百五十七），连晚明的一半都没有！虽然上述这
些数字极有可能并不确切，官方统计的也许只是交纳赋税的人口，还
有大量漏报的，但放在一个水平线上还是能看出高低的。原来所谓的
康熙盛世，人口还远未恢复到差点被批成一文不值的晚明时期呢！

　　明清时代人口究竟有多少，其实还有另外一种讲法。雍正时期实
行摊丁入亩前，社会上漏报少报瞒报人口的现象很严重，都是为了少
交税！因此官方统计数据极不准确。真相是十七世纪初明代人口已突

破两亿大关；后经明清战乱、三藩之乱，加上沿海迁界等大破坏，此期间恢复缓慢且不具连续性，康熙二十九年（1690）大清人口才突破一亿，而康熙一朝最多时也仅一亿五千万左右，直至乾隆二十四年（1759）才突破两亿（葛剑雄《人口与中国疆域的变迁》）。也就是说，直至康熙逝后三十七年，清人入关后一百一十五年，中国人口才恢复到晚明时的水平！人口多少绝不是衡量一个时代是否盛世的决定因素，但或多或少还是能折射出一点康熙盛世的真相吧，特别是能够击碎那些捧康捧清者们用人口来证明盛世的谎言。

当然如此讲，并非要全盘否定康熙时社会经济的发展，这也与事实不符，只是觉得没必要无原则地高捧。百废待兴后的稳定期内，帝国即使发展了又有什么值得特别称道的？必然规律也，根本不是康熙施展了什么魔法，充其量也只是正常帝王的表现吧。何况，要不是康熙年轻时乱来，大清在他手上应该会有五十余年和平发展期的，要论，过还大于功呢。再说了，在一个极低的起点上有前进，哪怕大大的前进，又能进到哪去呢？原来还不见得比晚明时强呢！

而这还只是在传统的发展模式上来衡量的，需知从欧洲的角度讲，那时秦汉隋唐的时代已经结束，新时代来临了，它要求的是一条崭新的不同以往的发展道路，否则即使你在老路上走得再远，比过去再前进，当鸦片战争到来时，结果都是一样的。而康熙恰好就处在这个临界点上，但他没有抓住，确切说，他根本就没有想过去抓住，错过了大清也是中国近代化最好的起步时期。说到这一点，还得从康熙一个最了不起的爱好入手，因为它给大帝实在增光添彩太多了。

高捧科技是笑谈

古往今来还有谁能比咱康大帝更才华横溢？看过清官方记载及捧康者们的称颂，可以毫不犹豫地回答，大帝才是惟一的！

这位身在皇家据说打小就勤奋苦读又天纵奇才的大帝，伟大政治领袖与天才军事统帅合于一体，经史子集诗文词赋琴棋书画，还有天文地理数理化，再加本民族骑射之根本，无所不知，无所不能。可谓中西之学都精，文武之道皆通也。如此之非凡，他不是千年一帝，谁敢够胆说是？

大凡一个人、一个事物，捧到极至，便会给人不真实的感觉，因

为这个世界哪有神！如果康熙是人，又岂能做到这一点？前说他的各项功业时，已能看出个中端倪了，就是芸芸众生中极其普通的一员，这么铺天盖地包装你炒作你，难道你还成不了大帝？由此及彼，也能略知康熙的那些才究竟能挤出多少水分了吧？

诗文书法之类不想过于较真，只说一点，高捧的下面也是有其他声音的。据说宫中档案里有一些康熙的亲笔信（过去用的可都是毛笔），差得很，简直就像小孩子写的，而如少林寺大门之类公众场合悬挂的"御笔"题字，皆是别人帮他代写而成。美国著名汉学家恒慕义在《清代名人传》中也曾讲过："下列诸书是以玄烨的名义刊行的，但有些肯定是朝臣们写的……玄烨被说成是一位书法家，但最近看到的被确认为是他的真迹的复制品并不说明他的书法非常高明。"虽然证明康熙书法拙劣的真迹，现在想看到很困难，但他的诗文倒是能见到的，确实平常得很。只是比孙子乾隆的烂诗水平高些，如与同为政治领袖的曹孟德等相比，文采可就逊色多喽。

不过传统文化，史上精通此道的政治家多得是，帝王中也有不少，再说大帝水平多高，也难成独一无二呀。但有一样就不同啦，由于它的特殊性，被康迷们乘机狠狠地高捧了一下，对塑造康熙非凡大帝的形象起到了相当大的作用，一定要好好说道说道。

它就是科学技术。据说康熙一生酷爱钻研科技，也极其擅长和精通，简直称得上是那时最优秀的中国科学家了。这可了不得，历代帝王中前不见古人后不见来者，名实相副，而且还能充分说明康大帝是能跟上世界发展潮流的。

也许康熙真爱钻研科学，也真懂些科学知识，甚至有大科学家的水平（怎么可能呢），作为个体，考证真假很重要，但作为一个帝国无可争议的最高领袖，着眼点就没必要放在这上面了，关键看他是否用科学来兴国。这才是真正要关注的地方，才是衡量康熙是否为大帝的一个重要因素。

历史上有太多有某一方面专长的帝王，有的还堪称个中翘楚。如宋徽宗赵佶的绘画、南唐后主李煜的文学，不要说他们所处的时代，就是中华上下五千年，都能进入最优秀的行列，但有谁说他们是好帝王呢？两码事嘛！评价一个帝王的优劣，根本还在于他的治国水平，看他对国家的贡献。其他如能有助于此，方为最佳，比如会打仗，弱肉强食的时代自然益处多多了。反过来讲，哪怕你什么都不会，但会

治国就够了，照样是杰出的领袖，顶多浪漫传奇的东西少些，缺点明星的光彩而已。雍正就是，相比老子与儿子，没听说他会这会那，可现在大众有人说他不是优秀的帝王吗？

所以康熙学习科学本身，是否真像捧康者们所说的那么神奇高超？或只仅供个人消遣娱乐的工具，水平其实很一般？甚至为了炫耀自己，批评别人？等等。这些都不重要了！当时代的发展已经越来越需要科技立国强国的时候，一国之尊高下之分，就看你是否在国内发展了科技，推广了科技，并用其促进了社会的前进。有，了不起的帝王；无，纵使自己再擅长，不还是"奇技淫巧"？和明天启帝爱好木匠活有啥根本区别呢？就算最高级也无非就是李煜、赵佶。遗憾的是，康大帝恰恰就停留在这"无"的水平上，科学在他的时代所处地位、作用及现实状况，甚至连晚明都不如！

且看晚明，从宣传效果来看，也许帝王们自身好像没有康熙对科学那么钻研，但在认知与态度上丝毫不逊甚至是超越的。被后世批判鞭挞的万历，其实对西方传教士及他们带来的先进科技知识，都是积极接纳的。崇祯更是在他即位才两年（1629），不过十九岁的小年轻，就能用极宽广的胸怀接纳西方科技，批准了徐光启宏大的修历计划，并要求他"广集众长，虚心采听，西洋方法不妨兼收，各家不同看法务求综合"。说得多好，并且还迅速付诸了实践。

崇祯虽说对明亡负有极大责任（见《亡国卷》），但绝对是一个放眼看世界的人。他在短短十七年的当政岁月里，又是在内忧外患、国是日非的情况下，却能大力推动科技的发展，殊为不易呀。在他的支持下，徐光启、李天经等主持编写的《崇祯历书》，堪称囊括西方天文学的百科全书，当时仍存有疑义的哥白尼学说也在内，无可争议的世界先进也。

不仅如此，崇祯时期还组织编译了《坤舆格致》、《主制群征》等大量西方科技著作，总量与质量都远超六十一年康熙时代。这些书很多清时散失了，有的先进知识也被遗忘了。比如康熙认为："其所云人之知识记忆皆系于头脑等语，于理实为舛谬。"其实正确的理论观点《主制群征》里就已有过了。崇祯还非常注意对先进科技的推广，如记载矿冶技术的《坤舆格致》一书，就曾批示户部将之分发各地，"着地方官相酌地形，便宜采取"，可惜明朝很快便亡了，没能得到落实，而到了清代这本书就没了。另外，在顺治康熙时展露光芒的西方

传教士，有很多也是崇祯时到中国来的。比如汤若望等，崇祯给予了他们充分的尊重与支持，让他们成为播撒西方科技的排头兵。

其实不仅崇祯与康熙之比，就说晚明与西方科技文化的交流也远远多于鸦片战争前的大清。这个时代涌现出了一大批优秀科技人才，如徐光启、李之藻、李天经、方以智、孙元化、朱载堉、王徵等。现在所讲的明清西学东渐，大部分都是从那时起步的，清代只是小配角也。何况晚明还有自己的科技著作，如李时珍《本草纲目》、朱载堉《律学新说》、程大位《算法统宗》、徐光启《农政全书》，等等。后者呢？不仅一部没有（自然包括康熙时），明代的也被丢弃了，最后想要只能从国外"出口转内销"了！宋应星的《天工开物》便是其中的代表。

晚明的中西交流，可贵之处不仅停留在官方，靠着几个帝王的认知接受推广，打交道的主流还是知识分子，且是有地位能说上话的知识分子。这样不仅能推动官方层面的深入开展，也能在民间予以有效的传播。当然范围还并不广泛，基础也并不雄厚，但方向是对的。如果没有后来的山河巨变，有理由相信中国科技会走向一条健康发展之路。

但现实就是现实，明亡清兴后一切都改变了。虽然康熙也表现出了对科学的热爱，也重用了西方传教士，也编译了一些西方科技著作，如晚年的《律历渊源》等，但科技知识和大量的科学仪器更多成了供帝王与少数大臣热衷摆弄的"奇技淫巧"。除了种牛痘的药方等极少的一些外，基本都只限于宫廷范围内流传使用，如此，学得再好，搞得再精又有什么用呢？

如果说晚明时民间还有一些知识分子搭建的中西科技文化交流的平台，就是干过大学士的徐光启起初也并不是以官方身份与利玛窦们接触，那么康熙时已经没有这样的场景了。南怀仁此等传播西方科技的传教士们，只能在宫廷看到了，他们与少数大臣一样，都成了康熙以科学为笼关起来的鸟。真不知为什么，科技方面，康熙得到的赞美却比晚明帝王的总和还要多好几倍？

其实清代帝王对西方科技文化的吸收本应该比晚明帝王更容易些，毕竟满洲人刚从蒙昧中走来，像任何一个同类民族，正处于吸收文明最快的时期。就好比一两岁的孩子学什么语言都比大人要更容易些，一张白纸嘛，不像中原民族还受着几千年形成的传统束缚。但事

实上晚明帝王却显得更加开放一些，这就要从康熙们自己身上找原因了。

　　讲到康大帝的科学精神，有一个例子会反复拿出来说事，就是代表了保守的汉人杨光先与代表先进的西人汤若望、南怀仁之间关于历法之争。且不说这个事件到底真相如何，单看康熙的抉择，没有什么特殊之处呀。他支持了西方人，并不能说明他在真理面前有多么无畏无私，胸襟有多宽，境界有多高了。

　　一个客观现实，虽然汉满都是中华民族的一分子，但在当时必须承认，满洲贵族入关不过三四十年，汉人作为被征服者的身份哪能这么快就改变，而清廷防汉制汉的心理可一直都没有改变啊。此情此状，康熙对汉人并不见得比西方传教士亲近呢，何况也未影响到任何本民族的利益，支持后者有啥特别之处吗？如果是崇祯，倒还能看作是毅然打破传统、敢于接受新事物的先进典型，康熙就免了吧。

　　而且那个被康熙最终接受的历法，实际就是崇祯时期命令徐光启、李天经们和汤若望等西方传教士共同编写出来的。要说有反对，这时应该更大些吧，怎么也未见有人专门找个对立者出来，把崇祯好好夸奖一番呢？可惜的是，崇祯最后也未来得及颁布，便身死国灭了，以后再经汤若望之手，改头换面后竟成大清的历书了。

　　另外，也是受一点防汉制汉心理的影响，康熙研究科学时才更信任西方人，即便他们并不站在正确一方。有一件事很能说明问题。当时中国的天才科学家戴梓，制造武器的水平比大帝最宠信的南怀仁还要高，这引起了南的忌妒，于是诬告了戴梓一状。康熙也不分青红皂白，即把他流放到东北三十余年，贫病交加而逝。但康大帝对传教士们却非常信任，让他们参与过尼布楚谈判（见《大帝卷·沙俄篇》），却被他们借机当了一回俄方密探，暗耍了一次，康熙却一直都蒙在鼓里。

　　其实康熙根本不具备科学精神，就是与崇祯相比，他也从未有过那样的意识，更多地想到去推广和应用科学，甚至骨子里还相当排斥。比如采矿，前面讲过，崇祯大力支持采用西方相关的先进技术，而康大帝甚至连这个事都不准搞。他在康熙四十三年（1704）发布的一个上谕中这样要求："开矿事情对地方无益，以后有请求开采者，都不准行。"有这样的人把持着国家的领导权，你还能指望华夏大地能培育出产生工业革命的土壤吗？

　　而最能表现他的这种特质的，便是发展火器了。十七世纪已是一

个走向根本变革的时代，军事上同样如此。西方变过了，凭着剽悍勇士与疾驰骏马便能刮起游牧风暴的冷兵器时代，已经一去不复返了。东方世界呢？不可否认，慢了些，但也处在这个临界点上，确切说是黎明前的黑夜，就差一层窗户纸了。如何能跳过这个点，捅破那层纸，实际上是一个最迫切最需要认真对待的问题，而这恰好就处于康熙时代。因为他是中国十七世纪下半期与十八世纪初的最高领袖，时间上正好要面对。

弄好了，中国便会向前迈一个台阶，鸦片战争的悲剧也许不会发生；弄不好，就不用多说了，以后的事实便是了。康熙自己没有意识到，他已处在一个新时代，自己要担负的也应该是一种新责任。且不说什么制度一类的东西，单说军事上，就需要赶快带着大清迈出新的步伐，实现新的腾飞，而不再是秦皇汉武，或者文景之治，或者开元盛世了。

康熙应该认识到的，努尔哈赤没有认识到，这可以理解，但他就不行！先从个人来说，如果真像人们捧的那样，连西方科技都如醉如痴学习的千年一帝，应该是个具有敏锐眼光、能看透新事物本质并拿来为己所用的人，至于排斥抵制之类，就无从谈起了。讲得更明白些，他完全可以成为大力发展火器的推动者和领导者，即便不是千年一帝，只要是一个中等之资的帝王，有正常眼光和水平就行了。那么多好与坏的事实可以让你亲眼看到，一次不能打动你，几次十来次还不行吗？

明末清初的统治者有不少是十分重视火器发展的，这里不需要扬明抑清，大家都一样，比如明崇祯、清皇太极等。只是基础差了，好东西自己造不出来，需要向西方人学，比如红夷大炮什么的，但这不应该影响到一个统治者对火器威力的认识吧。

到了康熙时也应该如此呀，平三藩、收台湾、打噶尔丹，哪一次不用火器？特别是与噶尔丹的决战中，火器更是发挥了举足轻重的作用，咱们的康大帝不应该看不到呀？难道是对方火器水平还不如自己，没有放在心上，或者感受不深？那欧洲人呢？他们可是当时世界最先进火器的拥有者。荷兰人算了，船再坚、炮再利，都是帮着大清对付郑经的，很难让康大帝通过切身血淋淋的教训，感受到大力发展火器的重要性。

再看俄国人，直接面对面的交锋者，应该能给康熙一个深刻印象

了吧？特别是最后一次雅克萨之战，俄军八百来人坚持了五个月，还剩百余人仍在固守；即便清军围攻到底，拿是能拿下来，恐怕还需要更多的时日。究其原因，俄人城池坚固啦、作战英勇啦、储备丰厚啦，等等，都可能是，但两军武器装备的优劣绝对是重要一环。比如萨布素的黑龙江军队，两千来人只有五十支火枪，其余拿的还是弓箭刀矛，凭此攻打拥有先进火器的敌人，如能迅速克城，倒还真有点奇怪了。

战争越来越证明，光凭蛮力不行了，惟有强化军事科技建设，大力发展火器，并以此构建新型化军队，才能在弱肉强食的时代屹立不败。也许难度有点大，国内缺乏制造新式武器的基础，可俄国人还是农奴制呢，基础比咱们要差得多，在彼得大帝的惊天大改革后，不照样凭借先进的武器与勇猛的作风，成了世界一大强国！

人家能行，更具文明积淀的中国为啥不行？彼得大帝干了四十三年不算短了，可咱康大帝干了六十一年呢，时间更充裕，只要他愿意，凭大清的国家基础，成就绝不会比别人差。咱们的火器虽不如西方，也绝非鸦片战争时期差得那么大，只要全力以赴用心去做，完全能迎头赶上的。

可惜康熙没有这样做，他骨子里并未真正重视过火器，战争需要时他才用，不需要便马放南山了。为啥？在他眼里，那都是"奇技淫巧"类的东西，岂能登大雅之堂？骑射才是祖宗留下的永世之根！当然也有防汉制汉心理在作祟，生怕汉人掌握了去，危及统治。

所以雅克萨战后，清军把缴获的俄军扳机击发式火绳枪献给康熙时，他却禁止清军使用，只留下两支供自己赏玩。康熙五十四年(1715)，山西总兵金国正上言愿捐造二十二门新型子母炮，分送各营操练时，他竟下旨说："子母炮系八旗火器，各省概造，断乎不可。"而这种炮的制造者戴梓，还曾研制过能连射二十八发子弹的"连珠火铳"，堪称人类史上最早的机关枪，当时世界的顶尖武器啊。结果呢？束之高阁，从未使用！

就这样，历史给了康熙天大的机遇，他却没有抓住，为自己，也为大清。说白了，他根本就没意识到这一点。至于捧康者们不断歌颂的大帝爱科学、学科学，并有极高造诣，完全算得上科学家之类，殊为可笑也。

　　纵观康熙一生，彻彻底底亦步亦趋者，始终未给帝国带来一场真正的变革，比起彼得大帝在俄罗斯的表现，相差实在太远。中俄两国近代史上截然不同的命运，正是他们二人开始奠定的。人常说，明亡实亡于万历，是否也可以讲，清亡就亡于康熙呢？他本可创造一个新时代，却成了旧时代的代言人，而大清也从此走上了一条不归路，直至鸦片战争的惨败。

附录1　吴三桂之讨清檄文

原镇守山海关总兵官、今奉旨总统天下水陆大师兴明讨虏大将军吴，檄告天下文武官吏军民人等知悉：

本镇深叨明朝世爵，统镇山海关。一时李逆倡乱，聚贼百万，横行天下，旋寇京师，痛哉毅皇烈后之崩摧，惨矣！东宫定藩之颠踣，文武瓦解，六宫恣乱，宗庙瞬息丘墟，生灵流离涂炭，臣民侧目，莫可谁何。普天之下，竟无仗义兴师勤王讨贼，伤哉！国运夫曷可言？

本镇独居关外，矢尽兵穷，泪干有血，心痛无声，不得已歃血订盟，许虏藩封，暂借夷兵十万，身为前驱，斩将入关，李贼逃遁，痛心君父，重仇冤不共戴，誓必亲擒贼帅，斩首太庙，以谢先帝之灵。幸而贼遁冰消，渠魁授首，正欲择立嗣君，更承宗社封藩，割地以谢夷人。不意狡虏遂再逆天背盟，乘我内虚，雄踞燕都，窃我先朝神器，变我中国冠裳，方知拒虎进狼之非，莫挽抱薪救火之误。本镇刺心呕血，追悔无及，将欲反戈北逐，扫荡腥气，适值周、田二皇亲，密会太监王奉抱先皇三太子，年甫三岁，刺股为记，寄命托孤，宗社是赖。姑饮泣隐忍，未敢轻举，以故避居穷壤，养晦待时，选将练兵，密图恢复，枕戈听漏，束马瞻星，磨砺竞惕者，盖三十年矣！

兹彼夷君无道，奸邪高张；道义之儒，悉处下僚，斗筲之辈，咸居显职。君昏臣暗，吏酷官贪，水惨山悲，妇号子泣，以至彗星流陨，天怨于上；山崩土震，地怨于下；官卖爵，仕怨于朝；苛政横征，民怨于乡；关税重征，商怨于涂；徭役频兴，工怨于肆。

本镇仰观俯察，正当伐暴救民，顺天应人之日也。爰率文武臣工，共勷义举，卜取甲寅年正月元旦寅刻，推奉三太子，郊天祭地，恭登大宝，建元周启，檄示布闻，告庙兴师，刻期进发。移会总统兵马上将耿精忠、招讨大将军总统使世子郑经，调集水陆官兵三百六十万员，直捣燕山。长驱潞水，出铜驼于荆棘，莫玉灼于金汤，义旗一举，响应万方，大快臣民之心，共雪天人之愤。振我神武，剪彼氛，宏启中兴之略；踊跃风雷，建划万全之策，啸歌雨露；倘能洞悉时宜，望风归顺，则草木不损，鸡犬无惊，敢有背顺从逆，恋目前之私恩，忘中原之故主，据险扼隘，抗我王师，即督铁骑，亲征蹈巢覆穴，老稚不留，男女皆诛；若有生儒，精谙兵法，奋拔谷，不妨献策军前，以佐股肱，自当星材优擢，无靳高爵厚封，其各省官员，果有洁己爱民、清廉素著者，仍单仕；所催征粮谷，封贮仓库，印信册

籍，赍解军前。其有未尽事，宜另颁条约，各宜凛遵告诫，毋致血染刀头，本镇幸甚，天下幸甚！

附录2　康熙之讨吴谕旨

逆贼吴三桂，穷蹙来归，我世祖章皇帝（顺治）念其输款投诚，授之军旅，赐封王爵，盟勒山河，其所属将弁崇阶世职，恩赉有加，开阃云南，倾心倚任。迨及朕躬，特隆异数，晋爵亲王，重寄于城，实托心膂，殊恩优礼，振古所无。讵意吴三桂，性类穷奇，中怀狙诈，宪极生骄，阴图不轨，于本年七月内，自请撤移。朕以吴三桂出于诚心，且念其年齿衰迈，师徒远戍已久，遂允所请，令其休息，乃敕所司安插周至，务使得所。又特遣大臣前往，宣谕朕怀。朕之待吴三桂，可谓礼隆情至，蔑以加矣。

近览川湖总督蔡毓荣等疏称，吴三桂径行反叛，背累朝豢养之恩，逞一旦鸱张之势，横行凶逆，涂炭生灵，理法难容，神人共愤。今削其爵，特遣宁南靖寇大将军统领劲旅，前往扑灭，兵威所至，刻期荡平。但念地方官民人等，身在贼境，或心存忠义，不能自拔；或被贼驱迫，怀疑畏罪，大兵一到，玉石莫分，朕心甚为不忍。爰颁敕旨，通行晓谕，尔等各宜安分自保，无听诱胁，即或误从贼党，但能悔罪归诚，悉赦已往，不复究治。至尔等父子兄弟亲族人等，见在直隶各省，出仕居住者，已有谕旨，俱令各安职业，并不株连。尔等毋怀疑虑，其有能擒斩吴三桂头，献军前者，即以其爵爵之；有能诛缚其下渠魁，及兵马城池，归命自效者，论功从优叙录。朕不食言，尔等皆朕之赤子，忠孝天性，人孰无之！从逆从顺，吉凶判然，各宜审度，勿贻后悔。地方官即广为宣布遵行。

图书在版编目(CIP)数据

大清真相(壹)/芮弢著. —杭州：浙江大学出版社，
2009.2
ISBN 978-7-308-06550-4

Ⅰ. 大… Ⅱ. 芮… Ⅲ. 中国—古代史—清代—普及读物
Ⅳ. K249.09

中国版本图书馆 CIP 数据核字(2009)第 011375 号

大清真相(壹)

芮 弢 著

责任编辑	葛玉丹　王长刚
文字编辑	宋旭华
装帧设计	张志伟
出版发行	浙江大学出版社
	(杭州天目山路 148 号　邮政编码 310028)
	(E-mail：zupress@mail. hz. zj. cn)
	(网址：http://www. zjupress. com
	http://www. press. zju. edu. cn)
	电话：0571 - 88925592，88273066(传真)
排　　版	杭州大漠照排印刷有限公司
印　　刷	杭州浙大同力教育彩印有限公司
开　　本	710mm×1000mm　1/16
印　　张	20.5
字　　数	350 千
版 印 次	2009 年 3 月第 1 版　2009 年 4 月第 2 次印刷
书　　号	ISBN 978-7-308-06550-4
定　　价	32.00 元

浙江大学出版社发行部邮购电话(0571)88925591